“十二五”国家重点图书出版规划项目

中国近现代原创型教育家研究丛书

总主编　宋恩荣　李剑萍

教育家陶行知研究

蒋纯焦　著

山东人民出版社

国家一级出版社　全国百佳图书出版单位

图书在版编目(CIP)数据

教育家陶行知研究/蒋纯焦著.—济南:山东人民出版社,2015.12(2023.9重印)

(中国近现代原创型教育家研究丛书/宋恩荣,李剑萍总主编)

ISBN 978-7-209-09364-4

Ⅰ.①教… Ⅱ.①蒋… Ⅲ.①陶行知(1891-1946)-教育思想-研究 Ⅳ.①G40-092.6

中国版本图书馆CIP数据核字(2015)第317707号

教育家陶行知研究

蒋纯焦　著

主管单位　山东出版传媒股份有限公司
出版发行　山东人民出版社
社　　址　济南市英雄山路165号
邮　　编　250002
电　　话　总编室:(0531)82098914
　　　　　市场部:(0531)82098027
网　　址　http://www.sd-book.com.cn
印　　装　东营华泰印务有限公司
经　　销　新华书店

规　　格　16开(169mm×239mm)
印　　张　22
字　　数　350千字
版　　次　2015年12月第1版
印　　次　2023年9月第7次
ISBN 978-7-209-09364-4
定　　价　55.00元

总　序　原创型教育家的文化自觉与中国现代教育体系之形成

李剑萍　杨　旭

一、教育家研究之研究

创新型教育、创新型人才培养呼唤创新型教育家。教育家研究是教育史研究中既经典又常研常新的课题，而“创新型教育家”研究迄未得到应有的重视。

几乎每一本通史类、综合类教育史或教育思想史著作，都列专门章节研究著名教育家的思想和实践，甚至将教育思想等同于教育家的思想。近一二十年来，近现代教育家的研究实际是沿着四个路向展开的。

一是中国近现代教育家研究走向系列化、精细化。系列化的代表性成果有宋恩荣主编的 23 卷本《中国近现代教育家系列研究》（辽宁教育出版社1993—1997 年版），被教育学界高度肯定。厦门大学潘懋元教授称该研究“规模宏大，成果丰富，意义深远”；华东师范大学孙培青教授称其“在近代教育史研究中是前所未有的，确是一项新创举”；北京师范大学王炳照教授誉其“是国内首次有组织有计划地对中国近代重要教育家进行深入、全面、系统地个案研究的重要成果”。[①] 另有,美国 General Books LLC 2010 年出版的 *Chinese Educators*,内收蔡元培、胡适、盛宣怀、马相伯、张伯苓、于右任、马君武、蒋梦麟、陶行知、傅斯年、罗家伦、钱伟长等 79 人的传记,以及中国高等教育学会组编的《共和国老一辈教育家传略》(高等教育出版社 2008 年版)等。所谓精细化,是指除了扩大研究视野之外,还出现从校际、地域等视角研究教育家的倾向,如刘国生主编的《从清华走出的教育家》(内蒙古文化出版社 2012 年版)、俞可著的《海上教育家》(文汇出版社 2010 年版)等。

二是研究外国教育家及其对中国的影响,并与教师培训培养相结合而走向普及化。从早期的中央教育科学研究所比较教育研究室编写的《世界著名教育家》(贵州人民出版社 1989 年版),到代表性的赵祥麟主编的《外国教育家评传》(上海教育出版社 1992 年版),以及刘传德著的《外国教育家评传精选》(北京师范大学出版社 2006 年版)、霍力岩等编著的《影响新中国教育的外国教育家》(天津教育出版社 2009 年版)、汪明帅等编著的《常青藤:一本书读懂世界教育家丛书》(中国青年出版社 2011 年版)等,此外还有弗兰克·M. 弗拉纳根著、卢立涛等译的《最伟大的教育家:从苏格拉底到杜威》(华东师范大学出版社 2009 年版)等,都表明了常研常新和普及化的态势。

三是更加清晰地提出了学习教育家智慧、精神的命题,并出现了一些对教育家进行总论性、本体性研究的成果。从早期余立主编的《校长—教育家》(同济大学出版社 1988 年版)到后来殷爱荪等主编的《校长与教育家》(福建教育出版社 2004 年版),学习教育家的智慧、精神、风骨尤其突出了两个重点,一是对民国教育家寄予了某种理想化的观念,如智效民著的《民国那些教育家》(四川文艺出版社 2013 年版)等,二是开始关注当代教育家,如袁振国主编的《这就是教育家:品读洪宗礼》(教育科学出版社 2009 年版)、张彦春等主编的《16 位教育家的智慧档案》(华东师范大学出

① 参见潘懋元、孙培青、王炳照、张瑞璠、董宝良、杨东平等教授对《中国近现代教育家系列研究》评审鉴定意见书手稿。

版社2006年版)、张康桥著的《在教育家的智慧里呼吸》(华东师范大学出版社2012年版)等。由此,出现的总论性、本体性研究的代表性著作,有孙孔懿著的《论教育家》(人民教育出版社2006年版)等。

四是研究方法趋于多样,试图借鉴其他学科的方法从新的角度挖掘教育家的深层性东西。如从心理史学视角有胡志坚著的《教育家心理史学范式研究》(社会科学文献出版社2007年版),从生活史角度有路书红开展的"中外教育家的生活史研究"等。

以上表明,教育家研究这个经典领域保持了常研常新的态势,或者说保持了研究成果数量增加的态势,这主要是由研究者增多、出版业繁荣、成果普及化所推动:一是集众人之力把单个教育家的研究整合成系列成果;二是拓展新的研究领域,把一些未被关注、曾经湮没的教育家发掘出来;三是研究成果普及化,除了专业研究者之外,中小学教师成为重要的受众。当然,从学术史的角度考察,更有价值的还是运用新方法、新范式对于教育家的新认识、深认识,这种努力现在还处于尝试之中,系统性的创新之作还在期盼之中。这些态势,从蕴含着更大信息量的论文数据库中可以得到进一步印证。

近年来,关于"教育家"的研究论文数量呈现快速增长态势。在"中国知网"的"期刊论文"数据库中,以"教育家"在论文题目(篇名)中精确检索(截至2015年6月25日)发现,1990年至2000年仅589篇,2001年至2010年达995篇,2011年至2015年6月已达806篇。同样,"硕博士论文"数据库中,以"教育家"为"题名"进行检索(截至2015年6月25日),检索到41篇,其中,2001年至2010年仅有8篇硕士论文、1篇博士论文;其余32篇都是2011年以后的,但其中博士论文也仅有3篇,这表明虽然数量增多,但原创性高水平成果仍缺乏,并且,在41篇硕博论文中,有20篇是针对被冠以"教育家"的某人的研究。

这种快速增长乃至井喷之势,表明教育家研究、至少"教育家"一词成为近时期的教育热点之一。这些研究成果,还反映出教育家研究中存在着"两大主题、两类重点、一种背反"的特点。

其一,研究的两大主题是"教育家办学"和"未来教育家培养"。它的提出既跟领导人的关注和教育实际工作的需求相关,更深层反映了当下的社会诉求和教育思潮。教育、学校愈益成为一种社会性事业，与每个家庭每个人发生着更密切更长久的联系，公众期盼愈益高涨和深切，随着教育成为社会公平公正的投射焦点，改革和发展的呼声更加强烈，进而将教育存在的问题归因为教育行政化，与之相应便呼唤教育家办学，并反思因何缺乏教育家以及如何培养教育家。可以说，这是近年来教育家研究兴起的直接背景和动因。

其二，研究的两类重点，就是关于教育家型校长和教育家型教师的培养，包括教育家型校长和教师的主要特征，教育家型校长和教师与一般校长和教师的区别，教育家型校长和教师的培养途径和方式，教育家的内在核心精神和外部成长环境等。这些研究普遍隐含的价值假设是，教育家型校长和教师是优秀的和高级的，他们具有独特的优秀品质和精神气质，这些品质和气质是可以通过培养而具备的，并且，教育家的生成和作用发挥需要一定的社会保障条件，只要经过适当培养和提供条件保障，就可以养成教育家或促成教育家的涌现。

其三，研究中的一种背反现象是，一方面感叹教育家太少，另一方面又将教育家之名泛化，所有论文中80%以上的被冠名“教育家某某研究”。被冠以教育家之名者，又依次集中在艺术教育（音乐、美术、戏剧等）、农业高等教育、医学高等教育、工程高等教育等4个领域，分别被称为音乐教育家、戏剧教育家、农业教育家、医学教育家、工程教育家等。文章、论文的作者主要是被尊为教育家的弟子或媒体人，而较少教育理论研究者。这实际反映了这些领域特别是艺术领域的师承关系和流派特点，暗示凡被称为“教育家”者自然是大家，大家的弟子自然是名门正派。由是便引发教育家的标准问题，或者说成为教育家是困难的还是容易的，叶澜等认为教育家只能是少数人的事情，王道俊等则认为大多数教师只要经过努力就可能成为教育家。

从已有研究成果来看，目前教育家研究的不足或者说今后特别值得加强之处在于以下四个方面。

一是教育家的元研究，代表着研究的自觉水平。近年来教育家研究成果的“井喷”之势，为开展元研究即研究的研究提供了基础条件。元研究一方面是对于研究成果的事实描述，包括研究对象的聚类分析（哪些人被作为教育家来研究)、研究人员的构成分析(理论研究者、媒体人、教育家的亲朋弟子等)、研究成果的类型分析(学术性、普及性、纪念性等),以及研究周期、研究成果来源、研究成果发表载体等的分析;另一方面是对于研究问题的实然分析,诸如研究成果涉及的教育家成长经历、思想基础、精神气质、教育教学理念、治校治学方法等,以及这些研究问题及其研究方法的消长变化。在此基础上,可以判断教育家研究的现有状态和发展趋向。

二是教育家的分类研究,代表着研究的细致程度。如果认为教育家是"在教育思想、理论或实践上有创见、有贡献、有影响的杰出人物"①,那么目前研究成果中被冠以教育家者,似乎大多并未达到这一标准,而更多地与研究者的情感色彩、经验因素、利益考量、比附想象相联系。有的研究者坚持教育家是极少数人的事情,成为教育家是很不容易的,无疑具有理性和规范的意义,可以防止教育家的泛化、泛滥乃至欺世盗名;有的研究者主张成为教育家并不很难,只要具有成为教育家的理想就可能达到,这在呼唤教育家的时代,可以激发教师、校长提升愿景以及形成造就教育家的氛围,而从现实来看,也确实正在涌现出一批具有教育家水平的优秀教师和校长。正因为此,教育家趋于分类分层,教育家的标准也趋于多元,分类研究不同的教育家及其标准,可能比坚持教育家的唯一标准去争论什么人是教育家或成为教育家的难易,更为迫切和更有价值。

三是教育家的"行为·目的·情境"权变关系研究,代表着研究的深入程度。目前大多成果还集中在"教育家特质"研究阶段,即试图找出教育家独特而卓越的品质素质,或者说教育家优异于一般教师和校长之处,研究往往采取描述和归纳的方法,对于教育家的特质进行罗列或者归类。这种研究成果可能存在两个问题,一是罗列的各种特质简则以偏概全,多则繁冗寡要,且难以进行实证归因;二是这些特质之间往往是相互矛盾的,包容谦和与霸气决断、理性内敛与感性外露等相矛盾的特质,可能鲜明地存在于不同教育家身上。于是,教育家研究的深化方向,便指向教育家在特定的约束条件、组织情境中,为了实现教育教学目的而采取的卓越行为,

① 顾明远主编:《教育大辞典》(增订合编本)上册,上海教育出版社1998年版,第755页。

以及这种行为与目的、情境之间建立起的权变关系范式。所有教育家的永恒目的或职责就是育人,但不同时期、不同组织,所要解决的重点问题不同,或是更新教育教学理念、创新体制机制、改革课程教学、促进教师专业发展,或是解决办学条件、办学体制等,这些问题又是相互交织、相互影响的,同时教育家面临的组织情境、所能运用的组织资源也不相同。正是在这些多因素变量中,教育家才凸显出高超的智慧、卓越的策略和鲜活的人格特征,这才是教育家之所以成为教育家之处,也是教育家研究值得深入之处。

四是教育家的本体研究,代表着研究的质量水平。教育家研究要从数量繁荣走向学术深入,实现的基本策略是从两方面"返本开新"。一方面是回归教育家这个本,此乃根本之根本,无论古今中外、高层草根、主流另类,必须首先是教育家,从这个意义讲,研究教育家也是"去水分"、披沙拣金的过程,也是甄选出真正教育家的过程。另一方面是回归教育家思想和实践这个本,无论采用何种新方法、新视角、新范式,既要视野宏阔,跳出教育看教育家,发现教育家与社会的广泛联系和深层关系,又要避免泛化,丧失教育的自身立场;既要深入发掘教育家,又要避免过度解释,回到教育家史料的本身,无论文献的还是田野的。

二、教育家的类型与原创型教育家

教育家的类型可以按照不同标准进行划分。从其生活年代、活动时间来看,可以分为古代教育家、近代教育家、现代教育家、当代教育家等。这种划分的意义,一是任何教育家都带有时代烙印,也是时代教育精神的凝缩和代表,认识了一个时代的教育家便可高效地认识那个教育家所处时代的教育精神,在丰富教育历史认识中提升自己的教育智慧;二是某个时代的教育家就是要解决所处时代的教育问题,这些问题往往是那个时代特有的、必须解决又为那个时代教育家所解决了的,后代教育家可以在传承中超越,在扬弃中创新。后代教育家与前代教育家的思想关系,可以是继承性的、超越性的、批判性的甚或断裂性的。断裂性关系,即一个国家在社会和教育进程中出现明显断裂,后时代与前时代是非延续、非继承乃至否定性的,譬如殖民地国家模仿宗主国建立的教育体系与本土原生教育体系之间，后代教育家与前代教育家在学缘、思想和行动上是相对独立的。而其他几种关系，无论继承性的还是超越性的、批判性的，都具有广义上的继承性。狭义的继承性关系是一种延续性、顺向性、量变为主的继承，超越性关系是一种断续性、虽顺向但以质变为主的继承，批判性关系则是一种非顺向性（逆向或歧向性的）、针对前代教育家问题的继承。正是这种广义的继承性，为教育家的时代类型划分赋予了深刻而现实的意义，从教育家的代际起承转合、消长嬗替之中，可以寻绎出不同代际教育家的创新性之所在，可以说教育家智慧的形成，苦功夫是对自己教育实践的哲学思考，捷径则是向前代教育家的学习。

从教育家的活动和影响范围来看，可以分为地方性的、全国性的和世界性的教育家。教育家的实践活动范围与其影响范围，既有一致性也有区别，前者相对清晰和稳定，后者则有模糊性和变动性。教育家在一个时段只可能在一个相对固定的范围、场域开展实践活动，实践活动范围的大小取决于：一是场域自身的大小，既指场域的地理、物理空间也指场域的文化、思想空间。由于现代场域的联结性和虚拟延伸性，一般来讲，城市的教育家比乡村的教育家实践活动和影响范围都相对更大。二是场域变换的频度。同样条件下，教育家保持适度的场域变换频度，影响范围也相对更大。三是场域的典型性和辐射力。教育家同样是在乡村，具有文化样本意义的乡村影响力就更大，同样是在城市，省会、首都、中心城市乃至世界性、全球性城市，其影响就远超一般城市。教育家的实践活动范围通常就包含了其影响范围，但教育家的影响力、影响范围还取决于一些内在与外部、必然与偶然因素。从外部条件看，是教育家的作用发挥和思想传播机制。在传统社会和传统教育中，教育家的影响力主要依靠著书立说、讲学立派、官方认可立名（包括自己和弟子入仕、学说成为官方意志、著作列为科举教材等）等学术性、教育性、政治性机制，相互为用、共同作用来实现；进入现代，这些作用机制又注入了新的形式，著书立说的学术性机制与现代媒体、课题立项、各类评审评奖和人才队伍建设相结合，授徒讲学、开宗立派的教育性机制与现代学校教育体系、研究生培养、学术团体相结合，官方认可的政治性机制在精神激励之外又增加了巨额的经济支持，也就是说教育家的作用机制在现代呈现传媒化、学科化、资本化（主要指知识资本）的特点，教育家的影响范围大大扩张。“世界性教育家”的概念确切讲是20世纪以来的事情,也因此为古代教育家的现代“复兴”提供了时代条件。从内在因素看,则是教育家所指向问题的重要性和普遍性。这些问题,一是人及教育的基本问题、永恒问题。只要还有人及教育存在,此类问题就会被反复探讨,它们一般是哲学层面的宇宙观、本体论、知识论、价值论、方法论、思维及其与教育的关系问题等。古代的大教育家行不过一地一国,而能具有现代性、世界性意义和影响,就在于他们关切的教育问题是基本性和永恒性的。二是转型时代的重大教育思想和制度问题。当此时代,旧有的思想体系已经难以解释教育的新命题,旧有的制度框架已经无法容纳教育的新要求,教育乃至整个社会从思想、理论到体制、制度都面临重整再构,这些问题往往需要做出社会性、政治性和制度性、政策性安排,解决此类问题的教育家也通常带有政治家色彩,如建议“罢黜百家、独尊儒术”和建立太学的董仲舒,系统论述“中体西用论”和规划现代学制的张之洞等。三是契合教育发展的趋向性问题,诸如非正规性学习、女性女权教育、环境教育、跨文化理解教育(和谐教育、国际理解教育、民族和解教育、宗教与文明理解教育)等。此类问题历史上曾隐含地存在却并不紧迫,而在当代和未来呈现高涨态势,前瞻性关注过此类问题的教育家便成为思想的源头。也就是说,越是关切和解答上述三类问题的教育家,其教育思想和实践可能愈加高明,愈益可能成为创新性和全国性乃至世界性的教育家。

从教育家的创造程度来看,可以分为继承型教育家和创新型教育家,创新型教育家又可以分为消化吸收再创造型、原创型教育家等。原创型教育家一般产生于历史大周期的巅峰时代或转型时代。历史大周期是长时段的,短则几百年长则上千年,或如中国历史上的汉、唐经过数百年涵养深蓄而达于历史周期的巅峰,此时所要回答和解决的是巍巍盛世的教育问题;或如春秋战国、魏晋南北朝、两宋、明清之际、近代以来,正处一大历史周期与另一周期的交汇转折之际,此时所要回答和解决的是叔季之世、新旧过渡、重整复兴的教育问题。也正因此,原创型教育家的产生具有历史集中性,有的时期大家辈出、群星璀璨①,其余时期又相对平稳平淡。

---

① 参见姜国钧:《中国教育周期论》,北京大学出版社2005年版。

原创型教育家善于以广博而深邃的文化视野，敏锐而深刻地洞察教育问题。巅峰或转型时代所蕴含的重大教育问题，为原创型教育家的诞生准备了先天的原创性要素，正因为这些问题是划时代的、前所未有的，又必然是弥漫性的、隐而不显的，能够最先、最敏感、最清晰、最深刻地认识到这些问题，即把隐含的问题予以"问题化"并在此基础上聚焦化、系统化，不仅需要天赋和机遇，更需要广博而深邃的文化视野。原创型教育家通常还具有丰富的实践积累，他们在教育实践中感受、认识和抽绎教育问题，总结、修正和检验自己的教育思想和理论，形成和发挥自己的教育影响。原创型教育家在教育实践中面临着传承与创新的先天困境，扮演着旧教育的改造者、新教育的创造者、新旧教育的锻铸者等多重角色，一方面必不同于既往的教育主流，否则不可能成为教育创新者、原创者，另一方面代表着教育发展的主流方向，不可能专事批判、破坏而不顾建设，这就需要高度的实践智慧。从这个角度讲，原创型教育家乃侧身于新旧教育体系之间，从古代的孔子、孟子、朱熹、王守仁到近代的康有为、蔡元培、黄炎培、梁漱溟、陶行知等，大都曾身在教育旧体系之内，思想却指向之外的教育新体系。

原创型教育家是教育家的最高级类型或形式，其"原创性"主要体现在四个方面：原创性的时代，一般产生于长历史时段的巅峰时代或转型时代；原创性的问题，敏锐而深刻地发现并概念化时代的重大教育问题，这些问题是前所未有且无法回避的，对于这些问题的解答、解决就构成了教育历史发展的一个个必然环节；原创性的思想和实践成果，开创学理、学派或创立学校、学制，"立言"丰赡卓越、自成体系，"立功"构想深远、规模宏大；原创性的影响，不仅影响当代一时，并具永久性乃至世界性价值，值得反复研究和解读以汲取智慧。总之，原创型教育家就是那些生于原创性时代，提出原创性问题，创立原创性思想和实践成果，并具有原创性影响的教育家。

三、中国现代教育体系的解释框架和形成问题

对于中国现代教育的发生发展，我们提出"一体化说"作为一种新的解释框架。① 所谓"一体化"，一指纵向一体化，即从 1862 年中国人自己创

① 参见李剑萍：《中国现代教育问题史论》（修订本），人民出版社 2011 年版。

办的第一所现代学校京师同文馆诞生，1904 年中国第一个现代学制“壬寅·癸卯学制”颁行以迄于今，中国现代教育是一个持续的整体过程，作为现代教育的根本形态和趋向并未终结，并将在今后较长时期继续发展。二指横向一体化，即中国幅员辽阔、人口和民族众多、经济社会发展极不平衡，各地各民族现代教育发生发展的起点、进程、速度、路径也有差异，但总体趋向相同。此点意义极为重大，就是说中国现代教育的形成与发展过程，也是中国作为现代国家重整与复兴的过程。三指外向一体化，即中国现代教育是学习、引进、吸收先发国家教育思想、制度、理论和方法等的过程，就是增进教育国际交流与合作的过程，就是挽世界现代教育于中国、推中国教育于现代世界、中国教育与世界教育一体化、中国教育复兴并为世界教育做出崭新贡献的过程。四指内向一体化，即以现代学校制度为代表的现代教育制度逐步系统化和普遍化，以书院、私塾为代表的传统教育体系逐步学校化和消融化，以教会学校为代表的外国教育体系逐步中国化和世俗化，共同建构中国现代教育体系的过程。

中国现代教育的发生发展作为一个持续的整体过程，大致可以分为两大时期、四个阶段，即以 1949 年新中国成立界分为两大时期，此前是中国现代教育体系的形成时期，此后是中国现代教育的探索和发展时期，每一时期又各分为两个阶段，共计四个阶段。从 1862 年京师同文馆设立至 1927 年南京国民政府成立前是早期现代化阶段；从 1927 年南京国民政府成立至 1949 年新中国成立前是多元互动阶段，包括以党国化、制度化为特征的国民政府的教育建设与教育统治，以革命化、大众化为特征的中国共产党领导的革命根据地教育，以教育救国、杜威教育思想中国化为特征的民主主义教育家们的教育改革与教育试验，还包括教会学校的中国化和世俗化，私塾教育的学校化和消融化。从 1949 年新中国成立到 1984 年是转折与探索阶段，在新的社会制度基础上和毛泽东思想指引下，曲折地探索了什么是社会主义教育以及如何建设社会主义教育两大问题；1985 年印发《中共中央关于教育体制改革的决定》和 1986 年颁布实施《中华人民共和国义务教育法》以来是新型现代化阶段，开始在改革开放和全球化的环境中，建设和发展中国特色的现代化教育体系。

中国现代教育是在三个层面依次启动，多层互动，整体联动的。一是学校层面，包括现代学校的产生，学校类型的丰富，以及学校课程、教学和师生观念、角色、活动的现代趋向等；二是教育制度层面，包括现代学制的建立，现代教育行政体制和教育管理制度的形成与调适等；三是教育思想层面，包括先觉者和领导者的教育思想、教育家的教育思想与理论、社会公众的教育观念、官方教育思想即教育方针及其政策化等。从世界范围来看，各国现代教育的发生发展大致可以分为五种模式，第一种是以西欧国家为代表的先发内生型教育现代化模式，第二种是以美国、日本为代表的学习先发国家而自我创新的教育现代化模式，第三种是以印度等亚非拉殖民地国家为代表的主要移植原宗主国体制的教育现代化模式，第四种是以部分中东国家为代表的在政教合一体制基础上发展起来的教育现代化模式，第五种就是以中国为代表的在本土基础上学习外国而走自己特色道路的教育现代化模式。可见，不同国家的教育现代化不能简单分为先发内生型、后发外源型两类，而是有着不同模式，每一大模式又可细分为不同的小模式，它们在全球化浪潮中相互联系更加密切，相互影响更加广泛，使得世界教育一体化不是单一化而是多元化、丰富化。也正是从这个意义上讲，一方面，中国现代教育是中国教育与世界教育一体化的过程；另一方面，中国现代教育又是世界教育一体化中独具代表性的一极，具有独特价值，中国现代教育应彰显光大此种价值，这是中国现代教育的全球价值和使命。

以上的“一体化说”解释框架，可以概括为“一体多向、二期四段、三层第五模式”。在中国现代教育发生发展的第一时期即体系形成时期，中国现代教育面临的重大问题或称中国现代教育的形成问题主要是：

其一，培养什么样的人即教育目的、教育方针问题。这是中国现代教育形成的核心性问题，其他问题是由此衍生和为此服务的。它在起初，既不像欧洲那样经历过一个宗教改革和文艺复兴的人本主义启蒙过程，也不是中国传统社会和传统教育自我发展、自我生发的结果，而是由于传统教育所培养的传统型人才无法应对严峻的外患内忧的紧迫需求而倒逼产生的，是外铄性和社会性的。也因此，这个问题经历了由培育精英化“人才”向养成现代性“国民”再到培养合格的“人”的转变，经历了由偏重政治化的“社会人”到全面发展的“知识人”再到综合中国人、现代人、世界人的“文化人”的认识发展。

其二，建立和发展学校教育即教育制度、教育体制问题。这是中国现代教育形成的结构性问题，是实现教育目的、教育方针的制度设计和制度选择。它在经历了起初的创设新式学校、建立现代学制和现代教育行政体制两步之后，便遇到三个更深层次问题：一是现代学校的内涵性建设。只有具备了现代课程教学和师生行为观念才是真正的现代学校，因此在中小学校要进行现代性的课程改革和教学实验，在大学要引入大学精神和科学研究。二是教育普及，确切地说是普及学校教育。学校教育的制度化优势也兼具高成本压力，在人多地广、一穷二白的当时中国如何普及教育，始终是必须直面的两难问题，面临采取单一的制度化教育还是融通制度化与非制度化教育的选择。三是对于旧教育、传统教育的认识和态度。传统教育既是现代教育的对立面，又是现代教育的参照系，甚至在现代教育中传统教育不会根除，只会通过传统教育的现代化转换成为现代教育的必然构成。

其三，教育与社会的关系即教育与社会改造、社会建设问题。这是中国现代教育形成的功能性问题。中国现代教育是在社会转型之际应需而生、应运而生的。正因为传统社会及其教育已经不能应对早期现代化的需要，所以必须在其之外引进和建设一套现代教育体系，而现代教育的发生发展又是以传统社会的改造、现代社会的建设作为基础和目的之一的。这就决定了中国现代教育形成时期在与社会的关系上呈现三个特征：一是偏重社会本位的教育，即在人与社会的关系方面更加关注后者，通过人的社会化来造就“新民”以改造旧的社会、缔造新的社会，注重人的社会工具价值，相对忽视人的自身意义和人的个性化；二是教育社会化，教育改造旧的社会、缔造新的社会的前提和途径，就是教育必须与社会实际、社会实践相联系，这一时期出现了形形色色的“教育救国论”者和教育试验运动，甚至在教育社会化中出现了轰轰烈烈的教育运动化、教育政治化，教育成为社会运动和政治活动的工具；三是社会教育化，社会改造论、社会建设论的教育家们提出的社会方案，几乎无一不是教育化的，即在教育社会化的同时社会教育化，按照教育的模式、体系去组织和构建新的社会体制，把教育社会化与社会教育化作为理想的教育和社会状态。

其四，教育与文化的关系特别是教育与中西古今文化的关系问题。这是中国现代教育形成的深层性问题。教育与文化密不可分，是文化的一部分，教育传承创新文化并受到文化的规定制约。中西古今文化的关系及其与教育之间的关系，可以归结为外来文化本土化、传统文化现代化、中华文化世界化三大命题。虽有所谓传统文化本位主义者和全盘西化论者，实际上都是基于自己的立场，对中西古今文化的关系命题进行着自己的思考和解答。对于外来文化和外国教育理论，通常采取实用主义态度加以选取、改造和利用，即所谓"洋为中用"；对于中国传统文化和传统教育理念，也往往站在现实主义立场予以延续、变换和使用，即所谓"古为今用"，两者共同构成了教育与文化关系的民族化、现代化趋向，此点从 20 世纪 30 年代以后表现得尤为明显。

其五，教育哲学特别是知识价值论、认识论与教育的关系问题。这是中国现代教育形成的基点性问题。什么知识是有价值的或是最有价值的，如何认识有价值的知识或如何认识这些知识是最有效率的，便构成教育中教什么、学什么和怎样教、怎样学的问题，亦即课程和教学问题。在中国哲学传统中，本体论多与修养论相合一，即本体论道德化，宇宙观多倾向朴素唯物主义或带有人格化特点的唯心主义。而且，在实用理性的传统惯性和社会问题导向的现实需求作用下，现代教育家们的哲学思考是较少以本体论和宇宙观作为出发点的，而多是直接从知识价值论、认识论层面切入，并在课程教学哲学上呈现两个鲜明的倾向：一是在课程上，重视社会性、实用性、生活化、大众化的知识，二是在教学上，强调理论联系实际，与社会实践相结合，为生产生活服务。这一方面改变了中国传统教育教学与现代社会、现代生活相脱离的问题，另一方面也使得社会本位和工具主义进一步强化，这也是杜威实用主义教育理论之所以能在中国流行的深层原因。

四、原创型教育家的代际分期与中国现代教育体系的形成问题

在中国现代教育体系的形成时期，堪称原创型教育家者主要有张之洞、康有为、蔡元培、黄炎培、晏阳初、梁漱溟、陶行知、陈鹤琴等。就其原创性教育贡献和教育影响来看，张之洞、康有为属于以维新运动和新政改革为背景的晚清一代，蔡元培、黄炎培属于以辛亥革命和新文化运动为背景的民初一代，其余四人属于以国内革命和全面抗战为背景的民国中后期一

代。以上八人历时半个多世纪,大约算是三代教育家。

由于中国的早期现代化是一种急剧突变式的“压缩”了的现代化,八位教育家也可以算是两代半人。蔡元培、黄炎培作为第二代,其创新性教育影响发轫于清末,从辛亥革命后到20世纪20年代后期持续约20年;第三代则在20年代前期崭露头角,20年代后期开始形成较大影响,三四十年代成为主角。第二代的两人,与第三代的主要重叠期在20年代中后期,进入30年代他们虽然依然活跃并发挥重要影响,但已经主要是社会政治活动家的身份了。第三代的四人,生年奇迹般地顺差一岁,除了陶行知突发脑出血中年而逝,其余三人又都出奇地长寿,他们作为原创型教育家的光耀之时是在20世纪三四十年代,后来的人生道路、境遇虽然不同,但在当时都是民主主义教育家的杰出代表。从文化的代际传承来看,第一代的张之洞、康有为与第二代的蔡元培、黄炎培之间的关联性更多,即使康有为几近周游世界,蔡元培多年游学欧洲,也都属于传统文化的最后一代人,传统文化是他们青年所习、终生浸润、晚年所归,是他们教育改革的对象,也是他们的思想资源和文化比较的坐标系。第三代虽在童年时期受过一些传统文化的教育,但少年以后的思想和价值观形成时期,主要接受的是现代学校教育,除梁漱溟是自学成才之外,其他三人都在美国取得硕士、博士学位,受到过规范的现代思维训练和西方思想影响。由此,三代教育家的问题指向虽然都是中国的,但第一代、第二代教育家除了蔡元培,多带有中体西用、以中释西的立场,第三代教育家除了梁漱溟,多是西方教育理论,确切地说是杜威现代教育理论中国化的产物。

第一代教育家张之洞(1837—1909)和康有为(1858—1927)是亦旧亦新、从传统走向现代的一代,他们共同的历史使命是建立现代学校系统,终结传统教育制度,以及从制度安排上回应中西文化的关系和传统儒学的命运。

张之洞是洋务教育的殿军后劲、清末教育改革的总设计师、中体西用论的集大成者,三重角色既是他教育思想和实践的分期,也反映了19世纪末到20世纪前10年中国教育由传统走向现代中的巨变。他在前期,主要延续或者说复兴了早期洋务派曾国藩、左宗棠、李鸿章、沈葆桢等人的教育事业,在甲午战争失败后更加深重的民族危机中,以更大的毅力和担当兴办洋务学堂、改革旧式书院、设立新式书院，特别是在国际国内的新形势和早期改良派的新思想影响下，开始由侧重军事应对转向全面改革，洋务学堂的办学重点也由军事技术领域拓展至社会政治学科，与之相应，培养目标由“新技术人才”拓展至“新国民”，办学视野由专业教育拓展至普通教育、由精英教育拓展至普及教育。这是清末全面教育改革的基础和前奏。进入20世纪，经历了八国联军战争和庚子赔款的剧痛，中国不得不在全面危机中开始史称“清末新政”的全面改革，包括其中的教育也在此前学校数量增加、类型增多的基础上，进行整体谋划、顶层设计，北方的袁世凯和南方的张之洞历史性地充当起设计师的角色。由于袁世凯更加侧重军政方面，张之洞调任中央后主抓教育，成为全面教育改革的总设计师，从“立新”和“破旧”两方面构建起中国现代教育的四大制度基础——颁行第一个现代学制“壬寅·癸卯学制”，建立与之相应的以学部为代表的现代教育行政体制，颁布“中体西用”思想指导的新旧参互的教育宗旨，停废科举考试直至最终废除科举制度。同时，张之洞作为政治化的儒家学者和道统承继者，一方面采取通经致用、经世致用的务实主义态度，另一方面坚守道统红线和文化底线。他1898年撰写的《劝学篇》，奠定了其作为“中体西用”论集大成者的地位。所谓“西用”即利用、吸收西方先进的科学技术乃至管理体制，所谓“中体”即保持、维护中国的君主体制和儒家道统。他晚年认为即使君主立宪亦未尝不可，但儒家道统不能失守，既反对康有为托古改制式的今文经学曲解，更感叹进入20世纪在立宪与革命思潮的博弈中民主共和观念的大行其道，进而横扫孔孟之道及其精神象征孔子。其实，中国人对于孔孟儒学多采取功利主义态度，学校已兴，科举既废，制度化儒学和道统的解构已经不可避免，所以作为兴学校、废科举设计者的张之洞在晚年陷入吊诡、反思和哀叹，认为自己实际成为传统文化掘墓人，有“我虽未杀伯仁，伯仁因我而死”的自责和懊悔，正因此才有倡办存古学堂的最后一搏。当然随着他的去世、清朝的终结，存古学堂很快也就烟消云散了。但他所留下的文化命题并没有结束，他解决问题的方式是传统的，但所要解决问题的意义是现代的。如果说张之洞作为教育家完成了建立现代学校系统、终结传统教育制度的使命，而从制度安排上如何安置传统儒学呢？他只是认识到这个命题，没有也不可能解答这个命题。

康有为是维新运动的领袖、著名的改革家和思想家，虽比张之洞晚生、晚逝约20年，但其教育思想和实践的辉煌期都集中在19世纪末20世纪初，与张之洞具有交集和重叠，从这个意义上讲两人属于思想上的同代人、同一代教育家。康有为与张之洞在19世纪最后几年的教育变革大潮当中，总体目标是一致的，就是都想兴学校、变科举，大办各级各类学校并使之体系化制度化，变八股取士为策论取士直至逐步停废科举制度，并且这些改革都必须在中央的强力领导下进行，无非康有为依赖光绪帝，张之洞乃实际掌权者慈禧太后的“手擢之人”。二人的区别就在于，张之洞是体制内的政治型教育家，康有为是体制外的思想型教育家。康有为虽以“帝王师”自命，拼命想挤进体制内却不得，即使“百日维新”期间曾短暂地进入过也未能成为核心和主流。体制外的改革家注定只是改革启蒙家和改革思想家，这也正是其意义所在。康有为的人格特点和知识结构，决定了其思想更具突破性、新锐性和挑战性、解构性，他希望构建一套新的思想和制度体系去取代原有体系，而张之洞偏重于从原有体制体系去补苴、生发出一套新的东西。这是两种不同的原创类型，或可分别名之“替代型创新”和“生发型创新”。当然，它们的共同指向是创新、是质变，前者是骤变，后者是渐变，二者即使在同一教育家身上，在一定条件下也可以转换，生发积累到一定程度就是替代。比较而言，康有为的思想更具有爆发力、震撼力，也易走向旁门左道，不见容于当道；张之洞的思想更具建设性，也更中庸、更易被接受、更具可操作性，当然思想的启蒙意义便相对逊色。“百日维新”期间，康有为虽可提出“废八股、变科举”的建议，但具体实施方案必须赖于张之洞，张之洞作为体制内、政治型、生发型创新的教育家，有学有术，有思想有担当，最善于四两拨千斤，用技术性设计解决体制性问题而不囿于技术官僚。康有为的教育原创性在于维新、孔教、大同三个方面或者说层面。维新教育是康有为作为清末改革家和维新运动“头儿”的贡献，其核心在于兴学校、废八股、变科举。但康有为与同侪的不同之处，是把维新教育作为维新变法的重要内容和途径，是想通过教育变革、维新教育来培养一批维新变法即搞资本主义一套的政治精英，这是他跟张之洞等洋务教育家的根本区别，也是他作为原创型教育家对同时代其他要求变科举、兴学校的教育家的超越。孔教教育是康有为作为文化学人的原创性建构。在19世纪中叶以降的中西古今文化之争中，无论何种解答方案，要想有效就必须指向中国文化问题的解决，又必须把中国文化置于世界文化的总格局中进行思考，这就容易在中西文化比较中走向中国文化本位、西方文化形式，与其说是“中体西用”毋宁说是“中本西形”。康有为正是从宗教政治学层面来思考和设计中国传统文化的时代命运、中国文化的时代使命，他把“保教”与“保国”“保种”相联系，即由政府组织建立孔教并确立孔教为国教，从教义到仪式仪轨予以体系化、制度化、普及化。康有为从早年编撰《孔子改制考》直到晚年组织孔教会、创办《不忍》杂志，一以贯之，终身不懈。大同教育是康有为作为思想家的原创性贡献，对康氏的大同理想冠以“大同空想社会主义”可能更是政治家者流的现实解读和比附衍义。康有为的大同观实际是他所诠释的中国古代大同观与其流亡国外反思西方工业资本主义之弊，以及与其“天游”思想（以佛学思想为主融合了庄子一派道家思想）杂糅的产物。解读康有为的大同观，必须将《大同书》与其晚年最后一部主要著作《诸天讲》结合起来理解。他晚年所创造的《诸天讲》、天游园、天游老人等“天游”系列，实为其少年以来究研佛学思想的特质化个性化发展。至于为人所乐道的大同社会教育模式，不仅是看似严密的空想，也实非康有为措意之所在。他所关注者更在于宇宙之人（人居无限广漠之宇宙，人至为渺小，人生至为短暂）的形而上问题，这实开启蔡元培、梁漱溟同类思考的先声。

蔡元培（1868—1940）和黄炎培（1878—1965）属于第二代、民国初年一代的教育家，教育贡献集中于民国元年（1912年）到20世纪20年代中期之前。蔡元培比黄炎培年长10岁，在南洋公学经济特科班与黄炎培还有师生之谊，在世时的政治地位、社会声望也远高于黄炎培，但两人的早期经历颇为相似。蔡元培是清朝翰林，黄炎培是举人，都在青壮年时期主动脱离清朝的政治体制和学术体系，游历游学国外，蔡元培甚至以访问学者身份在德国大学学习研究多年。可两人囿于自身的知识结构，对于外国思想理论文化的汲取和介绍充其量是“高级常识”级的，专深程度无法与后来的胡适等人相比。两人都极其聪明敏锐，默察世界大势，善假于势，知清廷无可救药，在清末的上海以办学为反清之掩护和张本，投身辛亥革命，分别是当时最有影响的教育派别——浙江籍教育派和江苏籍教育会派的代表,并以教育社团兼行社会政治活动,实开后来晏阳初、梁漱溟等人以教育改造社会之先河。1927年以后,蔡元培对蒋介石经历了由支持“清党”走向反对独裁的转变,黄炎培也一度被国民党通缉,后由中华职教社而组党,成为第三方势力中的重要一派。两人都成为民主斗士、社会政治活动家,黄炎培在新中国成立后曾任政务院副总理。比较而言,蔡元培的教育贡献更大,影响和意义也更深远。

蔡元培对于中国现代教育的贡献主要有三:一是1912年他作为民国首任教育总长,提出“五育并举”的教育方针,在发展了清末“中体西用”教育宗旨合理成分的基础上,更增加了美感教育和世界观教育,并以世界观教育为实体的、根本的、本质性之教育目的,“以美育代宗教”,美感教育是联系隶属于政治的德智体育和超轶乎政治的世界观教育之津梁。这不仅直指中国人、中国教育过分注重实用理性之病,更是迄今对于中国现代教育培养什么样人的最深刻思考。二是1917年就任北京大学校长后,他提出大学以“研究高深学问”为宗旨,学、术应当分途而治,第一次明确了中国现代大学的科学研究职能,而且大学所研究之科学具有高深、纯粹的特点,这便为中国的大学注入了灵魂,通俗地讲就是“大学像大学”了。由是,大学必须采取“思想自由,兼容并包”的办学方针,相应进行内部管理体制改革,学科专业结构调整,师资队伍优化,学校文化建设。北京大学为之焕然一新,成为中国大学、学术和思想界之“灯塔”,进而由此成为新文化运动的发源地和“五四”运动的策源地,极大地改变了中国的思想文化面貌、社会政治生态以及历史走向。溯源推始,固是由于北大所处地位及当时国内外社会环境、思想潮流所致,亦不可忽视蔡元培顺势而发之伟力。三是他秉持“教育独立”思想,并在1927年前后进行了大学院制和大学区制试验,这些试验虽因制度缺陷、人事纷争、利益博弈等仅一年多便被废止了,但教育应独立于教会、政治之外,并从经费、政策上予以保证的思想成为一大潮流。归根结底,这是要求尊重教育规律、保持教育静气,是对教育过度社会化、政治化和运动化的反动。蔡元培的超凡之处在于,一方面他作为国民党元老是广泛而深入的社会政治参与者,尤以北京大学为基地从思想文化层面推动了中国的深层变革,另一方面他又始终有意无意地采取了既非入场又非离场的“即场”态度,研究人、教育、大学的本质,可谓“教育家之教育家”、原创型教育家之首。

黄炎培对于中国现代教育的贡献主要在两个方面：一是在清末发起成立江苏教育会，并使其成为全国最有影响的教育社团，兼具政治团体性质和政党雏形，不仅在江苏的辛亥革命中发挥了很大作用，而且在20世纪20年代前期的文教界和东南政坛影响巨大。正如他自称：“这是教育性的江苏中心组织，经过几年，成为政治性的江苏中心组织……在辛亥革命洪潮中，成为江苏有力的发动机构。”[①]二是组织成立中华职教社。他由民国初年倡导职业教育的前身——“实用教育”开始，到1917年组织成立中华职教社，其后创办职业学校、编印报刊、举办年会等，影响不断扩大，1926年又在江苏昆山徐公桥设立乡村改进试验区。中华职教社成为被共产党争取的党派团体。黄炎培的两大教育事业——江苏教育会和中华职教社，都由教育团体走向政治团体，他自己也从教育家成为社会政治活动家，从清末在上海川沙办学，创办浦东中学，到新中国成立后任政务院副总理。他一生的教育路向，主要是指向社会改造的，通过教育来改造社会进而造福人，而教育改造社会的路径就是社团化、试验区化和社会化、政治化，即教育家们要组织起来、行动起来。在这一点上黄炎培不同于蔡元培，而更接近于晏阳初、梁漱溟，黄、晏、梁三人应该说是“教育救国”论的代表和实践家。

晏阳初（1890—1990）、梁漱溟（1893—1988）、陶行知（1891—1946）、陈鹤琴（1892—1982）属于第三代、民国中期一代的教育家。他们比蔡元培小20多岁、比黄炎培小10多岁，作为原创型教育家的集中作为在20世纪30年代及其前后。

晏阳初、梁漱溟可称乡村建设运动的双子星。晏阳初从事平民教育运动持续时间之长、影响之大，实无出其右者，包括梁漱溟。他在美国留学期间，于第一次世界大战中被教会派到法国从事华工识字教育，从此开始平民教育生涯；1920年回国后，由平民识字运动而平民教育运动、乡村改造运动；1949年后又在国外从事世界平民教育活动，具有世界性影响。梁漱溟所主持的乡村建设运动，则集中在20世纪20年代后期30年代前半期。

① 黄炎培：《八十年来——黄炎培自述》，文汇出版社2000年版，第75页。

所谓乡村改造、乡村建设运动,实质都是"五四"运动前后开始的平民教育运动由城市向农村的延展,由教育运动向社会运动的拓展。随着北伐战争前后社会动员向着农村的深入,以及随后开展的"中国社会性质问题论战",特别是到20世纪30年代中前期,论战重点转向中国农村社会性质,农村、农民、农业问题的严重性和迫切性引起广泛关切,国共两党以及民主主义者们对于"三农"问题探索了不同的利用和解决方案。"据统计,当时600多个教育和学术团体及大中专院校在全国建立了1000多个乡村建设试验区。"①更深层原因,也是对于当时城市化浪潮中城市大量虹吸农村资源的反思与反动。民主主义教育家晏阳初、梁漱溟分别以河北定县、山东邹平为基地开展县域试验,影响一时,是以教育运动救治"三农"问题、"教育救国"思想实践于农村或称"教育救农"运动的杰出代表,是当时的新农村建设运动中最重要一派。二人思想的共同之处在于:一是都以中国社会的重整和复兴为目的、为己任,认为近代以来在西方列强的军事打击和经济冲击下,加之中国传统社会的自然老化,传统的中国社会走向破碎和衰败,只有进行社会重整和复兴中国才有希望。二是都认为中国社会重整和复兴的难点、重点和希望在农村。农村面积和人口占中国的大多数,中国的经济社会发展水平还是农业国,在工业化、城市化浪潮中,本来就困顿的农村更陷于破产的境地,这不仅在于经济的凋敝,更在于基层组织的衰落、伦理文化的解体、人心的陷溺。中国的重整复兴包括并且必须依靠中国文化的更新复兴,而中国文化之根在农村,中国未来的新文化不可能由某种外来新文化替代,中国问题的解决要走"农村包围城市"的道路。这也是当时国共两党和民主主义派别的共同认识,只是具体路径、实施方案和效力效果有所区别。三是中国"三农"问题需要综合性的总解决方案,即所谓的乡村改造、乡村建设。中国"三农"问题是愚、弱、贫、私等并存,既有自然经济破产、民间借贷重压、疾病肆虐、游民流民问题,又有宗族社会解体、伦理道德沦丧、文化教育水平低下等问题。四是这些问题总解决的切入点、突破点就是文化教育,包括识字和扫盲教育、卫生知识普及和卫生清

① 郑大华:《民国乡村建设运动之"公共卫生"研究》,载《天津社会科学》2007年第3期。并参见郑大华:《民国乡村建设运动》,社会科学文献出版社2000年版。

扫运动、科普和农业技术推广、经济互助组织，以及基层选举和政权建设、移风易俗运动、乡规民约订定、道德重整运动等，一般不出这些方面，亦即梁漱溟等人所谓的"教养卫"一体化。当时各派对于"三农"问题的解决方案基本都是综合性的，只是切入点、重点、路径和立场、目的有所区别。从切入点来看，有政治的、经济的、文化教育的之分，分别对应的是革命救国、实业救国和教育救国。晏阳初、梁漱溟等教育家，不同于卢作孚等实业家和国共两党，他们所能做的、所擅长做的就是教育。五是乡村改造建设的根本力量和关键问题在于农民的自觉自动，缺乏农民自觉自动的改造建设，就只剩一批"看热闹者"和"包办者"。平教会、乡建派等干部只是组织者、辅导者、帮助者，尽职而不越位，指导而不包揽，由此，乡村改造建设的关键在于发动农民，发动农民的利器在于教育农民。以上，就是当时晏阳初、梁漱溟的思维逻辑。在这种逻辑下，他们及其所领导的乡村改造、乡村建设必然走向社会化、运动化乃至政治化、政党化，既与当时国民党推行的新县治运动相因应，也如 1940 年 10 月 30 日中共中央宣传部所发的《中央宣传部关于向全国教育界各小派别小团体推广统一战线工作的指示》中所说："教育界各小派别中，以陶行知所领导的生活教育社，黄炎培、江问渔所领导的中华职业教育社，晏阳初、陈筑山所领导的平民教育促进会，梁漱溟所领导的乡村建设派等最有历史和地位。"①可见，他们的出发点和目的，都是社会的而不仅仅是教育的。

值得注意的是，晏阳初、梁漱溟对于自己的事业和理念都有着宗教家般的执着。作为基督徒的晏阳初是入世式的，他读的是教会学校，去欧洲从事华工教育是受教会派遣，回国后从事平民识字教育也是从基督教青年会起步的；作为新儒家的梁漱溟深研佛学而自称不是佛教徒，内热外冷，满腔热忱中装着坚毅的冷静。或许由于这种宗教性背景，二人都从文化层面去发现、发掘、解答、解决乡村改造和建设问题，他们既是行动的又是思考的，既是社会的又是文化的，相对于同侪更加坚定和深刻深沉。他们身上有一种信仰的力量，这种信仰来自于他们对于中国社会的文化认识、文化解读和文化图景建构。也正因为这种带有先验性、想象性的文化范式，使

① 中央档案馆编：《中共中央文件选集》第十二册，中共中央党校出版社 1991 年版，第 536 页。

得他们的乡村改造和建设理路带有主观性，成败毁誉参半。

晏阳初认为乡村建设的根本在于开发“脑矿”，发挥“民力”，发扬“国族精神”，以实现“民族再造”——“它的发生完全由于民族自觉及文化自觉的心理所推迫而出”[①]。“它对于民族的衰老，要培养它的新生命；对于民族的堕落，要振拔它的新人格；对于民族的涣散，要促成它的新团结新组织。”[②]“当今日全世界新旧文化过渡的时期，我中华四万万众多的人民，承五千余年文化丰富的历史，正当努力发挥新光彩，以贡献于全世界。”[③]由此，我们将其平民教育原则概括为“三四四四”，即采取学校式、社会式、家庭式三种教育方式，实施“四大教育”以治“四病”，以文艺教育治愚，以生计教育治穷，以卫生教育治弱，以公民教育治私，培养兼具知识力、生产力、健康力、团结力“四力”的“新民”。梁漱溟作为文化学者、文化大家，对于中华文化的思索更为深邃，也更带有先验性。他认为中国社会的特征是“伦理本位，职业分立，没有阶级分化”，“士人即代表理性以维持社会者”[④]，中国乡村衰败的原因在于组织涣散，而乡村组织“必须以中国的老道理为根本精神”，“发挥伦理关系，发挥义务观念”[⑤]，即西方社会是以法律精神或曰契约关系、选举程序组织起来的，而中国社会是基于伦理的，变契约关系为伦理关系，变权利观念为义务观念。“乡村建设，就是要先从乡村组织做起，从乡村开端倪，渐渐地扩大开展成功为一个大的新的社会制度，这便叫做‘乡村建设’。”[⑥]而乡村组织要从两方面入手，一是“乡约”的补充改造，二是成立乡农学校。乡约类似于乡村自治宪法，乡农学校是

---

① 《十年来的中国乡村建设》（1937 年），见宋恩荣总主编：《晏阳初全集》第 2 卷，天津教育出版社 2013 年版，第 79 页。

② 《农村运动的使命》（1934 年 10 月），见宋恩荣总主编：《晏阳初全集》第 1 卷，天津教育出版社 2013 年版，第 255 页。

③ 《平民教育的宗旨目的和最后的使命》（1927 年），见宋恩荣总主编：《晏阳初全集》第 1 卷，天津教育出版社 2013 年版，第 105 页。

④ 《乡村建设理论》，见中国文化书院学术委员会编：《梁漱溟全集》第二卷，山东人民出版社 2005 年版，第 167、170、185 页。

⑤ 《乡村建设大意》，见中国文化书院学术委员会编：《梁漱溟全集》第一卷，山东人民出版社 2005 年版，第 665 页。

⑥ 《乡村建设大意》，见中国文化书院学术委员会编：《梁漱溟全集》第一卷，山东人民出版社 2005 年版，第 720 页。

乡约的整体表现，是“推动设计机关”，并将此新的机关“嵌入”现行的基层体制当中。① 乡约以“向上学好”为目标，教养卫一体化，以教育为龙头。乡农学校由学众、学长、学董、教员等组成，主要负责两项工作，一是“酌设成人部、妇女部、儿童部等，施以其生活必须之教育”，二是“相机倡导本村所需要之各项社会改良运动（如反缠足、早婚等），兴办本村所需要之各项社会建设事业（如合作社等）”。② 从这些意义来讲，无论喝过洋墨水、与美国联系密切的基督徒晏阳初，还是自学成才的本土学者梁漱溟，都是在世界一体化大潮中、在中西文化范式比较中的中华文化本位论者、中华文化复兴论者。这是信仰的作用和力量。至于中西文化的原貌是否果真如此，则见仁见智。社会基层的契约关系果真不蕴含伦理关系吗？伦理关系不也是一种契约吗？

陶行知、陈鹤琴与晏阳初、梁漱溟同属第三代教育家，却类型不同。

陶行知是当时民盟的中央常委，是当时民族民主运动和社会政治活动的积极投身者，但比较而言他更偏为职业型的教育家。这主要体现在两个“一以贯之”的方面。第一个“一以贯之”，是他从事平民教育、乡村教育、普及教育、国难教育、全面教育到民主教育，与时俱进，不断从社会大变局、大格局来思考教育问题、提出教育的“新名词”，也曾希冀教育救国、通过教育改造社会，但他在教育与社会之间楔入了一个变量——“新人”，即通过培养千千万万新人来缔造一个新社会。晏阳初、梁漱溟在教育与社会之间也有一个变量——“新民”。“新人”与“新民”，一字之差，立意迥异。而且陶行知关注的重点在于中间变量的“人”，晏阳初、梁漱溟关注的重点在于教育所缔造的新乡村和新社会，所谓新民只是新社会的组成分子，培育新民只是构建新社会的一个过程、步骤乃或工具而已。无论“平民”教育还是乡村改造、乡村建设，都只是一套基层社会组织建构理论，是社会学的、政治学的，是着眼社会重构再造、社会本位的，他们都没有提出一套相对完整的创新性的育人理论体系。这不仅是社会活动型教育家晏、梁的不

① 参见《乡村建设理论》，见中国文化书院学术委员会编：《梁漱溟全集》第二卷，山东人民出版社2005年版，第320—366页。

② 《乡村建设大意》，见中国文化书院学术委员会编：《梁漱溟全集》第一卷，山东人民出版社2005年版，第672页。

足，更是中国教育早期现代化时期乃至整个中国现代教育时期教育家的群体性缺陷。在近代原创型教育家中，真正自觉而一贯地思考育人问题者，前有蔡元培，后有陶行知和陈鹤琴。这本身就是一个值得思考的命题——教育本是育人的事业，教育家本是育人的大师，而原创型教育家们因何较少立足于研究育人呢？第二个"一以贯之"就是他的生活教育论。陶行知曾说："我们是发动了四个教育运动：即乡村教育、普及教育、国难教育、战时教育。这四个运动只是一个运动的四个阶段，这一个运动便是生活教育运动……"①所谓"生活教育是生活所原有，生活所自营，生活所必需的教育。教育的根本意义是生活之变化。生活无时不变，即生活无时不含有教育的意义。因此，我们可以说：'生活即教育。'到处是生活，即到处是教育；整个的社会是生活的场所，亦即教育之场所。因此，我们又可以说：'社会即学校'"②。他又说，"教学做合一"，"教和学都以做为中心"，"做是在劳力上劳心"，生活教育必以生活工具为出发点。生活教育特质是生活的、行动的、大众的、前进的、世界的、有历史联系的；培养的人的特征是康健的体魄、农人的身手、科学的头脑、艺术的兴趣、改造社会的精神。③ 陶行知是他的老师、美国著名教育家杜威的现代教育理论在中国的重要引进者、传播者和修正者、发展者，一方面他批评杜威所倡导的"教育即生活""学校即社会"只是在学校里模仿社会生活、是虚拟的生活，并未真正将教育与生活融为一体，把杜威的名言"翻半个筋斗"，另一方面他的生活教育论又是杜威现代教育理论中国化修正的产物，它既是指向中国教育问题的、总结和应用于中国教育实践的、中国化形式的，又与当时世界上方兴未艾的杜威现代教育理论相接轨。那些只看到陶行知对杜威理论的批评、强调生活教育论与杜威教育理论的区别者，我宁愿相信他们是出于非学术的深意，而没有领会杜威及其实用主义教育学在中国广泛传播的内因正在于其与中华文化、中国知识分

---

① 《告生活教育社同志书》(1939 年 3 月 25 日)，见董宝良主编：《陶行知教育论著选》，人民教育出版社 1991 年版，第 520 页。

② 《生活教育》(1934 年 2 月 16 日)，见董宝良主编：《陶行知教育论著选》，人民教育出版社 1991 年版，第 390 页。

③ 参见《生活教育之特质》(1936 年 3 月 16 日)，见董宝良主编：《陶行知教育论著选》，人民教育出版社 1991 年版，第 462—464 页。

子精神、中国教育传统、中国现代教育问题的内在契合。[①] 陶行知的生活教育论是理论的又是行动的、是中国化的又是世界性的、是通俗的又是现代的,标志着中国现代教育理论的形成。此前的教育家可以称为教育实践家或教育思想家,但无一堪称教育理论家者。

陈鹤琴是中国近代教育家中的最后大师,也是最为专业化的教育家。长寿的他虽亦参与政治,但与实际参与最重要的第三党——民盟创建工作、曾任民盟秘书长和机关报《光明报》创办人的梁漱溟不同,也与曾任民盟中央常委、积极投身民族民主运动的陶行知不同,他曾任民盟中央常委,主要是荣誉性的,其实际最高官方职务就是新中国成立后长期担任南京师范学院院长,无论 1949 年前后,包括 20 世纪 50 年代批判陶行知进而批判他的"活教育"的时候,他都是被当作教育家,尤其是幼儿教育家看待的。陈鹤琴作为教育家的主要贡献,在于幼儿教育、家庭教育以及幼儿心理发展和测量研究三个方面。幼儿教育是最主要、最基本也是原创性的,家庭教育是幼儿教育在家园联系方面的必然延伸,幼儿心理发展和心理测量是幼儿教育的科学基础,是当时科学教育运动的成果之一。发轫于新文化运动时期的科学教育运动包括科学的教育化和教育的科学化两方面,前一方面主要是由任鸿隽等科学家和中国科学社等科学团体来倡导和实施的,后一方面则主要由教育家来承担。教育的科学化又包括教育教学试验运动、学业成绩和智力测量运动、儿童心理发展和测量研究等三方面,儿童心理发展和测量研究又是前两方面乃至整个教育科学化运动的基础,中国的儿童发展心理学进而教育心理学乃至心理学研究主要是沿着这条路径发展起来的。只是由于现代学科的分化,中国近代最有成就的心理学家艾伟等人,主要精力还是集中于心理学领域的研究,教育实验或教育试验不过是其心理学理论的实证来源和验证场,他们并没有把儿童发展和教育改造作为自己的主要目的。而陈鹤琴心理学功力深厚,既是心理学家又是教育学家并以幼稚园的教育实践统合二者,终成为以幼儿教育家知名的原创型教育家,构建起中国特色的幼儿教育理论体系。他相对于大多的心理学家是积极致力于教育行动的,相对于前辈教育家又是经过了科学思维训练和具

① 参见李剑萍、杨旭:《中国现代教育史》,人民教育出版社 2011 年版,第 208—213 页。

有深厚心理学功力的，更重要的是，相对于通常的科学型的心理学家或教育试验者，他又有着自己所秉持的哲学和价值观，即杜威现代教育理论中国化及其在中国幼儿教育实践化的产物——“活教育”。“活教育”是相对“死教育”而言的，它的“(1)一切设施、一切活动以儿童做中心的主体，学校里一切活动差不多都是儿童的活动。(2)教育的目的在培养做人的态度，养成优良的习惯，发现内在的兴趣，获得求知的方法，训练人生的基本技能。(3)一切教学，集中在‘做’，做中学，做中教，做中求进步。(4)分组学习，共同研讨。(5)以爱以德来感化儿童。(6)儿童自订法则来管理自己。(7)课程是根据儿童的心理和社会的需要来编订的，教材也是根据儿童的心理和社会的需要来选定的，所以课程是有伸缩性，教材是有活动性而可随时更改的。(8)儿童天真烂漫，活泼可爱，工作时很静很忙，游戏时很起劲很高兴。(9)师生共同生活，教学相长。(10)学校是社会的中心，师生集中力量，改造环境，服务社会”①。陈鹤琴自称：“我们要利用大自然、大社会做我们的活教材。我们要在做中教，做中学，做中求进步，我们要有活教师、活儿童，以集中力量改进环境，创造活社会，建设新国家。”②他后来把活教育的目的总结为“做人、做中国人、做世界人”。具体来讲就是，“第一是健全的身体；第二是要有创造的能力；第三是服务的精神；第四是要有合作的态度；第五是要有世界的眼光”③。可见，陈鹤琴教育哲学的主旨是指向幼儿个体发展的，即教育的最基础和最深层，这一点与陶行知相同且有过之，超越了晏阳初、梁漱溟二人而上承蔡元培。如果说，蔡元培的人学及其教育目的观是以康德哲学为底色的，那么陶行知和陈鹤琴则是以杜威现代教育理论及其中国化为基础的，陈鹤琴在此之外又增加了一个科学主义的心理学的支撑。而且，陈鹤琴选择幼儿这一社会化程度最低且与社会改造最为间接的教育领域，专以深耕幼儿教育领域为鹜，以此卓

① 《活教育与死教育》(1941年)，见陈秀云、陈一飞编：《陈鹤琴全集》第五卷，江苏教育出版社2008年版，第21—22页。

② 《〈活教育〉发刊词》(1941年1月)，见陈秀云、陈一飞编：《陈鹤琴全集》第五卷，江苏教育出版社2008年版，第1页。

③ 《活教育目的论》(1948年)，见陈秀云、陈一飞编：《陈鹤琴全集》第五卷，江苏教育出版社2008年版，第64页。

然成家，究竟是专业使然、兴趣所在抑或智慧的选择？从这个意义上来讲，陈鹤琴无疑是中国近现代原创型教育家中最为纯粹、最为专业者。

由上可见，如果说张之洞、康有为是政治家办教育，蔡元培、黄炎培是教育家办政治，晏阳初、梁漱溟则是社会活动家办教育，通过办教育改造社会，那么，陶行知、陈鹤琴则是教育家办教育，二人都以教育家为职志，是职业型的教育家。当然，比较而言，陈鹤琴更纯粹一些，陶行知介于陈鹤琴与晏阳初、梁漱溟之间。由此亦可知，中国教育早期现代化的主要命题以及所赋予教育家的主要使命，在于制度建设方面，如兴学校、立学制、废科举等，这便为张之洞、康有为等政治型教育家提供了空间，也只有这种类型的教育家才能开辟新教育之路。也就是说，中国现代教育的生成路径不是依赖职业型的教育家及其事业的积累，只有政治型的教育家构建了现代教育的基本制度架构之后，才为相对专门的、职业型的教育家的孕育和发展提供了平台。晏阳初、梁漱溟在社会政治层级上，难望张之洞和康有为、蔡元培和黄炎培之项背，也始终没有进入政治主流，他们顺应时代潮流，眼睛向下、向乡下、向下层平民，探索教育与政治、社会、救国相结合的新领域、新突破、新路向——平民教育和乡村建设，开辟了现代教育的新空间，找到了自己的新定位，成为当时的政治型教育家和理论型教育家之外的社会活动型教育家。但二人都没有受过教育学、心理学的专业训练，其教育理论主要是社会层面或文化层面的，或曰社会学、文化学在教育领域的延伸和应用，基本未能进入教学层面，甚至严格来讲，二人是教育家、教育思想家但非教育学家、教育理论家，这无疑限制了其作为教育家的专深、纯粹、专业化程度。中国近现代原创型教育家中真正能够进入教育理论思维层面者，前有蔡元培开启端绪，及至陶行知、陈鹤琴乃臻形成。

总而论之，中国近现代原创型教育家的根本使命在于构建中国特色现代教育体系。这个体系不是中国传统教育体系自我现代化的产物，在较长时期是由于外部刺激、学习西方而建立起来的，甚至起初相当时期还将中国传统教育体系当作一无是处的批判、改造和取代对象。但实际上，在中国这样一个地广人多、历史悠久、文化积淀深厚的国家，现代教育的发生发展必然包含着现代教育中国化与传统教育现代化两个方面，两个方面既不可或缺，又是相互扭结交织在一起的，一显一隐，前者显而得到重视，后者隐而易被忽视。无论现代教育的中国化,还是传统教育的现代化,其变革的广度、深度和复杂度,从历史和世界范围来看都是前所未有的,都是原创性的。由此,更加凸显原创型教育家的重要和艰辛。

三代教育家的贡献因时代而有侧重。张之洞、康有为作为第一代的主要使命是发展现代学校、构建现代教育制度。第二代、第三代出现分化。黄炎培、晏阳初、梁漱溟是一系,主要贡献在于推动学校教育走向平民、走向乡村、走向社会。这有助于救治现代教育体系的过分制度化之弊,为封闭的、体制化的现代教育制度打开了一个新的领域,开辟了更广阔的天地,不仅把现代教育制度与当时的工农运动、社会运动相结合,而且与中国的教育传统和理念相吻合,可谓中国传统教育与现代教育在思想与实践上的化合,探索了传统教育现代化和现代教育中国化相融合的命题,只是囿于自身的经历、知识结构和学养,提出相应思想却理论基础薄弱,有思想体系而无理论体系。蔡元培、陶行知、陈鹤琴又是一系,他们无不参与当时几乎所有的教育运动,更重要的是他们开始构建起富有中国特色的教育理论体系。从这个意义来讲,他们三人是近现代原创型教育家中的三座高峰,是最伟大的教育家,是中国特色又具世界水平。

五、教育家的文化自觉与教育家成长

其一,教育家尤其是原创型教育家的高明之处或者说本质特征就在于其文化自觉,这是他们区别于一般教育家、优秀教育工作者的"金标准"。

所谓文化,虽然言人人殊、人云亦云,却也有不言而喻的共同指向,即指像空气那样无处无时不包裹着我们的一种须臾难离而不自知的氛围,或者说是"场",就是每个人在"场"中的生活状态以及与"场"的互动、交融、同构。这其中最深层的是精神生活,精神生活中最核心的又是价值观和思维方式。文化自觉是文化自信、文化自强的理性基础和指南。缺乏文化自觉的文化自信可能陷于文化自恋、文化自闭、自我文化膨胀;缺乏文化自觉的文化自强可能走向文化输出、文化侵略、文化沙文主义、文化殖民主义。所谓文化自觉,费孝通曾简捷了当地说就是要有自知之明和知人之明,最终达到"各美其美、美人之美、美美与共、天下大同"之境。当然,他更多地是从民族学、社会学的中华民族多元一体观出发的。而从教育和教育家的角度来看,教、学、觉是同源字①,皆从"爻"得音得字。"爻"是教、学的音源,也是它们的义源,就是使人明白、觉悟之意。如果说"教"是使人明白、觉人觉他,"学"就是自己明白、自觉觉己,自觉与觉人是一体交融的,是一而二、二而一的。自觉是觉人的前提,否则就是以其昏昏,使人昭昭;觉人是自觉的施用延伸,并在看到他人的觉悟中体验成功、感受愉悦,进而体悟和深化自觉,在觉人中提升自觉。当然,被觉者的真觉、正觉,终究还是其自觉,觉人若不是为了使人自觉,则不是真正的觉人,被觉者也不可能真觉,那只能是一种不自觉的思想暗示、思想占领和思想剥夺。

相当多的教师一生都处于工作和人生的"滑行"状态,一生都处于集体无意识状态,一生都被外在所控制而不自知、不觉悟,有人偶有所觉悟却深陷其中、难以自拔、颇感痛苦。为什么相当多的教师没有自觉觉悟过呢?除了教师自身的天赋、水平因素之外,就是因为教师乃主流阶层、主流价值观的代言人,他们的第一职责是传授、传递、传播而不是转变、改变、创造、创新,某种意义上甚至不希望、不需要、不应该自觉。只有社会转型和教育转折时代,原有的"教育范式"已经难以包含、解释、规范先前和当下的教育,于是必须发生一场"教育范式的革命",才可能有不世出的大教育家、原创型教育家自觉觉人而领袖群伦。这或许正是所谓承平时代、太平盛世反而原创型教育家少见的原因。教师就是自觉觉人者,教育家就是最能自觉觉人者,通俗地讲就是"最明白的人",就是文化的智者达人。中国教师的理想境界是教育者与思想者的统一,觉人与自觉的统一,个人与家国的统一,一生自觉、一生觉人。正如孔子所谓"学而不厌,诲人不倦"②,"吾十有五而志于学,三十而立,四十而不惑,五十而知天命,六十而耳顺,七十而从心所欲,不逾矩"③。教育家的理想人格状态是,既能"举世誉之而不加劝,举世非之而不加沮,定乎内外之分,辩乎荣辱之境"④,用时又有"虽千万人吾往矣"的肝胆和执着。

---

① 参见李剑萍:《汉语"教""育"源义考略》,未刊稿;王力:《同源字典》,中华书局2014年版。

② 《论语·述而》。

③ 《论语·为政》。

④ 《庄子·逍遥游》。

其二,教育家文化自觉的核心或者说重点是价值观自觉、人性和国民性自觉以及思维方式自觉。

所谓价值观自觉,就是对一系列价值命题和价值关系的理性认知和情感秉持,从逻辑上可分为认知、判断、选择和秉持等环节或层面,在实际中却是高度混合的。真正的价值观自觉是建立在认知、判断等理性基础上的情感秉持,价值选择则介于知与情之间,两者兼而有之,或者说是由知向情的过渡,既以认知为前提又是情感的发动。价值观自觉的理想模式,应是理性认知基础上的情感秉持,两者不可偏颇偏废。一般教师与优秀教师、教育家的高下立见之处在于,前者仅仅是基于情感的选择和秉持,缺乏价值观的认知、判断等理性活动,就直接在人云亦云、集体无意识中选择、秉持了某种价值观,缺乏理性的反思、澄清,这充其量是囿于情感意志的价值观盲从;后者具有在理性认知基础上的价值观秉持并能与时俱进,这才是终究的价值观自觉。这种终究秉持的价值观就是理念乃至理想信念,缺乏情感和意志难以形成理想信念。“师者,所以传道受业解惑也。”“传道”是第一位的,教师既要善于“受(通‘授’)业”“解惑”,更须以“传道”为责任和使命。所谓“道”,主要不是指道德而是指“道统”。要真正理解韩愈的《师说》,必须与他的《原道》并读。《原道》是《师说》的原旨,《师说》是《原道》的推衍。韩愈作为宋明理学的先声,是“道统说”的主要发明者和首倡者。他编导了一个由尧、舜、禹、汤传至周文王、周武王再传至孔孟的统绪,孟子死后道统不传。孟子不能救之于未亡之前,他欲全之于已坏之后,就是要实现道统的复兴,以道统的继承者和挽救者自命,这里面包含了一种强烈的文化价值观秉持,并由此成为中国教育、中国教师的一个重要传统和理想。今天来看,所谓“道统”其实就是一种文化传统、文化使命。原创型教育家异于常人之处,在于无不以民族文化生命之继起复兴、发扬光大为使命,人生为一大事来、为一大事去。

所谓人性和国民性自觉,就是对于人类天性和国民文化共性的深刻自省。虽然理解两者都不可能脱离时空场域,但相对而言,理解后者时历史的理性更为突出,或者可以说,人性是国民性的基础和底色,国民性是人性在一定社会条件中的表现和具体化。理想的人性和国民性自觉状态,是在跨文化比较中对自我文化的自信性自省,以及对于异质文化的尊重性理解。人性论是教育哲学的基本问题之一，是教育活动展开的先验假设，也是中国传统教育和教育传统中最为古老恒久的话题，从孔墨孟荀等先秦诸子，以迄历代名儒大家多有论述，并以“人之初，性本善”“墨悲丝染”“近朱者赤，近墨者黑”等格言警句的形式普及化，成为中国教师和大众普遍尊奉的信条。一般来讲，先验道德本善论通常是与弘扬个性的个体本位教育观相联系的，先验道德本恶论或者无善无恶论、有善有恶论常是与强调教育的个体改造作用等社会本位教育观相联系的。由于中国的教育传统以及近世以降的社会现实，中国教育的主流文化是社会本位的，在人性论上也暗含着对本性之恶的改造。这种人性改造理论必然跟国民性的改造和建构具有天然联系。中国古代只讲人性而无国民性的概念，国民性是用“人心”“民风”等相近词语来表示的。直到19世纪晚期，随着现代国家观念、现代民族国家概念的兴起，倡言保国保族保种保教，才开始从国民性方面反思中国落后的原因以及国民劣根性。教育的重要目的就是改造国民性、培养新国民，国民性问题取代人性问题成为中国教育的先验基础，或者说话语系统从讨论人性论问题转向了国民性问题。对于国民性最为自觉者当推鲁迅先生，其冷峻的认识、深入的剖析和犀利的表达，使人心惊、汗颜乃至不忍卒读，仿佛就在说我们每一个人，就在说我们自己。中国近现代原创型教育家无一不从人性和国民性的角度深刻认识中国人和中国教育的问题，无非有的立足于国民性以改造旧国民、造就新国民，进而造就一个新社会新国家，有的则从积极的人性论角度出发，尊重人的个性，培养健全人格，促进人的自由和谐发展，进而缔造民主自由的新中国。

所谓思维方式自觉，就是对于思考、认知、表达之方法类型的觉醒，可称“思维的思维”“元思维”，包括对于人类思维方式共性、民族思维方式特性、个体思维方式个性的自觉，这里主要指对于民族思维方式特性的自觉。民族思维方式是一个民族的历史传统和社会环境所造就的文化中极深层、稳定、复杂的部分，价值观和人性、国民性影响着思维方式，思维方式又表达和体现着价值观和人性、国民性。钱学森作为战略科学家也是创建思维科学部类的首倡者，不少人都熟悉他多次说过的话：“中国还没有一所大学能够按照培养科学技术发明创造人才的模式去办学，都是些人云亦云、一般化的，没有自己独特的创新东西，受封建思想的影响，一直是这个样子。"①这就是通常所称的"钱学森之问"，我们更愿意称其为"钱学森之答"。钱学森以其智慧不可能不知道答案，其实他也给出了答案——这就是"受封建思想影响"。这种精辟的归因，便由制度性的显性因素深入到思想思维性的隐性因素，由制度环境的外部因素深入到文化基因的内部因素，由专制政治的单因素说拓展到多因素相互作用的系统论。所谓"封建思想"即指中国传统的专制主义思想，不仅指专制主义的社会政治观和历史观，也指专制主义的知识价值论和思维方式。知识价值论与思维方式是紧密联系的，认为什么样的知识最有价值，决定了用什么样的方式去认识和表达知识。中国传统的实用理性的知识价值论，也决定了以"语录思维"为特性的思维方式。"语录思维"崇尚思维霸权，定于一尊，不必质疑；本体论不发达，经验主义盛行，急用现学、立竿见影；形式逻辑不发达，重视结论，忽视论证；尊奉实用理性，重视结果，轻视过程，是社会政治中"成者王侯败者寇"在思维领域的表现。中国传统思维方式重经验、重直觉、重顿悟、重整体、重实用的特征，不仅与基于实证、分析、演绎的现代科学思维方式不同，更在专制主义和实用理性的作用下，未能彰显其利于创新思维的一面。钱学森认为创新型人才有两大思维特征，一是高度逻辑性，一是大跨度联想，而最好的训练学科分别是数学和艺术。就个体而言，思维发展和思维方式的形成具有关键期，一旦错过关键期，用功多而见效少，事倍功半。原创型教育家对于民族整体的思维方式和特性有所自觉，高明的教师对于自己和学生的思维方式有所自觉，促其优长，补其短板，整体提升，和谐发展。

其三，原创型教育家多生于文化灿烂时代，具有广阔文化视野。

原创型教育家多产生于文化灿烂的时代，尤其是文化的碰撞、融合、转型时代，诸如先秦、宋明以及 19 世纪末叶以来。最富强、鼎盛、承平的时代，可能是教育事业高度发达之时，却未必是教育家特别是原创型教育家群体涌现之际，因为此时，文化转型的使命已经完成，新教育开始定型，教育事业进入一种"滑行"和量增状态。原创型教育家必具广阔的文化视

---

① 涂元季等整理：《钱学森的最后一次系统谈话——谈科技创新人才的培养问题》，载《人民日报》2009 年 11 月 5 日第 11 版。

野，并沿着三个向度展开：一是纵向的即历史的文化视野，从历史演进中体察“数千年未有之变局”；二是横向的即空间的文化视野，从异质、异域文化的比较中生成文化自觉；三是综合的即“教育·社会·人”的系统视野，对于教育与社会进步、国家前途、人类命运以及与“新人”的关系进行综合性文化思考。19世纪末叶以后的教育家们正值这样的时代。从纵向来看，不仅文化积淀的丰厚度超过任何前代，先秦、汉唐、宋明都无法比拟，更为关键的是文化传承不再是沿袭延续的，而是呈现前所未有的历史大断裂乃至自我质疑、自我否定，所带来的文化焦虑感、迷茫感、痛苦感也是前所未有的。也就是说，文化自信所遭受的冲击前所未有，文化自强所面临的使命前所未有，文化自觉所面临的压迫也前所未有。从横向来看，文化碰撞交流的广度、深度和复杂性、剧烈性是空前的。它是在地理大发现、全球一体化的大背景大格局中展开的，第一次把中国置于世界体系、全球视野来思考，第一次把中国置于衰落者、落后者、蒙昧者、学习者，而西方国家乃至近邻日本才是强大者、先进者、文明者、被学习者的境地。夷夏大防的文化中心体系与万国来朝的朝贡体系一同崩溃，文化交流融合实际是在列强的武力、经济和文化侵略与中国的民族主义抗拒中进行的，这必然要求文化自觉者要有大视野、大胸襟、大智慧。从综合性来看，教育与政治、经济、军事等各个社会领域发生着前所未有的紧密联系、交互影响，教育系统自身的复杂性、精密性前所未有，教育对于人的影响的广泛性、深刻性前所未有。这是一个以新文化运动为中心的新的文化“轴心时代”，胡适等人将之称为“中国的文艺复兴运动”是有道理的，如果以更大时段视野来看，其对于中国乃至世界历史的影响，意义可能不逊于欧洲的文艺复兴运动。社会文化的巨变，必然催生新形态的教育予以回应，这里便成为中国现代教育、现代文化、现代历史的起点，也是中国近现代原创型教育家涌起的原点。

与以上相联系，中国的现代教育体系是在文化碰撞中学习西方而建立起来的，必然面临两大问题，一是此种体系在中国的适切性问题，二是中国原有的传统教育体系的转换问题。前者可称为现代教育的中国化，后者可称为传统教育的现代化，两者相辅相成，也是每位原创型教育家无法回避的命题，或者说，只有思考、回答出这两大问题的解决之道者，才是真正的原创型教育家。他们相对于传统的教育家，必须置身世界一体化背景来思考中国问题，无论他们对于世界的认识还多么有限。其中，蔡元培、陶行知、晏阳初、陈鹤琴多年游学留学国外，康有为、黄炎培多年多次游历海外，张之洞、梁漱溟虽然没有出过国，但他们都从中西古今、传统与现代、中国与世界的关系角度来思考中国文化。张之洞提出著名的“中体西用论”，梁漱溟从诸种文明比较中阐释中华文化的特点和前途。蔡元培更说：“教育家最重要的责任，就在创造文化，而创造新文化，往往发端于几种文化接触的时代。”①“东西文明要媒合”，“媒合的方法，必先要领得西洋科学的精神，然后用他来整理中国的旧学说，才能发生一种新义”②；“一战”前“以西方文化输入东方”为特征，“一战”后“以东方文化传布西方”为趋势。③

其四，原创型教育家思考的核心问题是培养什么样的人，培养文化自觉的现代中国人是教育家的最大文化自觉。

培养什么样的人是教育的根本性、原点性问题，教育的其他问题都是由此衍生并为此服务的。教育的本质是育人，育人的专门性是教育赖以存在的基础，如果失去了育人功能，专门的教育、学校就没有了存在的价值，当然，也就不会再有专门的教师和教育家。而且，现代教育从诞生起就不是一般意义上的育人，而是与人本主义启蒙运动相结合的，现代教育的育人就是启蒙人、解放人，就是培养文化自觉的人；同时，现代教育又是工业化的产物，是为了适应现代大机器生产的需要，像批量化生产产品那样生产学生，学校制度、班级授课制、集体教学等又从一个方面禁锢着、剥夺着人的文化自觉。由此，现代教育的育人功能，天然上存在着启蒙主义传统与其工具理性、功利主义传统之间的矛盾。如果说传统教育的育人功能天然上存在着自然主义传统与政治、思想、宗教控制传统之间的矛盾，那么现代教育诞生以来，这种矛盾发生了转向。在中国，这种情况与西方不尽相同且更为复杂。中国现代教育的发生，既不像欧洲那样经历过一个宗教改

---

① 《在檀香山华侨招待太平洋教育会议各国代表宴会上演说词》(1921 年 8 月 18 日)，见高平叔编：《蔡元培教育论著选》，人民教育出版社 1991 年版，第 350 页。

② 《杜威六十岁生日晚餐会演说词》(1919 年 10 月 20 日)，见高平叔编：《蔡元培教育论著选》，人民教育出版社 1991 年版，第 240 页。

③ 参见《东西文化结合》(1921 年 6 月 14 日)，见高平叔编：《蔡元培教育论著选》，人民教育出版社 1991 年版，第 335 页。

革和文艺复兴的人本主义启蒙过程,也不是中国传统社会和传统教育自我发展、自我生成的结果,而是由于传统教育所培养的传统型人才无法应对外患内忧的严峻紧迫形势而倒逼产生。一方面,传统教育中的自然主义追求与政治、思想控制之间的矛盾依然存在,甚至在新的背景下政治、思想控制更趋严密,另一方面,现代教育中的启蒙主义发育不完全、大工业需求也不充分,主要是在反帝反侵略的军事现代化需求中成长起来的,并且与战时集权主义相伴的政治集权主义始终存在,可谓传统与现代相交织,脚步和大腿已经跨入现代,而上肢尤其大脑还常常停留在传统。

这个总背景必然影响着中国现代教育培养什么样人的问题,使得培养文化自觉的人更为重要,更为复杂,也更为幽隐难识,非大教育家、原创型教育家难以探赜索隐、学究天人、卓力以成。19 世纪末叶以降,对于这个问题的认识逐渐深化,经历了由培育精英化"人才"向养成现代性"国民"再到培养合格的"人"的转变,经历了由偏重政治化的"社会人"到全面发展的"知识人"再到综合中国人、现代人、世界人的"文化"的认识发展。由此,更凸显了蔡元培、陶行知等人本主义教育家的洞识和远见。中国现代教育在培养什么样人的问题上,一直或显或隐地存在着两个普遍性问题,一是严重的社会本位倾向导致的教育"目中无人",只记得教育如何适应和服务于社会政治经济的需要,反而忘记了教育如何满足和促进人的发展,忘记了教育是做什么的,忘记了教育在根本上是育人的活动;二是"泛道德主义"倾向导致的教育"以德杀人",把主流价值观作为道德的唯一标准,把主流道德作为衡量一切的绝对尺度,仿佛占据了这个道德制高点就可睥睨六合、雄视一切,一方面,只要符合了这种道德规范其余都是细枝末节,另一方面,又容易把所有问题归因为道德问题。

其五,原创型教育家是立足于解决中国教育问题并用中国形式、中国话语系统来表达的。

中国教育现代化问题必然和必须是立足中国的,原创型教育家就是为了解决中国教育现代化问题应运而生,或者说,正因为他们立足于并分别从不同方面解决了中国教育现代化的一系列重大问题才成为原创型教育家。他们不单纯是传统教育的延续者、西方教育的速递员,他们不是"吃教育者",而是把解决中国教育现代化问题作为自己的使命。中国教育现代化问题,包括现代教育(西方教育)中国化和传统教育现代化两方面。严格来讲这种二分法是不准确的,源于西方的现代教育和带着强大历史惯性的传统教育,在现代中国的时空中化合,彼中有我、我中有彼、难分彼我、化成新我,在此意义上讲,现代中国化与中国现代化是交织在一起的。原创型教育家深刻认识和正视中国教育问题,既认识到中国传统教育已经不适应、不适合于现代世界,又认识到传统教育以其强大的教育 DNA 作用于每个中国人,源于西方的现代教育无法在中国照搬照套,必须建立中国特色的现代教育体系;原创型教育家也深刻认识和正视中国现代教育体系是中国的、也是世界的,是世界教育体系的重要组成和独具特色的一支,并应为人类教育做出特别且更大的贡献,必须具有现代意识和世界眼光,必须推旧中国于新世界、揽新世界于旧中国。原创型教育家立足解决的中国现代教育问题具有重大和深邃的特点,一是教育自身的重大体系性问题,二是教育与社会、政治、经济发展的重大互动性问题,三是培养什么样的人和怎样培养人的重大根本性问题。

原创型教育家是用中国形式来表达中国教育问题的。使用中国形式和中国话语系统来表达中国教育问题,是中国现代教育、现代教育家走向成熟的重要标志,也是原创型教育家与一般教育家、教师相区别的重要思维标志和文化标志。一个教育家只有真正形成具有自己特色的、中国式的表达方式和话语系统,才达到了文化自觉、成为原创型教育家。张之洞、康有为、蔡元培、黄炎培、梁漱溟这些从传统文化中走来者自不用说,就是晏阳初、陶行知、陈鹤琴这些留学美国多年、受过美国式现代学术训练者,其教育话语系统也无不是中国式的,用惯常的话来讲就是"民族的""大众的"。原创型教育家都有丰厚的文化思想积淀,其原创性不是割断历史、割裂世界联系而独生的,他们善于从广阔的文化视野、中西古今比较中汲取文化资源,对于传统资源的继承发扬是创造性的,而非墨守成说、食古不化,对于外国资源的汲取吸收是中国化的,而非照搬移植、食洋不化,在与传统文化、异质文化的多重互动中,重构、创造了一种明显高于原来的思想文化。正如朱熹所构建的哲理化儒学及其教育思想体系,就超越了孔孟为代表的先秦古典儒学、董仲舒为代表的天人感应式儒学,在对佛学的批判中隐借了禅宗思想及其言说方式,把儒学推入一个全新阶段;近现代的康有为利用今文经学来表达维新教育思想，附会议会、选举、宪政等时代命题；陶行知则把美国杜威的教育信条以所谓“翻半个筋斗”的方式中国化、大众化乃至乡村化。

其六，原创型教育家具有共同的文化成长规律。

原创型教育家都是学思互进、知行合一的典范，终其一生都行走在学习、思考、行动、著述的路上，只有进行时，没有完成时。他们具有共同的文化成长规律。

一是学有本源，取法乎上。张之洞、康有为、蔡元培都是清朝进士出身，黄炎培明于世道、用意事功，也是举人出身，梁漱溟自学成才而成为新儒家的代表、不世出的思想家，晏阳初、陶行知、陈鹤琴在少年及文化养成的“关键期”深受传统教育和传统文化的熏陶，后留学美国多年并获得名校硕士或博士学位。他们不仅天资超伦、终身学而不厌，更因为有条件或自己抓住机遇、创造条件，经历了中国传统学术或西方现代学术的规范训练、系统涵养，避免了仅凭天资、自矜小智走向急用先学、学必由径、局促一隅的野狐禅之路，而能植养深厚、洞窥门径、登堂入室，也就是说，他们稔熟传统或现代学术的来龙去脉和体系结构，知道什么是高水准的，遵循规范并能推陈出新。仅以张、康而论，糅合汉宋之学的张之洞与作为今文经学最后大师的康有为，虽然学派不同，各有秉持，但学问格调之高都非同凡响，这从张之洞所著《书目答问》《劝学篇》和康有为所著《新学伪经考》《孔子改制考》等书中可见一斑，它们不仅在晚清时期是高水准的，就是置于“近三百年学术史”中乃至放大至宋元以降的学术史中也必有一席之地，是思想的高水准，也是学术文化的高水准。他们之所以能够达到这种高水准，是因为他们知道什么是高水准，并系统掌握了学术文化的高水准，进而努力看齐高水准，努力创造一种新的高水准。

二是神接中西，思究天人。这些原创型教育家都从中西关系、天人关系的时空坐标中，来思考中国现代教育的构建问题、现代中国人的培养问题。他们都具有当时所能达到的世界眼光，穿梭于中西文化两大体系之间。多年游学、留学欧美的蔡元培、晏阳初、陶行知、陈鹤琴自不必说，康有为流亡海外十余年，几乎周游世界，黄炎培多次到美日和东南亚考察。张之洞虽然没有出过国，但他在国门打开不久，凭借自己的悟性、地位和信息渠道，尽可能多地了解外国尤其是日本，原创性地提出了“中体西用论”。梁漱溟虽然没有出过国，却终生从世界不同文明的比较中来思考中华文化的前途和人类的命运问题。同时，他们将人置于宇宙中来思考人之为人等本体问题。康有为从《大同书》到《诸天讲》构建起一个“天民”系列，蔡元培以美育代宗教、把美育作为人由现象世界通向实体世界（本体世界）的津梁，晏阳初以宗教家的精神做教育事业，梁漱溟出入新儒家与佛家之间，以出世之精神做入世之事业，以入世之事业求出世之境界。

三是力行一生，思想一生，学习一生，著述一生，总结一生，进步一生。原创型教育家都是伟大的力行者、实践家，他们都有清晰的问题指向、强烈的行动意识和以天下教育为己任的担当情怀，从来没想做空头的教育著述家、理论家、思想家，教育行动和实践是教育思想的动力源、应用场和检验所。原创型教育家又都是伟大的思想者、思想家，他们不是人云亦云的，而是在中西比较融汇之中、在智慧力行的教育实践之中、在苦思开悟的融会贯通之中，提出原创性教育设想或思想。思想是行动的先导和指南，思想走多远行动就走多远，思想是教育家想过的路，实践是思想家走过的路。原创型教育家无不兼具实践家和思想家之质，无论实践还是思想都有“聪明人下苦功夫、硬功夫乃至死功夫、笨功夫”的特点，既智慧圆融，又艰苦力行。想得开、做得成是评价原创型教育家的金标准，正如张之洞在废除科举制中的策略谋略，他们做的是前无古人、终结古人的开辟性事业，是要从旧体制中打出一番新天地，任何自我的惰怠、思想的羁绊、环境的阻力都可能功亏一篑，非大勇气、大担当不敢为；同时为了避免赤膊上阵而惨遭排箭，又非大智慧、大谋略不足为。原创型教育家都是学习型、博通型教育家，活到老、学到老，改造到老、进步到老，学思结合、知行合一，学思和真知的成果一是力行的事业事功，一是勤于笔耕的等身著述，立功与立言同是思想表达和传播的载体，也是自我总结和进步的标志。

其七，一个时代是否涌现出原创型教育家群体，一方面与如何产生教育家有关，即与教育家的成长机制和作用发挥机制，尤指教育家脱颖而出的时代环境和土壤有关；另一方面与如何成为教育家有关，尤指教师、一般教育家成为原创型教育家的个人条件和际遇。

原创型教育家集中出现于什么时代？有无一般规律性可寻？从中国

的大历史时段来看,原创型教育家是为了解答原创型教育问题而生,一般产生于社会转型时期。最多、最集中的出现期有两次,一次是出现了先秦的诸子百家,延续至西汉的董仲舒;另一次是出现了宋代的理学、心学教育家张载、周敦颐、程颐、程颢、朱熹和陆九渊等。这两个时代,都是中国历史的最大转型期,先秦是由上古进入中古的前夕,宋代是由中古进入近古之门槛。当然,每一大的历史时段之内还有小的分期,也会出现一些转折时期。明代就是由近古进入近世的前夜,出现了以王阳明为代表的一批心学教育家,一方面发展了宋代以来的哲理化儒学,一方面又揭橥人的主体性和能动性,反映了专制重压下市民社会的兴起和重商言利的社会风气。明季清初、汉满鼎革又是一次社会转折,涌现出顾炎武、黄宗羲、王夫之等一批大思想家、教育家。他们都是百科全书式的大学者,对于中国传统思想、学术具有总结性质,同时又半只脚开始跨出传统、跨入近代。相对于王阳明的揭橥主体性之外,他们还祭起质疑君权专制的启蒙主义大旗,开启实学思潮的近代理性主义之路,奠定乾嘉学派的现代学术范式。可见,原创型教育家群体的涌现与所谓“盛世”并不一定吻合。从大的历史时段来看,巍巍汉唐并没有集中出现震古烁今的原创型教育家,从小的历史阶段来看,“文景之治”“贞观之治”“开元盛世”“仁宣之治”“康乾盛世”等时期也都没有出现多少原创型教育家,相反,他们大都产生于所谓治世、盛世的前夕,即历史的转型时期。由此,进一步考察可知:进入治世、盛世之后,教育事业虽然相对高度发达,但由于新的教育体制已经确立、成型,教育发展所需解决的“范式转换”问题已经解决,原创型教育家无论思想还是实践的启蒙任务已经完成,其作用和地位就不再凸显了;而且,在中国的威权体制下,教育事业的发展往往更多依靠领导人的意志意愿、社会动员、政策倾斜、资源支撑等,教育家个体的智慧型力量便显得微不足道了。而所谓治世、盛世也正是君权高涨的时代,良好的历史机遇、外部环境、资源禀赋加上幸运地遇到了“明君”,这位明君雄才大略、开明而乾纲独断,此时又怎么可能需要和诞生原创型教育家呢?而从大的历史时段来看,近代以降是中国历史上的第三次大转型时期,从小的历史时段来看,19 世纪末 20 世纪前期又是这次大转型的开始期,是新的治世、盛世的前夕,于此时期集中涌现出一批原创型教育家恰合规律。

教育家不同于教育名家，更不是教育名人或教育闻人。教育家的创造性与其影响力不一定总是成正比的，一个末流教育家可能煊赫一时，甚至非教育家可能被冠以教育家的称号，相反，一位具有非凡教育思想创造力、创新性的教育家，可能相当时期隐而不显或者只在一定区域、特定圈子有所影响。王夫之作为中国古代总结性、综合型、百科全书式的大学者、大思想家和教育家，生前学术思想影响力只限于同侪师友、船山学派内部和湖湘一隅，著述均未刊行，直至近200年后世道丕变，湘人曾国藩等挖掘显扬，王夫之的影响才横空而出。就近现代原创型教育家群体而论，张之洞、康有为是以政治家而兼教育家，以政治家为主业而兼办教育；蔡元培和黄炎培是以教育家为体、以政治家为用，以教育事业作为社会政治活动之张本；晏阳初、梁漱溟是教育家而兼社会活动家，或者说是以社会活动家的方式来办教育事业，把教育事业、教育活动作为社会活动；陶行知、陈鹤琴则主要是教育家，虽间有社会活动，而以教育家作为自己的专业和职业。这三代四类教育家，论社会历史名气、论生前身后之名是依次递减的，论教育家的专门程度却是依次递增的，这实反映了中国现代教育的形成过程，由外部关系走向内部关系，教育逐步走向专门化，教育家也逐步走向专业化。《孙子兵法》云："古之所谓善战者，胜于易胜者也。故善战者之胜也，无智名，无勇功。"育人是沉潜的、个性化的事业，成名成家是轰轰烈烈的名头，在当下尤需运作炒作，从这个角度讲，教育名家越多，可能越是教育家的异化。

（李剑萍系天津市教育科学研究院副院长、教授、博士生导师，杨旭系天津市教育科学研究院副研究员）

目　录

引　言

陶行知（1891—1946）无疑是近现代中国最伟大的教育家，他有自己坚定而独特的教育追求，一生都在为教育事业不懈努力、拼命抗争，在理论和实践中都取得了卓有成效的建树。陶行知的教育思想和教育精神，是近现代中华民族自主教育探索中的宝贵财富，其光芒与影响历久弥新，值得一代又一代教育工作者学习汲取、发扬光大。

一

民国初年，由庚款兴学带动，一大批优秀青年负笈远游，留学欧美诸国，这些人受到当时世界上最先进的专业教育，迅速成长为所学领域的专门人才。在众多的学科专业中，选择师范和教育的人不在少数。美国纽约的哥伦比亚大学师范学院无疑是当时世界教育理论的前沿，拥有包括杜威在内的国际一流的教育学家，自然成为游学海外攻读教育专业的首选。陶行知（时名陶文濬）即是较早进入哥伦比亚大学攻读教育学的中国留学生之一，1915 年 9 月入学，1917 年 8 月因撰写博士论文需要回国。其时正值新文化运动前夕，从欧美学成归国的青年才俊很受追捧，各著名大学争相延聘。陶行知的第一份职业便是南京高师教育科专任教员，南京高师有全国最好的教育学科，先陶行知三年归国的哥大校友、中国首位教育学专业的哲学博士郭秉文当时为南京高师教务主任。

陶行知在归国海轮上座谈志愿时说："我要使全中国人都受到教育。"①青年陶行知说这句话时一定是鼓足了勇气，对未来充满了憧憬。中国自古就是少数人受教育，多数人是文盲，即便 1912 年 9 月中华民国教育部规定初等小学为义务教育②，也没有真正做到教育普及，1914 年全国小学生仅 3921727 人③，估计占学龄儿童的 10% 左右。陶行知在南京高师（后并入东南大学）任教 6 年，做到了教授、教务长、教育科主任。但他觉得靠培养为数不多的大学毕业生来普及教育，恐怕遥遥无期，于是决定改变身份，放弃待遇优厚的大学教职，从象牙塔走向劳苦大众，去倡导和从事平民教育。

1923 年 6 月，陶行知、朱其慧、晏阳初等在上海组织中华平民教育促进会筹备会，随即在南京发起平民教育运动。8 月，中华平民教育促进会总会在北京清华学校正式成立，以朱其慧为主席，晏阳初为副主席，陶行知为书记。平民教育的第一项任务是教人识字。陶行知以陈鹤琴的《语体文应用字汇》为基础，编写了 4 册《平民千字课》，每册 24 课，共 96 篇课文。学习的人预计 96 天读完，读后可识字 1200 多个，基本会写白话信，会记家常账目，会读浅近书报。陶行知从自己母亲开始试验，他教了 16 天，便试着给母亲写简单的信函，老人家竟完全能懂。④ 他的两个儿子也参与进来，弟弟跟着哥哥学，"哥哥读一课，弟弟也读一课；哥哥把第一册读了，弟弟也把第一册读了"⑤。陶行知对平民教育着了迷，到处奔走推广，军队里、工厂里、清节堂里、监狱里、济良所里，都留下了他的足迹。

陶行知致力于平民教育，工作的重心是农村和农民，由于不断往乡下

---

① 朱泽甫编著：《陶行知年谱》，安徽教育出版社 1985 年版，第 14 页。

② 《教育部公布学校系统令》，见璩鑫圭、唐良炎编：《中国近代教育史资料汇编·学制演变》，上海教育出版社 1991 年版，第 651 页。

③ 教育部：《第一次中国教育年鉴》，开明书店 1934 年版，丙编第 423 页。

④ 《十六天的功效》，见方明主编：《陶行知全集》第 8 卷，四川教育出版社 2005 年版，第 48 页。

⑤ 《平民读书处之试验》，见方明主编：《陶行知全集》第 1 卷，四川教育出版社 2005 年版，第 490 页。

跑,他的眼光逐渐转移到乡村社会和乡村教育,认识到乡村是中国社会的主体,中国社会要寻找出路,必于乡村求之,而乡村的问题并非认字那么简单。于是他决定提倡乡村教育,试行以乡村学校改造乡村社会的主张,放弃从上而下的路线,选择自下而上,“从乡村实际生活产生活的中心学校;从活的中心学校产生活的乡村师范;从活的乡村师范产生活的教师;从活的教师产生活的学生,活的国民”①。1925 年秋,陶行知有意识地从平民教育中脱离出来,步入其教育事业的第三个阶段:乡村教育,准备“设试验乡村师范学校以实验之”②。

1927 年 2 月,试验乡村师范学校在南京郊区举行奠基仪式,陶行知别出心裁地将学校所在地小庄改为晓庄,以表示开创教育的新时代;将老山改为劳山,寓意在劳力上劳心。3 月 15 日,试验乡村师范学校(即晓庄学校)正式开学。陶行知踌躇满志,准备大显身手,为此将一家老小从大都市搬到晓庄来。在这里,陶行知终于找到了自己独创的一片天地,运用专业优势,发展出一套全新的生活教育的理论,并付诸实践。他将杜威实用主义教育思想的精髓“教育即生活”“学校即社会”“做中学”发展为“生活即教育”“社会即学校”“教学做合一”,字面上似乎只是翻了一个跟头,理论内涵则完全颠覆。用陶行知的话说,实用主义教育思想不过是在鸟笼子里“搬一两丫树枝进笼,以便鸟儿跳得好玩,或者再捉几只生物来,给鸟儿做陪伴。小鸟是比较的舒服了。然而鸟笼毕竟还是鸟笼,决不是鸟的世界”,他要将鸟儿从笼子里放出来,让它们到林子里自由地飞翔,“到处是生活,即到处是教育”③。

晓庄办学期间,正值国内政治斗争错综复杂之际,南京国民政府虽名义上统一全国,军阀的派系纷争并未停息,第一次国共合作破裂后,两党之争紧张激烈。晓庄学校处于风雨之中,卷入了政治漩涡,一方面是因为晓庄学校独树一帜的教育探索,另一方面则是因为陶行知与冯玉祥的亲密关系,再加上晓庄师生中有不少共产党员。1930 年 4 月初,晓庄学生到南京

① 《中国乡村教育之根本改造》,见方明主编:《陶行知全集》第 1 卷,四川教育出版社 2005 年版,第 85 页。

② 《中国教育政策之商榷》,见方明主编:《陶行知全集》第 2 卷,四川教育出版社 2005 年版,第 213 页。

③ 《普及现代生活教育之路》,见方明主编:《陶行知全集》第 3 卷,四川教育出版社 2005 年版,第 205—206 页。

市区参加游行,支援工人罢工。4月8日凌晨,南京市警备司令部即以"违背三民主义,散发反动传单,勾引反动军阀,企图破坏京沪交通"为由查封晓庄学校,并随后通缉陶行知,陶行知被迫流亡日本。因为自己钟爱的教育事业惨遭蹂躏,陶行知心力交瘁,在日本生了一场大病。

大病初愈后,陶行知秘密潜回上海,卖文为生。1932年,陶行知进入教育事业的第四个阶段:创办工学团、推广小先生制,其目的是普及教育。工学团承接了晓庄学校的生活教育理论,含义有三:工以养生,学以明生,团以保生。陶行知说:"工学团是一个小工场,一个小学校,一个小社会。在这里面是包含着生产的意义,长进的意义,平等互助、自卫卫人的意义。"①陶行知发现儿童身上蕴藏着巨大的教育力量,便在工学团试行小先生制,主张即知即传,使受教育者转眼间成为教育者,让更多的人受教育。1934—1935年,小先生制在全国各地推广,陶行知再一次看到了"使全中国人都受到教育"的曙光,他非常乐观地认为:"全国小学里是有现成的一千一百万小孩可以做小先生。私塾改良一下,也有一千万合格的小先生。识字大众是有八千万,都有担任传递先生的资格。"②

1935年12月,北平爆发了"一二·九"学生运动,全国掀起大规模的抗日救亡运动,陶行知与宋庆龄、何香凝、马相伯、沈钧儒等人发起救国会,主张建立民族统一阵线,抵抗侵略者。1936年7月,陶行知应邀赴伦敦,出席世界新教育大会第七届年会。陶行知原本打算出访半年,向世界介绍中国的大众文化运动、救亡运动,同时考察欧美的新教育、新文化。由于抗战局势日趋紧张,陶行知的行程增加了不少变数,他不停地往返于欧美诸国,为中华民族抗日救亡争取国际上的理解和支持。1938年8月31日,陶行知回抵香港,10月1日抵汉口。此时国民政府已西迁重庆,但仍有不少党政机关暂时留在武汉。陶行知在武汉曾与蒋介石、陈立夫等人接触,一面陈述两年来在国外宣传抗日的情形,一面要求在大后方恢复晓庄学校。

1939年1月,陶行知步入教育事业的第五个阶段:创办育才学校。因恢复晓庄学校无望,他决定另起炉灶,创办一所招收因战火失去亲人和家

① 《普及什么教育》,见方明主编:《陶行知全集》第3卷,四川教育出版社2005年版,第102页。
② 《普及现代生活教育之路》,见方明主编:《陶行知全集》第3卷,四川教育出版社2005年版,第209页。

园的难童的教育机构。1939 年 7 月 20 日,育才学校在重庆北碚北温泉举行开学典礼,8 月初迁至合川县凤凰山古圣寺。育才学校不是一所普通的难童教育机构,因为经费和条件有限,只能招收很少一部分难童,陶行知不得不有所取舍,从难童中挑选一些有特殊才能的小孩,为他们提供优质教育。他曾说:“我们在普及教育运动实践中,常常发现老百姓中有许多穷苦孩子有特殊才能,因为没有得到培养的机会而枯萎了。这是一件非常可惜的事情,这是民族的损失,人类的憾事,时时在我的心中,提醒我中国有这样一个缺陷要补足。”①处此危急存亡之秋,他便决定利用有限的资源来弥补这一缺陷,为民族保留智慧的种子,作育英才。

育才学校登记注册为私立学校,又不收学费,还供给衣食,种种困难只得赖陶行知千方百计克服和解决。育才学校最大的问题是经费,学校得不到教育部门的经常性拨款,只能靠校董会和社会各界捐助过日子。办学初经费基本敷用,随着战事吃紧,各方捐助时有青黄不接,加上物价飞涨,育才学校第二年就面临生存压力,甚至不得不在日常的吃穿用度上动脑筋:买课本,希望出版商“将价目规定格外便宜,便利难童,功德无量”②;吃盐,希望重庆盐务局允许育才到重庆买盐,发给食盐运输护照,免受当地商家盘剥③;买米,陶行知听闻何处米价低廉,即派人前往采办,后米价一路走高,陶行知“终日与米竞赛,未免疲于奔命”④;穿衣,陶行知特意嘱咐同学们爱惜衣服,对容易脏和容易破的地方要特别留意,要剪脚趾甲,以免刺破袜子。宋美龄从保育会中捐出一部分过冬的大衣给育才学校,陶行知给学生写信说:“这是国家的衣服,交给你们穿,即是交给你们代管。你们爱惜衣服,便是爱惜国力。”⑤如果说近代有哪位教育家为师生衣食殚精竭虑,

---

① 《育才学校创办旨趣》,见方明主编:《陶行知全集》第 4 卷,四川教育出版社 2005 年版,第 377 页。

② 《请以优价卖给难童英文课本——致开明书店执事》,见方明主编:《陶行知全集》第 8 卷,四川教育出版社 2005 年版,第 638 页。

③ 《就五百师生食盐问题恳商盐务局长——致缪秋杰》,见方明主编:《陶行知全集》第 8 卷,四川教育出版社 2005 年版,第 735 页。

④ 《乘立校二周纪念为育才筹款——致董事会成员》,见方明主编:《陶行知全集》第 9 卷,四川教育出版社 2005 年版,第 152 页。

⑤ 《爱惜衣服便是爱惜国力——致育才驻渝见习团》,见方明主编:《陶行知全集》第 9 卷,四川教育出版社 2005 年版,第 173—174 页。

陶行知恐怕是第一人。

1942年育才学校已取得初步的办学成绩，陶行知组织部分师生到重庆见习，举行画展、表演、演奏大会，一方面展示学生才艺，一方面为学校募集资金。这个办法一石二鸟，效果非常不错，极大地缓解了育才学校的窘境。后来陶行知租下重庆管家巷28号，将它作为育才学校驻重庆办事处，接待前来重庆见习的师生，开展各种社会活动。再加上陶行知发扬武训精神，四处化缘，育才学校逐渐摆脱困境，并有能力购买设备，改善条件，扩大规模，为更多的学生提供更好的教育。

抗战胜利前夕，陶行知预感到中国将面临如何消除内战、建设新国家的重大问题，开始投身于维护和平、实现民主的政治运动，还以教育家的身份倡导民主教育，唤醒社会民众和青少年学生的民主意识，培育民主精神。1946年4月，陶行知离开重庆，回到南京、上海，投身于波澜壮阔的民主运动，在紧张的政治气氛中不停地奔走呼号，因过度劳累于7月25日突发脑溢血逝世，留下未竟的教育事业与民主追求，令人不胜唏嘘。

二

陶行知对教育事业有着无限的热爱和一股常人难以企及的韧劲。1914年，陶行知在金陵大学的毕业论文中写道："人民贫，非教育莫与富之；人民愚，非教育莫与智之；党见，非教育不除；精忠，非教育不出。教育良，则伪领袖不期消而消，真领袖不期出而出。而多数之横暴，亦消于无形。况自由平等，恃民胞而立，恃正名而明。同心同德，必养成于教育；真义微言，必昌大于教育。爱尔吴曰：'共和之要素有二：一曰教育；二曰生计。'然教育苟良，则人民生计必能渐臻满意。可见教育实建设共和最要之手续，舍教育则共和之险不可避，共和之国不可建，即建亦必终归于劣败。"[①]年少气盛的宏论，预示着其不同寻常的教育人生。

1915年夏，陶行知从伊利诺伊大学硕士毕业，至哥伦比亚大学师范学院攻读博士学位，专业是教育学。他明确表示自己要毕生献身于中国的教育事业，"余今生之唯一目的在于经由教育而非经由军事革命创造一民主

① 《共和精义》，见方明主编：《陶行知全集》第1卷，四川教育出版社2005年版，第189页。

国家"[①]。自转攻教育学之后，陶行知的一生就牢牢地"定格"了，再也没有离开过"教育"。

1919 年 4 月，年轻的教育学教师陶行知在《时报·教育周刊》发表了一篇明志性的文章《第一流的教育家》，把常见的教育家分成三种："一种是政客的教育家，他只会运动，把持，说官话；一种是书生的教育家，他只会读书，教书，做文章；一种是经验的教育家，他只会盲行，盲动，闷起头来，办……办……办。"在他看来，这三种教育家都不是"第一流的人物"，第一流教育家必备下列两种要素之一：敢探未发明的新理、敢入未开化的边疆。他说："敢探未发明的新理，即是创造精神；敢入未开化的边疆，即是开辟精神。创造时，目光要深；开辟时，目光要远。总起来说，创造、开辟都要有胆量。在教育界，有胆量创造的人，即是创造的教育家；有胆量开辟的人，即是开辟的教育家，都是第一流的人物。大丈夫不能舍身试验室，亦当埋骨边疆尘，岂宜随便过去！"[②]这是何等气概。专栏主笔蒋梦麟激赏不已，加了如下按语："陶先生，你讲的一席话，我读了便觉精神提起来。这种话我久不听见了，可算是教育界福音。"[③]

陶行知既然自立了第一流教育家的标准，这两条也就成为他追求和努力的方向，昭示了其日后不复古、不媚外、不妥协，以惊人的胆识和毅力，坚定不移地探索中国教育发展之路的人生命运。20 世纪 20 年代，大学教授绝对是令人艳羡的职业，待遇好、地位高，可以供养一个大家庭，住洋房、雇老妈子、请厨子，享受上流社会的生活。[④] 陶行知一旦认识到精英教育和

---

① 《我的学历及终身志愿——致 J. E. 罗素》，见方明主编：《陶行知全集》第 6 卷，四川教育出版社 2005 年版，第 456 页。

② 《第一流的教育家》，见方明主编：《陶行知全集》第 1 卷，四川教育出版社 2005 年版，第 21—22 页。

③ 方明主编：《陶行知全集》第 1 卷，四川教育出版社 2005 年版，第 21 页注释。

④ 陶行知在南京高师和东南大学教书期间，曾自己花钱雇了一个听差，名叫徐兰友。据徐兰友说："那时陶夫子很讲究，西装烫的笔挺，皮鞋擦的雪亮，扫地、抹桌、倒茶水、送信一切杂务都由我做。他出去办事，我就跟在后面拿着皮包。"徐兰友后来失业了，1932 年在上海找到陶行知，留下来给工学团烧饭。（朱泽甫编著：《陶行知年谱》，安徽教育出版社 1985 年版，第 226 页。）陶行知自己也曾说："当时我家里的几个小孩子一起变成了少爷，没有小姐，因为我没有女孩子。他们添饭有人，铺床折被也有人。……老妈子和佣人把我们小孩子的手都变坏了，成了无用的手；把我的小孩子的脚也变坏了，成了无用的脚。"（《手脑相长》，见方明主编：《陶行知全集》第 3 卷，四川教育出版社 2005 年版，第 440 页。）

学院派知识分子非个人追求，亦无益于中国教育普及，便果断舍弃养尊处优的生活，走出象牙塔，住进茅草房；脱下长袍马褂，穿上粗布短衣。1923年11月，陶行知在致妹妹文渼的信中兴奋地说："知行近日买了一件棉袄，一双布棉套裤，一顶西瓜皮帽，穿在身上，戴在头顶，觉得完全是个中国人了，并且觉得很与一般人民相近得多。我本来是一个中国的平民。无奈十几年的学校生活，渐渐的把我向外国的贵族的方向转移。学校生活对于我的修养固有不可磨灭的益处，但是这种外国的贵族的风尚，却是很大的缺点。好在我的中国性、平民性是很丰富的，我的同事都说我是一个'最中国的'留学生。经过一番觉悟，我就像黄河决了堤，向那中国的平民的路上奔流回来了。"①

人往高处走，乃世间常情。陶行知与常人不同，甘愿一步步向下，到劳苦大众中去为中国教育寻觅曙光。从南京高师到平民教育，到乡村教育，到科学下嫁，到工学团，到育才学校，陶行知的教育思想越来越丰富，成就越来越大，但他的经济待遇、物质生活却不断下降，有时甚至连一顿饱饭都吃不上。② 个人的艰难窘迫还连累了家人。办晓庄学校时，他的妹妹永远地葬在了那片热土上；办育才学校时，他和新婚妻子吴树琴在北碚乡下小山岗上的一座旧碉堡里住了近两年之久。③ 这样的个人选择，这样的生命境遇，这样的奉献精神，在不以革命为追求④的近现代教育家队伍中可谓

---

① 《创造一个四通八达的社会——给文渼的信》，见方明主编：《陶行知全集》第8卷，四川教育出版社2005年版，第33页。

② 晓庄学校被查封后，陶行知遭到通缉，先避居上海，由于不能公开露面，吃饭都成了问题，便想着法子使两餐的钱够得三餐吃，或者两个人的饭钱填饱三个人的肚子。（《同享无量福》，见方明主编：《陶行知全集》第2卷，四川教育出版社2005年版，第64页。）抗战期间办育才学校，条件艰苦，困难重重，陶行知甚至喝粥以充饥。（《为育才开一新的发展途径——致吴树琴》，见方明主编：《陶行知全集》第9卷，四川教育出版社2005年版，第322页；《〈孤星泪〉吸引我——致吴树琴》，见方明主编：《陶行知全集》第9卷，四川教育出版社2005年版，第327页。）

③ 戴伯韬：《陶行知的生平及其学说》，人民教育出版社1982年版，第114页。

④ 1916年陶行知在致哥伦比亚大学师范学院院长J. E. 罗素的信中说："余今生之唯一目的在于经由教育而非经由军事革命创造一民主国家。"（《我的学历及终身志愿——致J. E. 罗素》，见方明主编：《陶行知全集》第6卷，四川教育出版社2005年版，第456页。）20世纪30年代陶行知的弟子和追随者中的共产党员们曾"希望陶先生能表态赞成我们，并参加共产党"，但陶行知"往往一笑置之"。（徐明清：《对陶行知先生的再认识》，见北京市陶行知研究会编：《陶行知研究》，湖南教育出版社1987年版，第65页。）

绝无仅有。陶行知始终保持乐观主义精神,面对种种压力和挑战,毫不退缩,坦然承受,积极应对,甚至甘之如饴,真可谓"人不堪其忧,回也不改其乐"[①]。他曾经风趣地说:"我本来无产阶级出身,后来出洋回来渐渐变成了中产阶级中人。现在却由中产阶级渐渐地流落到无产阶级了。所以我对于中产阶级与无产阶级的情形都知道一点。我有一种信仰和决心:要从中产阶级不爬上去,而要爬下来。其实爬下来就是爬上去。要爬上去就要落下来。"[②]

陶行知以自立立人的精神,创造性地探索中国教育的出路,从不依附于强权,也从不向强权屈服。即使他的事业一再受挫,他也要重新站起来继续前行;即使他的处境如"陈蔡绝粮",他也要将教育进行到底。陶行知先后谢绝出任安徽省教育厅长、武昌师范大学校长、金陵大学校长的聘请[③];又曾两度遭到国民政府通缉,一次是因为晓庄学校,另一次是因为"七君子事件"。他几乎是以一种"佛不入地狱,谁入地狱"[④]的奉献情怀执着于民族的教育事业。1942 年 4 月,陶行知给次子陶晓光写信道:"我们有两位朋友,一是贫穷;二是患难。我们不但是在贫穷与患难中生活,而且整个教育理论都是它们扶养起来的。所以我有六个字供大家勉励:友穷,迎难,创造。一切为创造;创造为除苦。"[⑤]

三

陶行知教育思想的两大基石是生活教育与民主主义。1914 年夏,23

① 《论语·雍也》。

② 《手脑相长》,见方明主编:《陶行知全集》第 3 卷,四川教育出版社 2005 年版,第 440 页。

③ 1921 年 2 月,安徽省同乡及行政当局欲请陶行知回省主持教育工作,陶行知致信胡适,举荐王伯秋。(王文岭:《陶行知年谱长编》,四川教育出版社 2012 年版,第 54 页。)1924 年 11 月,教育部聘请陶行知任武昌师大校长,该校师生代表赴南京欢迎,陶行知并未就任。(王文岭:《陶行知年谱长编》,四川教育出版社 2012 年版,第 141 页。)朱泽甫认为陶行知是在 1923 年谢绝武昌高等师范学校(同年改名为武昌师范大学)校长之聘,并且还谢绝了母校金陵大学的校长之聘。(朱泽甫编著:《陶行知年谱》,安徽教育出版社 1985 年版,第 51 页。)

④ 《作十万新民,寿六旬王母——给程仲沂先生的信》,见方明主编:《陶行知全集》第 8 卷,四川教育出版社 2005 年版,第 22 页。

⑤ 《友穷,迎难,创造——致陶晓光》,见方明主编:《陶行知全集》第 9 卷,四川教育出版社 2005 年版,第 205 页。

岁的陶行知在金陵大学毕业论文中写道："罗比尔曰：'吾英人第一责任，即教育为国家主人翁之众庶是已。'故今日当局者第一要务，即视众庶程度，实有不足。但其为可教，施以相当之教育，而养成其为国家主人翁之资格焉。"①

青年陶行知认为教育对建设民主、共和国家意义重大，是培养国民主人翁意识和资格的根本。到美国留学后，陶行知更是将通过教育来创造民主国家作为人生理想。他后来从事平民教育、乡村教育、普及教育、国难教育、战时教育、民主教育等，都是在为实现这一理想而努力奋斗。他一生为之奋斗的生活教育理论，就是要教人做人，教人生活，教人读活书、活读书、读书活；要教民众做主人，做自己的主人，做政府的主人。陶行知曾对晓庄的同志说："我们是为着一个共同的使命来的。这使命便是教导乡下阿斗做中华民国的主人。"②又说："乡下阿斗没有出头之先，我们休想出头。乡下阿斗没有享福之先，我们休想享福。我们若是赶在农人前面去出头享福，只此一念便是变相的土豪劣绅。与农人共甘苦，共休戚，才能得到光明，探出生路。"③

因此，生活教育与民主主义是内在的统一。1939 年 12 月，陶行知在答复一位朋友关于生活教育的批评时说："'教育是民族解放、大众解放、人类解放之武器。'这种教育观，是把教育从游戏场、陈列室解放出来，输送到战场上去。时间不许我细说，总之，生活教育理论，是半殖民地半封建的中国争取自由平等的教育理论。"④

抗日战争胜利后，陶行知干脆将生活教育与民主主义发展为民主教育。他创办的《生活教育》杂志抗战期间改为《战时教育》，抗战胜利后改为《民主教育》。1945 年 9 月，陶行知对采访的记者说："关于今后中国的教育，由于这次反法西斯战争的彻底胜利，中国将来是非民主不可的，中国的教育也是非民主不可的。中国自有现代化的教育以来，人民从来还没有

① 《共和精义》，见方明主编：《陶行知全集》第 1 卷，四川教育出版社 2005 年版，第 189 页。
② 《晓庄三岁敬告同志书》，见方明主编：《陶行知全集》第 2 卷，四川教育出版社 2005 年版，第 454 页。
③ 《晓庄三岁敬告同志书》，见方明主编：《陶行知全集》第 2 卷，四川教育出版社 2005 年版，第 456 页。
④ 《谈生活教育——答复一位朋友的信》，见方明主编：《陶行知全集》第 4 卷，四川教育出版社 2005 年版，第 358 页。

受到过民主的教育,所以今后不但没有受过教育的人要来上民主第一课,就是受过教育的人也需要受教育,也应该来上民主第一课。但是,要做到这一步,必先要教育是属于人民的,才办得到。因此,我主张政府应该还教育于民!”①

陶行知还将自己所追求的民主与中国共产党所倡导的民主有机地联系起来,他说:“山海工学团所主张之教育为公,和陕甘宁边区所实行之民办学校,是指文化民主。……近人毛泽东先生写的《新民主主义论》,和中国民主同盟临时全国代表大会所通过的纲领,都系实现真正民主的路线。”②又说:“民主教育是人民的教育,人民办的教育,为人民自己的幸福而办的教育。”③在陶行知的头脑中,“人民教育”简直呼之欲出。

1946 年 4 月,陶行知回到阔别多年的上海,想继续自己的教育事业,但此时国共内战即将打响,民主运动轰轰烈烈,陶行知将更多的精力投入民主运动之中,并抱定为民主而死的决心。从 4 月下旬至 6 月初,陶行知在一个多月的时间内,在上海做了 80 余次演讲。④ 陶行知所说的下面一段话,就特别耐人寻味:

> 教师的职务是“千教万教,教人求真”。学生的职务是“千学万学,学做真人”。这教人求真和学做真人的教学自由,也只有真正的民主实现了才有可能。在不民主的政治下,说真话做真事的人是会打破饭碗,关进集中营,甚至于失掉生命。因此这教学自由,也是要在整个的人民基本自由中全盘解决。让我们和人民站在一条战线上,争取真正民主的实现,共同创造一个独立、自由、平等、进步、幸福的新中国。⑤

---

① 《还教育于民》,见方明主编:《陶行知全集》第 4 卷,四川教育出版社 2005 年版,第 484—485 页。
② 《民主》,见方明主编:《陶行知全集》第 4 卷,四川教育出版社 2005 年版,第 488 页。
③ 《民主教育》,见方明主编:《陶行知全集》第 4 卷,四川教育出版社 2005 年版,第 490 页。
④ 王文岭:《陶行知年谱长编》,四川教育出版社 2012 年版,第 689—700 页。
⑤ 《小学教师与民主运动》,见方明主编:《陶行知全集》第 4 卷,四川教育出版社 2005 年版,第 528—529 页。

然而，陶行知没有等到新中国成立，就因过度劳累，溘然长逝，年仅55岁。

让我们引用1944年4月11日陶行知致爱妻吴树琴的一段话，来深切缅怀这位伟大的教育家——“我现在觉得我是一只狮子，在人们都睡着了的时候，巍然雄视一切，为夜之主。有整个的宇宙待我整顿。我是何等的高兴啊！”[①]

① 《我现在是一只狮子——致吴树琴》，见方明主编：《陶行知全集》第9卷，四川教育出版社2005年版，第347页。

第一章　从徽州到美洲：一个乡村青年的成才之路

古城岩下，
水蓝桥边，
三竿白日，
一个怀了无穷希望的伤心人，
眼里放出悲壮的光芒，
向船尾直射在他的儿子的面上，
望到水、山、天合成一张大嘴，
隐隐约约的把个帆影儿都吞没了，
才慢慢的转回家去。
我要问芳草上的露水，
何处能寻得当年的泪珠？[1]

陶行知是安徽徽州普通农家子弟，父亲粗识文墨，思想开

① 《献诗》，见方明主编：《陶行知全集》第7卷，四川教育出版社2005年版，第3页。

明，于子女教育十分用心，少年陶行知读了几年私塾便改入教会学校。17岁时，陶行知远赴杭州学医，因对抗一条不合理的校规愤而退学，显示出刚毅的个性。过了一年，陶行知再度到外面的世界去寻找人生出路，这一站是苏州，同样陷入困境。因老师唐进贤牧师引荐，陶行知得以考入南京汇文书院，又是一所教会学校。1910 年，汇文书院与宏育书院合并，改名为金陵大学，陶行知随即升入该校，专业是文科。陶行知大学毕业时，留美之风颇盛，金陵大学由美国教会创办，在纽约注册，发美国文凭，陶行知便设法赴美深造。留美第一年，陶行知读的是政治学，第二年即转攻教育学，进入当时世界教育理论的最高殿堂——哥伦比亚大学师范学院，今天人们仍然耳熟能详的杜威、孟禄、克伯屈等人，就是当年陶行知的受业之师。

第一节　怀了无穷希望的伤心人

一、从徽州到杭州

1908 年春，17 岁的农家子弟陶文濬（即陶行知）离开故土安徽歙县，坐船沿新安江东去杭州。父亲陶位朝送子至安徽休宁县万安镇水蓝桥（一作水兰桥，现名水南桥），两人难舍难分。1931 年，陶行知追忆往事，颇多感慨，说："我十七岁之春，独自一人，乘船赴杭州学医，父亲躬自送到水蓝桥下船，回想初别情景，历历如在目前。今特追摄入诗，送别人竟不及见，思之泪落如雨。"[①]陶行知写本章开头所引的那首诗，既是对父亲的纪念[②]，也是自述早年求学之路的艰辛。这很容易使人想起 1922 年鲁迅先生在《呐喊》自序中所言："我要到 N 进 K 学堂去了，仿佛是想走异路，逃异地，去寻求别样的人们。我的母亲没有法。办了八元的川资，说是由我的

① 《献诗》，见方明主编：《陶行知全集》第 7 卷，四川教育出版社 2005 年版，第 3 页。

② 1915 年 1 月，陶行知在美留学时父亲因病去世。自云："悲之极，不得已借事勉强忘之，下课后即到图书馆中看书，不敢回寓，每至深夜始返。但梦中不能自主，悲怀一恸，凄凉甚矣。"（王文岭：《陶行知年谱长编》，四川教育出版社 2012 年版，第 15 页。）

自便；然而伊哭了，这正是情理中的事，那时读书应试是正路，所谓学洋务，社会上便以为是一种走投无路的人，只得将灵魂卖给鬼子，要加倍的奚落而且排斥的，而况伊又看不见自己的儿子了。然而我也顾不得这些事，终于到N去进了K学堂了，在这学堂里，我才知道世上还有所谓格致，算学，地理，历史，绘图和体操。"①鲁迅1898年从绍兴到南京，入水师学堂，比陶行知到杭州学医早10年。这10年中，中国教育开始了从传统到现代的急剧转型。1902年清廷颁布第一个正式学制"壬寅学制"，未及实施又于1904年颁布"癸卯学制"，开始了从中央到地方大规模的兴学运动，建立从小学到大学相互衔接的新式学校系统。1905年皇帝下令废除科举制，并成立学部，进行教育体制的现代转型。尽管1908年到新式学堂求学已不再是"走投无路"，但作为内陆地区的乡村青年，陶行知能走出这一步仍然需要极大的勇气。

陶行知离开故乡的水路，是明清以来大量徽商闯荡江湖的必经之路。徽商名重一时，有"无徽不成镇"之说。因此这条600多里的水路，沿途因徽商流动而形成了不少富庶的渡口和市镇，诗云：

首目鱼梁坝，百里至街口。
八十淳安县，茶园六十走。
九十严州府，桐庐八十守。
八五富阳县，九四垅江口。
徽州至杭州，水路六百有。②

到杭州后，天地顿时广阔，可南下福建，东去上海，北上苏州，然后沿运河到扬州，直至京城。陶行知到杭州停了下来，开始人生旅程的第一站——广济医学堂。近现代以来，西医传入我国，以其科学性和精准性，捕获了不少青年学子的芳心。但是有些立志挽救民族苦难的青年学生，发现从精神上和文化上唤醒民众，远比解除人们肉体上的病痛更为重要，更为

① 《〈呐喊〉自序》，见鲁迅先生纪念委员会编：《鲁迅全集》第1卷，人民文学出版社1973年版，第270页。到后来，鲁迅的弟弟周作人也跟哥哥一样，去洋务学堂求学。

② 王振忠：《湮没的古镇》，载《读书》2010年第6期。

艰难，更为深远，于是主动弃医从文。比如鲁迅1902年赴日留学，先入弘文学院，1904年秋入仙台医学专门学校，受了日俄战争的刺激，毅然放弃学业。郭沫若1914年留日，曾于九州帝国大学学医，但1923年毕业后专门从事文艺创作。晚一点的费孝通，1928年中学毕业后，入东吴大学读了两年医学预科，1930年“放弃了做一个医生的想法而决定要做一个社会学者”，他说：“我不再满足于仅仅帮助个人，治疗身体上的疾病的这个目标。人们的病痛不仅来自身体，来自社会的病痛更加重要。所以我决定不去学医为一个一个人治病，而要学社会科学去治疗社会的疾病。”①

陶行知学医的时间非常短，春季入学，到秋天就离开了杭州。② 他当时并没有抱定要弃医从文或从教的终身志向，只是对这所教会医学堂的一项不合理的校规产生强烈不满，以致愤而退学。

后人对广济医学堂知之甚少，一般史书甚至史料中无有涉及。陶行知之所以去投考这所名不见经传的学校，可能是听从了中学教育阶段唐进贤牧师的建议。唐进贤是英国人，这所学校也是英国教会办的。

二、从私塾到学堂

英国基督教内地会牧师唐进贤（一作唐敬贤）1900年在安徽歙县城内小北街创办了一所教会学校，取名崇一学堂。崇一学堂最初是一所小学，1905年改为中学。此时正是晚清大举兴学之际，歙县已陆续出现了几所中国人自办的新式学堂，计有小学三所：一是私立敬崇两等小学堂，由许承尧创办于1904年，以许氏宗祠拨款及里人捐助为经费；二是官立两等小学堂，创办于1905年，以问政书院款产租息及水碓捐为经费；三是端则女校，由许承尧1905年设于私立敬崇两等小学堂内。中学有一所，是1905年江炜、许承尧、汪鞠友等人发起，经两江总督批准创办的徽州府立新安中学堂。

---

① 《经历·见解·反思——费孝通教授答客问》，见费孝通著，刘豪兴编：《文化的生与死》，上海人民出版社2009年版，第8页。

② 朱泽甫编著：《陶行知年谱》，安徽教育出版社1985年版，第6页。陶行知自己说，入学仅三日即撤回注册。（《我的学历及终身志愿——致J. E. 罗素》，见方明主编：《陶行知全集》第6卷，四川教育出版社2005年版，第455页。）

陶行知1891年10月18日出生于安徽歙县西乡黄潭源村①，原名陶文濬，少年时原本在家乡接受私塾教育，6岁时由村塾师方庶咸秀才开蒙。8岁时父亲陶位朝在休宁谋得一件差事，到小镇万安掌管田赋资料，于涨山铺租房定居，陶行知随父去休宁，从塾师吴尔宽就读。陶行知13岁时陶父不慎染上鸦片瘾，去职还乡。陶行知随父回黄潭源村参加农业劳动，农闲时读书自学。后经亲友介绍，从本县秀才程朗斋处学"四书"，后又到15里外航埠头曹家经馆求师问业，塾师王藻为贡生，道德、文章在当地颇有令名。② 很明显，少年陶行知在小山村里走的是中国传统的读书——应试的老路，先进蒙馆，再进经馆。

然而，中国社会两千年未有之变局影响了陶行知的学业，他顺应时变，在光绪皇帝明令废止科举考试时（1905年），转学至歙县崇一学堂，接受新式学校教育，以谋求个人发展的新空间。陶行知之所以迈进教会学堂，是因为父亲陶位朝为基督教信徒，当时唐进贤等人在歙县发展的信徒总数不足百人。③ 加之陶行知的母亲曹翠仂经常到教会办的崇一学堂帮佣，补贴家用。于是，校长唐进贤准予陶行知免费入学住读。由于唐进贤将于两年

① 朱泽甫编著：《陶行知年谱》，安徽教育出版社1985年版，第1页。后来，关于陶行知的生年，学术界还出现了1892年、1893年等不同意见。陶行知夫人吴树琴1997年10月致函方明，重申陶行知是1891年出生。（徐志辉、卢爱萍主编：《吴树琴与陶行知》，江苏人民出版社2006年版，方明所作的序。）陶家的祖籍原在浙江绍兴府会稽县陶家堰，明正德五年（1510年）由浙江迁至安徽，居于歙县古溪，历十一世再由古溪迁黄潭源村。陶氏在历史上的著名人物有晋代陶渊明，号五柳先生。陶行知的先辈便将房舍题曰"五柳堂"，追认陶渊明为其先祖。（章开沅、唐文权：《平凡的神圣——陶行知》，湖北教育出版社1992年版，第54页。）1923年3月，陶行知给胡适写信，信眉上印有"陶五柳堂启事笺"字样。（方明主编：《陶行知全集》第11卷，四川教育出版社2005年版，第86页注释。）1927年陶行知创办晓庄学校，将全家搬到晓庄，名其居家之地为"五柳村"。陶渊明也曾追述家世，作诗自叙，"悠悠我祖，爰自陶唐。邈焉虞宾，历世重光"（陶渊明：《命子》其一）。说陶家是陶唐氏的后裔，家族的历史可谓久远矣。

② 章开沅、唐文权：《平凡的神圣——陶行知》，湖北教育出版社1992年版，第57页。

③ 光绪二年（1876年），传教士章觉甫（浙江绍兴人、医师）与英国苏格兰牧师唐进贤来歙传教。开始在徽城西街租房做礼拜，发展信徒40余人。宣统二年（1910年）前后，在小北街购买前后两进旧式楼房一幢，开办教堂，发展信徒79人。（歙县地方志编纂委员会编：《歙县志》，黄山书社2010年版，第1075页。）

后回国，陶行知便在这两年内学完了三年的中学课程。① 但是，陶行知在崇一学堂并没有加入基督教，倒是在宿舍墙壁上写下“我是一个中国人，要为中国作出一些贡献来”②，勉励自己为国家富强、为民族独立而努力学习。

从私塾到学堂，这在当时少年的心目中是一个怎样大的转变，现在已难以体会。与陶行知同年的官家子弟胡适，1904 年从安徽绩溪来到上海，先就读梅溪学堂，“进学堂拜见张先生时，我穿着蓝呢的夹袍，绛色呢大袖马褂，完全是个乡下人。许多小学生围拢来看我这乡下人”。但读过《诗经》《书经》《礼记》的胡适很快发现他的学业程度远高于同龄小孩，一天之内从第五班升到了第二班。次年，因不愿赴上海道的考试，转至澄衷学堂。③ 比陶行知小五岁的浙江富阳郁达夫，废科举后进县立高等小学堂，兴奋得难以言表：“由书塾而到学堂！ 这一个转变，在当时的我的心里，比从天上飞到地上，还要来得大而且奇。其中的最奇之处，是我一个人，在全校的学生当中，身体年龄，都属最小的一点。”④

在陶行知前后，有一大批中国近现代史上的风云人物加入了从私塾到学堂这一转变过程。浙江奉化蒋介石，1903 年入当地凤麓学堂，两年后转至宁波箭金学堂。浙江义乌陈望道，1906 年入县立绣湖小学。⑤ 江苏苏州顾颉刚，1906 年考入当地第一班高等小学。⑥ 湖南湘潭毛泽东，1910 年秋考入湘乡县立东山高等小学堂。⑦ 就连已经做了私塾教师的徐特立，也于 1905 年考入湖南宁乡速成师范学校，经过四个月的学习后，由塾师变成了教员。⑧

① 1908 年，崇一学堂首届毕业生有 16 人，陶行知、汪采白、姚文采、朱家治等皆在其列，姚文采后来在陶行知的感召下考入南京金陵大学，成为陶行知一生教育事业的亲密伙伴。1984 年，原崇一学堂校址扩建成陶行知纪念馆。

② 朱泽甫编著：《陶行知年谱》，安徽教育出版社 1985 年版，第 5 页。

③ 《胡适自传》，江苏文艺出版社 1995 年版，第 49—53 页。

④ 《郁达夫文集》第三卷，花城出版社、三联书店香港分店 1982 年版，第 374 页。

⑤ 王鸿宾、武修敬等主编：《中国教育大系 · 历代教育名人志》，湖北教育出版社 1994 年版，第 589 页。

⑥ 顾颉刚编著：《古史辨》第一册，上海古籍出版社 1982 年版，第 11—12 页自序。

⑦ 中共中央文献研究室编：《毛泽东年谱：1893—1949》（修订版）上卷，中央文献出版社 2013 年版，第 8 页。

⑧ 陈桂生：《徐特立研究：从人师到人民教育家》，华东师范大学出版社 2012 年版，第 9—10 页。

三、从苏州到南京

杭州广济医学堂有一条校规：信教学生可以免费实习两年。陶行知刚从崇一学堂毕业，虽然并未加入基督教，但已埋下了的信仰种子。照理，进校后即时接受洗礼入教，也是可以享受这一优惠的。但陶行知对这种功利性的宗教信仰和不平等的校规产生了极大的反感，他纯洁的心灵里容不下这粒细沙，于是愤而退学。

其实，青年陶行知首选学医，并非草率之举，应当是经过一番深思熟虑的，这可以从他对医学的持续关注得到印证。数年后，即将金陵大学毕业之际，陶行知发表了两篇医学文章《医德》①《视神经上血管影之观察法》②。即便后来探索中国教育改造之路，他也经常以医生看病为比喻，如在中华教育改进社的社务报告中说："办教育如医病然，一方面应该知道病人的体力，一方面尤应该知道疾病的来源。知道了这两层，然后可以下药。我们办教育，对于教育之宜改进，是早经知道的了，但我们不知道他的弱点究在何处。我们应该用显微镜察看中国不振兴的微生虫在什么地方，也应该用千里镜察看中国教育不发达的远因在什么地方，所以第一种手续就是调查。"③在从事平民教育时又说："这些不识字的平民，好比是瞎子；平民读书处，好比是医院；我们——凡能识字明理的人——好比是医生；千字教科书是药水。每日叫那些瞎子，在医院里把药水将他们的眼睛洗一次，四个月后，就将这些瞎子医好了，使他们能和我们一样的能看物能做事，那末我们医生的功德，也就不浅了。"④只是他年少时最初的理想被一条不合理的校规轻易地粉碎了。

陶行知何时离开美丽的杭州，向来说法不一。陶行知的弟子朱泽甫认

---

① 《医德》，见方明主编：《陶行知全集》第1卷，四川教育出版社2005年版，第172—175页。

② 《视神经上血管影之观察法》，见方明主编：《陶行知全集》第1卷，四川教育出版社2005年版，第176—177页。

③ 《中华教育改进社第一次年会社务报告》，见方明主编：《陶行知全集》第1卷，四川教育出版社2005年版，第398页。

④ 《平民教育实施法》，见方明主编：《陶行知全集》第11卷，四川教育出版社2005年版，第129—130页。

为,1908 年秋陶行知离开杭州,流落苏州。[①] 1916 年 2 月陶行知致哥伦比亚大学师范学院院长罗素的英文信中说:"以医学堂严重歧视非基督教徒,甚至事关学科问题亦然,余乃撤回注册,而入学仅三日耳。余于失望之余,仍返徽州专习英文复经一年,然后前往南京入金陵大学,校中基督教徒与非基督教徒均受欢迎,此乃余今日仍乐于称道之事也。"[②]但此信部分内容仍有不确,因为陶行知 1909 年并非直接从徽州到南京,入金陵大学,而是先来到另一座被称为人间天堂的城市——苏州,寄居于表兄家。由于经济上没有独立能力,陶行知和表兄在苏州无法维持生计,甚至落魄到典当度日。他曾在一篇序文中说:"同学们这次所受的困苦,比我十八岁流落在苏州的时候,我和我的表兄把衣服当得三百文过一日还要难些。"[③]

真是无巧不成书,陶行知在极度困苦之中,于苏州偶遇从英国归来的牧师唐进贤。唐进贤决定再一次对这位聪慧勤勉的学生伸出援手,介绍他去南京投考汇文书院(金陵大学前身)。汇文书院不是一所传统性质的书院,而是由美国基督教美以美会于 1888 年创立的一所教会学校。近代以来,传教士们将西方新式学校传入中国,揭开中国教育发展的新篇章。但新教育要为国人所接受,是一件颇费周折的事。这些略通中国文化的西方人在教育机构的命名上动了一些脑筋,尽量从中国既有的学校名称中去寻找字眼。因此,早期教会学校,多名之曰"塾"、曰"书院",如英华书院(1843 年,香港)、宁波女塾(1844 年,宁波)、清心书院(1860 年,上海)、中西书院(1881 年,上海)等。

1909 年秋,陶行知入汇文书院成美馆就读。当时,汇文书院分神科、文理科和医科,分别名为圣道馆、博物馆和医学馆,成美馆为其中学部,相当于大学预科性质。[④] 大学预科类似于高中程度,1922 年北洋政府颁行新学制(又称"壬戌学制"或"六三三学制"),扩充中学,分初中和高中两级,取消了大学预科。

---

① 朱泽甫编著:《陶行知年谱》,安徽教育出版社 1985 年版,第 6 页。

② 《我的学历及终身志愿——致 J. E. 罗素》,见方明主编:《陶行知全集》第 6 卷,四川教育出版社 2005 年版,第 455 页。

③ 《〈破晓〉序》,见方明主编:《陶行知全集》第 2 卷,四川教育出版社 2005 年版,第 345 页。

④ 章开沅、唐文权:《平凡的神圣——陶行知》,湖北教育出版社 1992 年版,第 68 页。

第二节 秀绝金陵第一声

1910年，汇文书院和宏育书院合并，改称金陵大学，只设文科，陶行知直接升入金陵大学文科，为首届学生。汇文书院原有的医科在1909年停办。1911年金陵大学增设师范科、国语科；1914年恢复医科，增设农科；1915年增设林科、法科；1916年将农科和林科合并为农林科；1917年又将医科停办。[①]

陶行知大学期间，正值辛亥革命，两千年的封建帝制土崩瓦解，中华民国成立。他密切关注中国社会发展，关注新生的中华民国，关注社会剧变下青年一代的成长与前途，其个人学识、人生志趣、宗教信仰等各个方面都有很大的变化。有材料表明，陶行知于武昌起义爆发后，离校返回徽州，参加屯溪阳湖（今黄山市屯溪区阳湖镇）余家庄起义。徽州议会成立后，陶行知担任干事，半年后仍回金陵大学继续学业。[②]

一、主笔《金陵光》

金陵大学原有英文版校刊，陶行知倡议从第4卷第1期始增出中文版。1913年2月，中文版正式出版，名为《金陵光》，陶行知任编辑，9月，任《金陵光》主笔。此时，袁世凯窃国后的一系列倒行逆施让新国家的未来变得扑朔迷离。陶行知对国家和民族前途深感忧虑，希望把《金陵光》办成"同学之公共日记"，如人生之灯塔，能够"佐迷津者之造业"；如旭日之东升，能够激励青年奋发图强，"使中华放大光明于世界"[③]。

陶行知密切关注和反思中国社会，先后在《金陵光》上发表《一夫多妻

---

① 《私立金陵大学一览》，见朱有瓛、高时良主编：《中国近代学制史料》第四辑，华东师范大学出版社1993年版，第581—583页。

② 王文岭：《陶行知年谱长编》，四川教育出版社2012年版，第5—7页。

③ 《〈金陵光〉出版之宣言》，见方明主编：《陶行知全集》第1卷，四川教育出版社2005年版，第135—137页。"光"也可能取自《圣经》"创世纪"第一章"上帝说要有光，于是就有了光"。

之恶结果》[①]《伪君子篇》[②]等文章，对中国纳妾的陋习、趋利求名的伪君子表示深恶痛绝。《伪君子篇》的矛头，乃直指窃国大盗袁世凯及其僚属，是一个青年学生的讨袁檄文，内云：

> 天下非真小人之为患，伪君子之为患耳。真小人，人得而知之，人得而避之，并得而去之。伪君子服尧之服，诵尧之言，而处心积虑，设阱伏机，则桀纣也。桀纣，汤武得而诛之也。桀纣而尧，则虽善实恶，虽恶而难以罪之也；虽是实非，虽非而难以攻之也；真中藏假，虽假而难以察之也。博尧之名，而无尧之艰；享桀纣之利，而无桀纣之祸。无人非，无物议，伪君子以此自鸣，世人以此相隐慕。一家行之而家声伪，一国行之而国风伪，行之既久而世俗伪。嗟夫！真小人之为患，深之不过数世，浅则殃及其身而已；伪君子则直酿成伪家声、伪国风、伪世俗，灾及万世而不可穷。[③]

这种对时事深邃的洞察力和批判力，陶行知保持终生，他一辈子不与政府合作，但对政治十分关注，常常直截了当地发表个人意见，往往能一针见血，揭穿政治家们玩弄的鬼把戏，撕破帮闲者歌功颂德的假面，连尊长如蔡元培者都不放过。1931 年 5 月，国民政府在南京召开国民会议，蔡元培在《时事新报》上登了一首颂词，内有“济济一堂，农工商士。消弭众歧，指示正轨”[④]之语，陶行知毫不客气地指出：“我们按图索骥，会场里找不出一个靠自己种田吃饭的真农人，也找不出一个靠自己做工吃饭的真工人。……假使五十年或一百年之后，有位小胡适，爱做考据功夫，误以德高

① 《一夫多妻之恶结果》，见方明主编：《陶行知全集》第 1 卷，四川教育出版社 2005 年版，第 141—146 页。

② 《伪君子篇》，见方明主编：《陶行知全集》第 1 卷，四川教育出版社 2005 年版，第 160—164 页。

③ 《伪君子篇》，见方明主编：《陶行知全集》第 1 卷，四川教育出版社 2005 年版，第 162 页。

④ 颂词全文为：“新会任务，解决国是。遗教谆谆，瞬逾六祀。今幸统一，训政开始。时会既成，召集于此。济济一堂，农工商士。消弭众歧，指示正轨。力谋建设，公宏民祉。制定约法，以张民纪。讨论问题，得其神髓。主义实现，辉煌国史。使命不辱，上慰总理。宪政可期，兆民咸喜。”登于 1931 年 5 月 5 日《时事新报》。

望重的蔡先生的亲笔颂词作证据，岂不要弄假成真，变非为是？”①

二、王阳明的影响

金陵大学求学期间，陶行知倾心于阳明学说，受其“知行合一”观念的影响，给自己新取了一个名字“知行”，1913 年首署《〈金陵光〉出版之宣言》，载该刊第 4 卷第 1 期。②

知行关系是中国古代思想家长期关注的一对范畴，主要涉及认识与实践问题，包括认识的来源，求知的途径、方法，道德的获得与践行，等等。先秦诸子关于知行的认识，一般是将知与行分开来讨论，比如孔子曰：“弟子，入则孝，出则悌，谨而信，泛爱众，而亲仁。行有余力，则以学文。”③又说：“始吾于人也，听其言而信其行；今吾于人也，听其言而观其行。”④子夏曰：“贤贤易色；事父母，能竭其力；事君，能致其身；与朋友交，言而有信。虽曰未学，吾必谓之学矣。”⑤如果说孔子及其弟子在知行关系上偏重于行的话，荀子则提出知行并重的思想，他说：“君子博学而日参省乎己，则知明而行无过矣。”⑥又说：“君子之学也，入乎耳，箸乎心，布乎四体，形乎动静；端而言，蠕而动，一可以为法则。”⑦荀子还提出一套完整的认识过程：“不闻不若闻之，闻之不若见之，见之不若知之，知之不若行之，学至于行之而止矣。行之明也，明之为圣人。”⑧墨子也有与孔子类似的重行观点，

---

① 《一张字纸篓里的颂词》，见方明主编：《陶行知全集》第 7 卷，四川教育出版社 2005 年版，第17 页。

② 张行可、胡晓风：《陶行知用过的名字》，见方明主编：《陶行知全集》第 12 卷，四川教育出版社 2005 年版，第 1080 页。“知行”确切的取名时间，难以定论。朱泽甫将取名事件置于 1910 年秋。（朱泽甫编著：《陶行知年谱》，安徽教育出版社 1985 年版，第 7 页。）唐文权说：据陶行知自称，他开始攻研并信从王阳明“知行合一”学说，是在 1911 年到 1912 年间，1913 年初在《金陵光》上发表文章时已署名“陶知行”。（章开沅、唐文权：《平凡的神圣——陶行知》，湖北教育出版社 1992 年版，第 77—78 页。）

③ 《论语 · 学而》。

④ 《论语 · 公冶长》。

⑤ 《论语 · 学而》。

⑥ 《荀子 · 劝学》。1943 年陶行知为育才学校作《创造年献诗》，曾提到荀子的教育思想。（方明主编：《陶行知全集》第 4 卷，四川教育出版社 2005 年版，第 8 页。）

⑦ 《荀子 · 劝学》。

⑧ 《荀子 · 儒效》。

他说："士虽有学，而行为本焉。"[①]又说："口言之，身必行之。"[②]

宋明时期，知行问题重新成为思想界争论的焦点。程朱学派承继先秦儒家，主张知先行后，偏重于行。朱熹为《中庸》"博学之、审问之、慎思之、明辨之、笃行之"作注解，曰："学问思辨，所以择善而为知，学而知也；笃行，所以固执而为仁，利而行也。"[③]王守仁（王阳明）较朱熹等人前进一大步，提出知行合一，彻底否定了知与行的界限，并认为这是古代圣贤的原意。他在《传习录》中说：

> 某尝说知是行的主意，行是知的工夫；知是行之始，行是知之成。若会得时，只说一个知，已自有行在。只说一个行，已自有知在。古人所以既说一个知，又说一个行者，只为世间有一种人，懵懵懂懂的，任意去做，全不解思惟省察，也只是个冥行妄作。所以必说个知，方才行得是；又有一种人，茫茫荡荡，悬空去思索，全不肯着实躬行，也只是个揣摸影响，所以必说一个行，方才知得真。此是古人不得已补偏救弊的说话，若见得这个意时，即一言而足。今人却就将知行分作两件去做，以为必先知了，然后能行。我如今且去讲习讨论，做知的工夫，待知得真了，方去做行的工夫，故遂终身不行，亦遂终身不知。此不是小病痛，其来已非一日矣。某今说个知行合一，正是对病的药。又不是某凿空杜撰，知行本体，原是如此。今若知得宗旨时，即说两个亦不妨，亦只是一个；若不会宗旨，便说一个，亦济得甚事？只是闲说话。[④]

服膺王学十余年之后，陶行知对知行关系有了新的认识。1927 年 6 月 3 日，他在晓庄演讲会上演讲，将王阳明的"知是行之始，行是知之成"

---

① 《墨子·修身》。

② 《墨子·公孟》。陶行知的思想不乏受墨子的影响，除了知行关系，他还吸收了墨子的兼爱思想。1929 年 10 月 10 日，陶行知曾写了一副对联明志："为破坏牺牲，为建设牺牲，中华民国应背两个十字架。向儿童瞄准，向农人瞄准，乡村教师捧来一颗兼爱心。"（《背起四个十字架》，见方明主编：《陶行知全集》第 2 卷，四川教育出版社 1991 年版，第 93—94 页。2005 年版《陶行知全集》第 2 卷第 78 页关于下联的注释中，遗漏了"兼"字，导致上下联在字数上不一致。）

③ 朱熹：《四书章句集注·中庸》。

④ 《阳明先生集要》，中华书局 2008 年版，第 33—34 页。

颠倒过来，提出“行是知之始，知是行之成”①。1932 年 5—8 月，陶行知在《申报》上连载教育小说《古庙敲钟录》，提出“行动是老子，知识是儿子，创造是孙子”②。1934 年 7 月 16 日，陶行知在《生活教育》第 1 卷第 11 期发表《行知行》，正式宣布改名为“陶行知”。他说：“在二十三年前，我开始研究王学，信仰知行合一的道理，故取名‘知行’。七年前，我提出‘行是知之始，知是行之成’的理论，正与阳明先生的主张相反，那时以后，即有顽皮学生为我改名，常称我‘行知吾师’。我很乐意接受。”③此后，“陶行知”成为他最常用的名字。

三、加入基督教

1912 年 12 月，陶行知在金陵大学接受洗礼，正式加入基督教。这一方面是由于他从中学开始就上的是教会学校，而教会学校在 1925 年收回教育权运动之前，具有强烈的传教目的，陶行知虽然在杭州因不满教会学校（广济医学堂）的不合理做法而离校，但长期的教会教育对他的宗教信仰无疑会产生一些影响。另一方面，他的父亲信教，家庭的影响也是不可忽视的。1905—1906 年间，陶行知的父亲陶位朝在章觉甫牧师的影响下，信了基督教，成为内地会耶稣堂会员。正因如此，陶行知的母亲得以进入崇一学堂做用人，以补贴家计。④

尽管在有些人眼里，陶行知称得上是一个虔诚的基督徒⑤，而且日后他在对中国教育发展的探索和追求中，常常表现出诸如无私奉献、博爱大

---

① 《行是知之始》，见方明主编：《陶行知全集》第 2 卷，四川教育出版社 2005 年版，第 4 页。

② 《古庙敲钟录》，见方明主编：《陶行知全集》第 3 卷，四川教育出版社 2005 年版，第 34 页。

③ 《行知行》，见方明主编：《陶行知全集》第 3 卷，四川教育出版社 2005 年版，第 487—488 页。陶行知在文中还说：“近来有些人常用‘知行’的笔名在报纸上发表文字，我不敢夺人之美，也不愿代人受过。本来，‘知行’二字，不是我姓陶的所得据为私有。我现在所晓得的，在中国有黄知行先生，熊知行先生，在日本有雄滨知行先生，还有几位无姓的知行先生。知行队中，少我一个，也不见得寂寞，就恕我退出了吧。”

④ 何荣汉：《陶行知——一位基督徒教育家的再发现》，安徽教育出版社 2011 年版，第 23 页。

⑤ 陶宏在《我和我的父亲》一文中回忆，20 世纪 20 年代家中客房的墙上挂有耶稣像，“表示我们大家对于耶稣舍己为人的自我牺牲精神的景仰”。1923 年，蒋梦麟称陶行知“很有传教的精神”。陶行知去世后，司徒雷登接受记者采访时表示：“在学生时代，坚信基督教。陶氏一生从事教育，坚信博爱，后主张小先生制，均为基督教精神之最大发挥。”（章开沅、唐文权：《平凡的神圣——陶行知》，湖北教育出版社 1992 年版，第 81 页。）

众、携幼扶弱、苦行僧等宗教精神，但我们以为，这其实也合乎中国文化"以出世之精神做入世之事业"，宗教背景与陶行知的教育事业和教育思想不存在必然的因果关系，纠缠于此没有多大意义。毛泽东后来题写悼词称其为"伟大的人民教育家"，陶行知是属于人民的，他毕生所从事并为之献身的是人民的教育事业。诚如历史学家章开沅所言：

> 像陶行知这样的大教育家、大学问家，对于中西各种文化、精神资源，多半是相容并包，博采众长，然后经过研究与实际形成真正属于自己的思想体系和学术体系。正如他服膺王学而不可能称之为儒家，师从杜威而又超越杜威一样，基督教的影响也很难把他局限于基督徒教育家这样狭窄的框架之中，这是他与赵紫宸、韦卓民、陈裕光等教育家不同之处。[①]

1914 年 6 月，陶行知从金陵大学毕业，毕业论文为《共和精义》，载于《金陵光》第 6 卷第 5 期、第 6 期，署名"陶文濬"。此时值中华民国建立两年之后，人们对新生的国家、对民族的前途有很多期待和思考，然而，袁世凯倒行逆施，于 1914 年 1 月解散国会，实行独裁，给民国的共和之梦蒙上阴影。[②] 陶行知正是基于强烈的使命感、责任感，而作这篇毕业论文。他认为，自由、平等、民胞，为共和三大信条；对个人而言，共和体制应重视个人价值，唤醒个人责任，实现机会平等；对社会而言，应视人民为社会之主权，济弱扶倾，爱敬相待；作为共和政府，应图谋国民全体之福利，树立共同的目的、共同的责任，国家领袖应由人民选举产生，朝违民意，夕可弹劾。他还分析了共和体制潜在的危险，如国民的文化教育程度不足、伪领袖、党祸、多数人的暴政等，这些分析显示出相当强的警惕性和预见性，可见陶行知当时着实下了一番苦功夫。文章专门设"共和与教育"一节，论述新教育与新政治之关系，云："教育实建设共和最要之手续，舍教育则共和之险

---

① 何荣汉：《陶行知——一位基督徒教育家的再发现》，香港基督教文艺出版社 2004 年版，章开沅所作的序。2011 年此书由安徽教育出版社印行大陆版，无章开沅的序。

② 1915 年 12 月，袁世凯称帝，恢复了君主制，年号"洪宪"。在举国上下的护国讨袁声中，袁世凯于 1916 年 3 月被迫取消帝制，恢复"中华民国"。袁世凯忧愤成疾，于 1916 年 6 月 6 日病死。这段时间，陶行知正好在美国留学。

不可避,共和之国不可建,即建亦必终归于劣败。”①

陶行知是两位有资格在毕业典礼上宣读论文的学生之一,曾任江苏省教育司司长的黄炎培在台下观礼。1946 年陶行知去世后,黄炎培题写挽诗,追忆当年的场景:“秀绝金陵第一声,行知当日号知行;杜威北美开新派,刘廖南高并盛名。”②美国驻华大使司徒雷登亦曾撰文回忆大学时代的陶行知:“三十年前,我掌教金陵大学的时候,陶行知先生的卷子,我曾细心看过。他的思想超脱,笔致清新,一见便使人相信是前途最有希望的优秀学生。在校时,他专攻王阳明的学说,同时对于基督的真谛探讨不遗余力。并行不悖,殊途同归,确是不世出的奇才。”③

第三节 负笈游美

大学毕业后,陶行知与妹妹陶文渼的同学汪纯宜(安徽休宁人)结婚④,并举家从安徽歙县迁到江苏南京⑤。在亲友的帮助下,陶行知于 1914

① 《共和精义》,见方明主编:《陶行知全集》第 1 卷,四川教育出版社 2005 年版,第 189 页。

② 《哭陶行知》,见黄方毅编:《黄炎培诗集》,人民出版社 2014 年版,第 661 页。诗中“刘廖”是指刘伯明和廖世承,二人均曾在美国获博士学位,并任南京高师教授。

③ 司徒雷登:《我所认识的陶行知》,见方明主编:《陶行知全集》第 11 卷,四川教育出版社 2005 年版,第 709 页。

④ 周洪宇认为陶行知与汪纯宜结婚是在 1914 年 6 月陶行知从金陵大学毕业后不久。(周洪宇:《陶行知画传》,山东教育出版社 2011 年版,第 33 页。)王文岭认为 1914 年夏,陶行知与安徽休宁县汪纯宜女士结婚。(王文岭:《陶行知年谱长编》,四川教育出版社 2012 年版,第 11 页。)朱泽甫则认为是在 1913 年。(朱泽甫编著:《陶行知年谱》,安徽教育出版社 1985 年版,第 10 页。)联系到长子陶宏 1915 年 4 月 1 日出生,陶行知 1914 年夏天结婚的可能性似乎大一些。

⑤ 唐文权认为陶行知 1914 年夏与汪纯宜结婚后,断然把全家迁到南京。(章开沅、唐文权:《平凡的神圣——陶行知》,湖北教育出版社 1992 年版,第 84 页。)童富勇、胡国枢《陶行知传》(教育科学出版社 1991 年版,第 505 页)所附《陶行知大事年表》亦记载“1914 年夏,与汪纯宜结婚。全家迁居南京”。王文岭《陶行知年谱长编》未提及迁家之事。1914 年 9 月,陶行知向美国伊利诺伊州立大学递交政治学博士入学申请表,填写的家庭住址是南京马叉街 395 号,父母的职业填的是教师。(《伊利诺依州立大学政治学博士入学申请表》,见方明主编:《陶行知全集》第 12 卷,四川教育出版社 2005 年版,第 6 页。原文中“伊利诺依”现译为伊利诺伊。)陶家能从徽州迁到大都市,说明经济状况还算过得去。

年8月赴美留学，先入伊利诺伊大学专攻政治学，一年后转入哥伦比亚大学师范学院专攻教育学。

一、从上海到美国

握有美国大学文凭（金陵大学在美国纽约注册）的陶行知，并没有到社会去谋得一份美差，他的目标是到世界上最发达的国家去寻求救国救民的真理。1908年美国国会通过议案，退还部分庚子赔款，改充中国留美学生的教育费用。庚款资助的留美生最初是在全国招考，陶行知的同年同乡胡适于1910年通过了第二届庚款留美考试。1911年4月，游美学务处建立了留美预备学校——清华学堂（民国成立后改为清华学校），1912年起庚款留美生大都直接由清华学校选送。陶行知无法获得庚款资助，要想去美国深造必须自筹经费。好在庚款留美办法中有一条津贴自费生的规定①，陶行知只需凑足第一年的费用，第二年便可以自费生的名义申请庚款津贴。

但一年的费用也不是那么容易凑齐的。陶行知多方求助，金陵大学师友施以援手，陶行知终于筹得一笔费用，得以动身赴美。

1914年8月15日，陶行知由上海乘"中国号"邮船赴美②，同船多为清华庚款留美生，如陈鹤琴等，陶行知是少数的自费生之一。邮船上的陶行知心潮澎湃，充满了对未来生活的期待，曾作《海风歌》以抒怀。③

陶行知在航行途中产生一种强烈的好奇心，想看看蒸汽机如何推动庞大的邮船。

> 走到机器间去看了一忽儿，心里想，蒸气是水烧滚了变的。我得去看一看这水是用什么东西烧，怎样的烧法？我于是一路问到火舱门口，一看，几个赤膊的活人像天津鸭子在那儿烤着，烤出一身的黑油！身上、脸上、手上黑得如同他们所烧的煤炭一般黑！这是我与火伕们第一次见面所得的印象，简直像硝镪水刻到我的心窝里。我明白了：乘长风破

---

① 舒新城：《近代中国留学史》，上海书店2011年版，第52—53页。

② 王文岭：《陶行知年谱长编》，四川教育出版社2012年版，第11页。

③ 朱泽甫编著：《陶行知年谱》，安徽教育出版社1985年版，第12页。《海风歌》稿已失传。

万里浪，代价是火伕们的泪和血！岂但海船上的火舱是人间地狱，您走进电力厂、机器厂、面粉厂、织布厂里去看看，便知道我们吃的、穿的、住的没有一样不渗透了工人们的血泪！一粥、一面、一衣、一灯当思来处不易。①

此一场面给陶行知的心灵带来极大的震撼，使他知道新奇惬意的海上航行完全是依赖火夫们默默无闻的辛勤劳作。劳苦大众的生存状态给了他难以磨灭的感性认识，并使他产生深深的同情。这种对民众苦难的同情心贯穿了陶行知的一生，为其日后的事业追求奠定了基调。

而此时坐头舱的清华留美生，则在对锦绣前程的憧憬中尽情享受海上的旅行生活，吃喝玩乐，好不快意。且看陈鹤琴的回忆：

海上旅行原是一桩最愉快的事，早晨可以看旭日东升，傍晚可以看红日西沉。海涛像山似的白涌碧翻，飞鸟像箭似的冲浪排空。还有海鸥成群，翱翔上下，似有欢送我们的意思。

船上生活，也是非常快乐。一日六餐——三餐大菜，三餐茶点。我们百余人吃得胖胖的，有点像猪猡了。说起大菜来，真要笑死人呢！我们在上海的时候，周校长只教我们吃饭的礼貌，而没有教我们吃什么菜，所以我们一到船上不知道吃什么好。每餐的菜单总是印得满满的外国菜名，有时候，菜名来得古怪，我们一点都不认识。我们只好从菜单天字第一号吃起，一直吃到点心为止。我们先吃清汤，吃了清汤，再吃混汤；吃了鱼，又吃虾；吃了猪排，又吃牛排；吃了家鸡，又吃野鸡；吃了蛋糕，又吃冰淇淋；吃了茶，又吃咖啡。那年同船的还有好几个外国人。有一个在中国传道的美国人，名叫牛顿·海斯，看见我们吃得这样高兴，着实替我们担忧呢！有的同学还说："大菜难得吃的，我们既出了钱，应当吃个饱。"

船上不但吃得痛快，也玩得起劲。白天在船板上可以掷绳圈，抛圆板，晚上弹琴唱歌，着实热闹。星期日早上请海斯先生给我们讲道。这样说来，我们的旅行生活又愉快又不虚度呢！②

---

① 《人与煤炭》，见方明主编：《陶行知全集》第7卷，四川教育出版社2005年版，第13页。

② 《我的半生》，见陈秀云、陈一飞编：《陈鹤琴全集》第六卷，江苏教育出版社2008年版，第530—531页。

二、入伊利诺伊州立大学

邮船在太平洋上航行了三个星期，于9月7日到达旧金山。抵美后，陶行知入伊利诺伊州立大学，攻读哲学博士，主修政治学，辅修经济学和教育学。① 陶行知在伊利诺伊大学修读的课程主要有：政治学和公法讨论、城市行政学、国家论、教育行政学、欧洲大陆的政治、美国的外交、美国对外贸易和殖民地贸易、教育研究法、中学课程、教育心理学讨论等②，除了政治之外，陶行知的课程表里另一个关键词就是教育。

读书期间，他对中美贸易的滑坡十分痛心，经过详细的调查研究，写了一篇贸易论文《中国运入美国物产大宗之研究》，对中国出口到美国的大宗商品如生丝、毡料、茶叶、山羊皮进行比较分析，发现中国大宗商品在美国市场上的份额"江河日下"，大好市场被日本、印度等抢占。尤其是茶叶，中国出口美国总量不断下降，而日本、印度等对美国的出口量却成倍增长，陶行知不无遗憾地评论说："由于吾国茶叶漫无进步，坐视大好市场为他人所攫去耳。"③可见，陶行知远在异国他乡，非常关心自己的祖国，并关注世界政治经济的发展。纵观陶行知的一生，他在任何时候都保持着对时局的清醒认识，他的心始终与祖国的命运一同跳动。正是这种宽广的胸怀

---

① 王文岭：《陶行知年谱长编》，四川教育出版社2012年版，第13页。朱泽甫认为陶行知攻读市政，与孙科同学。（朱泽甫编著：《陶行知年谱》，安徽教育出版社1985年版，第12页。）

② 周洪宇：《陶行知画传》，山东教育出版社2011年版，第22页。

③ 《中国运入美国物产大宗之研究》，见方明主编：《陶行知全集》第1卷，四川教育出版社2005年版，第192页。1915年5月《安徽公报》第40期发表此文时，文前有安徽巡按使公署的批语，谓"中国运美物产大宗之研究一篇阅悉，该生以平日调查所得，造图制表加以说明，具征留心商务，深堪嘉慰。应即采登本省公报，俾广流传，而资考镜。至送部备选一层，仍应查照前批，俟遇有官费缺额时，再行酌核办理，此批照片存"。陶行知后来是否取得中国方面的官费资格，尚无确切的文献证明。有人认为陶行知从伊利诺伊大学毕业后，取得了庚子赔款留学生派遣制度"半费生"资格。有了维持继续深造的起码的经费，他便于1915年9月下旬转入哥伦比亚大学师范学院，攻读教育行政学博士课程。（周洪宇：《陶行知生活教育学说》，湖北教育出版社2011年版，第20—21页。）有人认为，陶行知在美国留学，实行勤工俭学，靠卖文章、卖演讲、卖翻译、卖字，来接济自己的学习费用和生活费用。（朱泽甫编著：《陶行知年谱》，安徽教育出版社1985年版，第14—15页。）陶行知1916年在致哥伦比亚大学师范学院罗素院长的信中说："余决定来师范学院之前不多时，蒙我国政府授予部分奖学金"。到哥伦比亚大学后又"蒙孟禄博士介绍，余乃着手申请利文斯通奖学金，并已蒙慷慨授予"。（《我的学历及终身志愿——致J. E. 罗素》，见方明主编：《陶行知全集》第6卷，四川教育出版社2005年版，第456页。）

和对祖国深切的热爱，激励着他将个人事业融入民族未来的建设之中。

1915年夏，经过一个学年的学习，陶行知拿到政治学硕士学位。接下来陶行知做出了一个决定其人生方向的重要决定：转学至哥伦比亚大学师范学院攻读教育学。1916年，他在写给哥大师范学院罗素院长的信中说："三年前，余选就哥伦比亚大学为余在美之最终目标，然因资力不济而未能及时来校就读。余今生之唯一目的在于经由教育而非经由军事革命创造一民主国家。鉴于我中华民国突然诞生所带来之种种严重缺陷，余乃深信，如无真正之公众教育，真正之民国即不能存在。余矢志以教育管理为终身事业，始于去夏，是时正值基督教男青年会于日内瓦湖举行夏季大会，余于此受极大启迪。余曾查阅既知之所有学府，再次发现贵院乃其中最佳去处。"[①]这说明陶行知最初就想进哥伦比亚大学，因哥大地处大都市纽约，各项费用较高，陶行知迫于经济困难，才选择先就读伊利诺伊州立大学，再寻找机会过渡。

三、入哥伦比亚大学师范学院

1915年9月，陶行知正式进入哥伦比亚大学师范学院学习。哥大是当时美国一流的名牌大学，是众多中国留学生梦寐以求的学术殿堂。哥大师范学院更是名师云集，拥有杜威、孟禄、克伯屈、桑代克等一批世界顶尖教育学家，可谓极一时之盛。先于陶行知来的有他后来的领导兼同事郭秉文，1914年郭秉文获得哥大博士学位，博士论文为《中国教育制度沿革史》。与陶行知同时在该校学习的著名人士有宋子文、蒋梦麟、胡适、孙科、陈鹤琴、张伯苓等人。胡适1910年由庚款资助进康奈尔大学学习农科，后转入该校文理学院改习文科，1915年秋（与陶行知同时）由康奈尔大学转学至哥伦比亚大学哲学系研究部。陈鹤琴也是庚款留美生，与陶行知同船赴美，先进霍普金斯大学，1917年转至哥伦比亚大学师范学院。陶行知、胡适、陈鹤琴皆师从当时世界第一大哲学家、教育学家杜威，胡适回忆杜威讲课时说："杜威不善辞令。许多学生都认为他的课讲得枯燥无味。

① 《我的学历及终身志愿——致J. E. 罗素》，见方明主编：《陶行知全集》第6卷，四川教育出版社2005年版，第456页。

他讲课极慢,一个字一个字的慢慢的说下去。甚至一个动词、一个形容词、一个介词也要慢慢想出,再讲下去。在这里你可看出他讲课时选择用字的严肃态度。但是听讲几个星期之后,我们也就可以领略他那慢慢地所讲的课程了。他虽然不是个好演说家或讲师,我对他用字的慎重选择以及对听众发表意见的方式则印象极深。"①

陶行知在哥大学习两年,修读的课程主要有:美国公众教育管理、学校与社会、教育史、教育哲学、财政学、进步社会的教育、中学原则、各国学校系统的社会基础、教育社会学研究等。②

两年之后,陶行知即将毕业,博士学位论文题为《中国教育哲学与新教育》,由于在美国搜集不到足够的材料,他无法完成论文写作。窘迫之际,哥大师范学院教授孟禄施以援手,于 1917 年 7 月 26 日写信给哥大哲学博士学位评议委员会主席伍德布里奇,建议为陶行知能得到博士学位安排一场初试,他说:"这属于特殊情况,陶业已完成学术性的研究工作,并正在撰写一篇题目被认可的论文。除非他回到中国,搜集有关这论文主体的注释资料,否则这篇论文不可能完成。鉴于他将要从事中国政府教育工作,不可能再从中国返回美国,我建议,任命一个特别委员会来主持一场考试,以便当这论文主体完成后对其进行审定。我谨提议,定于 8 月 2 日星期四为考试日期。"③

1917 年秋,陶行知离美归国,他在海轮上座谈归国志愿时说:"我要使全中国人都受到教育。"④同年 9 月,陶行知受聘到南京高等师范学校任

---

① 《胡适自传》,江苏文艺出版社 1995 年版,第 205 页。

② 章开沅、唐文权:《平凡的神圣——陶行知》,湖北教育出版社 1992 年版,第 92 页。因为翻译的关系,这些课程的具体名称在一些材料中并不一致,可参见牧野笃:《关于陶行知在美国留学期间学习与生活的若干考察》,周洪宇编:《陶行知研究在海外》,人民教育出版社 1991 年版,第 150—155 页。

③ 我们无从看到这封信的英文原稿,此处译文系转引自章开沅、唐文权:《平凡的神圣——陶行知》,湖北教育出版社 1992 年版,第 93 页。周洪宇等主编:《陶行知与中外文化教育》,人民教育出版社 1999 年版,第 271 页辑有这封信翻译的另外一个版本,内容大体是一致的。陶行知回国后的确曾进行博士论文写作,由于东南大学教学楼起火,论文稿子被焚毁,陶行知最终未能获得哥伦比亚大学的哲学博士学位。1929 年 12 月,上海圣约翰大学授予陶行知荣誉理学博士,以表彰他在中国为推行科学教育所作的贡献。

④ 朱泽甫编著:《陶行知年谱》,安徽教育出版社 1985 年版,第 14 页。

教。就在这一年，另外两位在哥伦比亚大学师从杜威的教育家胡适、蒋梦麟先陶行知一步，分别于3月和6月离美返国，一个任教于北京大学哲学系，一个供职于商务印书馆《教育杂志》编辑部。

第四节　陶行知与安徽教育

一、饱受徽州文化的浸染

陶行知的故乡安徽歙县，地处黄山东南麓，新安江穿境而过，山川秀丽，物产富饶，文化昌明，英才辈出，堪称中国历史文化名县。秦始皇废封建、设郡县，始置歙县。隋开皇年间改为歙州，宋宣和年间改为徽州。自隋末乃至新中国成立初，歙县均为郡、州、路、府和专署治所，是徽州地区的政治、经济、文化中心。

歙县自古文风昌盛，教育发达，素有"东南邹鲁"之美誉。唐宋以降，府学、县学、书院、塾学、社学遍布城乡，以至"十户之村，不废诵读"，"自井邑田野，以至远山深谷，居民之处，莫不有学、有师、有书史之藏"[1]。历史上著名的书院就有紫阳书院、师山书院、竹山书院等。据府志、县志、宗谱及其他文献，唐至清，歙县（包括寄籍）有进士832人，其中文科742人，武科90人；又有状元11人，榜眼6人，探花12人。宋至清，歙县举人1865人，其中文科1560人，武科305人。[2] 新安理学、徽派朴学、新安画派、新安医学、徽派建筑及徽派盆景等，构成了独特的新安文化流派。精明的徽商除了远走他乡，饮誉全国，亦致力于推动本地文化教育事业的发展，书院、义塾等被广为设置，甚至围绕文化教育而衍生的产业链也随之出现，徽墨、徽砚、徽版书畅销全国，成为知名的文化品牌。[3] 宣纸的原产地——安徽

① 歙县地方志编纂委员会编：《歙县志》，黄山书社2010年版，第848页。

② 歙县地方志编纂委员会编：《歙县志》，黄山书社2010年版，第854页。

③ 歙县地方志编纂委员会编：《歙县志》，中华书局1995年版，方成、吴洪明序。

泾县,距离歙县大约100公里。

一方水土育一方人,不少徽籍人士活跃在近现代历史的舞台上,如:詹天佑是早期幼童留美中少数完成学业者之一,中国第一代铁路工程师;黄宾虹在戊戌变法期间上书康有为、梁启超,会晤谭嗣同,坦陈变法主张,后潜心绘画,承继"新安画派",与齐白石并称为"北齐南黄";胡适,与陶行知同年,留美7年,是新文化运动的重要闯将。如果放宽到整个安徽,这份名单上又可以增加一长串名字,如李鸿章、丁汝昌、刘铭传、吴汝纶、周馥、陈独秀、冯玉祥、张治中、朱光潜等。

陶行知在乡土文化的滋养下,从小就感受中国农民的苦难,熟悉社会底层劳苦大众的生活,为他日后通过教育改造中国乡村留下了深刻的感性认识。童年的乡村生活,还使陶行知养成对自然界的亲近与热爱,对生命的尊重与关怀。自然气息、乡土情怀,是陶行知教育思想的重要精神食粮之一,并使之具有顽强的生命力。陶行知搞乡村教育,办晓庄学校,经常以农业生产来形象地说明教学做合一,他曾说:"书本是个重要的工具,但书本以外的工具还多着呢。因为学校专重书本,所以讲书便成为教,读书便成为学,而那用锄头、斧头的便算为做了。这是教学做分家。他们忘记了书本也是'做'事所用的工具,与锄头、斧头是一类的东西。做一件事要想做得好,须用锄头便用锄头,须用斧头便用斧头,须用书本便用书本,须合用数样、数十样工具,便合用数样、数十样工具。"①

二、心系安徽教育

陶行知从美国归来后,立志使全中国人都受教育,人生舞台非常广阔,他主要活动于南京、北京、上海、重庆等地,其事业以民族和国家为重,完全冲破了传统的怀乡恋土的观念。但对故土的浓浓深情是挥之不去的,他时常关心和支持安徽教育事业的发展。

1920年底,安徽省立三中(原新安中学)闹学潮,陶行知对此事极为关切,致函胡适主张挽留校长方振民。信中说:"昨晚接到屯溪来电,说第三中学已起风潮,振民先生已经提出辞职书。依我看来,此事的发端因为少

① 《答朱端琰之问》,见方明主编:《陶行知全集》第2卷,四川教育出版社2005年版,第19—20页。

数教员不能满足学生之意,并有几位野心的人要想利用时机谋校长的位置。但是吾徽人才太少,除振民先生之外,要想得一位靠得住的人,实在无处找。所以我主张仍旧维持方校长,但是教员却要改换好几位。"①数日后,又致函胡适,请他在北京大学、北京高等师范学校为三中物色教员,"以便需要时可以应济"②。1921 年 6 月 30 日,又有函致胡适,详细讨论三中问题。③

安徽地方当局曾希望陶行知能回乡主持安徽教育,但陶行知认为自己的事业不能限于一省一市,更不能为行政事务所累。1921 年 2 月 28 日,陶行知致信胡适云:"皖省同乡及当局为改革教育事,屡嘱知行回乡服务,知行以现任职务关系五年内不能他就之意谢绝。但皖省教育确有彻底改革之必要,当此人才缺乏之际,不必限定用本省人,借材异地亦无不可。伯秋兄办事魄力,皆为同侪素所钦佩,若得王君主持皖省教育,而吾辈用全力以为后盾,则三年之内皖教育行政必大有可观,吾兄卓识以为然否?"④

1925 年 7 月,徽州旅杭同乡与旅沪同乡发起修筑屯昌公路(安徽屯溪至浙江昌化),这是徽州至杭州最为便捷的一条陆路,如果修通,将比水路节省一半里程,而且坐汽车比坐船速度更快、安全性更高。陶行知非常高兴,在上海对徽州同乡演说筑路之必要:一是增进商民家庭幸福。徽商"以交通不便,每须二三年才得回家一次,便订出'两年一归',或'三年一归'之制,久者甚有十年八年才能回家一次。真是一大不幸之事!如果将来屯昌汽车路成功了,便可与余杭汽车等路衔接,那么由沪杭启行回徽,当日就可到家了。真不知要增进吾商民多少家庭幸福!"二是输入文化事业。比如"在徽州的人,要看上海各日报,快则四五天,迟则十天八天之久。像这样看新闻,令人好不烦恼"。比如徽州"有省立学校三所,要想在

① 《挽留方振民校长——致胡适》,见方明主编:《陶行知全集》第 11 卷,四川教育出版社 2005 年版,第 37 页。

② 《明年元旦去皖演讲——致胡适》,见方明主编:《陶行知全集》第 11 卷,四川教育出版社 2005 年版,第 38 页。

③ 《安徽三中有不稳现象——致胡适》,见方明主编:《陶行知全集》第 11 卷,四川教育出版社 2005 年版,第 41—43 页。

④ 《荐王伯秋主持皖省教育——致胡适》,见方明主编:《陶行知全集》第 8 卷,四川教育出版社 2005 年版,第 186 页。

外面请几位很好的教员，因为交通太不便了，多不愿去，以致教育不能十分振作”。比如“前次杜威、罗素、孟禄、泰戈尔诸大学问家来华，都不曾到过我们家乡，完全是交通不便利之故”。三是便利天才学生外出求学。“近数年来，吾徽中等学生毕业者，每年约七八十人或百余人，家乡无高等学府，只得出外升学。但是交通不便，贫寒子弟即以此不能领受高等教育，本乡与国家皆因此减少一部分之人才，实在可惜！”陶行知最后以自己的亲身经历为例，表示对修路“愿极力赞助”，他满怀深情地说：

> 我十七岁时出外求学，我的父亲送我到屯溪，要等到我到了杭州才写回信，已经是半个月，真要望眼欲穿了。假使有长途汽车，何致如此！我想与我父子同感者，现正不知几千几万也？其他母女夫妻兄弟之同此感者，又不知几倍此数也？如今我看见诸君发起，此是我父亲所望而不能亲见者，故愿极力赞助以底于成！①

三、指导安徽平民教育

在从事平民教育运动中，陶行知乡情勃发，多次亲抵安徽，指导开展平民教育。1923 年秋，陶行知在致妹妹文渼的信中说：“本月十八日，我要到安庆作全省的平民教育运动。……我对于安徽负有特别责任，不能不勇猛进行。”②他原本希望朱其慧同去安庆，但迟迟得不到回复，便孤军直入，10 月 17 日由南京乘船，翌日抵安庆。当时陶行知为平民教育南北奔走，异常繁忙，但他在安庆足足待了半个月，所办之事甚多。一是成立安徽平民教育促进会。二是演讲，先后对安徽第一女子师范的学生、圣公会学生、全城牧师布道团、小学教员、徽州同乡、商董、机关学校代表、苦儿院学生、警察、私塾教师、和尚等宣讲平民教育，基本将社会各界都发动起来了。三是亲自试验，探索方法，以便推广。陶行知在江裕轮船上找了 1 个茶房教 3 个

---

① 《我对于屯昌汽车路办理的意见》，见方明主编：《陶行知全集》第 2 卷，四川教育出版社 2005 年版，第 195 页。

② 《我脚迹所到的地方——给文渼的信》，见方明主编：《陶行知全集》第 8 卷，四川教育出版社 2005 年版，第 11 页。

别的茶房；在菱湖公园找了3个识字的人教6个不识字的人；在省教育厅里找了6个识字的役夫教12个不识字的役夫，并叫了1个役夫来教他临时的车夫。① 四是营救被捕的学生。10月22日学生游行反对安徽省议会贿选，两人被捕，陶行知前往警厅交涉，学生当日获释。②

1923年11月17日，安徽教育会职员20余人偕教育厅长江彤侯赴省署索薪，遭到殴打，引发教育界罢课风潮，陶行知特意从汉口乘船赴安庆调停。11月底，陶行知赴芜湖推进平民教育，并与徽州旅芜同乡拟订《徽州推行平民教育办法》。③

在陶行知的推动下，安徽的平民教育从城市到乡村很快发展起来，出现了很多全国第一：省公署第一个办了平民教育，随后皖南道关公署、海关公署、芜湖县公署都办起平民教育；省教育厅第一个开办了公役平民教育，厅内21个役夫都读《平民千字课》；省高检第一个办监狱平民教育，教犯人读《平民千字课》。④

四、创办安徽公学

安徽在清代属两江总督管辖，南京为总督驻地，加之安徽、江苏毗邻，安徽人往来南京十分频繁，常驻南京者亦众。1904年"癸卯学制"颁布后，有皖籍教育人士汪菊友、陶寿民、李希白等创办私立安徽旅宁公学，为南京的安徽子弟提供教育机会，校址在南京上江考棚内。1905年，学校更名为上江公学。⑤ 1912年学校又更名为安徽旅宁中学，很快就因故停办。然而，"五四"运动以后，安徽学潮屡起，部分学生不能安心肄业，便纷纷投到南京求学。但南京学校由于种种限制，未能悉数予以接纳，致使有志有才的学生陷于失学的境地。

为了解决安徽学子远道求学而不得的痛苦，安徽旅宁同乡会和旅宁同

---

① 《平民教育下乡——答金鸣岐先生的信》，见方明主编：《陶行知全集》第8卷，四川教育出版社2005年版，第30—31页。

② 王文岭：《陶行知年谱长编》，四川教育出版社2012年版，第110页。

③ 王文岭：《陶行知年谱长编》，四川教育出版社2012年版，第115—117页。

④ 杨克贵：《陶行知与近代安徽教育》，载《安徽师范大学学报》（人文社会科学版）2015年第4期。

⑤ 学校取名上江，除因为设于南京上江考棚之外，还有一层寓意：因长江从安徽流入江苏，故旧称安徽为上江，江苏为下江。

学会决定在恢复上江公学的基础上创办安徽公学,由陶行知和姚文采主其事。姚文采是歙县九砂(今歙县深渡镇九砂村)人,与陶行知同乡,并先后在崇一学堂、金陵大学同学。

1923年9月,安徽公学正式开学,1928年4月改为安徽中学,分初中部和高中部,陶行知、姚文采先后任校长。陶行知在《南京安徽公学办学旨趣》中说:"中国兴学以来,南京即为全国教育中心之一。安徽的学者和学子来此传道受业的,素来很多。前清即有上江公学之设,民国成立后因故停办,殊为憾事,"五四"以后,安徽学潮屡起,学生不能安心肄业,纷纷投到南京求学的,源源不绝。但南京学校格于种种限制,有志有才的学生不免向隅。安徽旅宁同乡会和旅宁同学会,看此景况,深表同情,就联合起来共谋上江公学之恢复,于十二年秋季开学,改名为南京安徽公学。所以,安徽公学的设立,是迫于一种不能自已的同情心,因为安徽旅宁前一辈的人,对于后一辈的少年,发生了一种学问上的同情心,才有安徽公学的产生。"①

陶行知对安徽公学寄予很高的期望,将人格教育放在首位:研究学问,要有科学的精神;改造环境,要有美术的精神;处世应变,要有大丈夫的精神。他说:

> 我们最注重师生接近,最注重以人教人。教职员和学生愿意共生活,共甘苦。要学生做的事,教职员躬亲共做;要学生学的知识,教职员躬亲共学;要学生守的规矩,教职员躬亲共守。我们深信这种共学、共事、共修养的方法,是真正的教育。师生有了共甘苦的生活,就能渐渐的发生相亲相爱的关系。教师对学生,学生对教师,教师对教师,学生对学生,精神都要融洽,都要知无不言,言无不尽。一校之中,人与人的隔阂完全打通,才算是真正的精神交通,才算是真正的人格教育。②

---

① 《南京安徽公学办学旨趣》,见方明主编:《陶行知全集》第1卷,四川教育出版社2005年版,第35页。

② 《南京安徽公学办学旨趣》,见方明主编:《陶行知全集》第1卷,四川教育出版社2005年版,第35—36页。

安徽公学后改名安徽中学，1951年与南京市第六中学合并，仍以原安徽公学为校址。南京六中现为江苏省重点中学，校内今有“行知馆”，以资纪念。

此外，陶行知曾应徽州旅苏北淮安同乡会之请，1929年春派晓庄三名学生去淮安北门外河下镇莲花街创办私立新安小学[①]，他亲自兼任校长。1930年改由晓庄毕业生汪达之（安徽黟县人）任校长。在陶行知支持下，汪达之在极其困难的条件下，将学校办得有声有色，成为中国共产党领导下的少年儿童文艺宣传团体——新安旅行团的发源地。

① 学校办于新安会馆内，故名新安小学。旅居异地的徽州商人结成团体，建造馆舍以供联络、集会、居住，多名之徽州会馆、新安会馆、新安公所。新安乃取名于新安江。

第二章　教育学新锐:从南京高师到中华教育改进社

滴自己的汗,
吃自己的饭,
自己的事自己干。
靠人,靠天,靠祖上,
不算是好汉!①

陶行知的第一份职业是大学教师,任教的学科是教育学。新文化运动前夕,一大批青年才俊从海外学成归国,这些初出茅庐的“海归”似乎特别受到时代舞台的眷顾,各大学纷纷花重金聘请他们为教授或学术骨干。与陶行知同年回国的胡适,因提倡文学革命“暴得大名”,一到北大就做教授。当时风气之开明,今天看来都难以想象,比如梁漱溟中学毕业后曾投考北京大学,不取,通过自学于佛学颇有心得,1916 年在《东方杂志》发表成名作《究元决疑论》,次年即被蔡元培聘请到北京大

① 《自立歌》,见方明主编:《陶行知全集》第 7 卷,四川教育出版社 2005 年版,第 51 页。

学教印度哲学。陶行知在南京高师也颇受赏识,短短两年就做到教授、教务主任,后来还兼任教育科主任(即系主任),在学术发展的道路上可谓平步青云。但陶行知并不满足于象牙塔里的一张书桌,决定投身现实的教育改革与发展的浪潮,于1922年担任中华教育改进社主任干事。

第一节　任教南京高师

一、初涉教育学

1917年9月,26岁的陶行知走进大学课堂,成为南京高等师范学校一名教育学教师,兼教务助理①,正式开始他的职业生涯。陶行知表现出很高的工作热情和教学能力,先后承担了10门课程的教学任务,分别是教育学、教育行政问题、都市教育行政、师范学校之组织及行政、实用教育统计学、学务表册、教育哲学、中等教育、小学校之组织及行政、比较教育。②

南京高等师范学校前身是1902年创建的三江师范学堂,后改为两江师范学堂,辛亥革命时停办。1914年,江苏省立第二师范校长贾丰臻等人建议教育部在南京设立一所高等师范学校,于是就将两江师范校舍改设新校,名为南京高等师范学校。南京高师与北京高师,一南一北相呼应,为当时全国高等师范教育的重镇,也是教育科学研究的大本营,云集了一大批学术精锐,仅南京高师就有郭秉文、陶行知、陈鹤琴、郑晓沧、赵叔愚、廖世承、蒋维乔等人,其阵容之豪华,令人艳羡。

教育学在中国作为一门学科,始于1902年京师大学堂创设师范馆,明

---

① 周洪宇认为,陶行知到南京高师任教职,是受了郭秉文之邀。(周洪宇:《陶行知生活教育学说》,湖北教育出版社2011年版,第61页。)郭秉文于1915年获哥伦比亚大学哲学博士学位,是中国第一位攻读教育学,并获得博士学位者,著有《中国教育制度沿革史》(同题博士论文)。

② 《陶行知全集》第11卷,四川教育出版社2005年版,第22—26页载有陶行知所任教的6门课程的教学纲要,如教育学纲要包括:教育的意义与价值、教育目的、教育原科普通事实与原则(相当于今天的教育原理与教学原则)、教育工具、教育方法。

确设置教育学课程，同时期其他独立设置的师范学堂，也都开设教育学课程。[①] 1904年《奏定学堂章程》将师范学堂分设初级和高级两种，均开设教育学课程。当时以翻译日本的教育学教科书为主，再在此基础上自编教材。日本教育学界多崇尚德国教育家赫尔巴特及其学派，故中国教育学起步时以输入赫尔巴特教育思想为主。陶行知任教时，情况正在发生变化，游学欧美归来者日多，中国学者试图绕开日本，直接输入西方新理论与新思潮，教育学便转而以效仿美国为主，兼及德、苏。陶行知刚刚从世界顶尖的哥伦比亚大学师范学院学成归来，自然要担当起这一转换的中坚力量，其同道还包括郭秉文、蒋梦麟、胡适等人。

陶行知引入欧美的实证研究方法，主张课堂教学与社会实践相结合，引导学生到南京城郊进行普通教育、社会教育和教育行政调查，在调查的基础上进行科学研究，写出《南京教育谈》《市乡教育分治与南京教育》等文章在报刊上发表。他还指导学生寒暑假回家，调查各地省、市、县、乡、镇的教育现状，分析研究，提出改进办法，既作为假期作业，又作为改进地方教育的参考。[②]

二、年轻的"老虎教务长"

1918年3月，南京高师教务主任郭秉文升任代理校长，陶行知接替为代理教务主任。5月，南京高师成立教育专修科，陶行知被聘为专修科主任。1919年10月，郭秉文任校长之后，陶行知正式担任教务主任。1920年4月7日，校长郭秉文在南京高师校务会议上提出"建立南京大学"的建议，希望南京高师向综合性方向发展，与北京大学形成南北呼应之势。12月7日，北洋政府国务会议通过南京高师筹建大学的议案，并定名为"国立东南大学"，郭秉文任校长。1922年12月南京高师并入东南大学，陶行知被聘为教育学教授、教育专修科主任、教育系主任。

陶行知履教务主任职，即开始了他对大学教学管理的大胆改革与尝试。我们将他的革新之处归纳为以下四个方面：

---

① 郑金洲、瞿葆奎：《中国教育学百年》，教育科学出版社2002年版，第4页。

② 朱泽甫编著：《陶行知年谱》，安徽教育出版社1985年版，第15页。

首先是改革课程设置。1919 年，陶行知借鉴欧美大学，提出《改良课程案》，计划将本校课程改为“选科制”，规定“学生所习学程，一部分为必修，一部分为任选；一科之学生可以选择他科之学程；学生成绩以学分计算；学程之统附以学科为根据。……学生所习学程，有属于主科者，有属于旁科者。……各学程之内容、大纲应行规定，至于教科书或参考书应否写出，可按学程性质分别规定”①。《改良课程案》获教务会议通过，自 1920 年 9 月起南京高师实行选科制与学分制，开设必修及选修课，规定学生修毕一定学分方可毕业。陶行知的大学课程改革引导潮流，逐步被全国教育界认可，直至今天仍然为大学教育所采用。

其次是提倡学生自治。20 世纪初，教育界盛行欧美自动主义教育思潮，智育注重自学，体育注重自强，德育注重自治。新式高等教育发展起来以后，西方大学的自治精神也被引介进来。1903 年，马相伯创办震旦学院，十分强调师生自治，学院仅设置总干事和会计两名专职人员，“其余干事，于学期开始，由学生互推分别担任，其职务至学期之终为止，执掌权限，悉遵学生自治规程”②。在具体操作中，让学生选出几个代表作为“干事”组成“学生委员会”，直接参与学校的管理。1905 年，马相伯创办复旦公学，仍坚持让学生参与学校行政管理工作，并设立“校内民主法庭”以解决同学之间的纠纷，旨在养成学生民主自治的能力和精神。

然而，中国高校在尝试自治过程中，容易引发学潮，在为民族、为国家而大闹学生运动的风潮中，难免夹杂一些青春年少的负气，部分人以与校方对抗为乐事。留美归国的陶行知对学生自治进行了一番全面而深入的研究，著成长文发表于 1919 年 10 月《新教育》第 2 卷第 2 期，一方面论证学生自治对国家建设、人才培养的重要作用，一方面指出自治不是放任、不是闹意气。他认为：“学生自治是学生结起团体来，大家学习自己管理自己的手续。……依这个定义说来，学生自治，不是自由行动，乃是共同治理；不是打消规则，乃是大家立法守法；不是放任，不是和学校宣布独立，乃

① 《在南京高师校务会议上的几个提案》，见方明主编：《陶行知全集》第 1 卷，四川教育出版社 2005 年版，第 278—279 页。

② 宗有恒等编：《马相伯与复旦大学》，山西教育出版社 1996 年版，第 232—233 页。

是练习自治的道理。"又说:"中国既号称共和国,当然要有能够共同自治的公民。想有能够共同自治的公民,必先有能够共同自治的学生。所以我们从国体上看起来,我们学校一定要养成学生共同自治的能力,否则不应算为共和国的学校。……学生自治,必须办到一个地位,使凡参与和旁观的人,都觉得他宝贵,都不得不欣赏他,爱慕他。办到这个地位,才算是高尚的人生美术,才算是真正的学生自治。"①

在陶行知的努力下,南京高师与后来的东南大学建立了学生自治体制,培育现代大学管理自治、学术自由的精神。除了自治团体,学校还注重教学和研究结合,建立各种学生学术团体,如工读协助研究会、教育研究会等。1918 年南京高师教育研究会成立时,陶行知到会演讲《教育研究法》,归纳出集会研究的三个特点:"一、可以交换知识也。盖集众人之才力经验,共研所学,则切磋观摩,互资考鉴,学理因辨难而大明,知识以互易而愈广矣。二、彼此可以鼓励也。学理深邃,则玄眇难明;事业恢宏,则困阻恒多。畏难者见而步却,虑失者当之心灰。苟集会攻研,则彼此激励,中阻无碍矣。三、可以互益兴趣也。盖治学以兴趣为主。兴趣愈多,则从事弥力;从事弥力,则成效愈著。然离群独立,索然寡欢,困难偶及,兴阻中途。苟集会研究,则彼此激励,兴味时增,无此弊矣。"②

陶行知后来还把学生自治的尝试下移至中小学。1926 年 10 月 9 日,他去无锡考察当时著名的开原乡立第一小学,十分欣赏该校的学生自治组织,云:"该校之学生课外自治事业有一个组织总其成。这个组织叫做新民村。新民村里的组织有村民大会、村务会议、村政厅、村议会、裁判所,以村长村佐总其成。村长就是校长。村中举办事业有原一商社、储蓄银行、新民旬刊社、童子军、博物馆、公园、农场、体育场、巡察团、卫生局、音乐会。这些事业每件都有一本簿子记录进行之状况。我一人在那里翻阅,把全村的生活都印入我的心中,好像照相一样,真是有味得很。"③抗战时期,陶行

① 《学生自治问题之研究》,见方明主编:《陶行知全集》第 1 卷,四川教育出版社 2005 年版,第 23—31 页。

② 《教育研究法》,见方明主编:《陶行知全集》第 1 卷,四川教育出版社 2005 年版,第 228 页。

③ 《无锡小学之新生命——开原乡立第一小学一日生活记》,见方明主编:《陶行知全集》第 1 卷,四川教育出版社 2005 年版,第 59 页。

知创办育才学校,也十分注重培养学生的自治精神和自治能力。

再次是开始招收女生。中国社会在近代以前,基本上是不许女子公开入学的,女子教育一般由家庭来承担。明清时期,在江南富裕地区和都市周围活跃着一群女塾师(或称闺塾师),她们通过为上流人家的女孩教授儒家经典、诗歌艺术和绘画而谋生。[①] 近代西方教会率先在中国建立女子学校,第一所女学——宁波女塾成立于1844年。1907年晚清学部颁布《女子小学堂章程》和《女子师范学堂章程》,女子教育首次在制度上取得合法地位,但实行男校和女校分设。1912年1月,民国教育部公布《普通教育暂行办法》,首次允许初等小学实行男女同校。[②] 女子既入学受教育,就会有逐级升学的需要,有了小学男女同校,中学和大学实行男女同校也就不远了,一些教会大学(如岭南大学)和私立大学(如大同大学)在1915年前后率先试行,国立大学则随其后。

1918年春,有4位女生申请到北京大学旁听心理学课程,未果;入夏,又有4位女作家申请入北大文科,同样遭拒。1918年底,教育部致函北大云:"国立学校为社会视听所系,所有女生旁听办法,务须格外慎重,以免发生弊端,至于女学前途,转兹障碍。"[③]女学生对男女同校、同学权益的争取在新文化运动的激荡下很快有了结果。1919年3月,蔡元培在北京青年会演讲时说,近年来女权发展,"我们国里还能严守从前男女的界限,逆这世界大潮流么?但是改良男女的关系,必要有一个养成良习惯的地方,我以为最好是学校了"[④]。1919年9月,《妇女杂志》刊登邓春兰的"呼吁书",云:"妹不敏,已代我诸姊要求北京大学校长蔡孑民先生,于大学添我女生席。不意妹函至京,适遭变故,蔡校长辞职归隐,至今尚无结果。"蔡元培当月中旬回京复职后,决定自北大始首开女禁,他说:"其实学制上并没有专收男生的明文,如招考时有女生来报名,可即著录;如考试及格,可

---

① 〔美〕高彦颐:《闺塾师——明末清初江南的才女文化》,李志生译,江苏人民出版社2005年版,第134页。

② 朱有瓛主编:《中国近代学制史料》第三辑上册,华东师范大学出版社1990年版,第1—2页。

③ 梁柱:《蔡元培与北京大学》,北京大学出版社1996年版,第71页。

④ 《贫儿院与贫儿教育的关系》,见高平叔编:《蔡元培教育论著选》,人民教育出版社1991年版,第184页。

准其就学。"[1]1920年2月,江苏女学生王兰获准到哲学系旁听,成为北大第一个女生。到3月中旬,北大已招收9位女旁听生。当年秋季始,北大正式招收女生,共录取了9人。

几乎与北大同步,陶行知1919年12月在南京高师校务会议提出《规定女子旁听办法案》,说:"中国女子高等教育最不发达,中等学校毕业以后,女子几无上进之路。本校各科功课,有宜于女子旁听者,可否通融办理,容其旁听,遂其向学之志愿,未始非辅助女子教育进行之一法。"[2]这个提案当日未获通过。次年1月14日,终于由临时校务会议议决。1920年4月,陶行知在校务会议上报告招收新生问题,提出"学生有应试资格来校应试者,苟能及格,不论男女均可录取"[3]。9月南京高师即招收第一批女生入学,内有教育科2人、英文科6人、特别生20人。1922年清华停送女生留美,陶行知深感遗憾,批评清华是"向后跳远"。当时清华在校生和留美生总共986人,仅有21名女生,女子教育没有得到应有的重视,本应加强,却反而后退,陶行知表示"此举没有远见之明"[4]。

事情有时候挺奇怪,小学和大学男女同校、同学的问题解决了,中学反倒卡住了。1920年11月第六次全国教育联合会向教育部呈《促进男女同学以推广女子教育案》,认为大学招考女生及格者少,是因为女子中等教育未能跟进,"为增多女子求学机会,促进男女同学起见,拟请大部通令各省区各级学校招收学生:或绝对的男女同学,或部分同学,或添设女子班,或附设女校"。尽管全面施行男女同学已是时代所趋,但教育部并未通过这份提案。1923年1月,陶行知著文呼吁不要反对中学男女同学,说:"大学初办男女同学的时候,很有许多人反对。国立的北京大学、南京高师相约试行男女同学的时候,一般保守的人直指为洪水猛兽,预言一两年之内必定要闹出大乱子来。但是我们留心观察,三年以来,并未发生什么危

① 梁柱:《蔡元培与北京大学》,北京大学出版社1996年版,第71页。
② 《在南京高师校务会议上的几个提案》,见方明主编:《陶行知全集》第1卷,四川教育出版社2005年版,第277页。
③ 《报告招收新生问题》,见方明主编:《陶行知全集》第1卷,四川教育出版社2005年版,第282页。
④ 《与北京〈导报〉记者的谈话》,见方明主编:《陶行知全集》第1卷,四川教育出版社2005年版,第434页。

险。……继北京大学、南京高师而起的试验，也很顺利。最可喜的是看见当初反对大学男女同学的父母，现在也渐渐的送他们的女孩儿到这些学校里去上学了。不过绝对反对大学男女同学的人还是有的。教育学者的意见虽是一致的主张大学男女同学，舆论上还没有十分一致。但是反对的势力，是已经很薄弱了。”①

陶行知后来开展平民教育，感到青年女子的识字教育问题颇为棘手，直到20世纪30年代初发明小先生制，才算是觅得一剂良药，此容后文再叙。

最后是开办暑期学校。为了更好地利用南京高师教育学方面的学科优势，使高校在教学科研之余参与社会服务，尤其是认为师范大学应当服务于基础教育，陶行知于1920年暑假主持南京高师创办暑期学校，是为高校开办暑期学校之始。首期招收各省市选送的教育行政人员和中小学教师1300余人，开创高等学校直接为中小学教育服务的先例。② 暑期学校的课程共有19种，尽力邀请当时学界公认的各专业的领军人物担任主讲，比如南京高师的廖世承、陆志韦、陈鹤琴、王伯秋等人，南开大学的凌冰、梅光迪，北京大学的胡适、陈衡哲，金陵大学的钱天鹤，中国青年会的麦克乐。陶行知对暑期学校的各种事务，如经费收支、食宿、卫生、接待、交通等都作了周到的安排。③ 胡适演讲的两门课是中国古代哲学史和白话文法，陶行知分别于5月14日、5月28日、5月31日和6月9日共四次致函胡适，商定讲课题目、行程安排，敦请其如期南下。④

1921年第二届暑期学校限额招生，共接收1000余人。⑤ 这时，在南京

---

① 《为反对中学男女同学的进言》，见方明主编：《陶行知全集》第1卷，四川教育出版社2005年版，第442页。

② 童富勇、胡国枢：《陶行知传》，教育科学出版社1991年版，第29页。朱泽甫编著：《陶行知年谱》，安徽教育出版社1985年版，第24页。

③ 《办理暑期学校及国语讲习科报告》，见方明主编：《陶行知全集》第1卷，四川教育出版社2005年版，第288—292页。

④ 方明主编：《陶行知全集》第11卷，四川教育出版社2005年版，第32—36页。在最后一封信中陶行知对胡适说：“这次报名的人几乎无人没有你的功课，还有许多小学教员，特为要学你的白话文法不远千里来到这里，如果开学的时候你不能来，他们必定大大失望，我们暑期学校的信用必定一落千丈。”

⑤ 朱泽甫编著：《陶行知年谱》，安徽教育出版社1985年版，第26页。

高师的带领下，其他高校也试着开办暑期学校，如这年夏天陶行知就曾到金陵大学暑期学校演讲，题目是《活的教育》。[①]

1922年，南京高师的暑期学校进入第三届，时间自7月10日至8月6日。为了便于学习与交流，陶行知将所有学员分为7个组：(1)小学教职员组，(2)童子军及体育专修组，(3)中学组，(4)中学文史地教员组，(5)国语组，(6)图书馆管理法组，(7)高等教育组。累计安排课程90余种，特别演讲18次。[②]

后来，陶行知去北京，主要精力用于中华教育改进社与中华平民教育促进会，不再办理暑期学校，但他对暑期学校这种形式还是心系神牵。1932年2月22日，国民政府内政部宣布取消对陶行知的通缉令，决定发还晓庄师范的校产。陶行知"对于接收晓庄，感觉得无限兴奋与希望"，计划分三步：先恢复晓庄周围40里的6所小学和6所幼稚园；再开办一期大规模的暑期学校，定额1000人，招收大学毕业生、各师范科学教师、市县督学、各小学教师，专门研究儿童自然科学；第三步是恢复师范，后逐渐恢复晓庄原定之初中、高中、大学各部。[③] 可惜最后发还晓庄校产的命令并未执行，陶行知空欢喜一场，开办大规模暑期学校的愿望没能再实现。到了21世纪初，暑期学校又重现光彩，一些高水平研究性大学甚至把暑期学校办成了研究生教育的一大亮点。

三、改教授法为教学法

中国近代引进西方新式教育之后，西方教育学的理论和概念也得以传播，人们开始使用新式词汇来构建教育学话语体系，如学制、师范、教习、课程、教科书、体操等。这些概念，不少是从中国传统词汇中引申过来的，但赋予了新的内涵，如"学堂""课程""教授"等即是。在不妨碍意义表达的情况下，借用相近或相通的旧式词汇来指称新式概念，能方便人们理解和接受新事物、新理论。

---

① 《活的教育》，见方明主编：《陶行知全集》第1卷，四川教育出版社2005年版，第340—350页。

② 朱泽甫编著：《陶行知年谱》，安徽教育出版社1985年版，第38页。

③ 《关于科学教育——致庄泽宣》，见方明主编：《陶行知全集》第8卷，四川教育出版社2005年版，第253—254页。

"教授"在古代有两种含义：一是作动词使用，指从事教书育人的工作，如"隐居教授""教授乡里""教授生徒"。《史记·仲尼弟子列传》："孔子既没，子夏居西河教授，为魏文侯师。"《晋书·王裒传》："裒少立操尚，行己以礼，身长八尺四寸，容貌绝异，音声清亮，辞气雅正，博学多能，痛父非命，未尝西向而坐。示不臣朝廷也。于是隐居教授，三征七辟皆不就。"二是作名词使用，指地方官学的教师，如宋代各路、州、军都设有地方官学，所聘教师即享受教授官名，各王府也设置教授之官；明清两代地方官学中的府学都设有教授。后来，教授逐渐泛指从事教师职业的人，如《警世通言》第 14 卷："吴教授当日一日教不得学，把那小男女早放了，都唱了喏，先归去。教授却把一把锁锁了门，同着两个婆子上街。"《醒世恒言》第 7 卷："高赞请个积年老教授在家馆谷，教着两个女儿读书。"

近代以来，"教授"开始用以指称新式学校里的教学活动，其方式方法称为"教授法"。如 1862 年（同治元年）奕䜣等《遵议设立同文馆折》所附的章程中有云："至将来学生增多，及觅有教授俄、法等国语言文字之人，此项中外教习，再行随时酌增，分堂教授。"①1898 年（光绪二十四年）维新变法期间，总理衙门筹议《京师大学堂章程》有云："于前三级学生中，选其高才者作为师范生，专讲求教授之法，为他日分往各省学堂充当教习之用。""西国师范生之例，即以教授为功课。"②1904 年 1 月（光绪二十九年十二月）颁布的《奏定初等小学堂章程》云："凡教授儿童，须尽其循循善诱之法，不宜操切以伤其身体。""凡教授之法，以讲解为最要，讲解明则领悟易。"③《奏定中学堂章程》云："修身、读经、体操三科目，可合不同学级之学生同时教授。"④1914 年，商务印书馆出版张子和编写的《大教育学》，第五编即名为"教授论"。

陶行知回国后，看到中国学校普遍存在"先生只管教，学生只管受

---

① 高时良编：《中国近代教育史资料汇编·洋务运动时期教育》，上海教育出版社 1992 年版，第 39 页。

② 汤志钧、陈祖恩编：《中国近代教育史资料汇编·戊戌时期教育》，上海教育出版社 1993 年版，第 130 页。

③ 朱有瓛主编：《中国近代学制史料》第二辑上册，华东师范大学出版社 1987 年版，第 183—184 页。

④ 朱有瓛主编：《中国近代学制史料》第二辑上册，华东师范大学出版社 1987 年版，第 391 页。

教”,教师的教和学生的学严重脱节,认为这与世界教育理论发展相违,多次表达不满。1918年在南京高师的一次校务会议上,陶行知提出将“教授法”课程改为“教学法”,以突出教与学的联系和教应当服从、服务于学。会议辩论了两个小时,陶行知的提议未获通过。他后来对晓庄师生回忆说:

> 我自回国之后,看见国内学校里先生只管教,学生只管受教的情形,就认定有改革之必要。这种情形以大学为最坏。导师叫做教授,大家以被称教授为荣。他的方法叫做教授法,他好像是拿知识来赈济人的。我当时主张以教学法来代替教授法,在南京高等师范学校校务会议席上辩论二小时,不能通过,我也因此不接受教育专修科主任名义。①

别人不接受,陶行知决定从自我做起,身体力行,1918年他在南京高师教育研究会上作《教育研究法》的讲演,提出教与学应该统一。他说:“尝思教员二字,殊属不妥。盖人师之责,不在教学生,而在教学生学。故本会之精神,亦当在学而不在教。”②1919年2月24日,陶行知在《时报·教育周刊·世界教育新思潮》发表《教学合一》,说:

> 现在的人叫在学校里做先生的为教员,叫他所做的事体为教书,叫他所用的法子为教授法,好像先生是专门教学生些书本知识的人。他似乎除了教以外,便没有别的本领;除书之外,便没有别的事教。而在这种学校里的学生除了受教之外,也没有别的功课。先生只管教,学生只管受教,好像是学的事体,都被教的事体打消掉了。论起名字来,居然是学校;讲起实在来,却又像教校。这都是因为重教太过,所以不知不觉的就将他和学分离了。然而教学两者,实在是不能分离

① 《教学做合一》,见方明主编:《陶行知全集》第1卷,四川教育出版社2005年版,第106页。
② 《教育研究法》,见方明主编:《陶行知全集》第1卷,四川教育出版社2005年版,第230页。

的，实在是应当合一的。[1]

此后，陶行知发表言论和文章，积极倡导和使用“教学”“教学法”，这集中表现在他1919年所发表的论文和演讲之中。[2] 在陶行知的影响下，教育界逐渐接纳“教学”一词，苏州师范学校首先赞成采用“教学法”。1919年《新教育》第2卷第1期刊登黄炎培的《小学校用白话文的研究》，有“用白话文可以节省教学的时间”。“五四”运动期间，陶行知趁南京高师同事无暇坚持，把全部课程中之“教授法”一律改为“教学法”。[3] 1919年《教育杂志》第11卷第12号刊登《教学白话文的研究》，有云：“鄙人关于革新文学的知识，非常浅薄，不过为了教学的关系，稍有实验，不妨写出来，请诸大教育家指正。”从1920年到1923年，“教学”与“教授”两词并用。但是“教学”的使用频率越来越高，而“教授”的使用频率越来越低。到1923年，“教学”基本取代了“教授”，成为表达教学概念的通用词语。[4]

第二节　传播实用主义教育学说

新文化运动时期，中国思想界空前活跃，西方教育理论在中国的传播进入一个黄金时期，除了国内学者大力译介之外，一些具有国际影响力的代表人物也纷至沓来，将中国视为新兴教育理论的试验田。通过国内外学者频繁的交流互动，中国教育理论和实践一派生机、异彩纷呈，几乎能够与国际保持同步，称得上那个伟大时代所结出的芬芳硕果。这一过程中，留学归国的学者群体扮演了举足轻重的角色。

20世纪初，美国和欧洲一些国家兴起了进步主义教育运动，猛烈冲击

① 《教学合一》，见方明主编：《陶行知全集》第1卷，四川教育出版社2005年版，第18页。

② 这些文献可参阅方明主编：《陶行知全集》第1卷，四川教育出版社2005年版，第251—573页。

③ 《教学做合一》，见方明主编：《陶行知全集》第1卷，四川教育出版社2005年版，第106页。

④ 章小谦：《传承与嫁接：中国教育基本概念从传统到现代的转换》，江西人民出版社2004年版，第193—194页。

“以教师为中心”“以课堂为中心”“以教材为中心”的课堂教学模式，形成了“以儿童为中心”“以活动为中心”“以经验为中心”的新模式。1916年起，中国的教育报刊开始介绍进步主义教育思想的代表人物杜威的实用主义教育学说，留美的哥伦比亚大学毕业生（杜威在中国的弟子，如郭秉文、蒋梦麟、胡适、陶行知、朱经农、常道直等人）自然是主力军。陶行知回国之初，先后发表了一系列文章，介绍美国教育理论与教学方法。① 蒋梦麟则将其主编的《新教育》杂志变成宣传实用主义教育思想的主阵地，发表了大量相关的论文。

一、促成杜威访华

1919年2月，杜威应邀到日本游历讲学。杜威在中国的弟子们知悉老师即将开始东方之行后，便谋划邀请其来中国访问。这个意愿在杜威到达日本前就已经转达，但没有得到正式确认。杜威到日本后，陶行知与郭秉文商议，决定由郭秉文去日本当面盛情邀请，陶行知与北京大学胡适各自写信邀请。3月12日，陶行知致信胡适说：

> 三个礼拜前听说杜威先生到了日本，要在东京帝国大学充当交换教员，当头一棒，叫我觉得又惊又喜。为何惊呢？因为我两三年后所要做的事体，倒日本先做去了。既而又想到杜威先生既到东方，必定能帮助东方的人建设新教育，而他的学说也必定从此传得广些。且日本和中国相隔很近，或者暑假的时候可以请先生到中国来玩玩，否则就到日本去看看他也是好的。想到这里，又觉得大喜了。所以即刻把这事和郭先生谈了一下，当时就决定由他经过日本的时候当面去请。现在又有你欢迎的信去，我看杜威先生十分有六七分能够来了。我不久也要写一封信去。总而言之，这件事我们南北统一起来打个公司合

① 如《试验主义之教育方法》（载1917年下半年《南京高等师范学校教育研究会会刊》第1期）、《试验主义与新教育》（载1919年2月《新教育》第1卷第1期）、《美国活动教授之一段》（载1919年3月10日《时报·教育周刊·世界教育新思潮》第3号）、《介绍杜威先生的教育学说》（载1919年3月13日《时报·教育周刊·世界教育新思潮》第6号）、《试验教育的实施》（载1919年4月14日《时报·教育周刊·世界教育新思潮》第8号）等。

办，你看如何？[①]

胡适后来与蔡元培商议，决定以北京大学的名义致信哥伦比亚大学正式邀请。由于多方共同努力，最终促成了当时世界头号教育学家杜威博士的中国之行。3 月 31 日，陶行知再次致函胡适：

> 今日接到郭秉文先生的信，他说到日本已经见过杜威先生，杜威先生并不是帝国大学交换教授，不过游历的时候带着演讲就是了。郭先生请他到中国来，他就一口答应，说四月中就可到中国，打算游历上海、南京、扬子江流域，一直到北京。杜威先生曾发表他的意思说，除今年之外，还愿留中国一年。既然有此很好的机会，这一年光阴自然不能轻轻放过。怎么办法，要等郭先生和哥仑比亚大学商量后才可定当。杜威先生到华接洽事宜应由北京大学、江苏省教育会、南京高师三个机关各举代表一人担任。敝校昨日已推定兄弟担任此事，请老兄和蔡孑民先生商量推举一人，以便接洽。附上敝校所拟办法数条，请与蔡孑民、蒋梦麟、沈信卿三先生（蒋、沈二君现在北京）磋商，并请赐教。杜威先生来期已迫，请从速进行为要。[②]

1919 年 4 月 30 日，"五四"运动前夕，杜威偕妻女抵达上海，陶行知、蒋梦麟、胡适前往迎接。杜威在沪稍事休整，参观了《申报》馆，作了两次讲演，即由蒋梦麟陪同去杭州游玩。再到南京，在南京高等师范学校作了几次演讲。6 月 5 日，杜威到达北京。杜威急于北上的原因是北京爆发了"五四"运动，他想对这场著名的学生运动一探究竟。9 月，杜威开始在北京作长篇演说，由胡适担任翻译。

中国思想界蓬勃发展的新文化运动和青年学生的爱国运动，引起了杜威的浓厚兴趣，他有意作更长时间的停留，一方面广泛而且深入地宣扬其

---

① 《敦请杜威来华讲学——致胡适》，见方明主编：《陶行知全集》第 8 卷，四川教育出版社 2005 年版，第 178 页。

② 《杜威将来华讲学——致胡适》，见方明主编：《陶行知全集》第 8 卷，四川教育出版社 2005 年版，第 180 页。原文中"哥仑比亚大学"即现译"哥伦比亚大学"。

哲学和教育思想,另一方面更多地了解和研究中国。1920 年 4 月,北京大学与哥伦比亚大学商议,决定将杜威在华时间延长一年。于是杜威离京南下,到南京高师作了一个半月的讲演,内容为教育哲学、哲学史、试验伦理学。杜威在南京的行程,主要由郭秉文、陶行知负责安排,陶行知还曾担任翻译工作。① 离开南京后,杜威到访南通、苏州、无锡、上海、武汉、长沙等地,年末返回北京。1921 年 4 月,杜威再次离京南下,至福建、广东,5 月返回北京。7 月杜威准备回国,先到济南演讲数日,再至泰安登泰山、到曲阜谒孔庙,7 月 25 日由青岛乘船返美。

杜威的中国之行历时两年多,以南京高师和北京大学为南北两个主要落脚点,足迹遍布 11 个省及京、沪等大城市,大小演讲不下 200 次,内容以教育居多,另涉及政治、哲学等多个主题。②《北京晨报》社 1920 年将杜威在京所作讲演结集出版,名为《杜威五大讲演》(共 58 讲)。此书在杜威回国前就印了 10 次,足见其影响之大。③ 杜威还在北京高等师范学校教育研究科讲授一年教育哲学课程,以其代表作《民主主义与教育》为课本。中国 20 世纪 20 年代至 40 年代初,大学中的教育学课程和师范学校的教育学教科书,几乎都是以《民主主义与教育》一书为蓝本,或者加以扩充,或者加以删节,来充当讲堂上的教材。④

借访华掀起的实用主义教育思想传播热潮,杜威的主要教育著作《我的教育信条》《学校与社会》《儿童与教材》(后译为《儿童与课程》)、《思维术》(后译为《我们怎样思维》)、《民本主义与教育》(后译为《民主主义与教育》)等纷纷被译成中文出版。⑤ 胡适在杜威离别后撰文认为:"自从中

---

① 2008 年人民教育出版社出版了《杜威教育文集》,其中第 3 卷和第 4 卷收录了杜威访华期间的主要教育讲演,以胡适、刘伯明、王淦和、郑晓沧等翻译的居多,郭秉文、蒋梦麟、陶行知等知名教育学家翻译的反倒不多。文集中明确标明陶行知翻译的仅有一篇短文,是杜威 1919 年 5 月 18 日在南京高等师范学校的讲演,题为《教育答问》。(吕达、刘立德、邹海燕主编:《杜威教育文集》第 4 卷,人民教育出版社 2008 年版,第 392 页。)

② 有关杜威访华的行踪,可参阅孙家祥:《杜威访华与中国现代政治思想的演进》,见袁刚、孙家祥、任丙强编:《民治主义与现代中国社会——杜威在华讲演集》前言,北京大学出版社 2004 年版。

③ 此外,还有上海新学社编印的《杜威在华讲演集》;上海泰东图书局汇集杜威在南京的讲演,出版《杜威三大讲演》;福建省教育厅编印的《杜威在福建的演讲》等。

④ 陈元晖:《中国教育学史遗稿》,北京师范大学出版社 2001 年版,第 7 页。

⑤ 孙培青主编:《中国教育史》(第三版),华东师范大学出版社 2009 年版,第 395—396 页。

国与西洋文化接触以来，没有一个外国学者在中国思想界的影响有杜威这样大的。”他甚至预言：“将来几十年中，也未必有别个西洋学者在中国的影响可以比杜威先生还大的。”①

而且，中国之行对杜威本人也有积极意义。中国新生代教育家怀着“教育救国”的良好愿望，尝试通过教育改造社会，这正是杜威所希望看到的，他非常兴奋地发现了其思想学说在古老的东方国度所激发出的活力与散发出的魅力。杜威的女儿简·杜威在父亲的传记中写道：

> 不管杜威对中国的影响如何，杜威在中国的访问对他自己也具有深刻的和持久的影响。杜威不仅对同他密切交往过的那些学者，而且对中国人民，表达了深切的同情和由衷的敬佩。中国仍然是杜威所深切关心的国家，仅次于他自己的国家。中国是世界上最古老的文明国家，正在为使它自己适应新的形势而斗争。杜威从美国到中国，环境的变化如此之大，以致对他的学术上的热情起了复兴的作用。这就为社会教育作为一种社会进步工具的重要性提供了一个生动的证据。②

二、邀请孟禄访华

杜威在中国掀起了研究和试验实用主义教育理论的高潮，也激起了当时世界知名教育学家对中国的兴趣，此后众多名家接踵而至，如孟禄、麦柯尔、推士、柏克赫斯特、克伯屈、华虚朋等人，陶行知热情地参与部分人来华的组织和接待工作。

杜威刚走，陶行知与范源濂、蔡元培等以实际教育调查社的名义，邀请哥伦比亚大学师范学院的另一位著名教授孟禄来华指导教育调查研究。1921 年 9 月 5 日，孟禄抵达上海，陶行知、黄炎培、郭秉文至码头迎接。

孟禄访华历时 4 个月，实际教育调查社组织调查团，随同孟禄一路调研中国教育的症结所在，以谋求改进方案。“孟禄先生考查的地方，北方

---

① 胡适：《杜威先生与中国》，见袁刚、孙家祥、任丙强编：《民治主义与现代中国社会——杜威在华讲演集》，第 743 页。

② 〔美〕简·杜威：《杜威传》（修订版），单中惠编译，安徽教育出版社 2009 年版，第 42 页。

有奉天、天津、保定、开封、山西等地；南方有南京、上海、无锡、苏州、通州、杭州、厦门、广州、佛山等处。在各处选了几校考察一下。”①陶行知曾多次与孟禄座谈中国教育问题，并陪同孟禄到各地参观，甚至亲自担任孟禄演讲的口译工作。②

孟禄访华有一段令人痛心的插曲：10 月 21 日孟禄一行到苏州，22 日参观江苏第二女子师范附属小学之后，随即往苏州陆军第二师参观军人职业教育。江苏第一师范、第二女子师范与两所附小的男女教职员数人一同前往，其中有四位女教师。在过桥的时候，几个女教师所乘坐的车子忽然翻落水下，面对如此意外，船家和兵士皆束手无策，等到设法捞起，已经不幸死了一位，为江苏第二女子师范附小一年级主任毛杏秀。这件事给陶行知很大的震动，他认为：“人为物质环境中的人，好教育必定可以给学生以能力，使他为环境的主宰，去号召环境。”③更令人起敬的是，陶行知等人痛感毛杏秀之死，发起组织中华杏秀游泳社，提倡游泳，一方面可以强身健体，一方面如遇意外，可以救自己及他人性命。发起人中除陶行知外，还有孟禄、袁希涛（袁观澜）、黄炎培、雷沛鸿、汪兆铭（汪精卫）等人。④

陶行知对孟禄的中国之行予以高度评价，1921 年 12 月 23 日他在实际教育调查社为孟禄举行的饯别会上说：“此次博士来华，以科学的目光调查教育，以谋教育之改进，实为我国教育开一新纪元。我们当这新纪元开始的时候，要参与教育革新的运动，须具两种精神：一是开辟的精神，二是试验的精神。有开辟的精神，然后愿到那人不肯到的地方去服务，然后我们足迹所到之处，就是教育所到之处。有试验的精神，然后对于教育问题才有彻底的解决；对于教育原理才有充量的发现。”⑤

---

① 《报告孟禄博士在华活动》，见方明主编：《陶行知全集》第 11 卷，四川教育出版社 2005 年版，第 45 页。

② 朱泽甫编著：《陶行知年谱》，安徽教育出版社 1985 年版，第 27—31 页。

③ 《教育者之机会与责任》，见方明主编：《陶行知全集》第 1 卷，四川教育出版社 2005 年版，第 308 页。

④ 《中华杏秀游泳社之缘起与简章》，见方明主编：《陶行知全集》第 1 卷，四川教育出版社 2005 年版，第 396—397 页。

⑤ 《在实际教育调查社为孟禄举行的饯别会上的讲话》，见方明主编：《陶行知全集》第 1 卷，四川教育出版社 2005 年版，第 338 页。

三、接待其他来华的美国教育学家

1922年9月，美国知名教育测量学家麦柯尔、科学教育专家推士应中华教育改进社之聘来华。陶行知先后在南京和北京，召集中国学者同麦柯尔讨论智力与教育测验计划。[①] 麦柯尔与中国教育专家密切合作，到广州、上海、苏州、南京、武昌、天津、北京等地同教育专家交换意见，将TBCF测量编制法介绍到中国，并在一两年内迅速传播开来。陈鹤琴、廖世承等都按照这种方法编制过多种测验。[②]

此后，还有一些教学法方面的国际专家相继来华，如：1925年7月，道尔顿制的创始人柏克赫斯特来华，指导中小学试行道尔顿制的试验。陶行知邀请柏女士参加当年8月的中华教育改进社第四届年会，赞扬她是教育创造家，"教育要有创造的精神。柏女士便是道尔顿制的创始者，她有创造的精神，所以我们欢迎她。现在关于道尔顿制的翻译文字至十四国之多。英国尤其盛行，中国也有一百多篇关于此制的论文。我们此时欢迎她，要以她的创造的精神作参考，发明中国的道尔顿制才好"[③]。1929年10月，设计教学法的创始人克伯屈来华，并参观了陶行知创办的晓庄学校和燕子矶幼稚园。1931年，文纳特卡制的创始人华虚朋来华。

第三节 主持中华教育改进社

集会结社是近现代中国知识分子的一大亮点，可以团结一批同志，在某一领域或某一专业发挥社会影响力。据统计，1902—1922年中国民间

① 朱泽甫编著：《陶行知年谱》，安徽教育出版社1985年版，第39页。

② 陈玉琨、李如海：《我国教育评价发展的世纪回顾与未来展望》，载《华东师范大学学报》（教育科学版）2000年第1期。TBCF制是麦柯尔在总结前人研究的基础上构建起来的一种量表，4个字母分别意指"总能力"（total ability）、"聪明度"（brightness）、"班级地位"（classification）、"努力程度"（effort）。

③ 《介绍柏克赫司特女士》，见方明主编：《陶行知全集》第2卷，四川教育出版社2005年版，第197页。题目中"柏克赫司特"即现译"柏克赫斯特"。

教育团体多达112个[①],这些团体对中国教育发展起到了相当大的推波助澜的作用,最有号召力的是具有官方背景的各省教育会及全国教育会联合会,其次是中华职业教育社、中华教育改进社与中华平民教育促进会。

一、发起中华教育改进社

1918年12月,江苏省教育会、北京大学、南京高师、暨南学校、中华职业教育社联合组织中华新教育共进社,宗旨是"直接输入东西洋学术,使我国固有之文化受新潮之刺激,而加速其进化率"。1921年,范源濂、严修、袁希涛、张伯苓等在北京成立实际教育调查社,意在调查全国各地的教育发展状况。同年,江苏省教育会、北京大学、北京高等师范学校在南京组建《新教育》杂志社。当年12月中旬,鉴于教育团体众多,却缺乏较大之组织,实际教育调查社与新教育共进社、《新教育》杂志社借孟禄访华之际,联合组成中华教育改进社,以"调查教育实况,研究教育学术,力谋教育改进"为宗旨。12月16日公推陈宝泉、李建勋、马叙伦、朱经农、陶行知为改进社简章起草员,21日通过简章草案。23日推举蔡元培、范源濂、郭秉文、黄任之(黄炎培)、汪兆铭(汪精卫)、熊秉三(熊希龄)、张伯苓、李湘辰、袁希涛九人为董事;孟禄、梁任公(梁启超)、严范荪(严修)、张仲仁等人为名誉董事。[②] 中华教育改进社的成立,集结了当时中国教育最为前沿的精英力量,为南北教育家共同合作打造了一个良好的平台。1922年2月,中华教育改进社董事会在上海开会,推举范源濂为董事长,聘任陶行知为主任干事。[③] 后因范源濂赴美考察农业教育和公民教育,董事长由北大校长蔡元培接任。1922年底,中华教育改进社有机关社员119个,个人社员479人,设立了多个委员会,以便对中国教育进行分类研究。

中华教育改进社主要事务如下:通信或实地调查各种教育状况;依据

---

① 《1902—1922年民间教育团体一览表》,见朱有瓛、戚名琇、钱曼倩、霍益萍编:《中国近代教育史资料汇编·教育行政机构及教育团体》,上海教育出版社2007年版,第596—608页。

② 《中华教育改进社成立纪录》(原载《新教育》第4卷第2期),见朱有瓛、戚名琇、钱曼倩、霍益萍编:《中国近代教育史资料汇编·教育行政机构及教育团体》,上海教育出版社2007年版,第562页。方明主编:《陶行知全集》第8卷,四川教育出版社2005年版,第200—201页的一条注释中也提供了一份中华教育改进社董事与名誉董事名单,但二者并不完全一致,略有出入。

③ 章开沅、唐文权:《平凡的神圣——陶行知》,湖北教育出版社1992年版,第152页。

实际问题研究解决方法；辅助个人或机关对于教育之实施或改进事项；编译关于教育之书报；提倡教育事业之发展及学术之研究。[①] 改进社成员有一个基本共识，要知道中国教育不发达的原因何在：第一就是调查，既可以是地方教育状况之调查，也可以就某一专题进行事实调查；第二是研究，调查结果出来后，拿什么药治什么病，必须研究；第三是编译，将调查与研究所得，报告于国人，有时亦宣布之于外国人；第四是推广，同心协力，通过实际工作，推动中国教育普及。陶行知很重视将研究成果推向国际学术界，"外国人只知中国穷、弱、无能为，而不知道中国人亦有文化；只以为中国人都是洗衣服的，开饭馆的，吃老鼠的，不知中国人之文化，其可以告人者，亦不在少数。即有坏处，亦宜告诉他人，使他人可以指导我们，供我们的参考"[②]。他后来不但本人积极撰写英文论文向世界介绍中国教育发展，还鼓动郭秉文等人参与其事，出席万国教育会议。

1922 年 3 月底，陶行知前往北京，就任中华教育改进社主任干事。由于东南大学教育科主任之职无人代理，陶行知只得两方兼顾，1/3 的时间在东南大学，2/3 的时间在中华教育改进社。如此以一人之身，担当两方重任，南北"奔走驰驱，不遑宁处"，陶行知屡向东南大学辞职，未获允许，幸得郭秉文校长谅解，"允给长假，遂得专心社务"[③]。1923 年夏天，陶行知举家迁至北京定居。[④] 7 月 28 日，趁东南大学改约之时，陶行知致函代理校长刘伯明，专谈辞职之事，云：

> 本校教育科及中华教育改进社合聘知行担任两处职务，已经有一年半。虽职务性质颇有相成之处，但两地距离太远，每月来往一次，渐

---

① 《中华教育改进社简章》，见方明主编：《陶行知全集》第 1 卷，四川教育出版社 2005 年版，第 604 页。

② 《中华教育改进社第一次年会社务报告》，见方明主编：《陶行知全集》第 1 卷，四川教育出版社 2005 年版，第 399 页。

③ 《在中华教育改进社第二届年会社务会议上的报告》，见方明主编：《陶行知全集》第 1 卷，四川教育出版社 2005 年版，第 457 页。在辞去东南大学职务之后，陶行知还曾于 1924 年 11 月谢绝了北洋政府教育部武昌师大校长之聘。（王文岭：《陶行知年谱长编》，四川教育出版社 2012 年版，第 141 页。）

④ 朱泽甫编著：《陶行知年谱》，安徽教育出版社 1985 年版，第 50 页。

觉精疲力倦,难于支持,且教育科与中华教育改进社现已发展到不可兼任的地位。要想这两处事业继续充分发展,必须有人专心主持,若再兼筹并顾,譬如一个人站在两只船上,不到船翻人亡不止。静夜思量,不胜危惧。故为事业计,为学生计,为个人精力计,万万不能再事兼任。但中华教育改进社约订三年,现在决无舍去之可能。本校正在改约时期,复请准予辞去教育科主任、教育系主任之职;但以教授名义,给予无俸之长假。俟中华教育改进社约满及有继任之人时,再行回校担任教授职务。知行订于八月初进京,下年进行事宜,即须有人负责。务请即就本科教授中,另聘贤能担任科系主任职务,以便尽本月底交代,最为感荷。所有教育科主任、教育系主任聘书,特行奉还。[①]

8 月底,东南大学批准了陶行知的辞呈。自此,陶行知离开象牙塔,舍弃尊贵的社会地位和优厚的经济待遇,用现在时髦的话说,陶行知从体制内走到了体制外,离开了美丽的大学校园,踏上一条艰辛曲折而又独具特色的探寻中国教育发展之路,有时过年都不得和家人团聚。与陶行知有着同样教育情怀的还有梁漱溟,他晚陶行知一年辞去北大教授之职,也从体制内走到了体制外,前往山东曹州办中学,后来发起乡村建设运动。当然,一些留在体制内的人,如郭秉文、蒋梦麟、陈鹤琴、胡适等人,也在以不同的方式为中国教育的发展尽一己之力。

二、开展教育调查与测量

在主任干事陶行知主持下,中华教育改进社从 1922 年起,开始对京师及全国教育状况作系统调查。调查分为普遍的、地方的、专门的三种,内容包括:(1)各省区学务概况调查,(2)各县学务概况调查,(3)全国中等以上学校概况调查,(4)京师学务概况调查,(5)全国各学校调查,(6)科学教育调查,(7)京师公立小学教员生活状况调查等。1922 年 12 月 23 日,陶行知在中华教育改进社周年纪念会上说,该社所开展的 1922 年度全国教育

① 《为辞东南大学职务事——致刘伯明》,见方明主编:《陶行知全集》第 8 卷,四川教育出版社 2005 年版,第 206 页。

调查，将于1923年春结束；1923年度全国教育调查，将于1923年秋季开始。地方教育调查，如无锡、济南、南京、北京均已结束，并出版了《京师教育概况》。①

中华教育改进社在引进国外理论的基础上，积极探索本土的教育心理测验方法。比如前述邀请麦柯尔和推士来华讲学，帮助中国教育界拟行科学的智力与教育测验计划，训练相关的人才，陈鹤琴、廖世承都按照麦氏的方法编制过多种测验。这一时期，智力测验的研制与实施盛行一时：有陆志伟订正的比奈—西蒙智力测验，廖世承的团体智力测验，刘廷芳的中学智力测验，刘湛恩的非文学智力测验，陈鹤琴的图形智力测验等。而后艾伟和其他人士编制了小学各科测验及诊断测验等。② 至1923年，中华教育改进社已编成各类教育和心理测量书籍40余种，作为指导教育发展之工具。③

三、操办改进社年会

在陶行知主持期间，中华教育改进社从1922—1925年共举办了四届年会，其规模宏大，氛围热烈，可谓教育界学人的盛会。第一届年会：1922年7月在济南召开，出席人数366人，会议分20个小组，收到119份提案，重要议案有《推广女子教育案》《推行平民教育案》《接洽调查有关庚款用于教育案》。第二届年会：1923年8月在北京召开，出席人数570人，会议分32个小组，收到120份提案，重要议案有《参加世界教育会议案》《推进义务教育和科学教育案》。第三届年会：1924年7月在南京召开，出席人数600人，会议分24个小组，收到127份提案，重要议案有《力谋收回教育权案》《促进蒙古教育案》《推进平民教育案》。第四届年会：1925年8月在太原召开，出席人数700人，会议分24个小组，收到78份提案，重要议

① 《在中华教育改进社周年纪念会上报告本年社务》，见方明主编：《陶行知全集》第1卷，四川教育出版社2005年版，第432页。

② 陈玉琨、李如海：《我国教育评价发展的世纪回顾与未来展望》，载《华东师范大学学报》（教育科学版）2000年第1期。

③ 《在中华教育改进社第二届年会上的社务报告》，见方明主编：《陶行知全集》第1卷，四川教育出版社2005年版，第454页。

案有《要求宪法内制定教育专章案》《抵拒日英以庚款行其侵略主义之教育文化办法案》《请组织国家教育政策委员会案》。[①] 第四届年会与会人员已有汉、满、回、蒙、藏五族,实与民国"五族共和"吻合,且此时改进社已有机关社员 150 余个,个人社员 2000 余人。[②]

主任干事陶行知在每届年会上都要做一个详细的年会报告,向与会诸君报告改进社的主要活动、人事变动、经费收支等情况;还会适时地递交提案、作主题学术发言。第一届年会他与王伯秋共同提出《创办青岛大学案》。第二届年会陶行知提出把"如何办理教育,使他与国家命运息息相关"作为本次年会的中心议题,并在社务报告中突出平民教育这一主题。第四届年会陶行知首次提出"应设试验乡村师范学校以实验之",并在会上演讲《中国教育政策之商榷》。陶行知提出《请组织国家教育政策委员会案》,以便教育政策的制定能集思广益[③];还与朱其慧、王伯秋提出《请发起并筹备中华女子教育促进会案》,"以顺应时代潮流,促进中华女子教育上之机会均等为宗旨"[④]。

四、主编《新教育》杂志

新教育共进社曾主办了一份杂志——《新教育》,该杂志创刊于 1919 年 2 月,主编蒋梦麟,起初着力宣传杜威的实用主义教育学说。1921 年《新教育》从共进社中分化出来,单独成立《新教育》杂志社。年底,新教育共进社和《新教育》杂志社一同并入中华教育改进社,杂志亦由改进社主办。自 1922 年 1 月第 4 卷第 1 期始,《新教育》由陶行知任主编,该期刊登了一则启事,云:"蒋梦麟先生因事赴美,本刊主干职任(主编),业经公推东南大学教授、教育科主任陶行知先生继续担任。本刊自第四卷第二期起,除照前定职志继续进行外,更加添实际经验并研究材料,内容较前更为

① 章开沅、唐文权:《平凡的神圣——陶行知》,湖北教育出版社 1992 年版,第 156 页。

② 《在中华教育改进社第四届年会上的社务报告》,见方明主编:《陶行知全集》第 2 卷,四川教育出版社 2005 年版,第 201 页。

③ 《请组织国家教育政策委员会案》,见方明主编:《陶行知全集》第 2 卷,四川教育出版社 2005 年版,第 205 页。

④ 《请发起并筹备中华女子教育促进会案》,见方明主编:《陶行知全集》第 2 卷,四川教育出版社 2005 年版,第 206—209 页。

丰富。”

陶行知接手《新教育》后,即行整顿办刊形式、扩充杂志内容,延聘中外教育家 42 人担任编辑,特约各国教育界代表报告各国教育最新消息。而且,还将《新教育》定为中华教育改进社机关刊物,社务活动及历届年会之经过,均由该刊详为刊载。陶行知本人也积极为杂志撰稿,如第 4 卷第 2 期、第 3 期,均有 3 篇文章刊发。

《新教育》杂志自第 6 卷第 5 期起,改由东南大学教育科主任徐则陵担任主任编辑,计划每年 2 卷,每卷 6 期,后因困难殊多,仍采用每卷 5 期办法。1923 年第 7 卷开始,出刊了 1 期普通号;第 2、3 期合刊,为中华教育改进社年会报告号;第 4 期准备出刊世界教育会议号,材料已经搜集完竣,近 10 万言,惜乎冬季烤火不慎,东南大学口字房失火,《新教育》杂志编辑室亦遭波及,所有存稿,悉数被焚。[①] 陶行知的博士论文手稿《中国教育哲学与新教育》也惨遭损毁,他多年的努力付之一炬,日后也就不再有向哥伦比亚大学正式申请博士学位之举。[②] 1925 年 10 月《新教育》停刊,共出 11 卷,53 期。

《新教育》停刊之前,1925 年 9 月,赵迺传、陶行知、高仁山、查良钊、孟宪承、汪懋祖、王希曾发起《新教育评论》,编辑方针为:“(一)批评本国现时教育上之政策、主张与实施;(二)建议今后本国教育上各种革新的计划;(三)介绍和批评外国最近的教育制度和学说;(四)报告各地教育调查的结果。”[③]1925 年 12 月 4 日,《新教育评论》出版第 1 卷第 1 期,1927 年 4 月停刊。

中华教育改进社属于民间教育团体,经费主要靠社会各界捐助,办公场所由董事熊希龄商请内务部借用帝王庙作为社址。当时,政界要人和民间人士对于发展教育颇为热心,改进社所获的捐助经费数额不菲,用于维

---

① 《中华教育改进社第三次社务报告》,见方明主编:《陶行知全集》第 12 卷,四川教育出版社 2005 年版,第 126 页。

② 1929 年 12 月,上海圣约翰大学授予陶行知荣誉博士学位,以表彰他对中国教育的贡献。(朱泽甫编著:《陶行知年谱》,安徽教育出版社 1985 年版,第 166 页。)

③ 《〈新教育评论〉创刊缘起》,见方明主编:《陶行知全集》第 2 卷,四川教育出版社 2005 年版,第 215 页。

持日常活动绰绰有余。如 1922 年实收经费为大洋 21000 余元，其中总统黎元洪捐洋 1000 元、周百齐捐洋 1000 元、安徽省省长许世英及省署人员捐洋 1200 元、朱其慧（熊希龄夫人）捐洋 5000 元、美国孟禄博士捐洋 4000 元、洛克菲勒基金会捐洋 5000 元、世界教育联合会捐洋 3000 元、司徒雷登捐洋 1000 元，后四项可能系外币折合银洋。而 1923 年预计可收 38000 元。政府有时也予以扶助，教育部允诺每年津贴补助费 1000 元；1922 年中华教育改进社在济南召开首届年会，交通部特别准许社员免费坐火车，招商局为社员提供打折轮船票。① 王儒堂（即王正廷，1922 年底曾代国务总理）主阁时，通过国库补助改进社经费每年 36000 元，由上海、安徽、江苏三地支拨。另外，江苏财政厅长严孟繁每月捐助 1000 元，皆能按时拨给。② 1923 年召开第二届年会时交通部同样准许社员免费坐火车。

主持中华教育改进社工作，使陶行知得以真切全面地了解国内教育发展状况，洞悉中国教育的困难和症结所在，为他日后的教育探索奠定了基础，比如晓庄师范最初就是以中华教育改进社试验乡村师范学校的名义创办起来的。另外，改进社广泛的社会关系和频繁的社会活动，使陶行知能够结识一大批学者、名流，施展和提升社会活动能力，扩大自己的社会影响。陶行知日后与相关人士的合作，在困难时期能够得到国内外友人的支持，或多或少地受益于此时建立的社会关系。

1925 年底，由于时局动荡加剧、民生凋敝日甚，陶行知感到中国教育进入了一个艰难时期，开始有意从中华教育改进社事务中解脱出来。他说："现在教育界的四分五裂是无可讳言的。一校之内，同事变成仇敌；顷刻之间，朋友变成冤家；那疏的远的泛的所谓教育界同人更不必说了。大家拼命的夺饭碗，争地盘，斗意气，那真正从事于主张之争的实已如凤毛麟角了。我们看见今日教育界这种私欲暴露的凶相，那能不回转头来羡慕四

① 《在中华教育改进社周年纪念会上报告本年社务》，见方明主编：《陶行知全集》第 1 卷，四川教育出版社 2005 年版，第 432 页。

② 《在中华教育改进社第二届年会上的社务报告》，见方明主编：《陶行知全集》第 1 卷，四川教育出版社 2005 年版，第 455 页。报告还说：1922 年中华教育改进社派人出席世界（万国）教育会议，亦有多方捐资襄助，如热河都统公署 1000 元，云南教育司 700 元，江西蔡督理 500 元，黑龙江省长公署 200 元，察哈尔都统公署 100 元，河南教育厅 100 元，山西教育厅 100 元，绥远马都统（马福祥）100 元。

年前的太和气象呢？”[①]1926年7月，北伐战争打响，改进社已无法开展活动，处于极力维系状态。12月14日，陶行知致凌冰（凌济东）的信中说："本社经济情形，已是山穷水尽，这是事实，谁也不能否认。本社已是山穷水尽，本社同人应当怎样呢？我们应当在山穷水尽的时候，找出一条生路来！本社之所以山穷水尽，是因为中国教育已到山穷水尽了。我们倘不能为中国教育找出生路，决不能为本社找出生路。”[②]为寻觅中国教育的生路，陶行知1927年3月15日创办晓庄学校，主要精力投入乡村教育的发展和生活教育理论的实践上。4月5日，中华教育改进社发出紧要通告，致函全体社员："本社本年全体大会照山西大会议决应在武昌或杭州举行，刻因时局未靖，交通阻梗，无法筹备，由董事会建议本年暂行停止，特此奉达。”改进社此后再也没有举行过年会，社务基本停顿。但陶行知一直心系改进社，1930年初制订个人年度计划时，将“进行中华教育改进社社务”列为其中之一。[③] 无奈1930年4月晓庄学校被封，陶行知被通缉，中华教育改进社逐渐沉寂，并于无形中解散。

第四节 积极推进新学制改革

在近现代中国教育史上，1922年出台的“壬戌学制”可谓教育界学人参与制定国家教育政策的典范，也是教育决策民主化、科学化进程的代表。中华民国成立以后，虽然于1912—1913年颁布“壬子癸丑学制”，在缩短年限、扩充女子教育、废除读经和取消对毕业生奖励科举出身等方面取得了一些进步，但学制的基本结构未有变动。1915年起，教育界就发出改革学制的呼声，伴随新文化运动的开展，教育界瞄准世界教育大势，商讨具体的学制改革方案。尤其是各省教育会和全国教育会联合会积极参与，不断提

① 《四年前的这一周》，见方明主编：《陶行知全集》第2卷，四川教育出版社2005年版，第239页。

② 《山穷水尽——给凌济东先生的信》，见方明主编：《陶行知全集》第8卷，四川教育出版社2005年版，第97页。

③ 《我今年的计划》，见方明主编：《陶行知全集》第2卷，四川教育出版社2005年版，第406页。

出草案，并广泛深入地开展讨论，最终形成完整的方案，报教育部，以大总统令颁行全国。陶行知积极参与学制改革，多次发表文章和演说贡献智慧，还利用主编《新教育》杂志的机会，推出"学制研究专号"。事实上，新学制在某些方面确实反映或吸收了陶行知的教育思想。

一、教育界关于改革学制的呼声

1904 年 1 月 13 日，清政府颁布了中国近代第一个在全国范围内推行的系统学制——《奏定学堂章程》，岁在癸卯，又称"癸卯学制"。学制主体分 3 段 7 级：初等教育，包括蒙养院 4 年、初等小学堂 5 年、高等小学堂 4 年；中等教育，设中学堂 5 年；高等教育，包括高等学堂或大学预科 3 年、大学堂 3—4 年、通儒院（属研究生院性质）5 年。这个学制年限过长，从小学到大学，达 20—21 年之久。[①] 1912 年中华民国成立后，教育部废除"癸卯学制"，陆续制定"壬子癸丑学制"。学制主体分 3 段 4 级：初等教育，包括初等小学校 4 年（为义务教育）、高等小学校 3 年；中等教育，设中学校 4 年；高等教育，虽不分级但实际上包括大学预科 3 年、本科 3—4 年、大学院（属研究生院性质）不定年限。这个学制基本结构和"癸卯学制"差不多，但年限有所压缩，从小学到大学本科，为 17—18 年。[②] 1917 年教育部对大学年限再次做出调整，预科改为 2 年，本科统一为 4 年。[③]

1914 年，直隶教育会呈文教育部，拟邀集各省教育会，召开全国教育会联合会。1915 年 4 月，全国教育会联合会成立，并在天津召开第一次年会。湖南省教育会提出《改革学校系统案》，批评现时学制种类简单、年限不当，尤其是中学只有一种，修业只有 4 年，而大学却达 6—7 年之久。[④] 教育部觉得有理，为慎重起见，干脆发通知要求各省教育会征集学制是否应当改革的意见，"于三个月内，详晰备具意见书，送陈教育部"[⑤]。

新文化运动中，学术界关于改革学制的呼声越来越高，顾树森、朱叔源

---

① 孙培青：《中国教育史》（第三版），华东师范大学出版社 2009 年版，第 347—348 页。

② 孙培青：《中国教育史》（第三版），华东师范大学出版社 2009 年版，第 364 页。

③ 孙培青：《中国教育史》（第三版），华东师范大学出版社 2009 年版，第 367 页。

④ 朱有瓛主编：《中国近代学制史料》第三辑上册，华东师范大学出版社 1990 年版，第 57 页。

⑤ 朱有瓛主编：《中国近代学制史料》第三辑上册，华东师范大学出版社 1990 年版，第 54 页。

等纷纷撰文，对现行学制提出批评，一些省市甚至提出了自己的学制草案，随时准备改革。连到中国访问的孟禄博士也发表意见，认为中等教育是整个中国教育体制中最为薄弱的一环。[①] 1919 年 10 月，全国教育会联合会第五次会议在太原举行，向教育部提出《改革女学制案》。1920 年 10 月，全国教育会联合会第六次会议在上海举行，提出《改革学制系统案》，通函各省教育会。有意思的是，教育部鉴于改革学制的动议既然由全国教育会联合会发起，便顺水推舟，默认由全国教育会联合会制定草案，向全国征求意见，让学术界进行广泛讨论，待时机成熟后再行定夺。当时教育界的众多学人都参与了这场学制改革的讨论，许多杂志还开辟专栏甚至专号。可以说，新学制的制定很好地发挥和吸收了学术界的智慧，是那个特定时代教育决策民主化和科学化的典范。

1921 年 10 月，全国教育会联合会第七次会议在广州举行，主要议题就是提出学制改革的具体方案。黑龙江、广东、甘肃、浙江、湖南、江西、山西、直隶等省都提出了各自学制改革草案，经过反复讨论，先确定六条审查标准，然后按照标准对各种改革方案进行审查，最后于 11 月 2 日通过《学制系统草案》。[②] 又经过近一年的广泛讨论，1922 年 8 月，全国教育会联合会第八次会议在济南举行，对《学校系统案》和《新学制课程案》进行议决。[③] 11 月 1 日，北洋政府以大总统令正式公布新学制，此即“壬戌学制”。该学制确定小学、初级中学、高级中学的修业年限分别为六年、三年、三年，故又称“六三三学制”。

二、陶行知的建议和贡献

陶行知以极大的热情参与新学制的讨论，提出了一些颇有价值的建设性意见，对新学制的出台发挥了实际上的指导作用。

---

① 《民国十三年中国教育状况》，见方明主编：《陶行知全集》第 6 卷，四川教育出版社 2005 年版，第 202 页。

② 《全国教育会联合会第七次开会纪略》，见朱有瓛、戚名琇、钱曼倩、霍益萍编：《中国近代教育史资料汇编 · 教育行政机构及教育团体》，上海教育出版社 2007 年版，第 242—253 页。

③ 《全国教育会联合会第八次会议议决案》，见朱有瓛、戚名琇、钱曼倩、霍益萍编：《中国近代教育史资料汇编 · 教育行政机构及教育团体》，上海教育出版社 2007 年版，第 253—254 页。

1921年11月上旬,陶行知被推选为"中国新学制"起草委员。[①] 12月,江苏省教育厅召开《学制系统草案》讨论会,陶行知应邀出席,建议"将成人教育列入旁支系统内,以唤起教育家注意";小学分初小(四年)和高小(两年),那么师资也可分别培养,甚至可以在高小阶段设立师范科,高等师范教育亦可将初中和高中教师分别培养。[②]

出任《新教育》主编后,陶行知于该杂志第4卷第2期(1922年1月)适时推出"学制研究专号",个人连发三篇文章,题为《我们对于新学制草案应持之态度》《评学制草案标准》《中国建设新学制的历史》。在《新教育》第4卷第3期(1922年3月)上,陶行知又发表《新学制与师范教育》和《女子教育在学制上占领地位之十五周年纪念》。

综合起来考察,陶行知关于新学制的贡献主要体现在以下三个方面:

(一)学制标准

在《评学制草案标准》中,陶行知提出学制应包含三种要素"社会之需要与能力""个人之需要与能力""生活事业本体之需要"[③]。全国教育会联合会第七次会议确定的学制标准原为六条:(1)根据共和国体,发挥平民教育精神;(2)适应社会进化之需要;(3)发展青年个性,使得选择自由;(4)注意国民经济力;(5)多留各地方伸缩余地;(6)使教育易于普及。[④] 而最终公布的新学制共有七条标准,分别是:(1)适应社会进化之需要;

① 朱泽甫编著:《陶行知年谱》,安徽教育出版社1985年版,第28页。

② 《对于〈学制系统草案〉的意见》,见方明主编:《陶行知全集》第1卷,四川教育出版社2005年版,第322页。陶行知的这两条建议在最终公布的学制方案中并没有被采纳,倒是1951年10月1日,中华人民共和国政务院发布《关于改革学制的决定》,将各种形式的干部学校、成人文化补习学校和工农速成学校列入旁支系统。

③ 《评学制草案标准》,见方明主编:《陶行知全集》第1卷,四川教育出版社2005年版,第352—353页。陶行知对于新学制应包含"生活事业本体之需要"尤为重视,他在文中说:"此次所拟的标准对于社会之需要能力和个人之需要能力两种要素已经顾得周到;但对于生活事业本体上之需要,却无显明之表示。虽有几处,如中等教育段,很能体贴这种意思,但因为未曾明白表示,所以顾此失彼,不能彻底的应用出去。"并认为"先依各种生活事业之需要,规定各种学问之分量,再就社会个人的能力所及,酌量变通,以应社会与个人的需要,或是建设学制可以参考之一法"。

④ 《全国教育会联合会第七次开会纪略》,见朱有瓛、戚名琇、钱曼倩、霍益萍编:《中国近代教育史资料汇编·教育行政机构及教育团体》,上海教育出版社2007年版,第252页。

(2)发挥平民教育之精神;(3)谋个性之发展;(4)注意国民经济力;(5)注意生活教育;(6)使教育易于普及;(7)多留各地方伸缩余地。[①] 其中第一、三、五条与陶行知的提议基本一致。尤其是第五条,在最初的《学制系统草案》中是没有的,很可能是应陶行知的提议所加的。

(二)女子教育

中国传统教育中,女子素无地位,1904 年 1 月颁布实施的"癸卯学制"仍然抱残守缺,不许女子入学受教,而将女子教育限定于家庭教育中。《奏定蒙养院章程及家庭教育法章程》第一章第十节云:"三代以来,女子亦皆有教,备见经典。所谓教者,教以为女、为妇、为母之道也。惟中国男女之辨甚谨,少年女子,断不宜令其结队入学,游行街市;且不宜多读西书,误学外国习俗,致开自行择配之渐,长蔑视父母、夫婿之风。故女子只可于家庭教之,或受母教,或受保姆之教,令其能识应用之文字,通解家庭应用之书算物理,及妇职应尽之道,女工应为之事,足以持家、教子而已。"[②] 1907 年,学部制定《女学堂章程》,内含《女子小学堂章程》和《女子师范学堂章程》,将女子学堂和男子学堂分设,女子上完小学(分初小和高小两级,各四年),如欲升学,只能读师范,没有女子中学、女子大学之设。[③] 民国成立后,开始逐步追求男女平等的教育权,1916 年 1 月颁布《国民学校令》和《高等小学令》,规定小学一、二年级可以男女同班(级),三年级以上要实行男女分班[④],但并没有在女子受中学教育、大学教育上取得任何制度性的进展。

陶行知在南京高师任教务长期间,就力排众议,于 1920 年与北京大学同步招收女生。新学制讨论期间,陶行知对女子教育在学制上的地位尤为关注。1921 年夏,他在安庆暑期演讲会上发表演讲,将女子教育列为中国

---

① 朱有瓛主编:《中国近代学制史料》第三辑下册,华东师范大学出版社 1992 年版,第 804—805 页。

② 璩鑫圭、唐良炎编:《中国近代教育史资料汇编·学制演变》,上海教育出版社 1991 年版,第 396 页。

③ 璩鑫圭、唐良炎编:《中国近代教育史资料汇编·学制演变》,上海教育出版社 1991 年版,第 574—594 页。

④ 璩鑫圭、唐良炎编:《中国近代教育史资料汇编·学制演变》,上海教育出版社 1991 年版,第 790、802 页。

教育三大不平均之首(其余为乡村教育、老人教育),并列举了一组数据来论证:“中国全国,有一千三百余县没有女子高等小学,又有五百余县没有一个女学生。若照百分法计算起来,男学生占学生中百分之九十五,女子却只占百分之五。”[①]1922 年 1 月,陶行知在《中国建设新学制的历史》中呼吁:“下至幼稚园,上至大学,女子皆可得教育的机会,女子皆可与男子同学。”[②]3 月,注重实证的陶行知又用一大堆详细的数据,来论证发展女子教育的紧迫性——1916 年全国有女生 180949 人,占学生总数的 4%。女子教育进步最快的江苏省和山西省,女生也只占到学生总数的 12%—13%。女子教育不发达的省份如甘肃,女学生数不足 1%,新疆竟连一个女生也没有。[③] 新学制草案对男女问题不加区别,未列专门的女子教育条文,陶行知善意地认为,这等于默许了教育是男女所共享的,他说:“按新学制草案的用意,教育是男女共有的,并可以同得的。从男子独享的教育而变为男女共有的教育,时间只化了二十年,进步的敏捷,实可令人惊叹。以后我们的责任,只须在数目上去求扩充,性质上去求改良就是了。”[④]

(三)师范教育

陶行知认为,作为培养教育领域专门人才的师范教育,不应局限于为各级各类学校培养新的师资力量,而应再从两个方面拓展师范教育的功能:一是培养教育行政人员、校长、职员等教育界急需的人才,“中国学务不发达的原因固多,但是教育行政办学指导人员之不得相当培养也是个很重要的原因。所以我主张,凡教育界需要的人才都应当受相当的培养。我们教育界需要什么人才,即须造就什么人才。我们应当有广义的师范教

---

① 《教育者之机会与责任》,见方明主编:《陶行知全集》第 1 卷,四川教育出版社 2005 年版,第 307 页。

② 《中国建设新学制的历史》,见方明主编:《陶行知全集》第 1 卷,四川教育出版社 2005 年版,第 358 页。

③ 《女子教育在学制上占领地位之十五周年纪念》,见方明主编:《陶行知全集》第 1 卷,四川教育出版社 2005 年版,第 391 页。

④ 《中国建设新学制的历史》,见方明主编:《陶行知全集》第 1 卷,四川教育出版社 2005 年版,第 358 页。陶行知在文中还详细介绍了清末新政和民国初年的学制,指出两者所产生的历史条件和时代局限。提出“壬寅癸卯学制”特受日本学制的影响,简直是对日本学制的“随意抄袭”,而新学制草案则“表现美国教育的新趋势”。

育——虽所培养的人以教员为大多数，但目的方法并不以培养教员为限”①。二是培训未受过师范教育的在职教师，这方面的人员非常庞杂，既有遍布城乡的私塾教师，又有科举出身在学堂任职的教员，还有非师范毕业生在学堂里充当教员，他们都急需专业的教育训练。陶行知直截了当地指出“谁在那里教就教谁”，因为“他们既在那里实施教育，自有受训练的必要”②。他还对高等师范学校培养中学和师范学校教员不分，初级师范学校大多数设在都市里提出了批评，为日后办乡村师范作了认识上的铺垫。1922 年 7 月，中华教育改进社举行首届年会，代表们纷纷就新学制草案发表意见，形成了《修正师范学制案》等八件议案，9 月 6 日由陶行知递交教育部。③

正是在像陶行知一样的众多学人的努力下，1922 年 11 月颁布的“壬戌学制”能比较彻底地摆脱传统教育的束缚，较好地适应社会发展的需要和青少年身心发展的规律，是近现代中国实施时间最长、影响最大的一个学制。尽管这个学制从形式上带有美国痕迹，但并非盲从美制，而是中国教育界长期酝酿、集思广益的结晶，它标志着中国近代以来的学制体系的基本完成。陶行知认为学制固然重要，但关键是执行，他说：“我们切不可存学制一定即了事的观念。我们更要承认学制以后之事业问题是无穷尽的。无穷尽的事业，要我们继续不已的去办理他。无穷尽的问题，要我们继续不已的去解决他。所以学制虽是个重要问题，但只是前程万里的第一步。”④

---

① 《新学制与师范教育》，见方明主编：《陶行知全集》第 1 卷，四川教育出版社 2005 年版，第 376—377 页。

② 《新学制与师范教育》，见方明主编：《陶行知全集》第 1 卷，四川教育出版社 2005 年版，第 378—379 页。陶行知特别提到塾师，说：“南京现有私塾五百六十余所，广州私塾千余所，塾师多由科举出身，在他们势力下的学生各以万计。我以为既有这许多科举出身之人实际上在那里操纵儿童的教育，我们决不能不设法使他们得些相当的训练。因为谁在那里教，就该教谁；塾师在那里教，就该教塾师；一天有塾师，即一天要训练塾师如何改良。”

③ 朱泽甫编著：《陶行知年谱》，安徽教育出版社 1985 年版，第 38—39 页。

④ 《我们对于新学制草案应持之态度》，见方明主编：《陶行知全集》第 1 卷，四川教育出版社 2005 年版，第 33 页。

第三章　眼光向下：从平民教育到乡村教育

人生天地间，各自有秉赋：
为一大事来，做一大事去。
多少白发翁，蹉跎悔歧路。
寄语少年人，莫将少年误。[①]

新文化运动时期，思想界、文化界异常活跃，民主和科学观念影响到社会的各个领域，各种新的教育思潮层出不穷，有平民教育思潮、工读主义教育思想、职业教育思潮、勤工俭学运动、科学教育思潮、国家主义教育思潮等。[②] 平民教育是新文化运动中民主、平等思潮在教育领域里的突出反映，是新兴教育思潮的典型代表。当时，一些不同教育背景、不同理论观点、不同思想信仰的人都汇聚到平民教育思潮中来，如以陈独秀、

① 《自勉并勉同志》，见方明主编：《陶行知全集》第 7 卷，四川教育出版社 2005 年版，第 239 页。

② 孙培青主编：《中国教育史》（第三版），华东师范大学出版社 2009 年版，第 387—394 页。

李大钊、邓中夏、毛泽东为代表的共产主义知识分子，以陶行知、晏阳初、陈鹤琴、朱经农等为代表的自由主义知识分子，他们都通过自己的行动，为让平民百姓享有教育权利，获得文化知识而努力。不过前者将平民教育与政治斗争结合起来，以启发民众思想觉悟，认为社会制度才是造成不平等的根本原因；后者视平民教育为救国和改造社会的手段，虽然也谈政治，但主张完善、改良，而不是从根本上否认现实的社会制度。平民教育最初由大中城市发起，逐渐向广大农村转移，到20世纪20年代中后期，平民教育逐渐为乡村教育所取代，形成了声势浩大的乡村教育运动。陶行知1927年创办试验乡村师范学校（后改称晓庄学校），即是这一转向的主导力量。

第一节　发起中华平民教育促进会

中国现在所推行的平民教育，是一个平民读书运动。我们要用最短的时间，最少的银钱，去教一般人民读好书，做好人。我们深信读书的能力是各种教育的基础。会读书的人对于人类和国家应尽之责任，应享之权利，可以多明白些。他们读了书，对于自己生计最有关系的职业，也可以从书籍报纸上多得些改进的知识和最新的方法。一般无知识的人对于子女的教育漠不关心，若是自己会读书，就明白读书的重要，再也不肯让自己的儿女失学。所以今日之平民教育，就是将来普及教育的先声。至于顺带学些写信、记账的法子，于个人很有莫大的便利，自然是不消说了。[①]

1924年10月，《中华教育界》发表陶行知的长文《平民教育概论》，从多个方面论述了平民教育的意义、问题与方法，杂志编辑们对之十分认同，特加编者按云："我们要认清平民教育的宗旨，不但是要使平民能认一千

① 《平民教育概论》，见方明主编：《陶行知全集》第1卷，四川教育出版社2005年版，第565页。

字，可以看报、记账、写信，而且要使平民略具民主国家所必须的知识而可做个中华民国的国民，爱护中华民国。我们现在还未办完备的国民教育，无妨将四个月的平民教育当做一个速成的国民教育。"①

陶行知为什么从一个严肃的教育研究工作者转而致力于普及性质的平民教育？他做了哪些努力？成效如何？

一、平民教育的简短回顾

平民教育初期主要目标是教城市平民识字，以便使他们进一步获得新的知识与技能，并启发他们的思想认识，养成时代变化所需的国民精神。1916 年 10 月，全国教育会联合会在北京召开第二次会议，议决《注意贫民教育案》，通告各省区。1919 年 10 月，全国教育会联合会在太原召开第五次会议，议决《失学人民补习教育办法案》，函告各省区教育会。10 月和 12 月，北京高师和南京高师分别创办《平民教育》周刊和《少年社会》，宣传平民教育。② 北京高师的师生还组织平民教育社，谋求教育的平等和普及。

具体实施方面，早期平民教育是在工人当中发展起来的，由左翼人士带动，属于工人运动的一部分。1917 年 11 月，毛泽东于湖南第一师范学校创办工人夜校。1919 年 3 月，北大学生邓中夏等发起组织"平民教育讲演团"，筹办长辛店劳动初习学校。中国共产党成立以后，左翼的平民教育逐渐发展成为革命的工农教育。而另一支重要力量则适时地汇聚进来，迅速成为平民教育的主流，这就是一批留学归国的青年教育专业工作者群体。陶行知曾说："五四以后，学生由爱国运动进而从事社会服务，教导人民，自动开设的平民学校遍地都是。虽然办法不无流弊，却能引起我们对于平民教育改善的兴味。"③

教育学者开展的平民教育与白话文运动息息相关，因为实施平民教育必须使用平民的语言，用平民日常生活中的内容来做教育的内容。1915

① 《平民教育概论》，见方明主编：《陶行知全集》第 1 卷，四川教育出版社 2005 年版，第 575 页。
② 孙培青、李国钧主编：《中国教育思想史》第三卷，华东师范大学出版社 1995 年版，第 242—243 页。
③ 《平民教育概论》，见方明主编：《陶行知全集》第 1 卷，四川教育出版社 2005 年版，第 566 页。

年夏天，尚在美国留学的胡适开始着意于中国文字改革，方向便是“废除死的古典语文，改取活的语体语文”①。1916 年 7 月，他在日记中写道：“今日之文言乃是一种半死的文字。今日之白话是一种活的语言。白话不但不鄙俗，而且优美适用。凡言要以达意为主，其不能达意者，则为不美。”②1917 年 1 月，《新青年》发表胡适的《文学改良刍议》，提倡白话文学。2 月，陈独秀发表《文学革命论》，旗帜鲜明地响应。③ 1918 年 5 月，《新青年》发表第一部现代白话小说——鲁迅的名作《狂人日记》。

由文学革命开路，教育学者依次登场。1920 年，南京高师年轻教授陈鹤琴率领 9 位助理研究语体文应用字汇问题，检索了 90 万字的语体文，编成《语体文应用字汇》。该研究报告还未出版，就被学界用作编辑《平民千字课》的根据，以推进平民教育运动。就在陈鹤琴研究语体文应用字汇的同时，陶行知在南京高师创办暑期学校，组织学生教附近的平民识字。④1920 年 8 月，曾在法国开展华工识字教育的留美学者晏阳初回国，担任中华基督教青年会全国协会平民教育科科长，立志“不做官，不发财，将终身献给劳苦的大众”。1922 年，晏阳初发起平民识字运动，号召“除文盲，做新民”，并组织基督教青年会在长沙、烟台、嘉兴等地进行试验，成效可观，引起社会广泛关注。

二、中华平民教育促进会的成立

陶行知于 1923 年开始关注和参与平民教育，此时他的身份是中华教育改进社主任干事。在他的影响下，改进社一些同仁也很快参与到平民教育运动中来。何以钟情于平民教育？陶行知在给妹妹文渼的信中说：“我要用四通八达的教育，来创造一个四通八达的社会。我这几年的事业，如开办暑期学校、提倡教职员学生之互助、提倡男女同学、服务中华教育改进社，都是实行这个目的，但是大规模的实行无过于平民教育。我深信平民

① 唐德刚译注：《胡适口述自传》，华东师范大学出版社 1993 年版，第 140 页。
② 唐德刚译注：《胡适口述自传》，华东师范大学出版社 1993 年版，第 144—145 页。
③ 唐德刚译注：《胡适口述自传》，华东师范大学出版社 1993 年版，第 149—151 页。
④ 章开沅、唐文权：《平凡的神圣——陶行知》，湖北教育出版社 1992 年版，第 163 页。

教育一来，这个四通八达的社会不久要降临了。”①

1923 年 6 月，陶行知、朱其慧（熊希龄夫人，时任中华教育改进社女子教育委员会主任）、晏阳初、朱经农等在上海组织中华平民教育促进会筹备会，这是平民教育从局部试验变为全国性运动的起点。他们先期成立南京平民教育促进会，随即在南京发起和开展平民教育运动。陶行知在中华教育改进社第二届年会的社务报告中说：

> 欲国家之强大，必全国国民能同心努力方有济。今百人中不识字者约七八十人，是何以言精神之团结？本社现正组织中华平民教育促进会，欲于四个月内每日一小时，使不识字者能了解一千字；而同时可输入国民必不可少之精神，夫国家欲解决之问题甚多，此则为其问题之一。今兹所努力者，虽为平民之读书运动，亦实为平民教育运动之第一步。然绝非少数人所能做到，必须通力合作，效果方大。现本社董事部，已为之特别注意也。②

1923 年 8 月 26 日，乘中华教育改进社第二届年会之机，中华平民教育促进会在清华学校召开成立大会，各省均有两个代表列席。这两个代表，一个是由省教育会派的，一个是由省教育厅派的。③ 会上公推朱其慧为主席，晏阳初为副主席，陶行知为书记。中华平民教育促进会的宣言是——

> 建立普及教育的基础
> 花六十块钱可以使一百人受基本的平民教育
> 花六百块钱可以使一千人受基本的平民教育
> 解决生计消弥乱机奠定国本

① 《创造一个四通八达的社会——给文渼的信》，见方明主编：《陶行知全集》第 8 卷，四川教育出版社 2005 年版，第 34 页。

② 《在中华教育改进社第二届年会上的社务报告》，见方明主编：《陶行知全集》第 1 卷，四川教育出版社 2005 年版，第 454—455 页。

③ 《长江流域平民教育运动之性质组织及方法》，见方明主编：《陶行知全集》第 1 卷，四川教育出版社 2005 年版，第 477 页。

爱国者所应注意即爱己者所应注意[①]

中华平民教育促进会成立之初,会务主要由陶行知打理,而中华教育改进社正处于上升阶段,社务异常繁忙。尽管陶行知为平民教育倾注了大量精力,四处奔波劳碌,却不愿同时身兼两份要职。1923年10月3日,陶行知致信朱其慧,建议聘晏阳初为平民教育会总干事。信中说:“关于总干事一事,闻青年会已有复信说明该会不能让晏阳初先生应聘之理由。知行觉得此职除晏君外实无相当人才,务请再具恳切之函向青年会交涉。该会对于平民教育如此热心,实堪钦佩,但究属局部之进行。故为国家教育计,为充分运用人才计,晏君应该舍青年会而就总会之职。”[②]1924年,中华平民教育促进会聘晏阳初为总干事后,陶行知致信朱其慧,辞去所承担的编辑事宜,云:“去岁承诸位先生嘱经农先生与知行担任,原属一时权宜之计。知行因各处急需,故甚愿尽其心力之所能,得为平民尽一份之责任。今总干事业经聘定,事权急宜统一,所有知行担任一部分之编辑事宜,务望允予辞去为祷!”[③]

陶行知在20世纪20年代中期对平民教育促进会是谋其事而不在其位,将舞台上主角的位置主动让给归国不久的晏阳初。[④] 后来陶行知与平民教育促进会逐渐产生分歧,1927年创办试验乡村师范学校后,便不再直接参与平民教育促进会的工作。1929年秋,中华平民教育总会由北平迁往湖北定县,晏阳初成为主要领导。20世纪三四十年代,晏阳初在各地大力推行平民教育试验,陶行知则忙于生活教育和育才学校。

---

① 《提倡平民教育》,见方明主编:《陶行知全集》第1卷,四川教育出版社2005年版,第595—596页。

② 《建议聘晏阳初为总干事——给朱其慧先生的信》,见方明主编:《陶行知全集》第8卷,四川教育出版社2005年版,第15页。

③ 《请允辞去编辑事宜——致朱其慧》,见方明主编:《陶行知全集》第8卷,四川教育出版社2005年版,第211页。

④ 晏阳初后来说:“总会董事会推熊夫人为董事长,并聘我为总干事。一九二四年(民国十三年)我就辞去青年会职务,到平教会工作。会所系熊夫人住宅之一部分,仅三间小房。全年经费三千五百元,驻会人员除总干事外,另有半个书记(兼任)、半个工友(熊宅工役),一切工作,几全由我一人兼办。”(《平民教育运动简史》,见宋恩荣总主编:《晏阳初全集》第2卷,天津教育出版社2013年版,第332页。)文中的“半个书记”,当指陶行知,因陶行知另在中华教育改进社任职,故此处为兼任。

第二节　编撰《平民千字课》

教人识字是平民教育最基本、最主要的内容，只有解决了基本的识字问题，才可能有思想认识的提高、国民精神的养成。陶行知曾说："平民教育的目的，是要叫十二岁以上的人，个个读书做好国民。……平民教育第一步的问题是：如何叫不识字的会读书，会读书的常读书；同时叫他们得些做人做国民的精神。"①又说："现在平民教育的最高无上的目的，就是教人读书，做国民，就是用教育的精神和方法，创造一个万众一心、五族一心的中华民国。懂得这条大道理才能放手向前去做。否则，芦柴丛中，钻来钻去，曾费尽心血，终于国家大局无补。"②识字得有教材，晏阳初早年在法国为华工开设识字班，曾编有《千字课本》。

编写一套高质量的识字教材，是平民教育工作的第一步。中华平民教育促进会成立前，教材编写的工作就已经开始，由陶行知和朱经农主笔。他们以陈鹤琴的研究成果《语体文应用字汇》为基础，巧妙构思，按照自己的教育理念编写了 4 册《平民千字课》，每册 24 课，共 96 篇课文，学的人每天读一课，费时约一小时，用 96 天就可以读完。读完后可以认识 1200 多个常用汉字，会看、会写白话信，会记家常账目，会读浅近书报。为了便于普及，《平民千字课》书价十分便宜，平常人都买得起。与教材配套使用的还有两个重要的辅助教具：一是幻灯，二是挂图。

陶行知编写《平民千字课》的宗旨有三：(1)培养人生与共和国必不可少之精神和态度。(2)训练处理家常信札账目和别的应用文的能力。(3)培养读书看报及领受优良教育之志愿和基本能力。具体是怎样编的

① 《全国平民教育之现状》，见方明主编：《陶行知全集》第 1 卷，四川教育出版社 2005 年版，第 517 页。

② 《教人读书，做国民》，见方明主编：《陶行知全集》第 11 卷，四川教育出版社 2005 年版，第 134 页。

呢?先拟定目标,即"发扬国民性的优点","补救国民性的劣点"。[①] 次选定常用字,"把日常应用最多的字,来编成语体文,使平民易读易懂,而又有效率"。最后是组织课文,每课的生字量10—13个;讲究文法,包含文法的种种重要变化;注重平民文学,"除通常应用的书信、账目、契据、字条、单帖外,还加入平民诗歌故事,培养平民对于文学的欣赏力,并陶冶他们的性情";配上图画,以辅助学习者了解课文,培养学习兴趣。[②] 陶行知还借鉴了当时小学国语教科书的编撰经验,注重实用性、生活性、趣味性,编入了不少故事、寓言、历史人物,但舍弃了小学国语教科书"鸟言兽语"过多、教育意义不足的毛病。

概而言之,陶行知编《平民千字课》的主要内容大致包括以下几个方面:

一、劝学明理

劝人读书识字,明理做新人,是平民教育的首要目的,教材的编写也将之放在首要位置,第一册第一课即为《读书》、第二课即为《写字》。《读书》课文如下:

一个先生,十个学生;
一个人教,十个人学。
先生教书;学生读书。
先生教学生;
学生学先生。[③]

第一册还有《做工》《工读歌》,第二册有《读书好》,都是鼓励人们在做工或农事之余读书,通过读书更好地做工、务农。另有一些劝学的历史

① 具体说来,编书的目标有四:一是自主的精神,二是互助的精神,三是涵养的精神,四是改进的精神。(《平民教育概论》,见方明主编:《陶行知全集》第1卷,四川教育出版社2005年版,第568页。)

② 《平民教材内容大意与教学顺序之意见》,见方明主编:《陶行知全集》第11卷,四川教育出版社2005年版,第135—138页。

③ 《读书》,见方明主编:《陶行知全集》第5卷,四川教育出版社2005年版,第12页。

故事，如《讨饭的开学堂》《孟母》等。

二、国民精神

平民教育要培养普通百姓的国民精神，就要介绍一些有关民族、国家等方面的政治知识，勉励民众用自己的行动来爱国。陶行知 1923 年底应北京师范大学平民教育社之邀作演讲，他说："我们编辑教科书，就用故事的方法，使平民读一课之后，看看某人很好，自己就自然而然的愿意做那种人；看看某人很坏，自己就不愿意做那种人。这是把公民和读书的精神化合在一处，以培植其作国民的能力。"①据笔者对 96 篇课文的统计，直接涉及爱国主题的有 20 篇之多，占的比重最大。这些课文有的是诗歌，如《爱国歌》《尽力中华歌》《国旗歌》《中华民国疆域歌》等；有的是介绍民国的政治体制，如《选举》《省议员》《总统》《五族共和》《中华民国的政府》《法治精神》等。兹录《中华民国疆域歌》：

中华民国领土多，听我唱个疆域歌。
直隶境内风景好，万里长城永定河。
山海关外是奉天，凤城遥接柳条边。
奉天东北有吉林，森林千里绿成阴。
吉林西北黑龙江，白山黑水道路长。
直隶之南是山东，孔孟都生此省中。
山东南境接江苏，东临黄海南太湖。
江苏之西是安徽，产茶产米土地肥。
安徽南面有江西，庐山鄱阳风景奇。
浙江年年听海潮，西湖秀丽雁荡高。
福建更在浙江南，闽江环抱武夷山。
福建西南接广东，梅开庾领晚霞红。
广西边塞有龙场，阳明遗爱莫能忘。

① 《长江流域平民教育运动之性质组织及方法》，见方明主编：《陶行知全集》第 1 卷，四川教育出版社 2005 年版，第 478 页。

广西之西有云南，滇池柳色雨中看。
云南北去入四川，夔门剑阁隔云烟。
更从巴蜀下襄阳，湖北名城数武昌。
洞庭飞渡入湖南，七泽三湘雁阵寒。
山西省有太行山，战史争传娘子关。
河南名都有洛阳，万花如锦月如霜。
潼关之西为陕西，华山秦岭与天齐。
又从陕西入甘肃，青海在西蒙古北。
新疆大河塔里木，河水包环大沙漠。
京兆境内设国都，西山遥对昆明湖。
热河绥远察哈尔，民国改为特别区。
更加川边与西藏，合成中华舆地图。①

非常有意思的是，当时蒋介石领导的南京国民政府尚未成立，陶行知在《平民千字课》中虚构了一个政治人物黄中正，从竞选省议员、省长，直到竞选民国总统，并对他提出了很高的期望——"黄中正做了总统，极力替国家办事，把他所讲的话，句句都实实在在的做出来，国民非常敬爱他，第二次又举他做总统。"②不知这是令人惊奇的巧合，还是渗透着陶行知敏锐的政治预见性。

三、生活常识

《平民千字课》教人识字，是希望能够用于生活，帮助人们处理日常事务。课文中为此安排了一些简单的计算、记账、开发票、立契约、写信等内容，如《算一算》《又来算一算》《云儿记账》《东生开发票》《事要预防》等；

① 《中华民国疆域歌》(一)(二)(三)，见方明主编：《陶行知全集》第5卷，四川教育出版社2005年版，第156—158页。

② 《总统》，见方明主编：《陶行知全集》第5卷，四川教育出版社2005年版，第115—116页。陶行知在课文中还设计了黄中正竞选总统宣布政见的演讲词，黄中正说："总统是人民的公仆，应该依着人民的公意，办理国家事务。我的目的，是要替国家建设一个好政府。好政府的意思：第一，要有法治精神，就是铁面无私，事事依法办理；第二，要有公开的办法，就是开诚布公，把国家大事，明明白白的告诉国民；第三，要有详细的计划，凡事要打算得清清楚楚，按着次序，一步一步的进行。"

也有劝人自立、齐家、互助的课文，如《劳小姐》《分米》《荒年不怕》《好家庭》等。《好家庭》课文写道：

一个人家里头最要紧的是和气，个个人都要相敬相爱。遇了不如意的事，就须彼此原谅，决不可吵嘴斗气。就生计一方面说，无论男女，人人都要自食其力。就是小孩子，也要想法子使他们渐渐的学自立的道理。如果人人能自立，家声是不会倒的。

家务事都要亲自过问。有些妇人当家，连油、盐、柴、米的价钱，都不知道，很是不对。一家的人，要分工，要互助。每天做事、休息，都有一定的时候。用钱必须有详细的预算。有余的时候，要节省、要储蓄。如此，倘有意外的事发生，就可以不怕了。家里饮食起居，都要讲卫生，求清洁。一切陈设都要有条理，合乎美术的原则。对于子女最要紧的，是要把他们抚养得好，并且教他们读书、明理、做好人。①

还有一些人事应对的课文，介绍日常的客套及礼貌用语，如《有客来》《迟到一点钟的先生谢五》等。

四、文化知识

《平民千字课》的一些课文专门介绍中国著名的历史事件和历史人物，如《范大夫》《郑和下西洋》《孔夫子》《孟夫子》《墨子》《顾亭林先生和他的母亲》等。陶行知讲历史非常注意挖掘这些故事或人物的时代意义、教育意义，以期能让识字者不仅增长历史知识，还要从中受到教益，如《孟夫子》这一篇，就以史鉴今：

孟夫子也生在山东。他生的时候，孔夫子死了将近一百年了。孟夫子看见各国天天打仗，那不打仗的，也都喜欢用阴险的手段来欺人，心里觉得很难过。所以他拼命反对打仗。他说：各国争城争地，杀人无数，打仗真是一种大罪过。会打仗的，都应该受最重的刑罚！他又

① 《好家庭》，见方明主编：《陶行知全集》第5卷，四川教育出版社2005年版，第154—155页。

说:我们应当爱人,应当讲公理。他周游列国,总把这些话,和各国的国王说,却没有人肯听。孟夫子以为一国之内,最贵重的就是人民,国王做事总要顺从人民的意思。全国的人都说某人可用,方才可以用他;全国的人都说某人可杀,方才可以杀他。国王万不可照着自己一个人的意思去杀人用人。所以大家说孟夫子是中国第一个提倡民权的人。[①]

《平民千字课》收录了一些浅显有趣而又富于教育意义的历史小故事和历史典故,如《破缸救人》《老实人卖牛》《七步成诗》《愚公移山》等,这些历史故事有些在当今的中小学语文课本里还能找到,可见其选材的精当。陶行知还有意识地收录了安徽一带的民间故事,如《田兴》。西方的寓言故事也有被编进去的,如《猫头鹰搬家》《三个问题》。

《平民千字课》不乏充满诗情画意的文学作品,如《燕语》《草儿洗澡歌》《春游》等。也有一些课文介绍基本的宗教知识,如《佛》《耶稣基督》等。还有少量课文介绍自然科学知识和一些西方科学家、发明家,如《性命要紧》《瓦特》《佛兰克林》[②]《空气》等。

作为普通百姓识字教材的《平民千字课》大获成功,中华平民教育促进会成立后10个月,已经把《平民千字课》推行到20个省区。受这种教育的人,已经有40万之多。[③] 陶行知在1923年秋深入各地,竭力推广《平民千字课》,立志要到社会各个角落(如旅馆、学堂、私塾、寺庙、军队、监牢、济良所)开展平民教育。“我们要叫黑暗的地方大放光明。佛不入地狱,谁入地狱!”[④]在杭州推广平民教育期间,陶行知在栖霞山乡一位平民大哥的带领下游山,第二天就给这位乡民写信,劝他读《平民千字课》,信中说:

我看老哥行事,听老哥谈话,觉得你是一个很明理的人,也是一个很顾家的人。老哥虽不识字,却是比那些识字的人好得多。临别的时

① 《孟夫子》,见方明主编:《陶行知全集》第5卷,四川教育出版社2005年版,第97页。

② “佛兰克林”现译为富兰克林。

③ 《四十万的平民学生》,见方明主编:《陶行知全集》第1卷,四川教育出版社2005年版,第532页。

④ 《作十万新民,寿六旬王母——给程仲沂先生的信》,见方明主编:《陶行知全集》第8卷,四川教育出版社2005年版,第22页。

候，你说愿读《千字课》，并愿意读会之后还教一个别人读。这个意思很好。我现在寄上《平民千字课》一本。老哥读会了，就请再教一个别的人。谁要读这部书，一定要立志再教一个别的人。老哥自己可以请一位和尚教你。老哥读了四本之后，务必请你自己写一封信告诉我。①

陶行知在大江南北推行平民教育时还认识了一些车夫、学徒，他都勉励他们来读《平民千字课》，等他们学到了一定程度，陶行知便写封信去问候一下，同时考验他们能否看懂简单的白话信。陈鹤琴的母亲65岁了，也读《平民千字课》。安徽教育厅里，夫役读《平民千字课》，其中有两位65岁的老翁，陶行知亲自教了他们两课。② 推士从美国来，陶行知便介绍推士的夫人读《平民千字课》，一个月后，用简单的中文给推士夫人写信，她也能懂个大意。③ 陶行知还劝自己57岁的母亲读一读《平民千字课》，学了16天，陶行知便试着给母亲写简短的信函，老人家竟完全能懂。④

第三节　普及家常便饭的平民教育

根据中华平民教育促进会的调查，笼统地估计，20世纪20年代初全国至少80%的民众不识字，识字的不过20%。⑤ 平教会设定的奋斗目标是10年之内，叫全国处处读书，人人明理。⑥ 如何让数千年来享受不到文化

① 《请和尚教你——给栖霞山乡人张大哥的信》，见方明主编：《陶行知全集》第8卷，四川教育出版社2005年版，第24页。

② 《预备钢头碰铁钉——给吴立邦小朋友的信》，见方明主编：《陶行知全集》第8卷，四川教育出版社2005年版，第46页。

③ 《美国人读〈千字课〉的成绩》，见方明主编：《陶行知全集》第8卷，四川教育出版社2005年版，第49页。

④ 《十六天的功效》，见方明主编：《陶行知全集》第8卷，四川教育出版社2005年版，第48页。

⑤ 《实施成年补习教育初步计划》，见方明主编：《陶行知全集》第2卷，四川教育出版社2005年版，第431页。

⑥ 《四十万的平民学生》，见方明主编：《陶行知全集》第1卷，四川教育出版社2005年版，第532页。

教育的广大民众能掌握基本的文字，并从思想和精神上为适应现代生活作准备，这是平民教育实施者面临的最为棘手的方式和手段问题。陶行知为此四处奔走，足迹遍布大江南北，他人到哪里，就要把平民教育带到哪里，并在当地扎根、开花、结果。

一、设立平民读书处

平民教育促进会筹备期间在南京、北京试验，先是以办学的方式进行，办了十几个平民学校，教学和通常的班级差不多，但是效果并不好。陶行知经常到平民学校四周去打探，他发现"学校虽近在咫尺，店家住户有大多数的人不能到学校来上课。例如平民学校定晚上七点钟上课，看门的不能来；抱小孩的，小孩没有睡不能来；晚饭后要洗锅洗碗的不能来：这是平常住户的情形。再看那店家做买卖要做到九点钟、十点钟、十一点钟的都不能来"[①]。由此，他认识到平民教育要真正持久深入地推行下去，一定不能妨碍百姓干工作、做家务，不能扰乱日常生活。因为"读书是要紧的，管家谋生也是要紧的"。基于这一认识，陶行知决定放弃平民学校的试验，找到一个两全其美的办法，真正把平民教育办成"平常人的教育，平常人办、平常人学的教育"[②]。答案就是随处设平民读书处。

以平民读书处的方式来开展平民教育，还有一个原因：陶行知将《平民千字课》第一册带回家，他的两位公子陶宏、陶晓光都要来读，于是弟弟就跟着哥哥学，"哥哥读一课，弟弟也读一课；哥哥把第一册读了，弟弟也把第一册读了"。陶行知马上联想开来："如果八岁的小孩子能教五岁的小孩子，那末十几岁以上识字的人，更能够教十几岁以下不识字的人了。"[③]于是他决定打破非师范生不能办平民教育的观念，采取能者为师，试验种种识字的人去教种种不识字的人。后来他甚至发现不只是大的教小的，小的也能教大的，只要有空闲，旁边有识字的人，就是平民教育的时机，就可以成立平民读书处。

① 《平民读书处之试验》，见方明主编：《陶行知全集》第 1 卷，四川教育出版社 2005 年版，第 489 页。
② 《教人读书，做国民》，见方明主编：《陶行知全集》第 11 卷，四川教育出版社 2005 年版，第 134 页。
③ 《平民读书处之试验》，见方明主编：《陶行知全集》第 1 卷，四川教育出版社 2005 年版，第 490 页。

陶行知最初管这种识字的人教不识字的人，我教你，你教他，他又教他的办法叫连环教学法。一天晚上，他在南昌和几位同道讨论定名，江西省视学桂汝丹提议称为“读书处”，陶行知便加上“平民”二字，大家都赞成，便命名为“平民读书处”。“有了这个名字，一两天之内开办了二三十处平民读书处。”平民读书处非常简便，无须专门的场所，一家、一店、一机关、一工厂、一弄堂，随处好办、随时好教。陶行知认为平民读书处是一种“家常便饭的平民教育”，非常适合中国社会的现实需要，他说：

> 办教育比如给人饭吃，给人饭吃有两个方法：一是开饭馆，贴招贴，使那愿意和能够上饭馆的可以来吃饭，这是开平民学校的办法；二是叫每个人家家里设厨房弄家常便饭吃，平民读书处就是一种家常便饭的平民教育。社会上顶多十人中有一人可上饭馆吃饭，顶少有几人是要在家里吃家常便饭的。所以要想平民教育普及，就要兼办平民学校和平民读书处。照中国现在社会的情形看来，我们要特别的多设平民读书处。①

1923 年冬，北京办了十几个小规模的平民读书处，组织周边小范围不识字的百姓来进行识字教育。陶行知对于设立平民读书处简直到了痴狂的程度，逢人便说，说了就做。在陶行知的身体力行和宣传鼓动之下，许多学者名流都加入到平民教育中来，尽一己之力帮助身边的人摆脱不识字的烦恼。梁启超、胡适、蒋梦麟、熊希龄、郑晓沧、廖世承、徐则陵等人都在自己家里设立了平民读书处，家庭成员彼此放下尊卑的身份，平等地施教或受教，真是一道奇特而新潮的文化景象。“一家当中，先生教师母，师母教小姐，小姐教老妈子；每人化不了多少功夫就可以使全家读书明理了。”②梁启超在北海松坡图书馆③第一馆办了“松坡读书处”，自己训练助教。胡

---

① 《平民读书处之试验》，见方明主编：《陶行知全集》第 1 卷，四川教育出版社 2005 年版，第 491 页。

② 《连环教学法之发现——给桃红、小桃的信》，见方明主编：《陶行知全集》第 8 卷，四川教育出版社 2005 年版，第 14 页。

③ 松坡图书馆于 1923 年为纪念蔡锷而设，以北海公园北岸快雪堂为馆址，梁启超任馆长。1929 年梁启超逝世后，该馆并入国立北平图书馆。

适则办了“祖望读书处”，亲自上课。蒋梦麟时任北京大学代理校长，陶行知登门到他家里去劝其设平民读书处，将门房、老妈子和车夫都组织起来读书。蒋梦麟面露难色，陶行知用激将法，说：“中国最高学府，北京大学代理校长家里可以容得不识字的人吗？”并表示可以代为训练助教。蒋梦麟找来世兄蒋仁裕和门房李白华，陶行知教了他们一回，便叫他们去教老妈子和车夫。蒋梦麟大为所动，设“三径读书处”于其家，对陶行知说：“你很有传教的精神。”陶行知也在自己家里设了一个“笑山平民读书处”，将老母亲、小儿子发动起来读书。①

1924 年 1 月，南京某友人夫妇庆祝结婚 25 周年，给陶行知发请帖，陶行知在北京忙于推广平民教育，不能到府恭贺，他便在北京石驸马大街（现西城区新文化街）以这夫妇二人的名字设立两个平民读书处，以表祝贺和纪念。陶行知在给这对夫妇的回函中说：

> 古人说：“岁寒三友”。我要说个“岁寒四友”。这第四个朋友就是平民读书处。当这天寒地冻的时候，一切学校都要关门了，平民读书处还是像冬笋一样，一个个的从地里冲出来。它什么东西都不怕，风不怕，雪不怕，所向无敌。中华教育改进社的职员在羊市大街一条街上，三天办了六十六处。张家口五天成立了二百多处。知行很希望先生、夫人在这个最可纪念的日子，做一桩最可纪念的事体，还请一切宾客做一桩最可纪念的事体。这事就是多多的照规定的方法开办些平民读书处，从自己家里干起，渐渐的推行到亲戚朋友的家里、素有往来的店铺机关以及前后左右的邻居。②

平民读书处在较短的时间内得到了大面积的试办，归功于陶行知四处奔走。1923 年秋他在给妹妹文渼的信中说：“最近一星期来，我脚迹所到的地方就是平民教育所到的地方。店里，家里，旅馆里，饭馆里，学堂，私塾

---

① 《活罗汉——答王伯秋先生的电报》，见方明主编：《陶行知全集》第 8 卷，四川教育出版社 2005 年版，第 37—38 页。陶行知的父亲陶位朝，字笑山（一作筱山），号槐卿。

② 《我们送的寿礼——给温佩珊先生和他的夫人的信》，见方明主编：《陶行知全集》第 8 卷，四川教育出版社 2005 年版，第 50—51 页。

里，甚至于和尚庙里，我都去劝过平民教育，并且很有效验，很有乐趣。我过几天还要到军队里，工厂里，清节堂里，监狱里，济良所里去推广平民教育。这许多地方我都要亲自带学生去试验。”[①]陶行知忙得连1923年除夕也归不了家，作诗云：“上车过旧年，下车过新年。年年车上过，也算是过年。”[②]到1924年4月，平民读书处已经有了好几千处，有的成功，有的失败，有的由失败变为成功，有的由成功变为失败。陶行知及时总结，得出成功的六要素：一是主人要肯负督促之责；二是至少必须有一个会认字的人做助教；三是助教要有专责感，教的人和学的人都明白责任之所在；四是指导要有定期，最好每星期一次；五是全体要一律读书，“要想办平民读书处，就得要男女、老少、大小、主仆，一律读书”；六是读书要与饭碗发生关系，“要想有效力就要使不读书的人觉得饭碗不稳”。他还得出平民读书处四忌：一是忌生，要在熟的地方推行，不可在生的地方推行；二是忌招外面的学生；三是忌引生人参观，“有几处成绩优良的平民读书处，就是因为参观、照相，破坏掉了”；四是忌带政治、宗教色彩。[③]

凡事都具有两面性，平民读书处易行也易消。大家在热情高涨的时候，能营造良好的氛围，迅速组织平民读书处。一旦热情消退，氛围全无，平民读书处也就自然解散。一些人短时间认识了不少字，明白了一些事理，过后又可能重新回到识字之前的状态。1927年春，提倡者陶行知转向乡村教育，平民读书处迅速消散。

二、借助政府机关

要使平民教育与广大百姓的日常生活发生联系，最便捷的办法就是通过政府，借助行政权力来强制推行。首先，陶行知希望政府机关能在自身内部，对其所雇佣的各类人员如车夫、杂役推行平民教育，并将劳动关系与之挂钩，不参加或识字测验不能通过，解除劳动关系。其次，由政府通令各

① 《我脚迹所到的地方——给文渼的信》，见方明主编：《陶行知全集》第8卷，四川教育出版社2005年版，第11页。

② 《车上过年》，见方明主编：《陶行知全集》第7卷，四川教育出版社2005年版，第229页。

③ 《论平民读书处之得失》，见方明主编：《陶行知全集》第1卷，四川教育出版社2005年版，第524—528页。

学校、私塾等文教机构或团体附设平民学校，让师生等文化人来担当平民教育的责任。再次，由政府机关通过法令方式，令全体百姓读书识字，对于不识字的人收取少量罚金，称为“愚民捐”①，以充平民教育的经费。

1924年1月20日，陶行知写信给安徽歙县知事汪镜人，希望他注重平民教育，并提了七条建议：(1)县公署劝学所内一切人等，必于六个月内读毕《千字课》，不愿读者停职。(2)令各公私学校附设平民学校一所以上，并担任最近环境普及平民教育之责任。(3)令私塾采用《千字课》，不采用者，加以取缔。(4)令劝学员视学带图分赴各乡劝学。(5)令全县人民知悉，一年以后，凡入城者，必须会读《千字课》，不会读者纳铜元一枚；一年半以后，不会读者纳铜元五枚；两年以后不会读者纳铜元十枚。(6)令凡会读书者均有教导本家、本店、本机关内之人之义务。(7)订平民教育奖励办法。②

1924年2月8日，陶行知又给新任安徽教育厅长卢绍刘写信，希望“先生不但要做数万学生之教育厅长，简直要做一位三千万人民之教育厅长。换句话说，我希望先生做一位平民教育厅长”③。陶行知给卢绍刘提了十条建议，如恢复安徽省公署之平民教育，恢复安徽教育厅之平民教育，视察监狱的平民教育，恢复平民教育促进会，训令省视学分赴各县提倡平民教育，训令县知事提倡平民教育，训令全省学校兼办平民教育，通令私塾一律采用《平民千字课》，等等。并说：“我很希望先生为做一件大事而来，做了一件大事而去。这件大事就是变形的茅亭讲学，就是平民教育，就是三千万人的家家读书，人人明理。”④

陶行知在芜湖为平民教育奔走时，与徽州同乡草拟了《徽州推行平民

① 陶行知认为“愚民捐”的办法“很值得实行”，规定“在某年某月某日以后，凡机关里、店铺里、家庭里或任何组织里，如有不会读《千字课》之十二岁以上之人，每月纳‘愚民捐’洋一角，到会读为止。‘愚民捐’由主人及本人各任半数”。（《平民教育概论》，见方明主编：《陶行知全集》第1卷，四川教育出版社2005年版，第570页。）

② 《希望于县知事的——给歙县知事汪镜人先生的信》，见方明主编：《陶行知全集》第8卷，四川教育出版社2005年版，第53—54页。

③ 《希望您做一位三千万人的教育厅长——给安徽教育厅长卢绍刘先生的信》，见方明主编：《陶行知全集》第8卷，四川教育出版社2005年版，第60页。

④ 《希望您做一位三千万人的教育厅长——给安徽教育厅长卢绍刘先生的信》，见方明主编：《陶行知全集》第8卷，四川教育出版社2005年版，第63页。

教育办法》,希望自己的家乡能广泛实施免费的、强制的平民教育,为全国作表率。该办法共八条,内容如下:

一、请各县知事于公署内开办平民学校及平民读书处。令在署公役、卫队,限期一律学习《平民千字课》,不愿学者除名。

二、请各县知事通令全县私塾采用《平民千字课》为课本之一种。经视学员视察,确有成绩时,对于私塾教员应给平民教师证书;不采用者一律限期取缔。

三、请各县知事劝令识字者教不识字者。

四、请各县知事责成各区区董推行平民教育,依据成绩施行奖罚。

五、请各县知事令县视学、劝学员,分赴各乡劝国民学校附设平民学校,并推广平民读书处。

六、请各县知事确定各该县推广平民教育经常费及开办费。

七、请各县知事令全县人民知悉:一年以后,凡入县城,不能读《千字课》者,须纳铜元一枚;一年半以后,不能读者,须纳铜元五枚;两年以后,不能读者,须纳铜元十枚。此项收入,悉充推广平民教育之用。

八、请省立学校及各县各区学校,依据《机关学校平民教育委员会简章通则》及《学校推行平民教育办法通则》,在当地举办平民教育,并请年长学生于寒假回里时,选择村中俊秀平民加以训练,使其每天学四课即在家中教一课,以资推广,同时并在各乡宣传平民教育。①

这个办法太过理想化,自然是行不通的,尤其是罚款之举,于法无据,于民无力,所以呈报到歙县公署后,得到回复是只有第二条办法可以"通饬施行"。从平民教育实施的历史来看,主要力量始终是知识分子与社会性教育团体,政府并没有扮演不可或缺的重要角色,不过是为前者提供了活动空间而已。因此,陶行知依靠政府推行平民教育的想法是不切实际

① 《徽州推行平民教育办法》,见方明主编:《陶行知全集》第1卷,四川教育出版社2005年版,第522—523页。

的,也不可能指望各地出台强有力的政令举措,最后还得靠自己四处奔波。

到了20世纪30年代,陶行知还设想通过政府法令来为普及教育[①]服务,主张设立妨害进步罪,订立妨害进步罚款。他说:"创造新中国之先决条件在培养好学的民众。继续不断的向新知识追求。阻碍民众求学的人是新中国之罪人。中华民国的法律里面所遗漏掉的一条是'妨害进步罪'。"[②]"订立妨害进步罚款,使一般长辈或有权者对于不识字的幼辈、雇佣之求学不能阻止。城门、车站、码头及其他交通孔道设识字警察,检查行人脑袋里随带的违禁品——愚。识字警察手持《千字课》抽试行人,能讲解一课者放行,否则罚'愚民捐'铜元一枚,并追究其负责人。"[③]

安徽省曾由陶行知代拟《安徽普及教育令》,云:"全县六岁以上,五十岁以下失学民众、儿童,限于民国二十四年十二月三十一日以前读毕一种千字课。……二十五年一月一日,即有普及教育警察,手拿千字课,站在城门口、车站、码头及交通孔道,抽验往来行人,不识字者,每次通过,要罚铜元一枚。民国二十五年一月一日以后,家里、店里、工厂里、任何集团及机关里,在强迫年龄内如有无故不识字的人,按人数每月每人罚银一元,由家长、店主、工厂经理、机关主持人缴纳。识字成人或学生,对其负责而不识字之亲友不肯施教者,罚守知奴捐银一角并公布之。"[④]同样的内容还出现在上海《沪郊各县初步普及教育办法草案》中:"民国二十五年七月一日起,派识字警察站在车站、码头、城门口及交通要道,手持千字课,于往来行

---

① 20世纪30年代初,陶行知有意识地用"普及教育"来区别于晏阳初的"平民教育",所以我们理解他的"普及教育",不是指普及学校教育,而是指普及社会教育。1935年他在《文化细胞》中说:"一般人只要一提到教育便联想到学校,一提到普及教育便联想到普设学校。他们好像觉得学校是惟一的教育场所,如果要想普及教育便非普设学校不可。倘使没有钱普及四年的学校教育,他们便退一步主张普及一年的学校教育,甚至于退到四个月、两个月、一个月的学校教育。万一不能普及全天的教育,他们想半天、二小时、一小时也是好的,但必须在学校里办。仔细把它考虑一下,这种意见只是一种守旧的迷信。我们若不跳出学校的圈套,则普及现代教育在中国是不可能。我不说学校没有用,但学校之外,我们必须创造一种下层文化的组织,适合大多数人的生活,便利大多数人继续不断的长进,才是有了永久的基础。"(方明主编:《陶行知全集》第3卷,四川教育出版社2005年版,第268页。)

② 《妨害进步无罪》,见方明主编:《陶行知全集》第3卷,四川教育出版社2005年版,第127页。

③ 《五千万匹马力的普及教育机器》,见方明主编:《陶行知全集》第3卷,四川教育出版社2005年版,第266页。

④ 《安徽普及教育令》,见方明主编:《陶行知全集》第11卷,四川教育出版社2005年版,第522页。

人中每逢走过二三十人抽验一人，不会讲解者罚‘愚民捐’铜元一枚，并追究其负责人。”①这些行政命令是否真正得到颁布和执行，实际效果如何？我们不得其详，估计其主要目的在于表明态度，形成风气。

三、发动在校学生

学生在学校接受新式正规教育，文化基础正在养成，如果能够发动他们在课余时间和寒暑假从事平民教育，那将是一支数量庞大而朝气蓬勃的力量。事实上，平民教育最初不乏在校学生的身影，如北京大学、北京高师的学生在校外为工农群众开设补习学校。陶行知认为，不仅大学生，中小学生也可以参加进来。青少年学生遍布全国各地，尤其是广大农村地区，要真正把平民教育深入到各乡各村，不发动学生，仅靠热心平民教育的知识分子简直是杯水车薪。陶行知在《平民教育概论》中说：

> 中国以农立国，十有八九住在乡下。平民教育是到民间去的运动，就是到乡下去的运动。现在有一个方法很有效力。学校里到夏天和冬天都要放假，大多数的学生都要回到自己的村、乡里去。我们劝他们带《千字课》回家宣传平民教育。入手办法有三种：(一)是把村、乡里识字的人找来，给他们一种短期的训练，教他们如何教自己家里的人。(二)把村里不识字中之聪明的招来，每天教他们四课，同时叫他们每人回家教一课。只须一个月，他们就可读会四本书，并教毕一本。他们一面学，一面教，一个月之后都可以做乡村里的教师了。(三)大一点的乡村里总有私塾，可以劝导私塾先生采用《千字课》，并用空闲时间为乡人开班教《千字课》本。②

陶行知特别注意到“不识字的最大多数就是女子”，而女子正是平民教育的难点所在。当时学校里虽有男女同学的试行，并在社会上引起很大

---

① 《沪郊各县初步普及教育办法草案》，见方明主编：《陶行知全集》第11卷，四川教育出版社2005年版，第529页。

② 《平民教育概论》，见方明主编：《陶行知全集》第1卷，四川教育出版社2005年版，第571页。

震动,但平常的家庭女子,是不会跑到平民学校里来男女同学的。办专门的女子平民学校,一方面受条件所限,不可能大面积施行;另一方面女子忙于家事,囿于陈见,也不见得会前来就读。家中有识字的人倒可以在家设个读书处,否则这一家的女子识字问题就难以解决。如果劝寒暑假回乡的女学生送教上门,种种困难就迎刃而解。20 世纪 30 年代陶行知发明小先生制,认为这才是解决女子识字问题的良方。

四、动员社会力量

“五四”运动前后,学潮不断,游行不断,冲突不断。各色矛盾凝聚一时,各类人群因不同的思想观点、政治立场、利益诉求而彼此不容,最为明显的便是警察经常和游行的学生发生冲突。但陶行知发现社会各界对平民教育高度认同,军、政、警、绅、工、商、学、宗教各界无不积极参与、通力合作,种种冲突得以化解。如“安庆一埠,在平民教育运动的前三天,警察和学生打了一架,弄得有些人头破血出,于是学潮大起,好容易才由几个人调解下去。过了三天,无论是打学生的警察,或是打警察的学生,为了平民教育,都来聚首一堂,笑嘻嘻的开会,一团和气的互助”。这让他多少有点自喜,“希望把这种精神传到全国去,使国人把一切意见不同的问题都放在脑后,而对于这件事大家起来合作”①。

陶行知希望不但社会各阶层热心平民教育,大江南北各个省区在推行平民教育时也能协力进行。当时军阀割据,国家政局不统一,陶行知天真地认为平民教育有助于政治形势的改善,他说:“对于平民教育不但各界合作,而且南北也是合作的。广东、云南、湖南、东三省、四川以及其他各省区都协力进行。这真是所谓人同此心,心同此理。中国政治虽不统一,但教育是统一的。我们深信统一的教育可以促成统一的国家。”②

既然社会各界热心平民教育,陶行知便“希望赞成平民教育的学校和机关,在附近地方划一范围,或由本地促进会划分区域,特别叫这个学校或

① 《长江流域平民教育运动之性质组织及方法》,见方明主编:《陶行知全集》第 1 卷,四川教育出版社 2005 年版,第 479 页。

② 《平民教育概论》,见方明主编:《陶行知全集》第 1 卷,四川教育出版社 2005 年版,第 574 页。

机关负责。如经过一时期之后,这个范围以内,没有一个不识字的,就是这个学校或机关的成绩。反之,若查出有不识字的,则这个学校或机关亦必负其责任"①。于是乎,有一条街的平民教育,在北京之羊市大街和南京之府东大街试办;有一个村乡的平民教育,在休宁之隆阜和西村等处试办。②

陶行知甚至成功地动员南京城的说书先生也来推行平民教育。南京说书的共有50余人,经总务董事王伯秋之劝导,这些说书人全部参与宣传平民教育。③"在说书的时候,把读书的好处,夹在说书当中劝导听者。他们还逢三、六、九的日子,到四城演讲读书的重要。他们还编道情唱给人民听,劝他们读书。这些说书人最明白平民心理,真是最好的平民教师。我们很希望全国的说书人都起来为平民服务。"④

五、筹办《平民周刊》

为便于受了平民教育的劳苦大众能有经常性的报刊可供阅读,1924年6月29日,陶行知等筹办《申报》副刊《平民周刊》,每期约3500字,辟有短论、小说、诗歌、传记、笔记、书信、大事记等栏目。《平民周刊》除作为副刊随报附送外,也单卖发行。陶行知经常为《平民周刊》撰写短小精悍、通俗易晓的时评,方便初识文字的劳苦大众了解、分析现实政治。这些评论阐述之精彩,文笔之锋利,不亚于职业专栏作家。如1924年国务总理孙宝琦辞职,政府提请颜惠庆为总理,而国会议员迟迟不予通过,陶行知在《平民周刊》发表《国会议员又做买卖》,用非常直白的话语,深刻揭露政客们的丑恶嘴脸,全文如下:

按照《宪法》上的规定,国务总理要得国会的同意才能上任。同意就是赞成的意思。这次政府要请颜惠庆为总理,把他的名字提交国

---

① 《长江流域平民教育运动之性质组织及方法》,见方明主编:《陶行知全集》第1卷,四川教育出版社2005年版,第480页。

② 《平民教育概论》,见方明主编:《陶行知全集》第1卷,四川教育出版社2005年版,第567页。

③ 《全国平民教育之现状》,见方明主编:《陶行知全集》第1卷,四川教育出版社2005年版,第516页。

④ 《平民教育概论》,见方明主编:《陶行知全集》第1卷,四川教育出版社2005年版,第573—574页。

> 会，征求同意，已经二十多天了，还不见有结果，真是奇怪。国会对于这件事只有两条办法：一是同意，二是不同意。同意就说同意，不同意就说不同意，岂不爽快，要费这二十多天工夫做甚？那晓得议员们所以迟迟不决的缘故，就想趁这个机会，再做一点买卖。他们的同意是要钱买的。现在他们正在那里讨价还价。价钱没有说成，所以没有表示。一个庄严的国会，变成了一个官吏和议员的交易所。这种国会，有了比没有还坏。国民是主人，议员官吏是仆人。我们对于这些不肖的仆人，要想个法儿处置处置才好。①

到了20世纪30年代，陶行知虽不在平民教育的阵营之中，仍然致力于文化教育为劳苦大众服务，提倡写平白浅显的大众文。他说："中国大众的肚皮吃不饱，脑袋也饿得要命。会写文章的人是像厨子一样，只为阔佬烧大菜，不顾穷人吃糟糠。"②他提出写大众文要拜"四个先生"为师，即耳朵先生、大众先生、生活先生、新文字先生。他说："工人、农人、车夫、老妈子、小孩子的耳朵都靠得住。你做好一篇文章，读给他们听听，如果他们听不懂，你要努力的修改，改到他们听懂了，才算写成大众文。小众听得懂，而大众听不懂的文章，决不能冒充大众文。好的大众文还要大众高兴听。如果小众高兴听而大众不高兴听，决不能算为好的大众文。"③陶行知学习唐代著名诗人白居易，将自己写的两首白话诗《耳朵先生》和《老妈子先生》念给工人学生张妹听，请她帮忙修改。④ 陶行知还认为社会发展带来的各种新名词也应当充分根据大众语来创造或改造，比如他提出微生物学里的"草履虫"无疑应当改成"草鞋虫"。⑤

---

① 《国会议员又做买卖》，见方明主编：《陶行知全集》第1卷，四川教育出版社2005年版，第547页。

② 《四个先生》，见方明主编：《陶行知全集》第3卷，四川教育出版社2005年版，第335页。

③ 《再谈怎样写大众文》，见方明主编：《陶行知全集》第3卷，四川教育出版社2005年版，第328页。

④ 《耳朵先生》："根据大众语，来写大众文。文章和说话，不能随便分。一面动笔写，一面用嘴哼。好听不好听，耳朵做先生。"中间一段原来的稿子写的是："语文要合一，不能随便分；笔儿没有动，先用嘴儿哼。"得到张妹的帮助才修改完成。《老妈子先生》："文章好不好，要问老妈子。老妈高兴听，可以卖稿子。老妈听不懂，就算是废纸。废纸哪个要？送给书呆子。"末尾两句原来写的是："废纸有谁要，只有书呆子。"也由张妹帮助修改。（方明主编：《陶行知全集》第3卷，四川教育出版社2005年版，第327—329页。）

⑤ 《四个先生》，见方明主编：《陶行知全集》第3卷，四川教育出版社2005年版，第336页。

陶行知奔走于长城内外、大江南北，为平民教育不辞劳苦。他说："我好比是个送礼的人，把平民教育从南京送到北京，再由北京而安庆而南昌而武汉，现在又到了芜湖。送礼的人总希望此种礼物，到一处收一处效果，此后盼望识字者渐渐增多，文明日益进步。"[①]然而平民教育最终并不能根本解决中国老百姓严重的文盲问题。尽管陶行知退出之后，晏阳初等人还在致力于平民教育，得到政府的支持，在河北定县、湖南衡山、四川新都等地做试验，影响虽然大，但没有遍及全国。即便那些接受过平民教育的人及其家庭，在平民教育运动过后，仍然可能重返文盲状态。因为他们生活在不太需要文字的社会环境里，学会识字如果失去持续运用的条件，也会渐渐淡忘。这好比新中国成立之初，大搞群众扫盲，在农村地区将文字送到田间地头，农闲时兴办冬学，甚至布置识字环境，在各种器具上标以文字。但文盲问题并未就此根本解决，年年扫盲，扫完又盲。直到今天，经济发展和社会进步已经取得了举世瞩目的成就，但我们也只能做到基本扫除青壮年文盲。不过对于穷乡僻壤的老年文盲，我们也不去扫了，因为这既有相当难度，实在又没有多大意义。

20 世纪 40 年代，年轻的社会学家费孝通以专业的眼光，对文字下乡有非常独到的评论，他认为"乡土社会中的文盲，并非出于乡下人的'愚'，而是由于乡土社会的本质"。"单从文字和语言的角度中去批判一个社会中人和人的了解程度是不够的，因为文字和语言，只是传情达意的一种工具，并非惟一的工具；而且这工具本身也是有缺陷的，能传的情、能达的意是有限的。所以提倡文字下乡的人，必须先考虑到文字和语言的基础，否则开几个乡村学校和使乡下人多识几个字，也许并不能使乡人'聪明'起来。"[②]又说："中国社会从基层上看去是乡土性，中国的文字并不是在基层上发生。最早的文字就是庙堂性的，一直到目前还不是我们乡下人的东西。我们的文字另有它发生的背景，我在本文所需要指出的是在这基层上，有语言而无文字。不论在空间和时间的格局上，这种乡土社会，在面对面的亲密接触中，在反复地在同一生活定型中生活的人们，并不是愚到字

① 《送平民教育到芜湖》，见方明主编：《陶行知全集》第 11 卷，四川教育出版社 2005 年版，第 117 页。
② 费孝通：《文字下乡》，见《乡土中国》，上海人民出版社 2007 年版，第 17 页。

都不认得，而是没有用字来帮助他们在社会中生活的需要。我同时也等于说，如果中国社会乡土性的基层发生了变化，也只有在发生了变化之后，文字才能下乡。”①

第四节 从平民教育向乡村教育过渡

陶行知在推广平民教育中奔波于全国各地，对中国的乡村社会与乡村教育有了更多的了解和认识，加之他本人是农民出身，对乡村怀有真挚的感情与责任。一番考察下来，陶行知发现中国乡村教育对于乡村社会的帮助并不大，有时甚至是在掠夺乡村的物质资源和智力资源。于是，他从平民教育中脱离出来，将主要精力转移到乡村教育。从平民教育过渡到乡村教育，是一种逻辑必然，陶行知如此，晏阳初亦如此，还有中途强势介入的梁漱溟。一方面，中国人口绝大多数生活在农村，中国最需要接受基本文化知识教育的是农民。更为重要的另一方面，农业和农村是中国的立国之本，而近代以来，中国的农业和农村社会受到极大的冲击、破坏，日益凋敝，欲振兴中华，急需寻求改造乡村社会的良方。

一、与晏阳初的分歧

1923 年秋冬，陶行知致力于平民教育后，工作重心不断下移，从南京、北京这两个大都会至杭州、芜湖、安庆、南昌、武汉等二级城市，再到蒙古、河北、河南部分内陆地区甚至少数民族地区。这种下移使陶行知的眼光逐渐转移到乡村社会和乡村教育，并认识到中国社会要寻找出路，必于乡村求之。而平民教育一旦向乡村教育转向，基于对乡村社会问题的认识而产生的观点分歧随之而来。因此，平民教育的阵营开始分化，中华平民教育促进会难以统一和领导全国的平民教育。在陶行知的建议下，1925 年秋，中华平民教育促进会与中华教育改进社不再合署办公，陶行知也不再参与

① 费孝通：《再论文字下乡》，见《乡土中国》，上海人民出版社 2007 年版，第22 页。

平教会的活动。[①] 是年8月举行的中华教育改进社第四届年会上，陶行知于社务报告中说："本社现在所办理之事业，可以特别提出者：一为科学教育；二为乡村教育。"[②]不再提"平民教育"。他在本届年会作学术演讲，提出22条国家教育政策建议，第18条云："提倡以乡村学校为改造乡村生活之中心，乡村教员为改造乡村生活之灵魂。其具体办法，应设试验乡村师范学校以实验之。"[③]而平教会脱离改进社之后，亦能较好地独立开展活动，走属于自己的路。1926年夏，平教会在河北定县进行社会调查，为晏阳初的试验计划作准备。1929年秋，平教会正式迁至河北定县。

晏阳初领导的中华平民教育促进会后来也致力于乡村教育，再加上梁漱溟的乡村建设试验，合而为乡村教育三大流派。[④] 但陶行知与晏阳初在关于中国农村、中国社会的问题，以及社会改造的理论与实践上，有着根本的不同。晏阳初认为中国农村的四大基本问题是愚、穷、弱、私，主张以文艺教育攻愚、以生计教育攻穷、以卫生教育攻弱、以公民教育攻私（即"四大教育"）。陶行知则认为中国的问题是帝国主义的侵略、封建思想的残余，所以他追求的是民族独立的教育、政治民主的教育、自由平等的教育。[⑤] 到20世纪到30年代，陶行知与晏阳初的分歧日益加大，甚至出现一些激烈批评的言词。1934年初，平教会在定县平民教育试验区召开一次

---

① 朱泽甫编著：《陶行知年谱》，安徽教育出版社1985年版，第88页。20世纪30年代陶行知在上海提倡大众教育运动，又编了1套4册识字课本，1935年2月由上海商务印书馆出版。为区别于晏阳初领导的平民教育，陶行知将这套教材取名《老少通千字课》。

② 《在中华教育改进社第四届年会上的社务报告》，见方明主编：《陶行知全集》第2卷，四川教育出版社2005年版，第201页。

③ 《中国教育政策之商榷》，见方明主编：《陶行知全集》第2卷，四川教育出版社2005年版，第213页。

④ 三大乡村教育流派命运各不相同。陶行知的晓庄师范靠近政治中心，因其政治见解不同和师生成分的不同，不容于当权者，遭到查封，仅历时3年。相比较而言，晏阳初和梁漱溟的乡村教育试验更为持久。梁漱溟的试验因抗日战争爆发，于1937年中断，再也没有恢复过，共历时10年。晏阳初的实验则获得了官方的认可和支持，抗战期间随形势变化迁至湖南、广西、四川等地，后又随国民党政权在解放战争中的失败而离开中国大陆。晏阳初于1950年定居美国，到过许多发展中国家指导乡村教育和乡村建设工作。

⑤ 陶行知一生观点鲜明、立场坚定，对不能从根本上挽救民族危机、解除民众苦难的思想观点绝不苟同妥协。他的同乡好友胡适1930年在《新月》上发表《我们走那条路》，提出"五鬼闹中华"，即贫穷、疾病、愚昧、贪污、扰乱。陶行知1931年9月4日在《申报·自由谈》发表《胡适捉鬼》，毫不客气地予以批评，见本书第五章。

专题讨论会。陶行知没有与会，但经常被人问及，他就写了一篇问答式的文章来说明：

> "你来干什么？到定县去赴乡村建设讨论会吗？"我一上了津浦车，就吃了这一问。回到上海来，朋友们也是接二连三的问："乡村建设讨论会开得怎样？"我的回答是："赴会一要有钱，二要有闲，我一样也没有，如何去得？不是完全没有，是不够呀。即使够，也还有更迫切的用途咧。不说别的，我一个人的旅费，就够二十个穷光蛋饱一个月的肚子。这种会，我指望将来能到。等到破产的农村，经过讨论之后，一个个都建设好了，那吃树皮草根、穿破布烂棉花的农民，都有空闲亲自参加讨论的时候，我是必定要跟着来叨福了。现在只好望着。""那么，你到北边去干什么的？""我是去卖艺，顺便撒了一些小先生的种子。爱听我演讲的几位朋友是代我出了旅费。这些种子怕是撒得太晚，也许还要遇着蝗虫。可是，我愿跟农人学。到一处，开一处的荒。我能因为收成拿不稳，就懒得下种吗？"①

1936年，陶行知又对平教会的活动进行尖锐的批判，他说："自从华北伪自治运动发动以来，华北教育界有好几位领袖即纷纷准备……准备什么？不是准备抵抗，乃是准备搬家。说得好听些，是准备设立分校，更好听些是准备扩充范围。老实不客气的说一句，乃是准备逃走。"陶行知首先批评清华大学在长沙前湘雅大学校址设立分校，预备南迁，然后将矛头直指平民教育促进会——"定县平民教育促进会更是神通广大，据我所知道的他们早已开始向四川、广西、广东活动。那不消说他们是'扩充范围'，'增设实验区'。但是定县也有许多说老实话的人，承认这是变相的逃走。我们知道平民教育和高等教育不同。高等教育可以跟着高等华人一起逃光，平民教育却不能这样干脆。真的平民教育是逃不掉的。如果教育逃得掉，那便是平民所不需要的教育。平民所不需要的教育，逃得越远越好，顶好是逃到堪察加去。这样我们才剩下纯粹的大众的生活斗争，即纯粹的大

① 《干什么去的》，见方明主编：《陶行知全集》第3卷，四川教育出版社2005年版，第514页。

众的生活教育。”①

晏阳初曾记载一件引起两人误会的事：“由于当时政治环境的关系，我的工作曾经被人误解过，有人以为我是借平教会来传教的，也有人怀疑我与苏联有着什么关系。记得有一天熊夫人和陶行知二人来到会所，要审阅全部工作文件。原来他们得到会内打字员的报告（该青年为陶行知外侄），说是我寄外国信件中有‘Russian’字样，其实是那个打字青年之误认，后经熊夫人侄儿将所有英文信件全都译为中文，误会始告冰释。我当时想‘士可杀而不可辱’，打算马上辞职，后经熊夫人的鼓励与自己的慎重考虑，为了平教工作，决定仍忍气吞声地干下去。”②陶行知并没有在任何地方提及此事，如此鸡毛蒜皮，当不足以导致两人的决裂，根本原因乃是“道不同，不相为谋”③。

二、对乡村教育的批判

1926年12月，陶行知在一次演讲中发出令中国教育界振聋发聩的呼喊，劈头就说：

> 中国乡村教育走错了路！他教人离开乡下向城里跑；他教人吃饭不种稻，穿衣不种棉，做房子不造林；他教人羡慕奢华，看不起务农；他教人分利不生利；他教农夫子弟变成书呆子；他教富的变穷，穷的变得格外穷；他教强的变弱，弱的变得格外弱。前面是万丈悬崖，同志们务须把马勒住，另找生路！④

为什么说乡村教育走错了路呢？中国近代最早的新式教育机构是传教士开办的教会学校，鸦片战争后已经出现，但数量不多，规模不大，零星

① 《教育逃走》，见方明主编：《陶行知全集》第3卷，四川教育出版社2005年版，第611—612页。堪察加，即俄罗斯的堪察加半岛，位于千岛群岛以北，白令海与鄂霍次克海之间。

② 《平民教育运动简史》，见宋恩荣总主编：《晏阳初全集》第2卷，天津教育出版社2013年版，第332页。

③ 《论语·卫灵公》。

④ 《中国乡村教育之根本改造》，见方明主编：《陶行知全集》第1卷，四川教育出版社2005年版，第85页。

分布于沿海地区。洋务运动后期，始有中国人自办的新式学校，以光绪四年(1878年)张焕纶在上海创办正蒙书院为最早。[①] 维新变法之前，沿海新式学校逐渐增多，梁启超1896年评论说："今沿江沿海各省，其标名中西学馆、英文书塾以教授者，多至不可胜数。"[②]1904年1月，清廷颁布实施《奏定学堂章程》(即"癸卯学制")，要求县城及乡镇设小学堂，"小县城内亦必设初等小学二所，大县城内必设初等小学三所，各县著名大镇亦必设立初等小学一所，此皆名为初等官小学"[③]。"城镇乡村均可建设高等小学堂，虽僻小州、县，至少必应由官设立高等小学堂一所以为模范，名为高等官小学堂。"[④]乡村教育的发展有了制度规定，官办和私立的新式学校逐渐建立起来。

中华民国成立后，教育部于1912年9月公布小学和中学法令，规定初等小学由城镇、乡设立之，如果财力不够，可以两乡合办；高等小学则由县设立之。[⑤] 中学校定为省立，如果各县在办理高等小学之外，尚有余力时，也可以一县或联合数县设立中学，为县立中学。[⑥] 1922年11月北洋政府以大总统令颁布《学校系统改革案》("新学制")，以初等小学四年为义务教育，并将中学分设为初中和高中。[⑦] 至此，中国乡村教育的制度建设基本完成，新式学校迅速在乡村社会建立起来，并有取代传统私塾之势。

现代学校是工业文明的产物，其运转是参照现代工业生产方式设计

① 正蒙书院虽名为"书院"，实则为一所新式小学堂，1882年改名为梅溪书院，1902年清廷颁布"壬寅学制"，梅溪书院改名为梅溪学堂。稍晚一点的知名新式小学还有光绪二十一年(1895年)钟天纬在上海创办的三等学堂。(教育部：《第一次中国教育年鉴》，开明书店1934年初版，丙编第421页。)

② 梁启超：《变法通议·论幼学》，见《饮冰室合集》，中华书局1989年版。

③ 《奏定初等小学堂章程》，见璩鑫圭、唐良炎编：《中国近代教育史资料汇编·学制演变》，上海教育出版社1991年版，第292页。

④ 《奏定高等小学堂章程》，见璩鑫圭、唐良炎编：《中国近代教育史资料汇编·学制演变》，上海教育出版社1991年版，第307页。

⑤ 《教育部公布小学校令》，见璩鑫圭、唐良炎编：《中国近代教育史资料汇编·学制演变》，上海教育出版社1991年版，第653—656页。

⑥ 《教育部公布中学校令》，见璩鑫圭、唐良炎编：《中国近代教育史资料汇编·学制演变》，上海教育出版社1991年版，第659页。

⑦ 《学校系统改革案》，见璩鑫圭、唐良炎编：《中国近代教育史资料汇编·学制演变》，上海教育出版社1991年版，第990—993页。

的，如实行班级授课、分科教学、八小时工作、星期制等。而且，现代学校所营造的流动模式是垂直式的，学生不断升学的结果便是离开乡村社会，到大城市去上大学、谋职业；升不了学的人因为所学的内容处于经过精心设计的知识层级中，与乡村社会关联不大，对于农业生产与乡村生活益处不多。更进一步，现代学校是封闭的、官方的（即使是私立学校，在教育内容、学校管理等方面亦与公立学校无异），不直接与乡村社会发生联系；学校教师从属于独立的教育系统，多数为公职人员，他们对乡村社会而言是陌生的、流动的，与农民的隔膜犹如两个世界，不关心也不参与乡村的日常生活。

正因为新式学校与乡村、与农民的疏离，陶行知才觉得中国乡村教育走错了路，和他有同样认识的还有毛泽东。毛泽东在调查湖南农民运动的报告中分析道："'洋学堂'，农民是一向看不惯的。我从前做学生时，回乡看见农民反对'洋学堂'，也和一般'洋学生''洋教习'一鼻孔出气，站在洋学堂的利益上面，总觉得农民未免有些不对。民国十四年在乡下住了半年，这时我是一个共产党员，有了马克思主义的观点，方才明白我是错了，农民的道理是对的。乡村小学校的教材，完全说些城里的东西，不合农村的需要。小学教师对待农民态度又非常之不好，不但不是农民的帮助者，反而变成了农民所讨厌的人。"①

乡村教育的兴起在当时还有一个很深厚的学术背景。20 世纪二三十年代，人文社会科学领域的许多专家学者在寻求国家和民族的前途时，开始将目标聚焦到中国广大乡村。在文学界有乡土文学的崛起，在经济学和社会学界有大规模的农村调查，如费孝通在江苏和广西所做的田野调查，燕京大学社会学系、金陵大学农业经济系的社会调查等。有统计表明，在 1925—1935 年间，中国农村社会经济调查可能超过 9000 次。② 曾获得诺贝尔文学奖的美国女作家赛珍珠在自传中写道："学会如何给中国人讲农业并非易事，仅仅按照美国教科书讲授美国农业是远远不够的。然而除此之外又有什么可教的呢？一个人总不能够讲授他不懂的东西吧。大家对

---

① 《湖南农民运动考察报告》，见《毛泽东选集》第一卷，人民出版社 1991 年版，第 39—40 页。
② 张心远：《中国社会科学的确立与农村调查》，载《读书》2012 年第 4 期。

此一筹莫展，无计可施。一个气氛忧郁的晚上，我提出了一个建议：或许最高明的计划是首先查清中国农业与中国乡村生活的现状。到目前为止，还没有人研究过中国农业经济这个课题，而基督教会大学的农学系又有许多来自各地的学生。我是在中国农村，在乡下人中长大的，知道有多少东西要学，也知道这些年轻的中国知识分子距离他们自己国家的农村生活何其遥远。”①教育界关注乡村教育，在这种背景下，算得上是与其他社会科学界在学术共识基础上所进行的一种自主探索。

三、乡村教育之根本改造

陶行知既然批判乡村教育走错了路，便要指明和探索出一条生路来。

> 生路是甚么？就是建设适合乡村实际生活的活教育。我们要从乡村实际生活产生活的中心学校；从活的中心学校产生活的乡村师范；从活的乡村师范产生活的教师；从活的教师产生活的学生，活的国民。活的乡村教育要有活的乡村教师。活的乡村教师要有农夫的身手，科学的头脑，改造社会的精神。活的乡村教育要有活的方法，活的方法就是教学做合一：教的法子根据学的法子，学的法子根据做的法子；事怎样做就怎样学，怎样学就怎样教。②

说直接一点，陶行知改造乡村教育的根本是创办乡村师范学校，通过训练能适应和改造乡村社会的教师，从而建设适合乡村实际生活的学校。陶行知当年在哥伦比亚大学就读于师范学院，深知师范教育对于教育改革的重要性，深知教师对于学校的重要性，因此他从专业的认识、专业的眼光出发，将乡村教育的希望寄托于乡村师范。这也是乡村教育运动中，教育学者同其他社会人士的区别之一。

其实，陶行知早在新学制正式颁布之前，就对师范教育体制提出批评。

① 转引自张心远：《中国社会科学的确立与农村调查》，载《读书》2012 年第 4 期。

② 《中国乡村教育之根本改造》，见方明主编：《陶行知全集》第 1 卷，四川教育出版社 2005 年版，第 85 页。

1921年10月,陶行知在南京高师做教授时发表一篇演讲,他说:"教育是立国的根本","要造成适当的国民,须有适当的教员"。而当时中国师范教育尚不完善,其一是不够用。据他计算,全国4亿人口,有8000万学龄儿童,以每个老师教40个学生计算,普及教育需要200万教员,而实际只有18.5万人,仅为所需的1/13,缺少的数目很大。其二是不合用。师范学校都设在城市,教学上偏向于城市教育的需要,而不是为乡村学校培养师资。当时中国人口85%生活在农村,城市人口只占15%。即便是设在城市的师范学校,"大都是中学校的变形,不过稍加些教育学、教授法罢了。毕业以后,就拿这些教材去教学生,恐怕还是门外汉呢!"①

1921年12月,陶行知在一次讨论会上又对师范教育提出意见,批评师范学校多设在城里,而乡村受益较少。乡下学生入师范后,都不愿回乡下做事,而愿待在城里做事。因此,他认为"宜顾全农家子弟",将较多的师范学校设在小镇上,这样一方面与乡下的环境相接近,一方面又有实地教学的机会。②

1922年1月,他在一次演讲中再度阐发:

> 初级师范大多数设在都市里面,毕业生所受的教育既不能应济乡村的特别需要,而他们饱尝都市幸福的滋味,熏染都市生活的习气,非到必不得已时,决不愿到乡下去服务,于是乡村学校的师资最感缺乏了。补救这种缺乏的方法,就是所谓之师范讲习所。但是这种师范讲习所,我们既不以正式学校看待他,所以因陋就简,办理不能适当。总之就中国现在所办的师范教育而论,城里的人叨便宜,乡下的人吃大亏。我们要乡村教员就应培养乡村教员,以应济乡村的特别需要。③

在陶行知看来,乡村教育必须根本改造,而改造乡村教育之根本在于建设活的乡村师范,通过产生活的乡村教师进而建设适合乡村实际生活的

---

① 《师范教育之新趋势》,见方明主编:《陶行知全集》第1卷,四川教育出版社2005年版,第319—320页。

② 《对于师范教育的意见》,见方明主编:《陶行知全集》第1卷,四川教育出版社2005年版,第328页。

③ 《新学制与师范教育》,见方明主编:《陶行知全集》第1卷,四川教育出版社2005年版,第377页。

教育。这与我们通常所说的“师范教育是教育的工作母机”是一致的。

陶行知首先要进行的，就是师范教育下乡运动，将师范学校由城市搬到乡村去。在陶行知之前，鉴于城里的师范生不愿下乡，即使是从乡下招来的师范生，经过几年的城市化，也不愿回乡服务，江苏义务教育期成会袁观澜、顾述之发起每个师范学校在乡间设立分校，以为造就乡村师资之所；每分校并设附属小学一所，以资乡村师范学生之实习。在他们的努力下，江苏省立一师、二师、三师、四师、五师都在乡间设有分校和分校的附属小学。[①] 陶行知认为这种方向是正确的，但效果尚难预测。他没有采用师范学校在乡下设立分校的模式，而是决定另起炉灶，办一所全新的适应并能够改造乡村生活的师范学校，还要逐步建立与之配套的幼儿园、小学等试验学校，真诚地为乡村社会服务。

其次，要对师范学校进行适合乡村生活的改造。师范学校要真正扎根乡村，就不能移植城市的办学模式，必须根据乡村社会的客观情况和实际需要来办学。陶行知以悲天悯人的情怀，心系农业与农民，他说：“中国以农立国，农民要居全国百分之八十五。他们所尽的义务最多，所享的权利最少。稍有心肝的人，虽是一时一刻也不能忘记农民的痛苦。现在有人注意农民生活，要帮助他们开联合会，真是一件可喜的事。我们觉得现在农民所最需要的是自立、自卫、自存。我们应当拿我们思想来凑他们的实际，不要拿他们的前途来供我们的牺牲。农民是目的不是工具。我们是替农民指导正路的，不是要农民一味闭着眼，跟着我们走的。真正的农民合作或联合，要立在教育的农业和农业的教育上。”[②]

最后，要实现通过培养乡村教师来改造乡村生活。陶行知办乡村师范的最高目标不是培养合格的乡村教师，发展乡村教育，而是要借助乡村教师来改造中国乡村，救活中国乡村，为中国农民、为中国社会寻找一条出路。因此，陶行知心目中的乡村教师，不只是一个教育者，更是一个社会改革者，“我们不要以为把师范学校搬下乡去就算变成了乡村师范学校。不

① 《师范教育下乡运动》，见方明主编：《陶行知全集》第 2 卷，四川教育出版社 2005 年版，第 242 页。

② 《农民联合会》，见方明主编：《陶行知全集》第 1 卷，四川教育出版社 2005 年版，第 554 页。

能训练学生改造眼面前的乡村生活,决不是真正的乡村师范学校"[1]。他在《我们的信条》中说:

> 我们从事乡村教育的同志,要把我们整个的心献给我们三万万四千万的农民。我们要向着农民"烧心香"。我们心里要充满那农民的甘苦。我们要常常念着农民的痛苦,常常念着他们所想得的幸福,我们必须有一个"农民甘苦化的心",才配为农民服务,才配担负改造乡村生活的新使命。倘使个个乡村教师的心都经过了"农民甘苦化",我深信他们必定能够叫中国个个乡村变做天堂,变做乐园,变做中华民国的健全的自治单位。这是我们绝大的机会,也就是我们绝大的责任。[2]

第五节　创办试验乡村师范学校

1926年初,陶行知在中华教育改进社设立乡村教育研究部,聘请东南大学教育学教授赵叔愚、金陵大学农科教授兼农场主任邵仲香为研究员,专门研究乡村教育改革,共同调查沪宁线上优良乡村学校的现状,以谋求乡村教育的改进。[3] 当年年底,中华教育改进社开始着手乡村教育改造的实际工作,先后发表由陶行知起草的《我们的信条》和《中华教育改进社改造全国乡村教育宣言书》,提出:"本社的乡村教育政策是要乡村学校做改造乡村生活的中心,乡村教师做改造乡村生活的灵魂。我们主张由乡村实际生活产生乡村中心学校,由乡村中心学校产生乡村师范。乡村师范之主旨在造就有农夫身手、科学头脑、改造社会精神的教师。……我们已经下

① 《师范教育下乡运动》,见方明主编:《陶行知全集》第2卷,四川教育出版社2005年版,第243页。
② 《我们的信条》,见方明主编:《陶行知全集》第1卷,四川教育出版社2005年版,第74页。
③ 童富勇、胡国枢:《陶行知传》,教育科学出版社1991年版,第81页。

了决心，要筹募一百万元基金，征集一百万位同志，提倡一百万所学校，改造一百万个乡村。这是一件伟大的建设事业，个个国民对他都负有绝大的责任。我们以至诚之意欢迎大家加入这个运动，赞助他发展，指导他进行，一心一德的为中国乡村开创一个新生命。"①

此时，中华教育改进社正陷入困境，陶行知希望乡村教育能给改进社带来新的方向、新的活力。1926 年 12 月 14 日，陶行知致函改进社同事凌冰："我和叔愚兄所担任的乡村教育运动，现正在杀机四伏中努力进行。我们已经看见光明，前途有无穷的希望，我们已经下了决心：要提倡一百万所学校，去改造一百万个乡村，使个个乡村都得着充分的新生命，合起来造成中华民国的伟大的新生命。""山穷水尽！好一个山穷水尽！这是天帝给我们另找生路的惟一机会。我们应当欢欢喜喜的接受这个机会，共同为本社找条生路，为中国教育找条生路，为中华民国找条生路。"②

一、《试验乡村师范学校答客问》

陶行知创办试验乡村师范的消息发表后，在全国引起强烈反响，许多有志青年致信陶行知，表示愿意投考。陶行知作《试验乡村师范学校答客问》，对办学性质、办学目标、课程与考试、费用与设施等方面作了详细介绍。

> 毕业年限怎样？
>
> 我们的修业年限暂订为一年半，但不是一定不移的，可以按照实在情形酌量伸缩。不过修业后必须服务半年，经本校派员考查，确有精神表现，才发给各种毕业证书。
>
> 费用要多少呢？
>
> 本校学费一概不收，膳费每月暂以五元为最高额，由师生共同经管。杂费依最节省限度另订。学生种田，照佃户租田公允办法，每年

① 《中华教育改进社改造全国乡村教育宣言书》，见方明主编：《陶行知全集》第 1 卷，四川教育出版社 2005 年版，第 83 页。

② 《山穷水尽——给凌济东先生的信》，见方明主编：《陶行知全集》第 8 卷，四川教育出版社 2005 年版，第 97—98 页。

赚钱多少,看自己运用心力的勤惰巧拙,统归本人所用,账目完全公开。

试验乡村师范学校设在何处?

这个学校设在南京神策门外迈皋桥,离燕子矶、尧化门都很近。我们准备了田园二百亩,供师生耕种;荒山数座,供师生造林;最少数经费,供师生自造茅草屋居住。

……

宿舍之外还有什么?

本校一切建筑都是茅草屋。除宿舍外,我们要有图书馆、科学馆、教室、娱乐室、操室、温室、陈列所、医院、动物园。指导员家属住宅,都要逐渐使他们成立,但总依据茅草屋的形式建筑。

简括些说起来,试验乡村师范的精神究竟何在?

本校的精神可以拿本校校旗之意义来代表。旗之中心有一个小圆圈,里面有个"活"字代表所要培养之生活力。圈外有个等边三角,代表学教做三者合一。三角上面有一个"心"放在当中,表示关心农民甘苦之意。左边有一支笔,右边有一把锄头。三角之外有一大圆圈放射光芒,好比是太阳光。四面有一百个金色星布满全旗,代表一百万个学校,改造一百万个乡村,使个个乡村都得到光,合起来造成中华民国的伟大的光。①

《试验乡村师范学校答客问》对学校的理念、性质、招考、修业、蓝图等作了系统的解答,进一步激发了人们对这所学校的兴趣与期待,一些青年学生为了方便投考,还特地请学者名流出面引荐。如王琳在 1927 年 1 月 28 日致信陶行知,表明心意,2 月 5 日又有曹聚仁致函陶行知,替王琳做介绍,并对试验乡村师范大加赞赏:"农业社会的中心,不在都市,而在乡村。这一点,数十年来的教育家完全把他忘却了。我平常每这般怀疑:究竟教育是否一种装饰品,专为有钱的人们办的?因此我又想,新教育的建设,必

① 《试验乡村师范学校答客问》,见方明主编:《陶行知全集》第 1 卷,四川教育出版社 2005 年版,第 90—92 页。

须使一般青年有受教育的机会。去年秋间，我曾想筹设一乡村中学，专收高小毕业以后从事耕作的青年，按着时令分配课程。虽是不曾成功，我的心愿总是这么抱着。日前读到先生的《答客问》，深觉到乡村师范的办法，真是中国教育的还魂丹。在我不仅是钦佩，而且是十二分的羡慕。”[①]上海爱国女学校校长季通致信陶行知，认为乡村师范对于改良乡村教育有绝大之效力，推荐李楚材、季时贤前来投考。[②] 陶行知读到这些来信，“比小孩子吃年糕还快乐”，对于他们愿意从事适合于农村生活的教育表示“十二分的欢迎，我们可以共同为中国教育寻觅曙光，为中国教育探获生路”[③]。

二、奇特的入学考试

1927 年初，陶行知到南京筹备试验乡村师范，经过勘察，决定以老山脚下的小庄为校址，地点在南京神策门外的迈皋桥一带，近燕子矶、尧化门。2 月 5 日，试验乡村师范举行奠基仪式，陶行知别出心裁地将小庄改为晓庄，以表示开创教育的新时代；将老山改为劳山，以寓在劳力上劳心之意。随后发布正式招生广告，计划录取 20 名学生：“初级中等学校、高级中等学校、专门大学校末了一年半的学生和在职教职员有相等程度的都可以投考。但是他们必须有农事或土木工经验方才有考取的把握。这是顶重要的资格，这两个条件完全没有的人，不必来考。凡是小名士、书呆子、文凭迷的都最好不来。”[④]

1927 年 2 月 16 日，中华教育改进社致函各位董事，报告办理乡村师范事宜，云：“本社创办乡村师范学校，由社组织董事会主持一切，即推请袁观澜、王岫庐、江彤侯、陶知行、赵叔愚五君为董事，于本月十日在沪举行第一次董事会……推定袁君为董事长，王君为司库，陶君为书记，江君为监察

---

① 曹聚仁：《曹聚仁致陶行知函》，见方明主编：《陶行知全集》第 8 卷，四川教育出版社 2005 年版，第 220—221 页。

② 季通：《季通致陶行知函》，见方明主编：《陶行知全集》第 8 卷，四川教育出版社 2005 年版，第 227 页。李楚材当时是上海爱国女学校的教师，后来成为陶行知忠实的追随者之一。

③ 《为中国教育寻觅曙光——致王琳》，见方明主编：《陶行知全集》第 8 卷，四川教育出版社 2005 年版，第 222 页。

④ 《试验乡村师范学校答客问》，见方明主编：《陶行知全集》第 1 卷，四川教育出版社 2005 年版，第 90 页。

部部长。又举定陶君为校长,赵君为研究部部长及第一院院长。第二院拟俟下学期开办,专收女生。至第一、第二、第三中心小学主任及指导员,皆由校长与院长会商延聘。”①2 月 25 日,《新教育评论》刊登五项考试科目:农务或土木工操作一日;智慧测验;常识测验;作汉文一篇;三分钟演说。报名处设在南京安徽公学和北京中华教育改进社。②

正当试验乡村师范加紧筹备之时,南京一带发生战事,北伐的国民革命军和军阀孙传芳的部下打了起来。南京居民纷纷避难他徙,各学校所有之学生,亦皆逃避一空。陶行知毫不退缩,对打算前来应试的考生说:“本校誓与村民共休戚。村民既须在枪林弹雨之下耕种,吾校断不因时局不靖而辍学,故投考开课均照公布之日期办理,决不变更。”③

1927 年 3 月 11 日,入学考试正式在燕子矶小学举行,竟有数千百里外,不避艰难,不顾生死,远道而来者。如操震球主动放弃清华学校的学籍,前来投考试验乡村师范。当天上午考国文,两道题:《孟子说劳心者治人,劳力者治于人对不对?》《有人说我们办试验乡村师范是行许行之道对吗?》,任选其一。下午口试,应试者在 5 分钟前抽一题,然后登台演说 3 分钟。12 日下雨。13 日续试,考生穿草鞋往晓庄垦荒及施肥、修路。考毕揭晓,录取正式生 15 人,补习生 1 人。有女学生来晓庄投考,陶行知还别出心裁地问她一声:愿意不愿意倒马桶? 愿意倒马桶的就来学,“虽然倒马桶不能救国,但是它的进一步的意思很深。能倒马桶,小姐的架子打破了!她的一双手拿出来了”④。

---

① 《报告办理乡村师范事宜——致中华教育改进社各董事》,见方明主编:《陶行知全集》第 11 卷,四川教育出版社 2005 年版,第 228 页。董事会的名单后来有所变动,据杨效春 1928 年在《中华教育改进社晓庄学校报告事》中说,蔡孑民(蔡元培)为晓庄学校董事长,王云五(王岫庐)为副董事长兼会计,江彤侯为监察员,陶行知为书记,袁观澜、赵叔愚为董事。(方明主编:《陶行知全集》第 2 卷,四川教育出版社 2005 年版,第 589 页。)

② 《中华教育改进社设立试验乡村师范学校招生》,见方明主编:《陶行知全集》第 2 卷,四川教育出版社 2005 年版,第 564 页。

③ 《告来本院应试的同志》,见方明主编:《陶行知全集》第 2 卷,四川教育出版社 2005 年版,第 281 页。

④ 《手脑相长》,见方明主编:《陶行知全集》第 3 卷,四川教育出版社 2005 年版,第 441 页。

三、别具一格的开学典礼

1927 年 3 月 15 日，试验乡村师范学校正式开学，当时晓庄校舍尚未落成，就在松林山中举行开学仪式。据首届学生戴伯韬回忆："民国十六年三月十五日，接连几天的绵绵春雨之后，晓日忽然冲出云围，发出万道金光，普照大地，大家第一次穿上草鞋，从燕子矶小学出发，有的扛着帐篷，拿着绳索，到了布满小丘陵的晓庄山麓，搭起四座帐幕作来宾休息所，又向农家借了张八仙桌和几张条凳，排在荒坟旁，算是会场，连国旗、校旗也未能挂起。因为战事关系，来宾到者寥寥，只有几个乡下老头儿和孩子女人们，在投着惊奇的眼光，好像看把戏似的注视着我们这一群异乡人。我们的陶校长穿着长袍马褂，戴着皮帽儿站起来演讲了。"[①] 陶行知在开学典礼上说：

> 本校特异于平常的学校有两点：一无校舍，二无教员。大凡一个学校创立，总要有房屋才能开课。我们在这空旷的山麓行开学礼，实在是罕见的。要知道我们的校舍上面盖的是青天，下面踏的是大地，我们的精神一样的要充溢于天地间。所造的草屋，不过避风躲雨之所。本校只有指导员而无教师。我们相信没有专能教的老师，只有比较经验稍深或学识稍好的指导，所以农夫、村妇、渔人、樵夫都可做我们的指导员，因为我们很有不及他们之处。我们认清了这两点，才能在广漠的乡村教育的路上前进。[②]

时值国民革命军攻取南京，"四路交通断绝了三路"，只来了 13 个学生——谢纬棨（湖北武昌人）、戴伯韬（江苏丹阳人）、操震球（安徽安庆人）、李楚材（江苏常熟人）、王琳（浙江兰溪人）、程本海（安徽绩溪人）、王洞若（江苏丹徒人）、陈昌嵩（江西赣县人）、李相维（安徽桐城人）、裴志发

① 戴伯韬：《生活教育发展史纲》，见张青运主编：《晓庄研究》，南京晓庄学院建校 80 周年校庆丛书之一，内部资料，2007 年，第 25—26 页。

② 《试验乡村师范学校的两个特点》，见方明主编：《陶行知全集》第 2 卷，四川教育出版社 2005 年版，第 282 页。

(江西人)、葛尚德(江苏宝山人)、徐企周(江苏宝山人)、季雪云(江苏常熟人)。第三中心小学于6月16日在晓庄开学,正当农忙时期,恰巧也是13个学生。18日晚农民夜校开学,又是13位。基督徒陶行知颇有感触,作《十三人》以纪其事。[①] 1928年9月,晓庄学校计划招收学生30名,报考者多达200余人。有武进一对小夫妻同来投考,还有绍兴教育局局长祝宏猷(北京高等师范学校毕业)、江阴县立师范学校校长陆景豫(南京高等师范学校毕业),皆辞职前来投考,均被录取。[②]

陶行知和晓庄的师生们"从野人生活出发,向极乐世界探寻",自己挑水、做饭、种菜,自己挖厕所、造浴室、建厨房。在校舍没有盖起来之前师生住帐篷,或分散寄住在农民家中,大家一起动手来创建学校。慢慢地,一座座茅屋建造起来了,图书馆、办公室、大礼堂、音乐室、书画室、陈列室、研究室有了。陶行知将图书馆题名为"书呆子莫来馆",将大礼堂题名为"犁宫",并在犁宫大门口手书一联:"和马牛羊鸡犬豕做朋友,对稻粱菽麦黍稷下功夫。"

1929年12月,踌躇满志的陶行知作诗《小庄晓》以抒怀:

老山劳;小庄晓:
新时代,推动了。
老山劳;小庄晓:
咱锄头,起来了。
老山劳;小庄晓:
伪知识,消灭了。
老山劳;小庄晓:
士阶级,下野了。[③]

① 《十三人》,见方明主编:《陶行知全集》第2卷,四川教育出版社2005年版,第285页。

② 吴近楼:《晓庄学校新生试验中记闻》,见方明主编:《陶行知全集》第11卷,四川教育出版社2005年版,第231—232页。

③ 《小庄晓》,见方明主编:《陶行知全集》第7卷,四川教育出版社2005年版,第66页。

四、社会各界对晓庄的支持

晓庄师范开办后，得到教育界和社会各界的关心与支持，各项事业发展迅速，给中国教育吹来了一阵清新的乡村田园之风。1927 年 10 月 2 日，晓庄董事长蔡元培与陈鹤琴、张宗麟等一同来校参观。蔡元培对学校给予高度评价，曾两次拨款，为晓庄解燃眉之急。[①] 1928 年，晓庄分别呈请大学院[②]（教育部）及南京市政府备案，因办理甚有成绩，教育部每年给予津贴 6000 元（按月拨发，每月 500 元），南京市政府每年给津贴 1200 元，中华文化教育基金委员会每年拨津贴 1 万元。[③] 还有一些政府、团体和个人给予晓庄经济上的支持，如江苏教育经费管理处、南京特别市教育局、安徽省教育厅、江苏省义务教育期成会、中华职业教育社、冯玉祥、霍守华、吴蝶卿、潘哲人、王儒望、刘鸿生、高君珊、俞庆棠、毕云程等。商务印书馆、中华书局、中华科学仪器公司给晓庄捐赠了部分图书和设备，不少专家学者义务在晓庄任教。

晓庄学校，除了办师范部之外，还在周围乡村，办了好几所小学和民众学校、民众茶园、晓庄剧社，以及乡村医院，实在堪称一个乡村教育集团。后来晓庄还组织了农民武装，实行联村自卫。1928 年，梁漱溟对晓庄进行了三天考察访问，记录了晓庄学校庞大的内部结构，包括小学师范院一所、幼稚师范院一所、中心小学八所、中心幼稚园四所、民众学校三所、中心茶园二所、乡村医院一所、联村救火会一所、中心木匠店一所、石印工厂一

① 1929 年，陶行知在晓庄师范赞助致谢会上说："拨给公债实现本校乡村计划，为本校今后开一新纪元的，是中华民国大学院蔡孑民院长。"（《对于乡村教育及本校赞助人之总致谢》，见方明主编：《陶行知全集》第 2 卷，四川教育出版社 2005 年版，第 364—365 页。）

② 1927 年 6 月，蔡元培提议设中华民国大学院主管全国教育，地方试行大学区，以取代教育部、教育厅的行政体制。10 月 1 日，大学院正式成立，隶属于国民政府，蔡元培为院长。大学院和大学区制意图将教育系统从行政系统中分离出来，是教育独立化的尝试，然而一年后即告失败。1928 年 8 月，蔡元培辞职。11 月 1 日，大学院改为教育部，隶属于行政院。其后，地方教育厅制度也逐步恢复。[孙培青：《中国教育史》（第三版），华东师范大学出版社 2009 年版，第 432—433 页。]

③ 《有关晓庄的两件档案材料》之《请追认晓庄学校毕业生资格的呈文》，见方明主编：《陶行知全集》第 2 卷，四川教育出版社 2005 年版，第 624 页。

所。[1] 1930 年初陶行知还计划以一村或一乡为基地，教农民“做工、求知、管政治”，实行村民自治之试验。[2] 1930 年 3 月，经江苏省民政厅批准，以晓庄学校所在之北固乡作为试验之地，让晓庄师生能自由试验。然而陶行知的村治试验尚未开始就遭受到毁灭性的打击，晓庄学校于当年 4 月被当局勒令停办。

五、乡村幼稚园

陶行知的乡村幼稚园创办于晓庄开学之前，源于他在筹备试验乡村师范时，调研乡村学校所引发的三个感触：一是尧化门小学校长宋鼎告诉陶行知，他在农忙时常常看到有母亲一手抱着小孩，一手拿着凳子，到学校来托老师看管；二是陶行知亲见有母亲在田间劳作，对面放一个筐，筐里坐着小孩；三是陶行知曾遇见一个小学生，因为农忙时要帮大人带小孩而不能上学。“受了这三次感触，我便想创办乡村幼稚园。”恰逢陶母六十大寿，陶行知和妹妹商量庆祝办法，本着“幼吾幼以及人之幼”的精神，由“家母之爱蜜桃，就联想到天下的像蜜桃的小孩，立刻决定要使全国个个乡村都有一个幼稚园为儿童造福，并立志要在这一年之内把第一个乡村幼稚园成立”[3]。

经过一番考察和研究，他发现中国的幼稚园有三个毛病：外国病、花钱病、富贵病，希望探索出一套创办中国的、省钱的、平民的幼稚园的方法，以造福普天下广大的贫苦儿童。陶行知与南京燕子矶小学校长丁超商议，拟于小学内附设燕子矶幼稚园，作为先期的试验和示范。1926 年 9 月 16 日，陶行知致函江苏省长陈陶遗，说：“遍观国中之幼稚园，其弊有三：取法外国，不适国情，一也；费用太大，不能普及，二也；所收儿童，多属贵族，三也。知行欲矫其弊，而创一适合国情、节省费用、裨益平民之幼稚园。蓄志已

---

① 梁漱溟：《参观南京晓庄学校所见》，北京市陶行知研究会编：《陶行知研究》，湖南教育出版社 1987 年版，第 93 页。原文出自戴自俺、孙铭勋合编的《晓庄批判》，上海儿童书店 1934 年版。

② 《我今年的计划》，见方明主编：《陶行知全集》第 2 卷，四川教育出版社 2005 年版，第 406 页。

③ 《要使全国个个乡村都有一个幼稚园》，见方明主编：《陶行知全集》第 2 卷，四川教育出版社 2005 年版，第 305 页。“蜜桃”即陶城，陶行知四子。

久，无由实现，殊觉闷闷。今拟合各方之力，共成美举。”①陶行知还从教育学的观点出发，阐述幼儿阶段对人格培养、态度与习惯形成的重要作用，切不可“漠视幼稚时代之重要”。他望陈陶遗能以政府名义，补助开办所需建筑费、设备费共700元，每年维持费200元则由中华教育改进社负担。信发出后，陶行知言犹未尽，第二天又致函陈陶遗，主张乡村幼稚园应当切合农村现实生活之需要。

> 村中生活，随农事为转移。农忙之时，村中妇女或下田工作，或须准备茶饭，无暇照料幼儿。此时年龄稍长之兄姊，为小农生计所逼，亦须襄助农事，不能充分陪伴弟妹。故农忙时，乡村幼儿实为大累，父母徒唤奈何。村中有小学者，父母有时竟以之付托乡校管理。其校长教员或因学校原无相当设备，或存教师非保姆、学校岂育婴之见，辄严词拒之。苟校中明了六岁以前，为人格陶冶最紧要之时期，物色相当人才，设备相当工具，以应此天然之需要，则其造福村儿，便利农民，岂有限哉？乡村小学，夺农民之助力，其逆势；幼稚园，予农民以便利，其顺势。势逆者难办；势顺者易成。倘所办幼稚园能成为平民的、经济的、适合国情的组织，则一方提倡，全国响应，幼稚教育且先小学而普及矣。②

9月23日，陈陶遗回复，表示资助“开办经费五百元藉襄盛举”③。10月5日，陶行知致信妹妹文渼，再次表示要“为国家教育创一不可磨灭之事业，以作吾母寿人寿世之纪念”，“想打破外国的、成见的、费钱的、富贵的幼稚园，而要创造一个省钱的、合理的、平民的、适于国情的幼稚园，使他可

---

① 《论幼稚园应有之改革及进行方法——致陈陶遗》，见方明主编：《陶行知全集》第8卷，四川教育出版社2005年版，第214页。

② 《论幼稚园切合农村之需要——致陈陶遗》，见方明主编：《陶行知全集》第11卷，四川教育出版社2005年版，第222页。

③ 陈陶遗：《江苏省长复函主任干事允助开办费》，见方明主编：《陶行知全集》第8卷，四川教育出版社2005年版，第215页。

以下乡去为农民子弟谋幸福”①。幼稚园的地点选定在燕子矶，由陆慎如女士②主其事。

各项准备基本就绪后，陶行知于1926年10月发表《创设乡村幼稚园宣言书》，向全国发出建设中国的、省钱的、平民的幼稚园的呐喊：

> 依我看来，现在国内的幼稚园害了三种大病：一是外国病。试一参观今日所谓之幼稚园，耳目所接，那样不是外国货？他们弹的是外国钢琴，唱的是外国歌，讲的是外国故事，玩的是外国玩具，甚至于吃的是外国点心。中国的幼稚园几乎成了外国货的贩卖场，先生做了外国货的贩子，可怜的儿童居然做了外国货的主顾。二是花钱病。国内幼稚园花钱太多，有时超过小学好几倍。这固然难怪，外国货那有便宜的。既然样样仰给于外国，自然费钱很多；费钱既多，自然不易推广。三是富贵病。幼稚园既是多花钱，就得多弄钱。学费于是不得不同，学费高，只有富贵子弟可以享受他的幸福。所以幼稚园只是富贵人家的专用品，平民是没有份的。
>
> 我们现在所要创办的乡村幼稚园，就要改革这三种弊病。我们下了决心，要把外国的幼稚园化成中国的幼稚园；把费钱的幼稚园化成省钱的幼稚园；把富贵的幼稚园化成平民的幼稚园。③

所谓“中国的”，就是要适合国情，“充分运用眼面前的音乐、诗歌、故事、玩具及自然界陶冶儿童”，但不采取狭义的国家主义，以家园所出为中心，适当选用外国之具有普遍性、永久性的学习材料。所谓“省钱的”，就是在打破外国偶像的基础上，训练本乡师资教导本乡儿童，运用本村小学手工科及本村工匠来仿制玩具。所谓“平民的”，就是应济平民的需要，让

① 《寿六旬慈母——给文渼妹的信》，见方明主编：《陶行知全集》第8卷，四川教育出版社2005年版，第91—92页。

② 据陶行知1927年递交加拿大世界教育会议的报告，乡村幼稚园未及正式开办，陆慎如女士就去世了。[《中国乡村教育运动之一斑——中国代表致送坎拿大世界教育会议报告之一》(原稿为英文，由张宗麟译成中文，“坎拿大”即为加拿大)，见方明主编：《陶行知全集》第2卷，四川教育出版社2005年版，第296页。]

③ 《创设乡村幼稚园宣言书》，见方明主编：《陶行知全集》第1卷，四川教育出版社2005年版，第71页。

平民的儿童有机会享受幼儿教育；而教师取之乡间，与村儿生活气味相投，比较容易亲近。陶行知兼具热情与理性，认为建设中国的、省钱的、平民的乡村幼稚园，必须用科学方法去试验、去建设，探索出一条新路来，才好推广，最终“使个个乡村都有这样一个幼稚园，使个个幼儿都能享受幼稚园的幸福”①。

1927 年 11 月 11 日，中国第一所乡村幼稚园——燕子矶幼稚园开学，陶行知在开学典礼上说：“农家在农忙之时，对于不能帮助田作之幼稚儿童，视同赘物。此于儿童及其父母，皆有极大损失。乡村幼稚园即所以谋幼稚儿童之幸福，并补助家庭教育之不足。惟吾国幼稚园多犯外国化、贵族化及不经济三病。本园为全国乡村幼稚园之首创者，所以力向中国化、平民化及省钱路上走。”②后来，晓庄师范学校专门盖了一座房子，献给燕子矶幼稚园，于 1928 年 5 月 27 日举行落成典礼。

燕子矶幼稚园既以中国化、平民化为追求，便进行许多创造性的尝试。教育内容上，充分运用中国民歌、民谣、民间故事、民族音乐、自然风光，既有民族和国家特色，又能寓教于乐；对于外国材料之具有普遍性、永久性者亦选择使用。教育方法上，反对机械单调的拍拍手、走走圈，一个老师弹琴、一群小孩唱歌等模式，主张让儿童自由活动，多接触自然，多参加一些有益的劳动（如手工、种植、养殖等），多做一些有趣的游戏。陶行知还特别注意实施健康的教育，让儿童养成卫生的习惯，培养他们健康的生活。③当然，燕子矶幼稚园还有最重要的一条——免费，周围平民百姓的子女都可以上幼稚园。

陶行知并不满足于单单办一个乡村幼稚园，他希望乡村幼儿都有机会走进幼稚园。1928 年 5 月，大学院在南京召开全国教育会议，陶行知提了 12 个提案，有 5 个是关于幼儿教育的，分别为《调查全国幼稚教育案》《各省各县各市实验小学设立幼稚园案》《推广乡村幼稚园案》《各省开办试验

---

① 《创设乡村幼稚园宣言书》，见方明主编：《陶行知全集》第 1 卷，四川教育出版社 2005 年版，第 73 页。

② 《在晓庄第二院第一中心幼稚园开学典礼上的讲话》，见方明主编：《陶行知全集》第 11 卷，四川教育出版社 2005 年版，第 242 页。

③ 童富勇、胡国枢：《陶行知传》，教育科学出版社 1991 年版，第 86—88 页。

幼稚师范案》《审查编辑幼稚园课程及教材案》。当时,国民政府正忙于普及4年制初等小学的义务教育,无暇顾及乡村幼稚园。

继燕子矶幼稚园之后,陶行知又带领晓庄师生到附近创办了多所平民性质的乡村幼稚园,如晓庄幼稚园、和平门幼稚园、迈皋桥幼稚园等。1929年9月28日,孙铭勋和戴自俺提议将各幼稚园集合成一个独立的学院,理由是:(1)幼稚园不是小学的附属品,不应附属于小学;(2)便于有专门负责的人进行指导;(3)幼稚教育的研究和试验可以集中进行。陶行知原本不赞成,经过多次讨论仍不能决定,便由晓庄五院(和平学院、万寿学院、小晓学院、吉祥学院、三元学院)联席会议表决,最后通过了戴自俺的议案,便于10月1日成立"蟠桃学园"(晓庄将学院统一改称为学园),园长徐世璧,院址在燕子矶。[①]

陶行知的乡村幼稚园还产生了国际性的影响。1929年10月,设计教学法的发明者克伯屈来华,在仓促的时间内指定要到晓庄学校参观。[②] 克伯屈当时对中国的幼稚园有一种批评,说"现在中国的幼稚园,还是在二十五年以前的幼稚园","一切都是机械的,同是一律的天天在那里拍手,走走圆圈,一个教师在那里弹着琴"。陶行知就反驳他,说这才是小部分,大部分他还没看到。陶行知带这位美国老师(克伯屈是陶行知留美时的老师)到晓庄幼稚园的农场上去看小朋友种的东西,去参观燕子矶幼稚园。克伯屈顿感新鲜,说:"啊!这些我在外国倒还没有看见过,这是很好的一种办法。"陶行知便向克伯屈提出自己创办幼稚园的三个目标:

> 第一是要平民化。现在的幼稚教育,多数是操纵在贵族阶级及智识阶级的手里,我们这里是要把幼稚教育从贵族阶级、智识阶级的手里夺出来,普遍到平民阶级。进一步我们还要把贵族阶级、智识阶级、平民阶级打成一片。我们这里的幼稚园,不是为什么部长、总长的小孩子办的,我们是为农工阶级的小孩子而办的。我们也不是只徒喊口

① 《对〈把各幼稚园集合成一个独立的学院案〉的意见》,见方明主编:《陶行知全集》第2卷,四川教育出版社2005年版,第376—377页。

② 《欢迎克伯屈先生》,见方明主编:《陶行知全集》第2卷,四川教育出版社2005年版,第379页。

号，而是见诸实行的。你看，我们幼稚园里的小朋友不一个个都是农家的小孩吗？

第二是要经济化。“我们深信乡村教师要用最少的经费办理最好的教育。”这是我们的信条之一。这个意思就是说，我们要用少的金钱办出好的教育，不是用很多很多的钱把一个幼稚园弄得非常华贵。幼稚园要想在平民阶级里普遍起来，自非省钱不为功！

第三个目标是要适合于乡村儿童生活的。我们不要搬洋货，也不要骛时髦，只求适合于乡村儿童的生活。我们的主张是这样，我们的办法是这样。①

晓庄被查封后，乡村幼稚园也一同遭受重创。1932 年 11 月，晓庄的学生孙铭勋、台和中想在江苏淮安河下大街创办一所幼稚园，来纪念慈母之爱，他们想到了陶行知当初创办燕子矶幼稚园时有纪念母亲六十大寿之意，便写信向陶行知求助，希望获得经济上的资助（开办费预算最多 100 元，最少 60 元）。此事先由陈鹤琴慷慨捐助 100 元（交与蒋维乔邮寄）。②陶行知当时寄居上海，卖文为生，经济状况十分窘迫，于次年 3 月汇去 30 元。③ 遗憾的是，孙铭勋的幼稚园办了一个学期便倒闭了。陶行知开创的乡村幼教事业，变成了中国教育和中国乡村一个遥遥无期的梦。新中国成立后，人民政府忙于普及小学和群众扫盲，无暇顾及乡村幼儿园的建设。20 世纪八九十年代，乡村教育的重心是普及九年制义务教育，幼儿教育发展缓慢。21 世纪初，普及义务教育实现之后，教育发展的矛盾和问题向两头延伸，一头是高中教育，一头是幼儿教育。一些地方开始在小学附设学前班，尝试普及一年幼儿教育。今天，离陶行知的试验已经过去了近 90 年，中国广大的农家子弟仍然享受不到完整的学前教育。

---

① 《今日之幼稚园》，见方明主编：《陶行知全集》第 2 卷，四川教育出版社 2005 年版，第 383—385 页。

② 《长留慈爱在人间——致孙铭勋、台和中》，见方明主编：《陶行知全集》第 8 卷，四川教育出版社 2005 年版，第 267 页。

③ 《几条筹款办法——致汪达之、孙铭勋》，见方明主编：《陶行知全集》第 8 卷，四川教育出版社 2005 年版，第 270 页。

第六节 晓庄之殇

陶行知以乡村师范为中心，将幼稚园、小学、师范结合在一起，发展成为一个乡村教育集团——晓庄学校。时值多事之秋：第一次国共合作破裂，国民党发动大规模的血腥的清党运动，共产党为反抗国民党的屠杀政策，开创革命事业，相继发动南昌起义、秋收起义，建立苏维埃政权；国民革命军内部则因争权夺利，先后爆发蒋桂战争、中原大战等多场混战；南京政府全面推行"党化教育"（后代之以"三民主义教育"），训令"整饬学风"，加强教育领域的思想控制。一棵"为中国教育寻觅曙光"的幼苗，怎敌得住变幻莫测、风高浪急的政治冲击。1930 年 4 月，晓庄学校遭到南京政府强行查封。陶行知呕心沥血开创的乡村教育事业，仅仅维持了三个春秋，而他本人竟被政府通缉，不得不远走异邦。

一、晓庄的学生运动

1926 年夏，北伐战争开始后，以国共合作为基础的国民革命军为实现南北统一，挥师北上，连续攻克湖南、湖北、福建等多个地区。然而，北伐尚未成功，一场权力之争和党派之争突然降临。1927 年试验乡村师范学校开学不足一月，"四一二"政变在上海爆发，国共合作面临破裂，共产党员遭到秘密逮捕和杀害。1927 年 4 月 18 日，蒋介石在南京建立国民政府（即南京国民政府）。当时因北伐战争的需要，武汉还存在一个以汪精卫为首的国民政府，形成南京政府与武汉政府并立的局面。但武汉政府也容不下共产党人，连续发出通告、训令，不准工农团体举行集会和示威游行，禁止工会、农会进行革命活动。7 月宁汉合流，南京政府的统一大业成功在望，便着手铲除异己，发动声势浩大、残暴血腥的清党运动，以示与中国共产党彻底决裂和对抗。成立才刚刚六年的中国共产党面对紧急而严峻的政治形势，决定武装反抗，发动暴力革命，8 月 1 日南昌起义爆发，9 月 9 日秋收起义在湘赣边界爆发。

中共党组织在国民党清党运动中受到严重破坏，侥幸躲过拘捕及屠杀的党员也只能开展地下活动。上海江浙一带的部分青年党员为陶行知的乡村改造运动所吸引，纷纷来到晓庄学习。他们在晓庄成立地下党支部，秘密开展活动。据 1928 年入学的晓庄第四届学生徐明清回忆：

> 一九二七年"四一二"事变后，我在家乡被通缉，呆不住了，于是就离家到了上海，进入上海泉漳中学读书，后来又因为我在上海参加"三次暴动"的一周年纪念活动，暴露了身份，被学校开除了学籍，想进工厂当工人，又进不去，得知陶先生在晓庄办了师范学校，那里环境自由，有利于搞地下革命活动，就到了晓庄。回忆我在晓庄，主要精力是搞革命活动，发展党、团员，扩大革命力量。①

陶行知认为教育应当超越党派之争，对于学生中的共产党员，持理解、宽容与爱护的态度。"在晓庄，当时国内影响最大的三大政治派别国民党、共产党和国家主义派都相当活跃，彼此各不相下，或明或暗的斗争有时很激烈。对此，陶行知采取了超然而不介入的态度。"②1929 年 5 月，马纯仁因搞地下活动，被南京公安局逮捕，移交江苏高等法院，出于对学生的爱护，陶行知专门派人前往探监，以校长身份致函法院担保："查该生于十七年九月来校，勤奋异常，学业成绩极优，平时言行谨饬，毫无不法举动。此知行等所敢担保者也。是以此次猝遭拘捕，校中师生，莫不诧异，务祈贵院长秉公明察，庶几清白，学生得早日脱其罪之缧绁，全校师生实同感焉。"③不久，马纯仁即被释放。陶行知在晓庄的弟子，不少人在当时或后来相继加入中国共产党，计有马纯仁、王洞若、方与严、石俊、叶刚、刘季平、汪达之、沈云楼、张劲夫、陆维特、胡尚志、徐明清、郭凤韶、董纯才、程今吾、戴伯韬等。④ 他们一方面为陶行知的事业所吸引，另一方面为形势所迫，到晓

① 徐明清：《对陶行知先生的再认识》，见中国陶行知研究会编：《陶行知教育思想研究文集》，人民教育出版社 1985 年版，第 30 页。

② 章开沅、唐文权：《平凡的神圣——陶行知》，湖北教育出版社 1992 年版，第 241 页。

③ 《担保马纯仁无罪——致江苏高等法院》，见方明主编：《陶行知全集》第 8 卷，四川教育出版社 2005 年版，第 238 页。

④ 金林祥、胡国枢主编：《陶行知词典》，上海百家出版社 2009 年版，第 73—79 页。

庄来投身社会实践。但陶行知的晓庄试验毕竟不同于共产党倡导的武装革命,这些团结在陶行知周围的革命青年,时不时地对陶行知的生活教育理论进行批判,以分清界限,激发斗志。中共晓庄支部还曾给陶行知的乡村教育运动扣上"改良主义"的帽子。[①]

在地下党员和共青团员的组织、引导之下,晓庄的学生运动非常积极,他们密切关注现实的政治斗争,经常走向社会,散发传单、支持罢工。1930年3月下旬,日军10余艘舰艇驶入长江,停泊下关,严重侵犯我主权,南京工人罢工以示抗议。晓庄学生在南京和平门不买票坐火车,散发传单,被当时的铁道部长、孙中山之子、陶行知留美时的同学孙科知道了,要求陶行知对学生加以管束,"不应再发生此种荒谬行动"。陶行知回信承认此事,却反过来要求孙科拟定《小学生免费旅行条例》,通告全国小学试行。[②] 4月3日,南京市内工人罢工遭到政府当局镇压,两人失踪,多人受伤。4月5日,晓庄学生参加全市支援工人、反帝反蒋示威游行,冲破军警的阻挠,于当天下午到达下关与工人游行队伍汇合,一时声势浩大,群情激愤。游行示威后,当局要求制裁、处置闹事学生。陶行知基于对学生的爱护和对爱国运动的支持,不予理会,触怒了当局。革命青年的学生运动,成为晓庄学校夭折的导火索之一。

二、冯玉祥的影响

尽管晓庄地下党的活动是导致它为蒋介石南京政府所不容的直接原因,但晓庄的夭折还有两个重要原因:一是南京政府从巩固统治出发,加强了对教育的控制和管理,推行党化教育,整饬学风和实行教科书审查制度,以统一青年学生的思想。而陶行知在晓庄实践生活教育理论,是对现行教育政策的威胁和挑战。关于生活教育理论我们将在第四章详细介绍。二是与一位令蒋介石头痛的军人密切相关,此人就是冯玉祥,陶行知终生的好友之一。

---

① 徐明清:《对陶行知先生的再认识》,见中国陶行知研究会编:《陶行知教育思想研究文集》,人民教育出版社1985年版,第31页。

② 《请拟定小学生免费旅行条例——致孙科》,见方明主编:《陶行知全集》第8卷,四川教育出版社2005年版,第241页。

冯玉祥，安徽巢县（今巢湖市）人，光绪二十二年（1896 年）入保定当兵，历任队官、管带等职。中华民国成立后参与军阀混战，先后任旅长、师长。1921 年升至陕西督军，次年调任河南督军，1923 年任河南省政府主席。1924 年发动北京政变，驱逐清逊帝溥仪出宫。1925 年，冯玉祥赴张家口任西北边防督办，所部改称西北边防军（简称西北军）。1926 年 9 月，冯玉祥就任国民军联军总司令，正式宣布全体将士集体加入中国国民党，参加国民革命，随即率部参加北伐战争。1927 年 4 月，冯玉祥所部被武汉国民政府改编为国民革命军第二集团军，冯玉祥任总司令。宁汉复合后，冯玉祥与蒋介石密切合作，二人结拜兄弟。在蒋介石看来，冯玉祥对他的拥戴，不但在军事上增加了他的声势，更为重要的是，在政治上提高了他的威望。因此，蒋介石对冯玉祥心存感激，推崇备至，1928 年 10 月冯玉祥出任行政院副院长兼军政部部长。

冯玉祥治军甚严。1924 年 7 月，永定河发大水，邻近北京六县几百万人的生命财产和京津交通要道受到严重威胁，冯玉祥派兵两千余人救灾，连续奋战三天四夜，才把水挡住。陶行知对此十分赞赏，在《申报·平民周刊》发表《同水打仗的军队》，称“这些士兵，不但自己和水打仗，并且训练人民和水打仗。他们不但要保护百姓，并且训练百姓去保护自己，这是军队应有的精神。如果各处军队都以保护人民自任，都去训练人民和天然势力宣战，我敢说这次水灾可以减少大半。就事论事，这次冯军在黄土坡的水战，实可做全国军队的模范”①。陶行知在《平民周刊》发表的时评，针砭时弊者多，嘉言称赞者少，他对冯玉祥的称道，使二人日后缘份与感情渐深。

晓庄学校成立后，冯玉祥给了不菲的经济援助，并在晓庄造了一座宅院。② 由于时局不稳，加上晓庄附近有土匪出没，陶行知主张组织民团自

---

① 《同水打仗的军队》，见方明主编：《陶行知全集》第 1 卷，四川教育出版社 2005 年版，第 557 页。

② 1932 年 1 月 21 日，陶行知专门写信给冯玉祥，谈到冯玉祥在晓庄“自造之茅屋”，晓庄 1930 年 4 月被封后，陶行知即派可靠学生看守冯宅。8 月，学生被捕数人，政府下令将晓庄全部没收，遂致冯宅无人看管，家具被洗劫一空。后来蚕桑指导所利用冯宅做科学实验，陶行知对此有益于人民的工作非常支持，希望冯玉祥“不咎既往”。（《关于晓庄茅屋问题——致冯玉祥》，见方明主编：《陶行知全集》第 8 卷，四川教育出版社 2005 年版，第 250—251 页。）

卫。他曾说："国军的责任在抵挡外患，民团的责任在抵挡土匪，实有相成的成效。我们希望明白事理的当局要鼓励城里乡下的人民，组织民团自卫。……土匪可用枪炮杀良民，良民不能用枪炮自卫，岂不是看重土匪、看轻人民吗！"①冯玉祥曾支援一部分枪支给晓庄，并派刘队长和六位同志到晓庄指导军事训练，发展自卫力量。1928 年 8 月 19 日，晓庄师范学校举行授枪典礼，冯玉祥到校讲话。后来梁漱溟在山东邹平搞乡村建设，也曾组织学军。② 1928 年 10 月，陶行知在湘湖师范（浙江乡村师范学校）教学做讨论会上再次提到冯玉祥，说："冯玉祥练兵也是教学做合一的。他的军队之好连张作霖也承认。"③

因冯玉祥之故，晓庄进入了蒋介石的视野。1928 年 9 月某日，蒋介石同夫人带了野餐与一棵很长的人参来南京三牌楼看望冯玉祥。冯玉祥的副官说："不见客。"蒋介石说："你们不要管。"就径直到楼上，对冯玉祥说："我们出去吃野餐。"冯玉祥说："南京城外我不熟识，只有陶知行先生办的晓庄师范是在和平门外，这是我所知道的地方。"蒋介石说："好，我们就去那地方。"于是，冯玉祥与蒋介石一道到晓庄师范参观，并向蒋介石介绍了陶行知。④ 1928 年 11 月 4 日，冯玉祥与蒋介石夫妇又同游晓庄。

1929 年 5 月，冯玉祥因军事问题与蒋介石发生冲突，后在陕西华阴部署反蒋军事行动，爆发蒋冯战争，因部下韩复榘、石友三倒戈，致使冯玉祥在冲突中失败，被国民党中央革除职务，开除党籍。1930 年 4 月，阎锡山、冯玉祥、李宗仁等联合起来反蒋，演变为中国近代史上规模最大的一次军阀混战，史称"中原大战"。晓庄学校被当局查封，正在中原大战爆发的前夜，可以认为，陶行知与冯玉祥的关系，成为晓庄学校夭折的导火索之二。

---

① 《民团的前途》，见方明主编：《陶行知全集》第 1 卷，四川教育出版社 2005 年版，第 563 页。

② 1934 年周文山到邹平参观回来向陶行知介绍学军情况：五人为一排，五排为一连，五连为一营，五营为一团，五团为一师，五师为一军。一军为 15625 人，全县共分两军，军长为梁漱溟、杨效春。（《从学军想到工学军》，见方明主编：《陶行知全集》第 3 卷，四川教育出版社 2005 年版，第 119 页。）杨效春为陶行知在南京高师任教时的学生，曾在晓庄追随陶行知，后追随梁漱溟，1938 年因卷入一场政治争斗蒙冤被杀。

③ 《湘湖教学做讨论会记——罗谦笔记》，见方明主编：《陶行知全集》第 2 卷，四川教育出版社 2005 年版，第 11 页。

④ 冯玉祥：《蒋介石与陶行知》，见方明主编：《陶行知全集》第 12 卷，四川教育出版社 2005 年版，第 634 页。

三、查封与抗争

1930 年 4 月 7 日，南京国民政府首都卫戍司令部以印发反动传单为由，奉命训令晓庄师范学校暂行停办，以待整理。8 日，教育部（时任部长为蒋梦麟）派赵迺传、顾树森（时任南京市教育局局长）、姜绍谟、钟灵秀、吴研因为晓庄学校保管委员。①

上海《时事新报》在报道晓庄初查之事中说："据教育部某君谈，该校年来私购枪支，并接受冯玉祥汇款，为数甚巨，学生分子复杂……"陶行知致信《时事新报》，澄清晓庄与冯玉祥的经济关系，信中说："今日贵报除披露国民政府通缉我的命令外，还登了某方传出一段消息，说是冯玉祥曾汇巨款给我，好像我们是被人收买似的。这是何等侮辱我们的谣言啊！冯焕章先生是我的朋友，也如同梁任公、胡适之、陈仲甫、蔡孑民诸先生是我的朋友一样。他在南京的时候，曾自动捐了三千元，给晓庄造了三座茅草屋。后来他又给了一千元，托我们代他自己造一座较大的住宅，实际用去一千五百元左右，不足之数，由捐款中垫付。故晓庄只算收了冯焕章先生二千五百元，造成甘肃、河南、陕西三馆。我们和他的经济关系只是这一点。他离开南京之后，从五台山曾拍一电报给我，把他的住宅交给我支配使用。我就定为卫生部医生及党部办公的处所。我为这件事曾写了一封信谢谢他。他北上之后，和我的来往关系也就是这一点。"②

晓庄被查封后，陶行知随即领导师生护校，亲自起草《护校宣言》，组织师生代表赴教育部请愿，散发《护校宣言》。《护校宣言》对晓庄不容于当局表达了强烈的愤慨和失望，也表达了决不妥协的决心和斗志，可谓一篇教育战斗檄文，云：

> 晓庄学校，被当局勒令停办了。被当局越过教育部而直接勒令停办了。被当局以秘密开会莫须有之罪名而勒令停办了。乡村教育之

---

① 王文岭：《陶行知年谱长编》，四川教育出版社 2012 年版，第 265 页。

② 《驳斥谣言——致〈时事新报〉记者》，见方明主编：《陶行知全集》第 8 卷，四川教育出版社 2005 年版，第 243 页。

发祥地停办在乡村教育没有普及之前，是何等的痛心啊！中华民国的忠仆能以自己的生命换取中华民国之生命，又是何等的光荣啊！革命的教育摧残于所谓"革命政府"之手，是何等的令人难解，而又是何等的令人失望啊！但是晓庄的忧患的命运是自己造成的，无悔于心，更无怨于人。假使他所办的是假的教育，死的教育，残废的教育，奴隶的教育，我们可以担保他永远不会停办。就是中华民族亡了，他还是可以存在。无奈他要办真的教育，活的教育，健全的教育，主人的教育，那么随时随地都免不了要遭忌。三年三个月以来，以我们孤军直入与张宗昌、褚玉璞奋斗，与土豪劣绅、贪官污吏奋斗，与乡下人之封建思想奋斗，与教育界之传统理论奋斗，与投机分子奋斗，与自己带来之伪知识奋斗，好多次都有全军覆没的危险。现在大难当头，朋友们很为我们忧虑，但在我们看来，这只是我们奋斗史剧中之一幕，而还不是最后的。这次当局断然以迅雷不及掩耳的手段停办晓庄学校，远因近因虽多，归总起来只是因为我们不肯拿人民的公器，做少数人的工具，不肯做文刽子手，去摧残现代青年之革命性。

……

晓庄是同志的结合，不是少数几个人的私有品。拘捕几个人，不能叫他根本动摇。

晓庄的门可封，他的嘴不可封，他的笔不可封，他的爱人类和中华民族的心不可封。①

4月12日，即护校请愿的第二天，国民政府就对陶行知下达通缉令："为晓庄师范学校校长陶知行勾结叛逆，阴谋不轨，查有密布党羽，冀图暴动情事，仰京内外各军警、各机关，一律严缉，务获究办。此令。"②同日，南京市警备司令部印发布告云：

① 《护校宣言》，见方明主编：《陶行知全集》第2卷，四川教育出版社2005年版，第461—464页。

② 《蒋介石以"国民政府"名义对陶行知下的通缉令》，见方明主编：《陶行知全集》第2卷，四川教育出版社2005年版，第464页。

照得晓庄师范学校违背三民主义，散发反动传单，勾引反动军阀，企图破坏京沪交通。本部为维持首都治安计，曾饬令暂时停办，以待整理，并商同教育部查照办理在案。此乃爱护学校之至意，原冀该校员生等悔悟前非，静候教育部办理。乃迭据报告，该校师生等执迷不悟，于教育部接收整理之际，竟敢非法组织委员会，发布宣言，四处诱惑，希图扩大反动风潮，实行破坏京沪交通，扰乱社会秩序，似此目无法纪，充满反革命思想与行为，实属不可救药。兹奉明令，将该校勒令解散，并查拿首要反动分子，以肃法纪而遏乱萌。除饬军警遵照执行外，合行布告周知。[①]

通缉令发布的前一天，陶行知已得到风声，深夜与学生道别，赶赴上海。据戴伯韬回忆，陶行知对学生说："他们下令通缉我了，这是蒋的密令，大约明天早晨就要执行。我得趁今晚十一点半的快车，赶到上海去！你们，留在这儿，得当心呀！他们已经下决心来干我们了，我建议你们下乡。必要时，你们得向上海跑，不要硬拼！我们还要干！"[②]陶行知虽然逃脱了，但晓庄当时及以后被捕者达30余人，不少共产党员学生惨遭杀害。[③]

1930年5月16日，晓庄代表刘世厚在北平接受记者采访。谈到晓庄被封的原因，刘世厚说：远因是冯玉祥1929年在南京为晓庄捐款3000元，建了三幢茅草屋。蒋介石反冯玉祥，故疑心晓庄与冯玉祥关系密切。近因是援助和记工厂工人失业，并反对日本舰队自由驶入长江事，向英日帝国主义示威游行，因均由晓庄学校发动，故触忌于蒋介石。刘世厚还提到，蒋介石系越过教育部，直接以手谕着卫戍司令部以武力干预。[④]

冯玉祥自己也觉得晓庄被查封、陶行知被通缉是受他的牵连，一直深感愧疚，曾说："到了十八年因为我认识陶知行，蒋反对我，也把陶知行的

---

① 《南京市警备司令部的布告》，见方明主编：《陶行知全集》第2卷，四川教育出版社2005年版，第464—465页。

② 《被通缉时与学生告别》，见方明主编：《陶行知全集》第11卷，四川教育出版社2005年版，第283页。

③ 王文岭：《陶行知年谱长编》，四川教育出版社2012年版，第266页。

④ 《晓庄代表答记者问》，见方明主编：《陶行知全集》第2卷，四川教育出版社2005年版，第465页。

晓庄师范给封门了,我真想不到蒋会这种做法。”[①]1931年4月16日冯玉祥的日记云:“陶知行不知在何处,真对不住他。”[②]1932年,冯玉祥曾为取消对陶行知的通缉呼吁奔走。1934年6月7日的日记云:“我要勉励我作行知先生的好友,助他成事。”[③]1940年1月16日的日记云:“陶先生为我的最知己的朋友,民十七年他为我倒了霉,到现在还没起来,这是一位国之人才,而今不见用,不是他的倒霉,而是国家之倒霉。”[④]

1931年10月,陶行知流亡归国半年之后,说通缉令中所说的叛逆“大概是指冯玉祥”。对于有人因晓庄学生中存在共产党员而指陶行知“赤化”,他也不否认,坦然回应道:“我的静脉是蓝的;我的头发是黑的;我的血是红的。”[⑤]

黄炎培后来在一首诗中对于晓庄被封追忆道:

吾真不懂,
办的是教育,
教的是民众。
是妇女,是儿童,
教他们清清白白地做人。
有了手,要做工。
老师是谁?是大众。
教什么,学什么,做什么,
是一贯的新的作风。
只有这些,

① 冯玉祥:《蒋介石与陶行知》,见方明主编:《陶行知全集》第12卷,四川教育出版社2005年版,第634页。1930年为民国十九年,冯玉祥说“十八年”可能是笔误。

② 中国第二历史档案馆编:《冯玉祥日记》第三册,江苏古籍出版社1992年版,第403页。

③ 中国第二历史档案馆编:《冯玉祥日记》第四册,江苏古籍出版社1992年版,第339页。

④ 中国第二历史档案馆编:《冯玉祥日记》第五册,江苏古籍出版社1992年版,第772页。“民十七年”应为民国十九年之误。

⑤《陶知行的颜色》,见方明主编:《陶行知全集》第2卷,四川教育出版社2005年版,第86页。“蓝色”是指冯玉祥的西北军,制服是蓝色的;“黑色”是指胡汉民曾在立法院讲演,说陶行知是国家主义,国粹党的旗帜是黑色的;“红色”即指共产党。

也没有敢触犯什么法律，
也没有跟人家比英雄。
然而，然而，
晓庄终于被封。[①]

美国汉学家孔斐力评论晓庄学校被封时说："陶与政府当局的关系不冷不热，他的乡村实验最终没有获得任何当权者的充分支持。不过，陶与'基督将军'冯玉祥之间存在一种神秘的联系。冯是蒋介石的政治对手，他对晓庄学校颇为称羡，并可能提供过某种支持。蒋本人最初对晓庄实验略有兴趣，但在 1930 年却命令关闭该校。这或许是因为他认为该实验具有某种潜在的过激性社会影响。"[②]

① 黄炎培：《陶行知不死》，见方明主编：《陶行知全集》第 12 卷，四川教育出版社 2005 年版，第 619 页。

② 〔美〕孔斐力：《乡村建设运动》，见〔美〕费正清主编：《剑桥中华民国史》第二部，章建刚等译，上海人民出版社 1992 年版，第 388 页。由刘敬坤等译的另一个译本（中国社会科学出版社 1994 年版，第 354 页），文字及文意上略有不同。

第四章　生活教育理论的形成与发展

静默如地下的种子。
自由如空中的鸽子。
猛勇如斗虎的狮子。①

陶行知在晓庄学校践行的是具有自我原创性的生活教育理论。自留学归国以后，陶行知就致力于教育理论研究，渴望能将留美所学贡献于中国教育的发展。1919 年 4 月，陶行知撰文认为第一流教育家要敢探未发明的新理，敢入未开化的边疆，他说："敢探未发明的新理，即是创造精神；敢入未开化的边疆，即是开辟精神。创造时，目光要深；开辟时，目光要远。"②陶行知不满足于南京高师提供的待遇优厚的教职，决定闯出一番属于自己的教育事业。通过在中华教育改进社多年

① 《活的教育》，见方明主编：《陶行知全集》第 7 卷，四川教育出版社 2005 年版，第 103 页。
② 《第一流的教育家》，见方明主编：《陶行知全集》第 1 卷，四川教育出版社 2005 年版，第 22 页。

的调查研究和为平民教育南北奔走的经历,他深感要建设适合中国国情和人民需要的现代教育,必须要从理论上有根本的突破。陶行知在批判中国教育的现状的基础上,结合自己的学与识,创造性地提出生活教育理论,以晓庄学校为基地进行试验。晓庄不幸被查封,但这并不意味着生活教育理论的终结,陶行知经过短暂的流亡,回国后继续探索和发展生活教育理论,甚至终生为之奋斗。1934 年 2 月,陶行知在上海创办《生活教育》杂志,抗战爆发后改为《战时教育》;1938 年 12 月,在桂林成立生活教育社;1939 年 7 月,陶行知创办育才学校;1945 年抗战胜利后,又改《战时教育》为《民主教育》。陶行知的所有这些努力,都是在继续运用生活教育的力量,服务于更伟大的民族独立和民族解放的需要。

第一节 生活教育理论的提出

一、美国实用主义教育的影响

陶行知的生活教育理论,从学术渊源上说,离不开美国进步主义教育思想,其代表人物就是陶行知在哥伦比亚大学的老师杜威(1859—1952)。杜威大学毕业后曾做过中学和乡村学校的教师,获得哲学博士学位后到大学教哲学。1894 年任芝加哥大学哲学、心理学和教育学系主任,1896—1904 年创办芝加哥实验学校,在 4—13 岁的儿童中实验自己的教育主张。期间发表了一些重要的教育论著,如《我的教育信条》(1897 年)、《学校与社会》(1900 年)、《儿童与课程》(1902 年)等。1904 年起,杜威到哥伦比亚大学任哲学教授,从事哲学与教育哲学的理论研究,又先后发表了《我们怎样思维》(1910 年)、《明日之学校》(1915 年)、《民主主义与教育》(1916 年)等论著。陶行知到哥伦比亚大学师范学院攻读博士学位时,杜威的教育思想已基本成熟,并产生了世界性的影响。

人们经常将杜威的教育理论概括为三句话:教育即生活,学校即社会,做中学。教育即生活是杜威关于教育本质的观点,他认为教育即是生活本身,而不是为未来生活做准备,一旦把教育看作未来生活的准备,就必然要教给儿童以成人的经验、责任和权利,从而忽视儿童此时此刻的需要与兴趣,将儿童在教育中置于被动的地位。从这一观点出发,杜威提出教育即生长,即经验的不断改造。他援引卢梭的思想说:“教育不是把外面的东西强迫儿童或青年去吸收,须要使人类‘与生俱来’的能力得以生长。”①他进而认为,教育的目的在于教育过程之中,不存在教育过程之外的目的。学校即社会是杜威的教育原则,他反对将学校从社会中孤立出去,反对教育脱离现实生活,提出要把学校办成小型社会、雏形社会,能反映大社会中的各种活动,以便培养适应社会需要的人。这种观点看起来似乎与前一观点有矛盾之处,说明杜威在教育中极力兼顾儿童世界与成人世界,并不是纯粹的儿童中心主义者。做中学是杜威的教育方法论,他认为教育的根本基础在于儿童的活动能力,最能令人永久不忘的知识是关于“怎样做”的知识,与其让学生学会某种知识,不如让学生学会与这种知识有关的活动,比如与其学习地图,不如让学生制作地图。他还根据对人类思维一般规律的研究,提出五步教学方法:暗示、提问、假设、推理、实验。

陶行知在哥伦比亚大学修读的课程,除了杜威亲自讲授之外,还有一些是由杜威的学生、助手和深受杜威影响的同事,如克伯屈、孟禄、推士等所讲授。“陶行知正是在这样一批实用主义教育理论大师或具有进步主义教育倾向的著名教育家们的直接教诲下,接受了杜威实用主义教育学说。”②

二、批判“死的教育”

杜威的进步主义教育理论在吸收卢梭自然主义教育理论的基础上,对传统教育进行了猛烈批判,颠覆了自夸美纽斯至赫尔巴特的教师中心、学科中心、课堂中心的理论,树立了新的儿童中心、经验中心、活动中心的理论。

可以说,任何一种新的教育理论的提出,都是基于对既有理论或既成事实的批判,从而提出新的观点、尝试新的突破。因此,对传统教育和现行

① 〔美〕约翰·杜威:《明日之学校》,朱经农、潘梓年译,商务印书馆1923年版,1993年影印,第1页。

② 周洪宇:《陶行知生活教育学说》,湖北教育出版社2011年版,第26页。

教育中不合理因素的激烈批判，也是陶行知建构自身教育理论的重要武器。在南京高师教书期间，陶行知多次发表文章和演讲，对当时的学校教育提出严厉的批评。

1921年陶行知在金陵大学暑期学校演讲《活的教育》，将教育分三种情形：死的教育；不死不活的教育；活的教育。他说："死的教育，我们就索性把它埋下去，没有指望了！不死不活的教育，我们希望他渐渐地趋于活。活的教育，我们希望他更活！"①后来，陶行知十分形象地说："旧时代之学生之生长的过程有三个阶段：一是读死书；二是死读书；三是读书死。新时代之学生也离不了书，所不同的，他是：用活书，活用书，用书活。"②这里所讲的旧时代，不只是指传统教育，也包括新式学堂里的机械呆板的教育。③再后来，他将"读死书，死读书，读书死"细致地分层表述："初等教育是要人读死书；中等教育是要人死读书；高等教育是要人读书死。"④学生是读死书，死读书，读书死；教师则是教死书，死教书，教书死。比如他说："书呆子教育有两种：一种是大书呆，一种是小书呆。大书呆是'教死书，死教书，教书死'；小书呆是'读死书，死读书，读书死'。"⑤又以自己做例子，说："我从前是一个书呆子。书呆子在学校的时候是读死书，死读书，读书死；书呆子做了先生就是教死书，死教书，教书死！"⑥

对陶行知关于"读死书，死读书，读书死"的批判，另一位曾在哥伦比亚大学留学的中青年学者张耀翔提出了异议，两人有过一场论争。张耀翔认为这是在讥笑咒骂一般爱读书的人，而一般不肯用功的青年也乐得随声附和。接着他便认为这三句在逻辑上讲不通：读死书，什么是死书？是古书还是没有用的书？"假若我们拿'适者生存'的原则作估量的标准，似乎

---

① 《活的教育》，见方明主编：《陶行知全集》第1卷，四川教育出版社2005年版，第340页。

② 《新旧时代之学生》，见方明主编：《陶行知全集》第2卷，四川教育出版社2005年版，第123页。

③ 陶行知将前者称为"老八股"，后者称为"洋八股"，一并加以批判。他曾说："我们先前以'老八股'不适用，所以废科举，兴学堂；但是新学办了三十年，依然换汤不换药，卖尽气力，不过把'老八股'变成'洋八股'罢了。'老八股'与民众生活无关，'洋八股'依然与民众生活无关。"（《生活工具主义之教育》，见方明主编：《陶行知全集》第1卷，四川教育出版社2005年版，第97页。）

④ 《活的教育》，见方明主编：《陶行知全集》第11卷，四川教育出版社2005年版，第711页。

⑤ 《大上海普及教育》，见方明主编：《陶行知全集》第11卷，四川教育出版社2005年版，第517页。

⑥ 《对纽约中国学生的演讲词》，见方明主编：《陶行知全集》第12卷，四川教育出版社2005年版，第242页。

书愈古，它的价值愈来得高”。如果是指没有用，哪部书是没有用的呢？四书五经还可用来正心、修身、齐家、治国、平天下。死读书，是指读书以外不做别的工作，终日手不释卷，还是反复诵读一本不甚了解的书，至烂熟为止？“如承认读书是件好事，正不妨多读，集中注意的读。”读书死，是书读多了，把性命送掉了？“如果世间真有其人，我倒愿意顶礼敬拜，因为这种死要比争财产、抢饭碗、掠人妻子、代人夺地盘而死的有价值得多，也比苟且偷生的尊贵些。”①

对这种咬文嚼字的学究式批评，陶行知极为认真地作了回应。首先他说：“当我们劝告青年不要读死书，死读书，读书死的时候，我们接着就劝告大家要：‘用活书，活用书，用书活。’我们的指针是‘过什么生活，用什么书’。不用功的青年固不能借口而丢掉书本，蛀书虫也不能断章取义说我们把书本抹煞。”接着陶行知对张耀翔的各个分论点逐个剖析，从历史的角度、民族的命运、现实的教训、平民的情怀指出其偏枯和狭隘。②

三、从“活的教育”到“生活教育”

陶行知既然反对“死的教育”，就要提倡“活的教育”。他在《活的教育》的演讲中，用鱼儿水中游、鸟儿林中唱、花草春日发来比喻活的教育。活的教育就是要使人一天进步似一天，一天新似一天。他说，活的教育有三层含义：第一，“要承认儿童是活的，要按照儿童的心理进行”，“学校里教育儿童，也像这样，不能下死规强迫一律”。第二，“要用活的人去教活的人”，“拿活的东西去教活的学生”，“拿活的书籍去教小孩子”。第三，活教育的方法，就是设计教学法、依计划去找实现法。③ 陶行知还用三组英文来表达他对活的教育的认识，即 Education of life，Education by life，Edu-

---

① 张耀翔：《“读死书”“死读书”“读书死”通吗？》，载《教育杂志》1935 年 3 月第 25 卷第 3 号。

② 《通不通》，见方明主编：《陶行知全集》第 3 卷，四川教育出版社 2005 年版，第 289—293 页。

③ 《活的教育》，见方明主编：《陶行知全集》第 1 卷，四川教育出版社 2005 年版，第 340—350 页。陶行知这里讲的“设计教学法”不是美国教育家克伯屈所创造的教学方法，他说：“我们教授儿童，先要设定一个计划，然后一步一步地向着所计划的路上去做。……办教育的人，要能会设计，预知学生将有风潮，就先要设一方法，使那风潮却从无形中消灭，不致使他发泄。知道学生程度不齐，就要设一种计策，使之能齐，总期各方面都无损，且能获益。这种设计，各学校的情形，各有各的不同，各地方亦有各地不同。”（方明主编：《陶行知全集》第 1 卷，四川教育出版社 2005 年版，第 347 页。）

cation for life。但这时生活教育还没有作为一个完整的概念提出来,这三组英文的大意是:教育的内容和材料是活的,方式和方法是活的,精神和目的是活的;而不能直译为教育为生活所固有,通过生活来教育,为了生活而教育。1931 年 11 月,陶行知又专门撰文谈到"用活书,活用书,用书活":"什么是活书?活书是活的知识之宝库。花草是活书,树木是活书,飞禽、走兽、小虫、微生物是活书,山川湖海、风云雨雪、天体运行都是活书。活的人、活的问题、活的文化、活的武功、活的世界、活的宇宙、活的变化,都是活的知识之宝库,便都是活的书。活的书只可以活用而不可以死读。新时代的学生要用活书去生产,用活书去实验,用活书去建设,用活书去革命,用活书去树立一个比现在可爱可敬的社会。"①1946 年 7 月中旬,陶行知最后一次谈到"活的教育",他说:"活的人要受活的教育。活的教育要使人长,向上长。……活教育是要人用活书,活用书,用书活。"②

从活的教育过渡到生活教育,在逻辑上似乎很自然,因为生活教育肯定是活生生的教育。1918 年 1 月,陶行知在《教育与职业》第 1 卷第 3 期发表《生利主义之职业教育》,就提出:"生活主义包含万状,凡人生一切所需皆属之。其范围之广,实与教育等。有关于职业之生活,即有关于职业之教育;有关于消闲之生活,即有关于消闲之教育,有关于社交之生活,即有关于社交之教育;有关于天然界之生活,即有关于天然界之教育。"③这是目前所能见的陶行知关于生活教育最早的表述,但还没有明确提出生活教育的概念。

1926 年 11 月,陶行知在中华教育改进社特约乡村教师研究会上发起通过《我们的信条》,"生活教育"就呼之欲出了,比如第二条:"我们深信生活是教育的中心。"第三条:"我们深信健康是生活的出发点,也是教育的出发点。"第四条:"我们深信教育应当培植生活力,使学生向上长。"第十

---

① 《新旧时代之学生》,见方明主编:《陶行知全集》第 2 卷,四川教育出版社 2005 年版,第 123 页。曾与陶行知共事过的陈鹤琴在 20 世纪 30 年代也多次提到教师要"教活书,活教书,教书活",学生要"读活书,活读书,读书活",并在 20 世纪 40 年代开展"活教育"实验。陈鹤琴教育思想中有不少与陶行知相通之处,还比如:陶行知主张"社会即学校",陈鹤琴主张"大自然、大社会都是活教材";陶行知主张"教学做合一",陈鹤琴主张"做中教,做中学,做中求进步"。

② 《活的教育》,见方明主编:《陶行知全集》第 11 卷,四川教育出版社 2005 年版,第 711 页。

③ 《生利主义之职业教育》,见方明主编:《陶行知全集》第 1 卷,四川教育出版社 2005 年版,第 10 页。

二条:“我们深信乡村学校应当做改造乡村生活的中心。”第十三条:“我们深信乡村教师应当做改造乡村生活的灵魂。”①12月,在改进社乡村教育讨论会上,陶行知指出中国乡村教育走错了路,生路“就是建设适合乡村实际生活的活教育。我们要从乡村实际生活产生活的中心学校;从活的中心学校产生活的乡村师范;从活的乡村师范产生活的教师;从活的教师产生活的学生,活的国民”②。

综合前述,陶行知提出生活教育理论,至少是在晓庄学校成立以前。他自己也在多个场合表达了这一信息。1938年12月,陶行知在生活教育社成立大会上说:“生活教育之定义在晓庄开校前九年,我已提出,包含三部分:一是生活之教育,二是以生活影响生活之教育,三是为着应济生活需要而办之教育。用英文译出来,比较简单:Life education means an education of life,by life and for life。”③1939年5月30日,陶行知在给邓哲熙的信中说:“生活教育社发起在十二年前,提出‘生活即教育’‘社会即学校’‘教学做合一’‘在劳力上劳心’‘即知即传’的主张。我们的目的则在于教育的普及,生活的提高,自觉性之启发及创造力之培养。”④1946年5月初,陶行知在生活教育社上海分社筹备会的讲话中又说:“‘生活教育’第一次的发现,是民国七年在南京高等师范演讲。中国的教育太重书本,和生活没有联系。教育不通过生活是没有用的,需要生活的教育,用生活来教育,为生活而教育。为生活需要而办教育,教育与生活是分不开的。我们应以前进的生活提高落后的生活,以合理的生活提高不合理的生活,以有计划的生活,克服无秩序的生活。民国八年是生活教育思想上的萌芽。民国十五年,有五六个教师下了决心,丢掉了传统教育下乡去。民国十六年三月十五在南京的一角,才出现生活教育的具体机构——晓庄师范,也就是生活教育从理论到实践开始的一天。”⑤

---

① 《我们的信条》,见方明主编:《陶行知全集》第1卷,四川教育出版社2005年版,第74—75页。
② 《中国乡村教育之根本改造》,见方明主编:《陶行知全集》第1卷,四川教育出版社2005年版,第85页。
③ 《生活教育目前的任务》,见方明主编:《陶行知全集》第4卷,四川教育出版社2005年版,第228页。
④ 《生活教育的目的——致邓哲熙》,见方明主编:《陶行知全集》第8卷,四川教育出版社2005年版,第448页。
⑤ 《生活教育的创立与成长》,见方明主编:《陶行知全集》第4卷,四川教育出版社2005年版,第530页。

“晓庄开校前九年”是1918年，即民国七年。然而，陶行知提到的民国七年在南京高师关于“生活教育”的演讲未见于《陶行知全集》，内容不得而知。民国八年(1919年)，陶行知认为是“生活教育思想上的萌芽”，这一年7月他在浙江第一师范学校毕业生讲习会上演讲，题目为《新教育》，其中有一节谈到“新学生”，陶行知别出心裁地把“学生”拆开来，认为“生”就是生活或者生存，学生所学的是人生之道，“我们所求的学，要他天天加增的，是高尚的生活，完全的生活，精神上的生活，永久继续的生活”①。基本可以肯定，生活教育的基本理论与核心命题，在晓庄初期已经形成。

晓庄学校成立后，陶行知生活教育理论逐渐明朗，并付诸实践。1927年夏，无锡开原小学校长潘一尘来晓庄帮助创办第三中心小学，陶行知问他对试验乡村师范的生活有什么感想，潘一尘毫不客气地批评说：“你们这里简直是原始生活，不是农民生活。”陶行知回答说：“原始生活虽说不到，但是一部分确实是野人生活。我们这里的教育是从野人生活出发，向极乐世界探寻。”陶行知将由潘一尘引发的思考写成文字发表，第一次完整地使用“生活教育”概念，他说：“我们从野人生活里感觉到人的身体是不足以应付环境的。我们觉得人类要想征服天然势力，必须发明、制造、运用身体以外的工具。我们自从尝了野人生活，对于工具觉得万分重要，没有生活工具，简直不必空谈生活教育。”②不过陶行知在这里似乎是顺带提及“生活教育”，也没有对之进行详细的阐述，让人感觉到他之前应该有更为系统明确的解释。1929年起，陶行知以生活教育为主题的演讲和论文日益增多，比如多次谈论“生活即教育”“社会即学校”“教学做合一”等生活教育理论的核心命题。

晓庄学校被查封后，陶行知继续对“生活教育”概念不断进行解释。1934年2月16日《生活教育》创刊号(第1卷第1期)上，陶行知撰文说：“生活教育是生活所原有，生活所自营，生活所必需的教育。教育的根本

① 《新教育》，见方明主编：《陶行知全集》第1卷，四川教育出版社2005年版，第269页。

② 《从野人生活出发》，见方明主编：《陶行知全集》第1卷，四川教育出版社2005年版，第95—96页。

意义是生活之变化。生活无时不变，即生活无时不含有教育的意义。"①1946 年 5 月，陶行知在生活教育社上海分社筹备会上对生活教育作最后一次阐释："教育不通过生活是没有用的，需要生活的教育，用生活来教育，为生活而教育。"②这些解释的核心思想前后基本一致，即生活教育有三层含义：内容是生活的，手段是生活的，目的是生活的。

第二节 "生活即教育"

一、基本内涵

"生活即教育"是生活教育理论的统领式命题，所有的理论阐述和实践活动都围绕这个中心来进行。"生活即教育"的提法，直接源自杜威的"教育即生活"。1929 年 5 月 19 日，陶行知在晓庄学校的寅会③上演讲《生活即教育》，是我们所见的第一篇提出并阐述这一思想的理论文献，他说：

"教育即生活"是杜威先生的教育理论，也就是现代教育思潮的

① 《普及现代生活教育之路》，见方明主编：《陶行知全集》第 3 卷，四川教育出版社 2005 年版，第 206 页。

② 《生活教育的创立与成长》，见方明主编：《陶行知全集》第 4 卷，四川教育出版社 2005 年版，第 530 页。

③ 寅会即晨会。"一日之计在于晨"，晓庄学校每天早晨 5 时有 10 分钟至 15 分钟的寅会，筹划每天应进行的工作。陶行知经常在寅会上发表演说，启迪师生的教育智慧，勉励师生团结互助、共同提高。梁漱溟也很重视早晨与学生讲道，他称之为朝会。1924 年冬，他与 10 个追随他的弟子并熊十力在什刹海东煤厂租房共学，经常主持朝会，曾说："朝会自那时就很认真去做，大家共勉互进，讲求策励，极为认真，如在冬季，天将明未明时，大家起来后在月台上团坐，疏星残月，悠悬空际，山河大地，皆在静默，惟间闻更鸡喔喔作啼，此情此景，最易令人兴起，特别的感觉心地清明、兴奋、静寂，觉得世人都在睡梦中，我独清醒，若益感到自身责任之重大。……静默有时很长，最后亦不一定要讲话，即[使]讲话也讲得很少。无论说话与否，都觉得很有意义，我们就是在这时候反省自己，只要能兴奋反省，就是我们生命中最可宝贵的一刹那。"(《梁漱溟全集》第二卷，山东人民出版社 2005 年版，第 40—41 页。)后来他搞乡村建设，也吸取了这一形式，经常率领师生作朝会，讲自己的人生体会和治学心得，启发学生去关注和思考社会问题，提高自身修养。

中流。我从民国六年起便陪着这个思潮到中国来,八年的经验告诉我说"此路不通"。在山穷水尽的时候才悟到"教学做合一"的道理。所以,"教学做合一"是实行"教育即生活"碰到墙壁把头碰痛时所找出来的新路。"教育即生活"的理论,至此乃翻了半个筋斗。实行"教学做合一"的地方,再也不说"教育即生活"。他不再耐烦把学校变成社会的缩影。他要伸张到大自然大社会里去活动。他要我们在生活里各尽所能,各取所需。没有"教育即生活"的理论在前,决产生不出"教学做合一"的理论。但到了"教学做合一"的理论形成的时候,整个的教育便根本的变了一个方向。这新方向是"生活即教育"。分析开来:康健的生活便是康健的教育;劳动的生活便是劳动的教育;科学的生活便是科学的教育;艺术的生活便是艺术的教育;社会革命的生活便是社会革命的教育。从这个理论里面我们可以推出下面的结论:

一、是生活便是教育;

二、是好生活便是好教育,是坏生活便是坏教育;

三、不是生活便不是教育;

四、所谓之"教育",未必是生活,即未必是教育。①

陶行知为什么要将杜威的思想翻半个筋斗,从"教育即生活"变成"生活即教育"?我们可以从他对"教育即生活"的批判中找到答案:

这好比一个笼子里面囚着几只小鸟,养鸟者顾念鸟儿寂寞,搬一两丫树枝进笼,以便鸟儿跳得好玩,或者再捉几只生物来,给鸟儿做陪伴。小鸟是比较的舒服了。然而鸟笼毕竟还是鸟笼,决不是鸟的世界。所可怪的是养鸟者偏偏爱说鸟笼是鸟世界,而对于真正的鸟世界的树林反而一概抹煞,不加承认。假使笼里的鸟,习惯成自然,也随声附和的说,这便是我的世界;又假使笼外的鸟,都鄙弃树林,而羡慕笼中生活,甚至以不得其门而入为憾。那么,这些鸟才算是和人一样的

① 《生活即教育》,见方明主编:《陶行知全集》第2卷,四川教育出版社2005年版,第7—8页。

荒唐了。①

在陶行知看来,既然要将教育与生活发生联系,就不能只是从生活中有选择地捡几根“树枝”搬到教育中来,这其实是肢解生活,误解生活。所谓教育即生活,不过是“学校里的教育太枯燥了,必得把社会里的生活搬一些进来,才有意思”。陶行知比杜威更进一步,认为生活不是教育的点缀,本身就具有教育意义。“拿全部生活去做教育的对象,然后教育的力量才能伟大,方不致于褊狭。”“‘生活即教育’,教育极其广阔自由,如同一个鸟放在林子里面的;‘教育即生活’,将教育和生活关在学校大门里,如同一个鸟关在笼子里的。”②“教育的根本意义是生活之变化。生活无时不变,即生活无时不含有教育的意义。”“到处是生活,即到处是教育。”③

二、生活决定教育

“生活即教育”不是要把生活与教育等同起来,二者的关系是生活决定教育,教育改造生活。“从定义上说,生活教育是给生活以教育,用生活来教育,为生活向前向上的需要而教育。从生活与教育的关系上说,是生活决定教育。从效力上说,教育要通过生活才能发出力量而成为真正的教育。”④

生活决定教育,即过什么样的生活就是受什么样的教育,有什么样的生活就有什么样的教育。“过什么生活便是受什么教育:过好的生活,便是受好的教育;过坏的生活,便是受坏的教育;过有目的的生活,便是受有目的的教育;过糊里糊涂的生活,便是受糊里糊涂的教育;过有组织的生活,便是受有组织的教育;过一盘散沙的生活,便是受一盘散沙的教育;过

---

① 《普及现代生活教育之路》,见方明主编:《陶行知全集》第3卷,四川教育出版社2005年版,第205—206页。

② 《生活即教育——答操震球问》,见方明主编:《陶行知全集》第2卷,四川教育出版社2005年版,第410页。

③ 《普及现代生活教育之路》,见方明主编:《陶行知全集》第3卷,四川教育出版社2005年版,第206页。

④ 《谈生活教育——答复一位朋友的信》,见方明主编:《陶行知全集》第4卷,四川教育出版社2005年版,第358页。

有计划的生活,便是受有计划的教育;过乱七八糟的生活,便是受乱七八糟的教育。"①"生活决定教育,教育要通过自觉的生活才能踏进更高的境界。通过自觉的集体生活的教育更能发挥伟大的力量以从事于集体之创造。"②

在这些表述中,"教育"似乎成了一个中性词,其价值指向随生活的性质而变化。但陶行知并未就此打住,他进一步延伸,从知行合一的哲学出发,提出教育的重心是生活,而不是通常所谓的读书上学。就受教育者而言,如果生活上做一套,读的书是另一套,则教育不能发生效力。他说:"过的是少爷的生活,虽天天读劳动的书籍,不算是受着劳动教育;过的是迷信生活,虽天天听科学的演讲,不算是受着科学教育;过的是随地吐痰的生活,虽天天写卫生的笔记,不算是受着卫生的教育;过的是开倒车的生活,虽天天谈革命的行动,不算是受着革命的教育。我们要想受什么教育,便须过什么生活。"③就教育者而言,应当提供人生所需要的教育,而不是虚伪的教育、作假的教育。1930 年初他在晓庄学校举行的全国乡村教师讨论会上说:"人生需要什么,我们就教什么。人生需要面包,我们就得受面包教育;人生需要恋爱,我们就得过恋爱生活,也就是受恋爱教育。准此类推,照加上去:是那样的生活,就是那样的教育。"④

三、教育改造生活

教育改造生活,即教育能"使人天天改造,天天进步,天天往好的路上走;就是要用新的学理,新的方法,来改造学生的经验"⑤。"我们所求的学,要他天天加增的,是高尚的生活,完全的生活,精神上的生活,永久继续

① 《普及现代生活教育之路》,见方明主编:《陶行知全集》第 3 卷,四川教育出版社 2005 年版,第 206 页。

② 《生活教育运动十三周年纪念告同志书》,见方明主编:《陶行知全集》第 4 卷,四川教育出版社 2005 年版,第 375 页。

③ 《普及现代生活教育之路》,见方明主编:《陶行知全集》第 3 卷,四川教育出版社 2005 年版,第 206 页。

④ 《生活即教育》,见方明主编:《陶行知全集》第 2 卷,四川教育出版社 2005 年版,第 398 页。

⑤ 《新教育》,见方明主编:《陶行知全集》第 1 卷,四川教育出版社 2005 年版,第 266 页。

的生活。”①

陶行知教育改造生活的思想可能来自杜威的“教育是经验持续不断的改造(continuous reconstruction of experience)”,但他比杜威走得更远,认为教育不但可以使个体生活得到很好的改造,而且能改造社会,增进文明。陶行知在为提倡乡村教育而作的《我们的信条》中说:“我们深信乡村学校应当做改造乡村生活的中心。我们深信乡村教师应当做改造乡村生活的灵魂。”②到了抗战时期,陶行知更是从国家独立、民族解放的高度来认识生活教育的伟大意义——“‘教育是民族解放、大众解放、人类解放之武器。’这种教育观,是把教育从游戏场、陈列室解放出来,输送到战场上去。……生活教育理论,是半殖民地半封建的中国争取自由平等的教育理论。”③

四、生活的过程就是教育的过程

“生活即教育”还有一层意思:生活的过程就是教育的过程,甚至可以说生命的持续即是教育的持续。

1930年初,陶行知在答晓庄学生操震球之问时说:“‘生活即教育’,是叫教育从书本的到人生的,从狭隘的到广阔的,从字面的到手脑相长的,从耳目的到身心全顾的。”④这既从内容的广度,又从时间的长度上延伸了生活教育的内涵,完全突破了学校教育的局限。

1934年初,陶行知在《生活教育》创刊号对此又作了更为彻底的阐述:“生活教育与生俱来,与生同去。出世便是破蒙,进棺材才算毕业。在社会的伟大学校里,人人可以做我们的先生,人人可以做我们的同学,人人可以做我们的学生。随手抓来都是活书,都是学问,都是本领。”⑤

---

① 《新教育》,见方明主编:《陶行知全集》第1卷,四川教育出版社2005年版,第269页。

② 《我们的信条》,见方明主编:《陶行知全集》第1卷,四川教育出版社2005年版,第75页。

③ 《谈生活教育——答复一位朋友的信》,见方明主编:《陶行知全集》第4卷,四川教育出版社2005年版,第358页。

④ 《生活即教育——答操震球问》,见方明主编:《陶行知全集》第2卷,四川教育出版社2005年版,第410页。

⑤ 《普及现代生活教育之路》,见方明主编:《陶行知全集》第3卷,四川教育出版社2005年版,第206页。

陶行知的这些认识与现代终身教育的思想是一致的,但比终身教育概念的提出要早30多年。

第三节 “社会即学校”

一、基本内涵

“社会即学校”在内涵和表达方式上与“生活即教育”是一致的。既然“生活即教育”已经把杜威的“教育即生活”颠倒了,那么杜威的“学校即社会”也就顺理成章地颠倒为“社会即学校”。杜威的意思是学校不能自我封闭,要办成小型社会,以便学生将来能适应社会生活。陶行知则认为不只是把学校办成社会,而且要将社会变成学校,使社会富于教育意义,成为教育场所。这一点在逻辑上紧密承接“生活即教育”,他说:

> 到处是生活,即到处是教育;整个的社会是生活的场所,亦即教育之场所。因此,我们又可以说:“社会即学校。”
>
> ……
>
> 自有人类以来,社会即是学校,生活即是教育。士大夫之所以不承认它,是因为他们有特殊的学校给他们的子弟受特殊的教育。从大众的立场上看,社会是大众惟一的学校,生活是大众惟一的教育。大众必须正式承认它,并且运用它来增加自己的知识,增加自己的力量,增加自己的信仰。[①]

不难看出,陶行知提倡“社会即学校”,除了教育理论的逻辑发展使然之外,还有深层次的教育下移、大众解放等意义。其实,陶行知的许多观点

① 《普及现代生活教育之路》,见方明主编:《陶行知全集》第3卷,四川教育出版社2005年版,第206页。

都不能仅仅从教育学角度来理解，而是为劳苦大众请命、为社会变革呐喊。

课堂里既不许生活进去，又收不下广大的大众，又不许人动一动，又只许人向后退不许人向前进，那末，我们只好承认社会是我们的惟一的学校了。马路、弄堂、乡村、工厂、店铺、监牢、战场，凡是生活的场所，都是我们教育自己的场所，那末，我们所失掉的是鸟笼，而所得到的倒是伟大无比的森林了。为着要过有意义的生活，我们的生活力是必然的冲开校门，冲开村门，冲开城门，冲开国门，冲开无论什么自私自利的人所造的铁门。所以，整个的中华民国和整个的世界，才是我们真正的学校咧。①

二、燕子矶小学的启示

"社会即学校"的观点萌发于1924年夏陶行知和东南大学教育学教授赵叔愚从燕子矶小学所获得的观感。燕子矶小学设在一个关帝庙里，关公神像之外还有痘神、痳神等。清朝末年，由于地方政府在兴办新式学堂时占用寺庙祠堂，激起普通百姓的强烈反对，爆发捣毁学堂事件。如宣统二年（1910年）三月，江苏江都县梁垛场乡民不满清廷改佛寺为学堂，将高等小学堂拆毁。② 整个宣统二年，全国各省毁学之事接连不断。"有因调查户口而起者，有因饥荒而起者，有因抽捐而起者，有因迷信神道而起者，原因不一。"③

燕子矶小学汲取了清末乡村毁学的教训，为了实现学校教育和民间信仰和谐共处，校长丁超（字兆麟，前清陆军小学堂出身，后受过师范教育）带领师生合力改造学校，既要使课堂适用，又不至于引起村民的反对，就定了一个保存关公，搬移杂神的计划。师生把关公的神像神座洗刷得焕然一

① 《生活教育之特质》，见方明主编：《陶行知全集》第3卷，四川教育出版社2005年版，第606页。

② 《宣统二年三月江苏江都县乡民毁学》，见朱有瓛主编：《中国近代学制史料》第二辑上册，华东师范大学出版社1987年版，第306页。

③ 蒋维乔：《论宣统二年之教育》，载《教育杂志》宣统三年（1911年）第1期。

新,恭恭敬敬地行礼,再把其他神像移到隔壁的庙里摆着,同样又把那个庙打扫得干干净净,把杂神安排得妥妥当当。校舍宽敞清洁了,众神也各有安置,村里的人不但不责备校长,反而称赞校长能干。

这个学校没有门房、没有听差、没有斋夫,校内的打扫、泡茶等日常服务工作都是师生分任,既节省经费,又能培养学生的生活能力。校内干好了,他们进而改造周边社会环境,先是植树造林,从校门口到燕子矶的道路两旁都栽上树;再是清理燕子矶坡上的垃圾,"燕子矶坡上因有人时倒垃圾,太不洁净,丁校长就领学生们把所有的垃圾扫除一空。村民不知卫生,仍是时常把垃圾倒在此处。但村民一面倒,他就一面扫;村民倒一回,他就扫一回。后来邻居渐渐的出来责备倒垃圾的人,燕子矶头从此清洁了"[①]。

这一所不起眼的小学带给陶行知许多思考,看到了学校与社会的和谐共处、互助互进,他说:"这个学校不但教学生读书,并且教学生做事。做什么?改造学校!改造环境!"[②]"平常办学,学校自学校,社会自社会,不要说联络,连了解也说不到。丁校长接事只有半年,对于燕子矶社会情形,了如指掌。他并能得地方公正绅士之信仰和帮助。学校因此无形中消除了好多障碍。……再看看这个学校普通的进步:去年校中只有学生七十八人,今年已经加到一百二十四人;去年女学生寥寥无几,今年因丁夫人之教导,已经有三十余人了;去年本地有私塾四所,现在只有一所了。由此可见这半年进步敏捷之一斑。"[③]陶行知和赵叔愚对这天的参观有许多感慨,也感到很高兴,返回时遇上大雨,淋得浑身是水,赵叔愚仍然连声说:"值得!值得!值得!"

陶行知为丁超夫妇所感动,觉得夫妻共同到乡村去办学,真正做到扎根乡村、改造乡村,是一件很重要的事,便专门做了一首诗:

---

① 《半周岁的燕子矶国民学校——一个用钱少的活学校》,见方明主编:《陶行知全集》第1卷,四川教育出版社2005年版,第40页。

② 《半周岁的燕子矶国民学校——一个用钱少的活学校》,见方明主编:《陶行知全集》第1卷,四川教育出版社2005年版,第39—40页。

③ 《半周岁的燕子矶国民学校——一个用钱少的活学校》,见方明主编:《陶行知全集》第1卷,四川教育出版社2005年版,第42页。文中的"去年"指1923年,"今年"指1924年。

男学生，
女学生，
结了婚，
做先生。
哪儿做先生？
东村或西村。
同去改旧村；
同去造新村。
旧村魂：
新村魂：
一对夫妻一个魂。[①]

三、冲破"鸟笼"

创办晓庄学校期间，陶行知"社会即学校"的理念已基本形成，在答操震球之问中，他专门解释了为什么要主张"社会即学校"，反对"学校即社会"：

> 我们主张"社会即学校"，是因为在"学校即社会"的主张下，学校里面的东西太少，不如反过来主张"社会即学校"，教育的材料，教育的方法，教育的工具，教育的环境，都可以大大增加，学生、先生也可以更多起来。因为在这样办法下，不论校内校外的人，都可以做师生的。"学校即社会"，一切都减少，校外有经验的农夫，就没有人愿去领教，校内有价值的活动，外人也不得受益。[②]

---

① 《村魂歌》，见方明主编：《陶行知全集》第7卷，四川教育出版社2005年版，第50页。此诗原题《同到乡下去》，后改为《村魂歌》，并由赵元任谱曲。陶行知对乡村夫妻学校的赞赏，可能与他在美国的经历有关。据陈鹤琴回忆：美国乡村小学有不少是"夫妇学校"，尤其是南方，夫妇学校是很普遍的。这些学校还是社会中心，与社会发生直接联系，平常的游艺会、交谊会都在学校举行。（《我的半生》，见陈秀云、陈一飞编：《陈鹤琴全集》第六卷，江苏教育出版社2008年版，第540页。）

② 《社会即学校——答操震球问》，见方明主编：《陶行知全集》第2卷，四川教育出版社2005年版，第411页。

陶行知经常将封闭的学校比喻作鸟笼,“社会即学校”就是要冲破种种制度限制、种种狭隘思想,到社会中去接受教育,到社会中去普及教育,打碎的是“鸟笼”,得到的是“伟大无比的森林”。他说:“一个乡下先生住在一个破庙里教死书,就好比是一只孤鸦。他无意也无暇与农人交接。他教他的书,对农人的一切是不能过问。他所办的学校是与社会隔离。学校不能运用社会的力量以谋进步,社会也没法吸收学校的力量以图改造,双方都失掉互济的效用。这种孤僻的学校,普及了也没有意思。”①

到社会中去接受教育,普及教育,意味着要拆除学校的围墙,将学校与社会打成一片,使生活的场所成为教育的场所,让文化教育为劳苦大众所共享,让广大师生走出校门,融入社会,改造社会。这不只是拿社会来教育,更是给社会以教育。

四、社会与学校互为促进

一方面,“将校门打开,运用社会的力量,使学校进步”②。陶行知认为社会本身就具有教育意义,学校要充分利用社会资源,用活生生的社会现象和社会事例来做教育的工具、教育的内容,“学校生活只是社会生活一部分。学校不是道士观、和尚庙,必须与社会生活息息相通。要有化社会的能力,先要情愿社会化。学校生活是社会生活的起点。远处着眼,近处着手,改造社会环境要从改造学校环境做起”③。学校要努力社会化,还要敢于向社会开放,接受社会的监督和批评。“我们要学校生活长得敏捷圆满,就得要把他放在光天化日之下。太阳光底下可以滋长,黑暗里面免不掉微生物。所以我主张学校要给人看。做父母的、管学务的,以及纳教育税的人,都要看学校。要学校改良,做校长的、做教员的,都要欢迎人参观批评,以补自己之不足。”④

另一方面,“动员学校的力量,帮助社会进步”⑤。学校要了解社会、研

① 《普及现代生活教育之路》,见方明主编:《陶行知全集》第3卷,四川教育出版社2005年版,第212页。

② 《实施民主教育的提纲》,见方明主编:《陶行知全集》第4卷,四川教育出版社2005年版,第482页。

③ 《我之学校观》,见方明主编:《陶行知全集》第2卷,四川教育出版社2005年版,第252页。

④ 《我之学校观》,见方明主编:《陶行知全集》第2卷,四川教育出版社2005年版,第253页。

⑤ 《实施民主教育的提纲》,见方明主编:《陶行知全集》第4卷,四川教育出版社2005年版,第482页。

究社会,运用教育的力量改造社会,谋求社会进步。1923 年底,陶行知应北京师范大学平民教育社之邀,作了一场演讲,指出要用自己的学识和研究来改造社会。“我们研究学问,非只为增加一点个人的幸福,目的总是要改造社会。改造社会的范围甚广,大之全世界,小之一国家,再小一省、一县,再小即学校之四周,都是要改造的。虽改造社会要从远处着眼,但亦要从近处着手。大学校内的人,虽目的要改造大社会,然对学校以内与夫学校附近的社会,最宜先加以改造。”①1926 年 11 月,陶行知在《我们的信条》中说:“我们深信乡村学校应当做改造乡村生活的中心。我们深信乡村教师应当做改造乡村生活的灵魂。我们深信乡村教师必须有农夫的身手,科学的头脑,改造社会的精神。我们深信乡村教师应当用科学的方法去征服自然,美术的观念去改造社会。”②文中的 18 条中有 4 条专门讲以学校改造社会。

陶行知幼年时有乡村生活经历,中年时创办试验乡村师范学校,他对中国乡村的凋敝、中国农民的苦难感同身受,因此他讲学校改造社会最初是从改造乡村出发的,内容主要是文字下乡、美化环境、促进生产、和谐人伦等。随着中国历史的发展和人生经历的变化,他的视野越来越开阔,整个国家、整个民族、整个世界,都需要学校教育去改造、去创造;改造的内容也越来越宽大,从社会表象过渡到社会本质,以求对各种社会问题来一个“总解决”,如“打倒土豪劣绅、贪官污吏、帝国主义”③。

1928 年,叶圣陶在《教育杂志》上连载小说《倪焕之》,描绘青年教师倪焕之在乡村教育中寻找人生意义与社会改革的理想。小说中有一段对话,可以从中看出陶行知思想的印记。高等小学校长蒋冰如对倪焕之讲他在城里听到的议论:“学校同社会脱不了干系;学校应该抱一种大愿,要同化社会,作到这一层,才是学校的成功;假如作不到,那就被社会所同化,教育等等只是好听的名词,效果等于零!……我们要直接地同化社会,要让

① 《长江流域平民教育运动之性质组织及方法》,见方明主编:《陶行知全集》第 1 卷,四川教育出版社 2005 年版,第 481 页。

② 《我们的信条》,见方明主编:《陶行知全集》第 1 卷,四川教育出版社 2005 年版,第 75 页。

③ 《普及现代生活教育之路》,见方明主编:《陶行知全集》第 3 卷,四川教育出版社 2005 年版,第 212 页。

社会大众都来当我们的学生!"[①]《倪焕之》的连载与晓庄学校所进行的试验为同一时期,这里所议论的当是指陶行知"社会即学校"的观点。

既然"整个社会是学校,学校不过是一课堂",那么,除了学校这个课堂之外,"家庭、店铺、茶馆、轮船码头,都是课堂。甚至防空洞中,也可以进行教育。博物馆、图书馆、电影院,都是进行有系统的教育地方。应当请专家讲演,深入浅出。没有专家的地方,也应有好的办法,使老百姓无师自通"[②]。陶行知创办各种各样方便人民大众及其子弟学习的教育场所,如民众茶园、通讯学校、空中学校、工学团、业余学校、旅行团、社会大学等[③],都属于这类尝试。陶行知后来还对"社会即学校"的观点作进一步延伸,提出"以宇宙为教室,奉自然作宗师"[④],"大自然成了学校","宇宙即学校"[⑤]。

在生活教育理论体系中,"社会即学校"和"生活即教育"是两个出现频率最高的命题,陶行知经常把它们放在一起论述,比如他说:

> 与"生活即教育"有联带关系的就是"学校即社会"。"学校即社会"也就是跟着"教育即生活"而来的,现在我也把它翻了半个筋头,变成"社会即学校"。整个的社会活动,就是我们的教育范围,不消谈什么联络,而它的血脉是自然流通的。不要说"学校社会化"。譬如现在说要某人革命化,就是某人本来不革命;假使某人本来是革命的,还要他"化"什么呢?讲"学校社会化",也是犯同样的毛病。"社会即学校",我们的学校就是社会,还要什么"化"呢?现在我还有一个比方:学校即社会,就好像把一只活泼泼的小鸟从天空里捉来关在笼里一样。它要以一个小的学校去把社会上所有的一切东西都吸收进来,所以容易弄假。社会即学校则不然,它是要把笼中的小鸟放到天空中

① 叶圣陶:《倪焕之》,江苏文艺出版社2010年版,第159—160页。

② 《实施民主教育的提纲》,见方明主编:《陶行知全集》第4卷,四川教育出版社2005年版,第482页。

③ 周洪宇:《陶行知生活教育学说》,湖北教育出版社2011年版,第201—202页。

④ 《对联》,见方明主编:《陶行知全集》第7卷,四川教育出版社2005年版,第1015页。

⑤ 《活的教育》,见方明主编:《陶行知全集》第11卷,四川教育出版社2005年版,第711页。

去,使它能任意翱翔,是要把学校的一切伸张到大自然界里去。要先能做到"社会即学校",然后才能讲"学校即社会";要先能做到"生活即教育",然后才能讲到"教育即生活"。要这样的学校才是学校,这样的教育才是教育。①

第四节 "教学做合一"

尽管生活教育的基本内容从学理上讲依次是"生活即教育""社会即学校""教学做合一",但实际上陶行知最先提出的是"教学做合一"。从思想来源上看,"生活即教育"与"社会即学校"可以从杜威那里找到直接依据。而"教学做合一"作为生活教育的方法论,虽然也有杜威"做中学"的含意,但并非直接的传承关系。事实上,陶行知在阐释"教学做合一"时,很少提及杜威,"教学做合一"更多的是他个人的原创与积累。

一、从"教学合一"到"教学做合一"

陶行知在南京高师倡导改"教授法"为"教学法"时,于1919年2月发表了重要论文《教学合一》(本书第二章曾提到),列了三条教学合一的理由:"一、先生的责任在教学生学;二、先生教的法子必须根据学的法子;三、先生须一面教一面学。这是教学合一的三种理由。第一种和第二种理由是说先生的教应该和学生的学联络;第三种理由是说先生的教应该和先生的学联络。有了这样的联络,然后先生学生都能自得自动,都有机会方法找那无价的新理了。"②

1922年新学制颁布后,陶行知进一步提出新主张:事怎样做就怎样

① 《生活即教育》,见方明主编:《陶行知全集》第2卷,四川教育出版社2005年版,第398—399页。
② 《教学合一》,见方明主编:《陶行知全集》第1卷,四川教育出版社2005年版,第20页。

学,怎样学就怎样教;教的法子要根据学的法子,学的法子要根据做的法子。[①] 1925 年 11 月,陶行知在南开学校对中学部教职员演讲《教学合一》,张伯苓劝他将题目改为"学做合一",陶行知豁然贯通,直称"教学做合一"[②]。也就是说,在着手创办试验乡村师范之前,陶行知"教学合一"的思想已发展为"教学做合一"。

1926 年 11 月,他在为提倡乡村教育而作的《我们的信条》中说:"我们深信教法学法做法合一。"[③]12 月,他在《中国师范教育建设论》中又说:"教的法子要根据学的法子,学的法子要根据做的法子。教法、学法、做法是应当合一的。我们对于这个问题所建议的答语是:事怎样做就怎样学;怎样学就怎样教;怎样教就怎样训练教师。"[④]

1927 年 3 月,晓庄学校成立后,陶行知正式提出"教学做合一",并用其作为晓庄的校训。10 月 2 日,晓庄师范学校董事长蔡元培与陈鹤琴、张宗麟等一同来校参观,陶行知组织师生召开欢迎会,请蔡元培演讲。蔡元培演讲的主题是"教学做合一是很自然的",他说:"我对于现在,真是挂着一个空的董事长的牌子,因为第一件,此地校里很重要的原则,教法、学法、做法合一,我就没有做到。不过我极相信此法是有至理,而且是很自然的。"[⑤]"中国农人占全国国民总数的最多数,所以我们现在要想改良一切制度,都应当在农人的头上做起。现在诸位到此,都抱有大志改良乡村教育,这是我所非常赞同的。"

梁漱溟 1928 年曾来晓庄参观,对"教学做合一"印象深刻,极为称道,在广州市第一中学对学生发表演讲说:

> 我第一次去参观,因为去的人太多,妨碍我个人参观的计划,所以只过两小时就回来了。第二天早晨我再去,细细参观一天,实地调查,

① 《教学做合一》,见方明主编:《陶行知全集》第 1 卷,四川教育出版社 2005 年版,第 106 页。
② 王文岭:《陶行知年谱长编》,四川教育出版社 2012 年版,第 161 页。戴伯韬:《陶行知的生平及其学说》,人民教育出版社 1982 年版,第 21 页。
③ 《我们的信条》,见方明主编:《陶行知全集》第 1 卷,四川教育出版社 2005 年版,第 75 页。
④ 《中国师范教育建设论》,见方明主编:《陶行知全集》第 1 卷,四川教育出版社 2005 年版,第76 页。
⑤ 《在晓庄师范学校演说词》,见高平叔编:《蔡元培全集》第五卷,中华书局 1988 年版,第 154—156 页。

当晚在学校里住宿，第二天才回来。这次算比较的满意，首先令我们注意的，就是他的“教学做合一”的信条，他们相信教育方法应当是怎样生活，就怎样教育。而生活里面不外许多事情，所以教育方法，即是：“事情是怎样做就怎样学，怎样学就怎样教。”我觉得这是很合于教育道理的。譬如种田是一种生活，我们就应该在田里做，就在田里学，也就在田里教。做饭食饭是一种生活，我们便应该在厨房饭厅里做，在那里学，在那里教。教育要合于生活，教育必须教学做合一。[1]

二、基本内涵

1927 年 11 月，晓庄办学已有半年多，却没有师生对“教学做合一”提出疑问，陶行知觉得很奇怪。他决定一探究竟，去看一位老师（晓庄称为“指导员”）的教案，发现其中把教学活动分成三个方面：教的方面，学的方面，做的方面。又去阅读一位同学在《乡教丛讯》上发表的文章，其中有一句话说：“晓庄小学的课外作业就是农事教学做。”陶行知认为师生俩都没有真正理解“教学做合一”的含义，那位老师是教学做分家，不是教学做合一；那位同学依据传统学校的安排，将晓庄的教学活动分课内和课外，而在陶行知看来，“课外作业是生活与课程离婚的宣言，也就是教学做离婚的宣言”[2]。

于是，陶行知觉得有必要对“教学做合一”的内涵作一次系统阐述。1927 年 11 月 2 日，他在晓庄学校寅会上专门讲解“教学做合一”。他说：“我们学校的基础就是立在这五个字上，再也没有一件事比明了这五个字还重要了。”

教学做是一件事，不是三件事。我们要在做上教，在做上学。在做上教的是先生；在做上学的是学生。从先生对学生的关系说：做便

---

① 梁漱溟：《参观南京晓庄学校所见》，见北京市陶行知研究会编：《陶行知研究》，湖南教育出版社 1987 年版，第 94 页。

② 《教学做合一》，见方明主编：《陶行知全集》第 1 卷，四川教育出版社 2005 年版，第 105 页。

是教;从学生对先生的关系说:做便是学。先生拿做来教,乃是真教;学生拿做来学,方是实学。不在做上用功夫,教固不成为教,学也不成为学。……教学做是合一的。因为一个活动对事说是做,对己说是学,对人说是教。比如种田这件事是要在田里做的,便须在田里学,在田里教。游水也是如此,游水是在水里做的事,便须在水里学,在水里教。再进一步说,关于种稻的讲解,不是为讲解而讲解,乃是为种稻而讲解;关于种稻而看书,不是为看书而看书,乃是为种稻而看书;想把种稻教得好,要讲什么话就讲什么话,要看什么书就看什么书。我们不能说种稻是做,看书是学,讲解是教。为种稻而讲解,讲解也是做;为种稻而看书,看书也是做。这是种稻的教学做合一。一切生活的教学做都要如此,方为一贯。否则教自教,学自学,连做也不是真做了。所以做是学的中心,也就是教的中心。①

教学做合一的中心是做,由做而学,由学而教,于是乎有同道之人将陶行知的提法颠倒为"做学教合一"。宝山县立师范学校孙伯才著文说:"这做学教合一与教学做合一,在原则上本是同出一辙的,不过那教学做合一很会引起人的误解,以为是由教而学,由学而做,一种演绎的说法。做学教合一比较醒目一些,因为做是生活的手段,由做上学,由做上教,不致误会到'做'是教学后之一种附属物。"②陶行知虽然认为这一提法"格外有意思"③,但并不能完全接受,他始终坚持自己"教学做合一"的主张。1928年初,宝山县立师范学校校长带领学生40余人到晓庄参观学习,陶行知在欢送会上说:"我记得两年前,这个学校还没有开办时,我曾到宝山师范去演讲过,就把'教学做合一'的理论,早在他们那里播下种子了,如今也在发芽抽枝的时期。我很希望我们两校像兄弟一般,携着手共同为中国乡村教育立一基础起来……"④

---

① 《教学做合一》,见方明主编:《陶行知全集》第1卷,四川教育出版社2005年版,第106—107页。

② 孙伯才:《"做学教合一"之理论与实际》,载《教育杂志》1928年第20卷第11号。

③ 《教学做合一》,见方明主编:《陶行知全集》第1卷,四川教育出版社2005年版,第107页。

④ 《共同为中国乡村教育立一基础》,见方明主编:《陶行知全集》第2卷,四川教育出版社2005年版,第315页。文中"这个学校"指晓庄师范学校。

三、“朱端琰之问”

1928年底，朱端琰来晓庄参观，对陶行知的办学精神十分钦佩，称陶行知“不愧为中国的杜威”，同时又对晓庄学校的教学做合一有些疑问，写信问陶行知：“照先生的结论，教和学都要在做上出发，且要在实际生活中做。但我们的实际生活有多少？仅在实际生活中去做去学去教，能有多少收获？社会能否有继续的，扩大的进步？”朱端琰用了两个非常尖锐的比喻：“粪蛆滚来滚去，也滚不出毛厕井；蛙看来看去，也见不着大天呵！”接着又从哥伦布发现新大陆谈到火星、分子、飞机，提出一连串的疑问，归纳起来有四点：“（1）教学做合一不能得人类全部的经验。（2）教学做合一有轻视读书的流弊。（3）教学做合一忽视精神上的活动。（4）教育就是做。”[①]陶行知对朱端琰仅仅从字面上对“教学做合一”作狭隘理解的提问作了详细的解答，从“做”出发，对“教学做合一”作了一番独到的阐释：

> “做”字在晓庄有个特别定义。这定义便是在劳力上劳心。单纯的劳力，只是蛮干，不能算做；单纯的劳心，只是空想，也不能算做；真正的做只是在劳力上劳心。我们做一件事便要想如何可以把这件事做好，如何运用书本，如何运用别人的经验，如何改造用得着的一切工具，使这件事做得最好。我们还要想到这事和别事的关系，想到这事和别事的相互影响。我们要从具体想到抽象，从我相想到共相，从片段想到系统。这都是在劳力上劳心的功夫。不如此，便不是在劳力上劳心，便不是做。
>
> ……
>
> 中国教育的一个普通的误解是以为：用嘴讲便是教，用耳听便是学，用手干便是做。这样不但是误解了做，也误解了学与教了。我们主张教学做是一件事的三方面：对事说是做，对自己之进步说是学，对别人的影响说是教。做要用手，即学要用手、教要用手；做要用耳，即

① 朱端琰：《与陶知行先生论“教学做合一”》，见方明主编：《陶行知全集》第2卷，四川教育出版社2005年版，第28—30页。

学要用耳、教要用耳；做要用眼，即学要用眼、教要用眼。做要用什么器官，即学要用什么器官、教要用什么器官。

……

中国教育的第二个普通的误解，便是一提到教育就联想到笔杆和书本，以为教育便是读书、写字，除了读书、写字之外，便不是教育。我们既以做为中心，那末，做要用锄头，即学要用锄头、教要用锄头；做要用斧头，即学要用斧头、教要用斧头；做要用书本，即学要用书本、教要用书本。吃面要用筷子，喝汤要用匙子，这是谁也知道的。倘使有人用筷子喝汤，用匙子吃面，大家必定要说他是个大呆子。我们现在的教育，何尝不是普遍的犯了这个错用工具的毛病。中国的教员、学生，实在太迷信书本了。他们以为书本可以耕田、织布、治国、平天下；他们以为要想耕田、织布、治国、平天下，只要读读书就会了。书本是个重要的工具，但书本以外的工具还多着呢。因为学校专重书本，所以讲书便成为教，读书便成为学，而那用锄头、斧头的便算为做了。这是教学做分家。他们忘记了书本也是“做”事所用的工具，与锄头、斧头是一类的东西。做一件事要想做得好，须用锄头便用锄头，须用斧头便用斧头，须用书本便用书本，须合用数样、数十样工具，便合用数样、数十样工具。我们不排斥书本，但决不许书本做狄克推多，更不许它与“做”脱离关系，而成为所谓“教学”之神秘物。①

对于朱端琰关于哥伦布、火星、分子、飞机等近乎刁难的提问，陶行知都做出了巧妙的应答。关于哥伦布发现新大陆，他说：“教学做合一的理论，并不曾主张普通人去模仿特殊人物之特殊事业，也不曾主张现代人去复演前代人物之过去事业。那末，我们所要知道的是哥仑布发现新大陆的大概情形和影响。”关于火星，他说：“火星里的生活，必须到火星里面去过才能知道清楚；至少也必须有人到火星里去过，回来把火星里的生活告诉我，我又有足以了解这生活之基本经验，才能间接知道清楚。但是如今还

① 《答朱端琰之问》，见方明主编：《陶行知全集》第2卷，四川教育出版社2005年版，第18—20页。狄克推多，dictator的音译，意为独裁者。

没有人到过火星，那末，火星里的生活是决没有人知道清楚的。”关于分子，他说：“倘使真要拿分子运动里的生活来说明教学做合一，我们便可举空气为例。分子运动速率增加，便觉热；速率减少，便觉冷。我们要想明白分子运动的速率，这气候的冷热却是一个眼面前最显明的例子。”①

对于“做不完的就不要学不要教了吗”的疑问，陶行知回答说：“我们遇此困难只有估量价值，拣那对于人生最有贡献的事，最合乎自己之才能需要的去做、去学、去教。那不能参加的，只好不参加；不能做的，只好不做。除此以外，还有什么办法呢？”②“倘若我们赞成‘生活即教育’的主张，那末，生活教育必是教学做合一的；生活教育内之教与学，必是以做为中心。”③

对于“晓庄因实行教学做合一不就忽略了看书吗”的疑问，陶行知回答说：“晓庄看书的时间是有规定的，所看的书也是有指定的。但比别的学校是自由的多。我们对于书籍有一条方针：做什么事用什么书。我们很反对为读书而读书。我们从去年就想依据生活历编辑一个最低限度的用书目录，现在还未编成，将来编成之后，就容易上轨道了。”④

四、实践案例

陶行知经常举晓庄解决吃水问题的教学做为例子，以为在具体的教学实践活动中如何贯彻“教学做合一”提供参考。1929 年秋季大旱，晓庄和平学园（和平门中心小学）发生饮水困难，就打了一口井，献给全村公用。不久出现两大问题：一是出水慢，不够用，村民争相起早去打水，甚至连夜打水，结果天亮时井已见底，村民只有聚在井边候水，一勺一勺地取，费很

① 《答朱端琰之问》，见方明主编：《陶行知全集》第 2 卷，四川教育出版社 2005 年版，第 21—23 页。文中“哥仑布”现一般译为哥伦布。

② 《答朱端琰之问》，见方明主编：《陶行知全集》第 2 卷，四川教育出版社 2005 年版，第 24 页。

③ 《答朱端琰之问》，见方明主编：《陶行知全集》第 2 卷，四川教育出版社 2005 年版，第 25 页。

④ 《答朱端琰之问》，见方明主编：《陶行知全集》第 2 卷，四川教育出版社 2005 年版，第 26 页。20 世纪 20 年代初，胡适曾为青年学生拟了一份“最低限度的国学书目”，含 187 种，引起广泛关注，再行选出的“实在的最低限度的书目”，缩减至 39 种。梁启超不满于“青年导师”胡适列出的书目，另拟“国学入门书”133 种，并从中选取“最低限度之必读书目”，仅 20 余种。陶行知计划为晓庄开列最低限度的用书目录，这份书目究竟为何，现有的史料中并没有发现。

长的时间才打出一桶水。二是取水时争先恐后，“有时甚至用武力解决”。陶行知既然主张“社会即学校”，决定与村民一道解决难题，并借机启迪民众。于是召开村民大会，公推一位十几岁的小学生做主席，陶行知和许多师范生以群众的身份进行协助。村民大会通过几项决议：(1)每天下午七时至第二天上午五时为不得取水的时间，违者罚洋一元，充修井之用。(2)取水按到达的先后次序进行，违者罚洋六角，充修井之用。(3)公推一位监察员，负执行处分之责。(4)公推一位开井委员长，筹款加开新井。①这样一来，通过解决吃水问题，培养了民众的公共意识、民主意识、规则意识，起到了良好的教育作用，并由此证明“生活即教育”与“社会即学校”是相联的。

1928 年 10 月，陶行知在浙江萧山与湘湖师范的师生讨论“教学做合一”，又对实践问题进行了具体的阐发：“‘教学做合一’是以生活为中心——怎样做，就怎样学；怎样学，就怎样教。所有的问题，都是从生活中发生出来的。从生活中发生出来的困难和疑问，才是实际的问题；用这种实际的问题来求解决，才是实际的学问。……教学做合一有两种涵义：一是方法，二是生活的说明。”②他还特别将“做”分为有意义的做与无意义的做，说：“人家怎样做，我也怎样做，而不求其所以然，便是无意义的做。在劳力上劳心，手到心到才是有意义的做。”③

对于生活教育理论各内容的关系，陶行知有一段话说：

> 从定义上说，生活教育是给生活以教育，用生活来教育，为生活向前向上的需要而教育。从生活与教育的关系上说，是生活决定教育。从效力上说，教育要通过生活才能发出力量而成为真正的教育。“教学做合一”，是生活法亦即教育法。为要避去瞎做、瞎学、瞎教，所以提出“在劳力上劳心”，以期理论与实践之统一。“社会即学校”这一原则，要把教育从鸟笼里解放出来。“即知即传”这一原则，要把学问

---

① 《生活即教育》，见方明主编：《陶行知全集》第 2 卷，四川教育出版社 2005 年版，第 402—403 页。
② 《湘湖教学做讨论会记》，见方明主编：《陶行知全集》第 2 卷，四川教育出版社 2005 年版，第10 页。
③ 《湘湖教学做讨论会记》，见方明主编：《陶行知全集》第 2 卷，四川教育出版社 2005 年版，第12 页。

从私人的荷包里解放出来。“行是知之始，知是行之成”，是教人从源头上去追求真理。工学团或集体主义之自我教育，是在团体生活里争取自觉之进步。“教育是民族解放、大众解放、人类解放之武器。”这种教育观，是把教育从游戏场、陈列室解放出来，输送到战场上去。时间不许我细说，总之，生活教育理论，是半殖民地半封建的中国争取自由平等的教育理论。[①]

陶行知的生活教育理论是近代中国引进西方教育和教育学之后，探索建立中国教育理论所结出的硕果，是中国本土上产生的最杰出的现代教育理论。而且，生活教育理论获得了广泛的关注和认同，其穿透力和影响力不仅跨越国内的意识形态之争，而且走向世界，第一次使中国现代教育理论产生世界性的影响。

陶行知被周恩来称为“党外的布尔什维克”，他的教育理论与实践一向受到中国共产党的关注，其弟子中更是涌现了一批中共党员，对革命根据地教育事业的发展发挥了有力的促进作用。1939 年 8 月 29 日，毛泽东在陕甘宁边区小学教员暑期训练班毕业典礼上讲话，对陶行知的生活教育学说给予高度评价：“抗战教育，一是办学校，办小学、中学、大学；二是社会教育，设立夜校，推行识字运动等。教员应当在工作中学习，应当向学生学习，向老百姓学习。在抗战教育中，知行合一是一件大事。陶行知主张知行合一，提倡生活教育，把教的、学的、做的统一起来，这在马克思主义说来，就是理论与实践的统一。现在我们的教科书中还缺少一部分，就是生活教育。”[②]陶行知生活教育理论在陕甘宁边区广泛传播，知行合一、教学做合一、小先生制等被写进边区有关文件，得到普遍的推广和应用。1940 年，延安成立了生活教育社延安分社。1943 年 4 月，延安新教育学会选编出版《行知教育论文选集》。[③] 中国共产党内知名的教育家徐特立也十分

① 《谈生活教育——答复一位朋友的信》，见方明主编：《陶行知全集》第 4 卷，四川教育出版社 2005 年版，第 358 页。

② 中共中央文献研究室：《毛泽东年谱：1893—1949》（修订版）中卷，中央文献出版社 2013 年版，第 137 页。

③ 金林祥：《一本在革命根据地出版的陶行知著作》，载《生活教育》2007 年第 7 期。

赞赏陶行知,别号"师陶",他认为中共的教育主张,从江西苏区时代开始,就和陶行知不谋而合,后来的解放区教育,"不独实现陶行知的理想,并且有更多的发展"①。

日本曾是陶行知的流亡之地,陶行知教育思想输入日本是在 1934 年,几位自称陶行知学生的中国留学生访问东京池袋儿童之村小学,介绍了陶行知领导的小先生运动等有关情况。之后,儿童村的教师们编辑发行《生活学校》杂志,引进陶行知的生活教育思想,并应用于实践,逐渐受到日本教育界的关注。② 陶行知给《生活学校》寄去了自己的部分著作,有《中国教育改造》及童话、童谣。到 20 世纪 50 年代,由于斋藤秋男等人的努力,陶行知逐渐被日本教育界知晓,大学的教育学课堂上,也经常介绍陶行知。20 世纪 80 年代以后,日本教育界研究陶行知的学者越来越多。③

韩国在 1945 年结束日本殖民统治以后,开始接受美国进步主义教育理论,陶行知的教育思想也被介绍到韩国,但影响有限。朝鲜战争爆发后,韩国与中国大陆断绝关系。直到 1975 年,韩国开始有陶行知研究的成果出版,李炳柱发表论文《陶行知博士与中共的教育理念》。1992 年中韩建交以后,韩国陆续有学者积极投入对陶行知教育思想的研究,形成了一个小高潮,其中以金贵声为代表,研究重心乃是生活教育理论。④

---

① 《中国教育家陶行知先生的学说》,见中央教育科学研究所编:《徐特立教育文集》(修订本),人民教育出版社 1986 年版,第 161 页。

② 〔日〕中野光:《日本的生活教育历史及其现状——与陶行知的邂逅以及日本生活教育运动的轨迹》,见周洪宇、余子侠、熊贤君主编:《陶行知与中外文化教育》,人民教育出版社 1999 年版,第 34—44 页。

③ 〔日〕王子瑞征、钟清汉:《陶行知与日本》,见周洪宇、余子侠、熊贤君主编:《陶行知与中外文化教育》,人民教育出版社 1999 年版,第 205—218 页。

④ 〔韩〕金贵声:《韩国研究陶行知教育思想之绍介》,载《南京晓庄学院学报》2012 年第 1 期。

第五章　关注儿童:从科学下嫁到工学团

人人都说小孩小;
谁知人小心不小?
您若小看小孩子,
便比小孩还要小!①

晓庄学校被查封后,陶行知遭政府通缉,由上海东渡,流亡日本。陶行知对日本社会和教育进行了一番考察,认为日本之所以强,强在科学发达。② 1931年春,流亡半年之久的陶行知秘密回到上海,与商务印书馆签订翻译出版世界文学名著的合同,以译稿度日。同时,受史量才之聘,出任《申报》总管理处顾问。史量才还给予陶行知10万元资助,作为科学教育基金,陶行知用这笔钱创办了"自然学园",开展科学下嫁运动。③

① 《小孩不小歌》,见方明主编:《陶行知全集》第7卷,四川教育出版社2005年版,第87页。

② 戴伯韬:《陶行知的生平及其学说》,人民教育出版社1982年版,第51—52页。

③ 朱泽甫编著:《陶行知年谱》,安徽教育出版社1985年版,第191—192页。

1932 年初，政府撤销对陶行知的通缉令。恢复公开身份后陶行知又团结一批追随者谋划办学，在上海郊区与邻近上海的县区办起了工学团。

第一节 “不除庭草斋夫”

一、流亡日本

陶行知被通缉后，先避居上海，由于不能公开露面，吃饭都成了问题，有时一天只能吃两顿，或者两个人的饭三个人吃。凡事乐观的陶行知将解决吃饭问题弄出点新意，他说：“如果您能想出法子使两餐的钱够三餐吃，两人的钱能饱三个人的肚子，您一定是出人意外的欢喜。”并作诗云：“三个蟹壳黄，两碗绿豆粥，吃到肚子里，同享无量福。”①

1930 年秋，上海也待不下去了，陶行知趁着夜色东渡日本，写了一首伤感的离别诗：“皎皎天上月，今夜又团圆。吾念岁寒友，都在离恨天。”②法国教育家卢梭 1762 年因《爱弥尔》问世遭国会和教会双重的禁毁、通缉，被迫逃奔瑞士，后又容身于普鲁士。1767 年卢梭潜返法国隐居，1770 年获得政府赦免。在中国，因从事教育活动而被迫流亡海外的，恐怕陶行知是第一人。

由于呕心沥血开创的乡村教育事业和生活教育理论严重受挫，陶行知 1931 年春在日本生了一场大病，无钱住院医治，便自行治疗调理，几至心生不祥之感，月余始完全康复。久病初愈后，陶行知写诗明志，决定继续以教育谋求中国的社会进步和民族自强，诗曰：“多年不生病，一病便病倒。自己做医生，自己把药熬，自己做看护：性命保不保？拖了个把月，形容渐枯槁。……病后痛快事，洗个热水澡。穿起学生装，脱下病时袍。今日是

① 《无量之福》，见方明主编：《陶行知全集》第 2 卷，四川教育出版社 2005 年版，第 64 页。“蟹壳黄”指烧饼、麻糕之类，形似蟹壳，色呈金黄。

② 《伤别》，见方明主编：《陶行知全集》第 7 卷，四川教育出版社 2005 年版，第 313 页。

何日？三月十五了！”[①]

二、“不除庭草斋夫”

1931 年 3 月下旬，流亡近半年的陶行知由日本潜回上海，隐匿于北四川路。[②] 为生计所需，陶行知在不公开身份的前提下，为商务印书馆翻译世界名著。可惜 1932 年“一·二八”事变爆发时，位于宝山路 584 号的商务印书馆和东方图书馆惨遭日寇轰炸，陶行知的译稿悉数焚毁，一本也没有出版。[③]

由于陶行知在流亡期间欠下不少债务，在翻译世界名著的同时，他还接受史量才之聘，秘密担任《申报》总管理处顾问。陶行知平时不到《申报》履职，但每周必有几次秘密到史寓，和史量才商谈《申报》革新计划。陶行知曾向史量才提出两点建议：一是《申报》言论、态度必须鲜明；二是增辟《读者通讯》，使《申报》真正成为人民的喉舌。[④]

1931 年 9 月，陶行知开始经常性地为《申报》撰稿，以“不除庭草斋夫”的笔名在《申报·自由谈》上连续发表文章，题材有时事评论、科学故事、诗歌散文等。陶行知在介绍这个笔名时说：

> 好几年前，我见着曾国藩写的一副对联。先看下联，是“爱养盆鱼识化机”，心里很不以为然。因为鱼的自由世界是江、河、湖、海，那一处不可以认识它们的化机，何必要把活泼泼的鱼儿捉到盆里来呢？盆是鱼的监牢，盆鱼是上了枷镣锁铐的囚犯。现在舍掉江、河、湖、海

---

① 《久病忽愈》，见方明主编：《陶行知全集》第 7 卷，四川教育出版社 2005 年版，第 327—328 页。3 月 15 日是晓庄开学的日子，后定为晓庄学校纪念日。

② 王文岭：《陶行知年谱长编》，四川教育出版社 2012 年版，第 272 页。

③ 四年后，陶行知描述这场战争的损失时说：“上海及附近的大小车站全被毁了。产业及文化机关被毁在炮火中的也不少，如商务印书馆、东方图书馆、永安纱厂、三友实业社，上海北部的大学，有复旦、同济、持志、暨南、商学院、法学院、劳动大学、中国公学等，人民生命财产的损失更无详细的统计。但因这战争而致失业的工人在七十万以上，失学的青年，超过十二万，流离失所的人也在二十万以外。总之，这是帝国主义对中国最近几十年来空前的大屠杀，也同时是中国大众几十年来没有的一次大反抗。”（《上海文化界救国会对“一·二八”四周年纪念宣传大纲》，见方明主编：《陶行知全集》第 3 卷，四川教育出版社 2005 年版，第 652—653 页。）

④ 朱泽甫编著：《陶行知年谱》，安徽教育出版社 1985 年版，第 191 页。

之大，而要在监牢式的小盆里追求造化之机，不但是违反自然，而且是表示度量之狭隘。我素来反对笼中养鸟，所以不知不觉的对于盆中养鱼也发生一种深刻的不满。我便带着这种不满意的态度去看上联。我见上联写的是“不除庭草留生意”，不禁连叫几声好，欢喜得把心里的不满都忘掉了。从此我便想用这个意思来造一座斋舍，称它为“不除庭草斋”。但是吃着早餐愁晚餐的人那有余款造房子？退一步想，斋主虽做不成，何妨做个斋夫？好，就这么说，这个“不除庭草斋夫”的头衔，恕我自封了。需要斋夫的人们，请看清这个名字来找我。否则你要除草，我不除草，弄僵起来，怎么办呢？[1]

陶行知对曾国藩的下联不以为然，却为上联叫好，因为在盆里养鱼，犹如笼中养鸟，是他素来强烈反对的，而不除庭草，给予各种天然的小草以生命的自由，又是他极为欣赏的。“不除庭草斋夫”的笔名，表达的就是对生命的尊重、对自由的向往、对专制的反抗、对平等的追求。[2] 这让人很自然地想起鲁迅先生在风雨如磐的 1927 年出版的散文集《野草》，似乎有着同样的意味。

陶行知的杂文，文笔犀利，文字浅显，对当时人和物的批评毫不客气，入木三分。如 1931 年 9 月 4 日，陶行知在《申报 · 自由谈》发表《胡适捉鬼》，讽刺胡适提出的“五鬼闹中华”。他说：“适之近撰时论，多不中肯要。去年他在《新月》上发表一文：《我们走那条路》。里面陈说中国五个鬼即贫穷、疾病、愚昧、贪污、扰乱，而对于帝国主义之侵略，竟武断的将它一笔勾消。梁漱溟曾写了一封信驳他。东京的几位朋友对于他这种见解也深致不满。我个人则以为除了外国帝国主义之外，认为国内还有一个大妖精

① 《不除庭草斋夫》，见方明主编：《陶行知全集》第 2 卷，四川教育出版社 2005 年版，第 33 页。有意思的是，过了几个月，报纸杂志上又出现了“绿满窗前斋夫”和“除庭草斋夫”两个笔名，陶行知说：“好，咱们组织起来，干他一个大扫除，肃清一切龌龊、垃圾、灰尘、微生物，打扫出一座清洁光明的房子来。”（《斋夫工会》，见方明主编：《陶行知全集》第 2 卷，四川教育出版社 2005 年版，第 148—149 页。）

② 晓庄师范的学生朱泽甫曾问陶行知“不除庭草斋夫”的笔名何解？陶行知回答说：“蒋介石杀人如割草，我不除草留生意，不是弄僵了吗？晓庄被封，斋主做不成，何妨做个斋夫，我是生来不变色，一样为人民说话做事。一本初衷为革命保留生机啊！”（朱泽甫编著：《陶行知年谱》，安徽教育出版社 1985 年版，第 197 页。）

被适之忽略了。这个大妖精便是多福、多寿、多男子的多生主义。”陶行知还给胡适送了一首诗：

明于考古，
昧于知今：
捉着五个小鬼，
放走了一个大妖精。[①]

1931年“九一八”事变后，东北三省沦陷敌手，陶行知对军阀不抵抗侵略者却镇压学生运动万分痛恨，称这些武官对日寇是托尔斯泰的信徒，对自己的同胞则“崇奉穆罕默德的策略，左手拿着《可兰经》，右手拿着宝剑”，“在这宝剑上，他的十五六岁的小弟弟的血迹还没有干呢！”[②]对张学良的“避免冲突”，陶行知更是坦率直言：“自沈阳失守后，每看张学良的电报，不禁令人怒发冲冠。在这些电报里只见是失守，退出，死伤，被缴械，不见有丝毫大无畏之表现。这是浇在民族精神之火焰上的冷水。战而败，国民原谅你。败而战，国民敬重你。不战而败，败而不战，国民终有一天要和你算账。因为你所失掉的不止是土地，而且是立国之精神。你现在还有戴罪立功的机会，如果错过了，那是多么可惜啊！”[③]

陶行知作了两首诗，一哀张学良，二勉冯庸。哀张学良诗云：“东北长城两少年，长城躲到黄河边。黄河之水可濯足，美人欢笑国人哭。”[④]讽刺少帅张学良在省亡国危之际躲在北平的温柔乡里醉生梦死。勉冯庸诗云：“东北长城两少年，长城应去嫩江边。嫩江之水可濯缨，江山为重风头轻。”[⑤]冯庸在紧急关头也没有挺身而出，而是率领冯庸大学的学生南下请愿，真是本末倒置，将民族危难化为个人出风头的作秀。

① 《胡适捉鬼》，见方明主编：《陶行知全集》第2卷，四川教育出版社2005年版，第34—35页。
② 《托尔斯泰与穆罕默德的信徒》，见方明主编：《陶行知全集》第2卷，四川教育出版社2005年版，第61页。
③ 《屡败屡战》，见方明主编：《陶行知全集》第2卷，四川教育出版社2005年版，第66页。
④ 《东北两少年》，见方明主编：《陶行知全集》第2卷，四川教育出版社2005年版，第132页。
⑤ 《东北两少年》，见方明主编：《陶行知全集》第2卷，四川教育出版社2005年版，第132页。

南方的蒋介石，则在民族危亡之时忙于“剿共”，对于日寇入侵东北，亦采取不抵抗政策，甚至于1931年11月提出“攘外必先安内”。陶行知1932年1月8日在《申报·自由谈》发表《颠倒的逻辑》，对谋国者加以讽刺：

> 中国的国事是弄颠倒了。这国事的颠倒是由于逻辑之颠倒。
>
> 蒋君介石说：
>
> “攘外必先安内。”
>
> 孙君哲生说：
>
> “救国必先救党。”
>
> 我的见解恰恰与蒋、孙二君相反：
>
> “安内必先御外；
>
> 救党必先救国。”
>
> 蒋、孙二君看见这种说法，也或者要说我是把真理弄颠倒了。这个我也不必强辩，让事实自己去证明吧。[①]

三、科普创作

从日本回国后，陶行知受日本因科学发达而富强的影响，对自然科学产生很浓烈的兴趣，他认为中国要从古老的农业文明过渡到现代的工业文明上去，离开科学是做不到的。[②] 借《申报·自由谈》这块园地，陶行知决定尝试做一些科学普及工作，以“不除庭草斋夫”的笔名发表了许多很有意思的科普文章。

陶行知发表的科普文章有《阳历闹的乱子》《学半个卡汾狄士》《伽利略与木星的月亮》《佛罗棱萨的教授》[③]《活吃丈夫》《血染的诺贝尔奖金》《爱迪生之死》《怎样学爱迪生》《不如学阿尔》《法拉第》《化磁为电》《佛兰

---

① 《颠倒的逻辑》，见方明主编：《陶行知全集》第2卷，四川教育出版社2005年版，第160页。

② 戴伯韬：《陶行知的生平及其学说》，人民教育出版社1982年版，第55页。

③ 佛罗棱萨，即意大利北部城市Florence，现译作佛罗伦萨。

克林》等。一方面向大众普及科学知识，一方面讽刺那些没有创新精神，迷信洋仪器和洋书本的大学教授。陶行知在《伽利略与木星的月亮》中说："自古以来的大科学家都是自造工具，几乎没有一个例外。依赖外国仪器的人，决不会做出第一流的贡献。"①在《佛罗棱萨的教授》中说："谁能自造仪器向大自然瞄准？如有这人，我是愿意拿着扫帚做他的斋夫了。"②在《怎样学爱迪生》中说："学爱迪生决不是读读《爱迪生传》和他的发明报告就算完事，我们必得像他一样在电气实验上亲自动手去做，用脑去想，才不愧为他的学生。这还不够，我们必得天天做，天天想，一年到头，一世到老都在这上面下工夫，才能希望有所成就。尝一尝，试一试，就放下手来，那是不会有什么大不了的贡献的。"③

1932 年 1 月在冯玉祥的努力下，经孙科出面，国民政府撤销了对陶行知的通缉。陶行知可以公开进行社会活动，他以"不除庭草斋夫"在《申报 · 自由谈》发文也于月底正式结束。1932 年 4 月，陶行知将这些杂文和科普文章结集为《斋夫自由谈》，由《申报》馆出版，93 岁高龄的马相伯亲为其题写书名。

四、《古庙敲钟录》

1932 年 5—8 月，陶行知以"不除庭草斋夫"的笔名在《申报》连载了生平唯一的一部小说《古庙敲钟录》，以文学的形式，表达自己的教育思想，"它是一个小小的社会的生活史。社会便是学校，生活便是教育；那末您要说它是一个学校的写真，或是一种教育的小影，也无不可"④。1933 年 3 月，上海儿童书局出版《古庙敲钟录》单行本，10 月再版。陶行知对这部小说有四句题词，作为《申报》60 周年的纪念："做人只做自由人，敲钟只敲自由钟。众生共走自由路，海阔天空路路通。"

大教育家陶行知为什么突然创作起小说来？学界对这个问题和这部小说一直缺乏深入的研究，有的干脆避而不谈。打开一部教育学发展史，

① 《伽利略与木星的月亮》，见方明主编：《陶行知全集》第 2 卷，四川教育出版社 2005 年版，第50 页。
② 《佛罗棱萨的教授》，见方明主编：《陶行知全集》第 2 卷，四川教育出版社 2005 年版，第 55 页。
③ 《怎样学爱迪生》，见方明主编：《陶行知全集》第 2 卷，四川教育出版社 2005 年版，第 94 页。
④ 《古庙敲钟录》，见方明主编：《陶行知全集》第 3 卷，四川教育出版社 2005 年版，第 3 页。

会发现一个有趣的现象，不少教育理论著作不是以学术的面孔出现，而是以小说的形式呈现在读者面前，如卢梭的《爱弥尔》，裴斯塔洛齐的《隐士的黄昏》《林哈德与葛笃德》和《天鹅之歌》。新式教育传播到中国来以后，也出现了一些教育小说，据笔者初步检索，仅《教育杂志》1909 年至 1928 年所登载的教育小说就有近 10 部，如《馨儿就学记》《孤雏感遇记》《埋石弃石记》《苦儿流浪记》《青灯回味录》《一个被“光复”掉的学校》《抗争》《倪焕之》等。就连高度专门化、规范化的社会学研究，也曾出现了以小说形式写就的学术名著，如林耀华的《金翼》。当然，在教育学研究不断追求科学化的今天，教育理论强调专业化的表达逻辑和学术话语，已不可能再通过小说来呈现了。

《古庙敲钟录》以敲钟人的口吻，记录当地的教育发展过程。这座世界第一古庙，“眼看见汉人两次亡国，两次又从别人的手里把中国拿回来”。这里暗示蒙古人建立元朝，满人建立清朝，明朝取代元朝，辛亥革命推翻清朝。联系到小说创作的时间，陶行知的用意很明白：中华民族到了危急关头，一定要办好教育，唤醒民众，抵御外敌。小说的主要人物是敲钟人钟儿、师范学堂毕业的朱先生，还有宋老太、春生哥、李司务、赵小二等。村庄里的人闻鸡而起，日落而息，自从有人敲钟后，就根据钟声来安排作息：听到晓钟便下床，听到午钟就吃午饭，听到晚钟就上床。忽然有一天，钟儿发现有人依着古庙的钟声抽大烟（鸦片），听到晚钟就吞云吐雾，听到晓钟就上床睡觉。于是他对自己敲钟的工作产生了怀疑：“敲钟有什么意义？把一个人敲醒去抽大烟……做抽大烟的人的公鸡……这配算是我终身大事吗？”①

钟儿寻思着在社会变革中重建自己工作的性质与意义，趁着处理古庙和尚与丧偶村姑的风流事件，钟儿机智地说服众人成全这一对苦命鸳鸯，并借此将古庙变成学校。他说：“照佛门规矩，既做和尚便不许娶妻；既要娶妻，便不能做和尚。他既情愿要老婆，便不该再做和尚。我们可以在庙里办起一个学堂来，使全村的小孩子都可以上学。如果他情愿，我们可以

① 《古庙敲钟录》，见方明主编：《陶行知全集》第 3 卷，四川教育出版社 2005 年版，第 4 页。

划十亩地给他们夫妇，只许自耕自吃，不许典卖与人。”①除了吃醋的砖匠老许，众人都对钟儿的提议表示赞成，古庙变成学校，竟在几小时内就发生了，多么不可思议！②

钟儿召集全村代表到庙里开创校会议。“代表是色色俱全，约有一百人光景：农人最多，砖匠、木匠、石匠、裁缝、杂货店老板都有，老太婆到的也不少，还有几家家长不能来，却派了小孩子来。”③办学的事商议妥当，几个负责筹备的人便进城去请“一位顶顶好、有本事的先生来”。他们来到师范学堂，校长推荐一位刚毕业的朱先生。

这位朱先生简直就是陶行知的化身，他不满足于将学校办在庙里，力求做到“社会即学校”，铁匠铺、砖瓦房、菜园子、山坡上，都是学校的课堂。钟儿明白朱先生的用意，说：“你的学堂是以青天为顶，大地为底，二十八宿为门墙，万物都是你的先生，都是你的同学，都是你的学生。我完全懂了，你打破了我的鸟笼式的小学校而给了我一个森林似的大学校。我们在这海阔天空中过生活，那是多么的快乐呀！”④钟儿不断受到朱先生的点化，坚信古庙学校必是一个有生命的学校，不但有生命的潜伏，有生命的自由，而且有生命的奋斗。他写下三句感悟：“静默如地下的种子。自由如空中的鸽子。猛勇如斗虎的狮子。”⑤

朱先生见后，也给钟儿写了三句话：“行动是老子。知识是儿子。创造是孙子。”⑥此时陶行知常用的名字是“陶知行”，并未正式改名“陶行知”，而这里已经为日后更名做了思想准备。朱先生对钟儿说，要将王阳明的“知是行之始，行是知之成”翻半个筋斗，变成“行是知之始，知是行之成”。他解释道：“我们是要在行动中追求真知识。行动遇着困难便不能不思想，思想贯通便取得了真知识。运用真知识以行动，便走上了创造之

---

① 《古庙敲钟录》，见方明主编：《陶行知全集》第3卷，四川教育出版社2005年版，第11页。

② 1924年夏陶行知和赵叔愚参观燕子矶小学，非常欣赏校长丁超的办学经验，这所小学就设在关帝庙内。古庙学校的原型，似乎有燕子矶小学的影子。另外，清末民初，在寺庙祠堂内办学校乃是普遍现象，陶行知的用意，就是要赋予古庙小学以普遍价值，以更好地阐述和宣传他的生活教育思想。

③ 《古庙敲钟录》，见方明主编：《陶行知全集》第3卷，四川教育出版社2005年版，第14页。

④ 《古庙敲钟录》，见方明主编：《陶行知全集》第3卷，四川教育出版社2005年版，第32页。

⑤ 《古庙敲钟录》，见方明主编：《陶行知全集》第3卷，四川教育出版社2005年版，第33页。

⑥ 《古庙敲钟录》，见方明主编：《陶行知全集》第3卷，四川教育出版社2005年版，第34页。

路。今日之学校是行以求知的地方。有行动的勇气，才有真知之收获，才有创造之可能。"①

至于学生，"一岁也可，百岁也可"，全村的人，只要想受教育，都可以来做学生。为了解决穷苦人"进学堂就没得饭吃，要吃饭就不能进学堂"的矛盾，"与其招学生进学校，不如送教育上门"②，就是把教育送给放牛娃、送进铁匠铺，也不是不可能。人手不够怎么办？"师傅教大徒弟，大徒弟教小徒弟"③，实行学生自己教自己。这里我们似乎能看到"小先生"的萌芽。

朱先生还帮助全村人对付军阀，请了一个退职军官江营长来教大家防备土匪，全村部分壮丁组织民团，训练自卫。"醉翁之意不在酒，打强盗不算一回什么事，保护小孩子，扑灭帝国主义才是我们真正的目的哩。……全村皆兵，全乡皆兵，全县皆兵，全省皆兵，全国皆兵，而实无一个靠当兵吃饭的兵，乃是普及军事教育的最大目的。"④

古庙学校将开学的日子定在 3 月 15 日，这一天正是晓庄学校开学的日子。朱先生自己写课文，教了一课之后，即派几位大弟子分头教小学生抄写课文。农友们在旁边看了，也想请朱先生给他们上一课，朱先生兴高采烈地满口答应。他常说："从前学堂门口挂着两块虎头牌，上面写的是：'学堂重地，闲人莫入'。我们现在不但不挂这样的虎头牌，而且要把学堂的门墙完全拆掉，欢迎大家到学堂里指教。乡下人看见我们教错了，可以给我们一些善意的批评；如果看见我们教得不错，也可以引起他们一些求学的兴趣。"⑤

在朱先生看来，中国已到了生死存亡关头，教育是在与国难赛跑，要对国民实施六大训练才能渡过难关：(1)普遍的军事训练，使人人成为保国的健儿；(2)普遍的生产训练，使人人成为造富的工人；(3)普遍的科学训练，使人人能在劳力上劳心；(4)普遍的识字训练，使人人获得传达思想的符号；

---

① 《古庙敲钟录》，见方明主编：《陶行知全集》第 3 卷，四川教育出版社 2005 年版，第 36 页。
② 《古庙敲钟录》，见方明主编：《陶行知全集》第 3 卷，四川教育出版社 2005 年版，第 37—38 页。
③ 《古庙敲钟录》，见方明主编：《陶行知全集》第 3 卷，四川教育出版社 2005 年版，第 39 页。
④ 《古庙敲钟录》，见方明主编：《陶行知全集》第 3 卷，四川教育出版社 2005 年版，第 53 页。陶行知当年在南京办晓庄学校，附近闹土匪，晓庄也组织军事训练以自卫。
⑤ 《古庙敲钟录》，见方明主编：《陶行知全集》第 3 卷，四川教育出版社 2005 年版，第 63 页。

(5)普遍的民权训练,使人人成为中华民族的主人;(6)普遍的生育训练,使人人到了生育年龄可以生得少,生得好,以再造未来更优良的民族。①

朱先生以古庙为中心,以教育为手段,制订了一个庞大的社会改造计划,如生产、栽树、修路、打井、灭蚊虫、玩科学把戏等,以求将农村变成乐园,将地狱变成天堂,实际上使古庙变成了一个空想的社会实验。这些都与陶行知的生活教育理论完全一致。“我们在这里所办的虽是一个小学堂,但同时是一个小工场,又是一个小社会。学堂的主要意义是长进;工场的主要意义是生产;社会的主要意义是平等互助,自卫卫人。……我们这小小实验是将工场、学堂、社会打成一片。”②古庙学校轰轰烈烈地办了一个多月,连校名都没有定好,有人喊它为古庙学校,有人喊它为古庙学堂,有人喊它为古庙小学,有人直呼为古庙。朱先生觉得以学校名之,难免失掉生产与社会的意义,想来想去,合适的称呼是古庙工学团。“如果全国的家庭、商店、工厂、学堂、军队、乡村一个个都变成工学团,人人生产,人人长进,人人平等互助,人人自卫卫人,那末中华民国是变成何等庄严的一个国家呀!中华民族的新生命是在工学团的种子里潜伏着。”③

钟儿和朱先生特意算了一笔账:全国中等以上学校一年的总消费是一万一千二百六十四万元,假使学校变成工学团,这每年一万一千二百六十四万元的消耗,便一跃而变成生产的资本,三万七千教师和二十八万八千学生都从高等游民一跃而变为生产的工人,这样自能把一个穷的中国变成一个富的中国。至于小学,每年至少有十万万元在传统教育之下是完全消费掉了,假使每个小学生每年用自己的劳动力赚一元钱,全国便是一千四百万元,赚十元钱便是一万四千万元。全国一年的军费二万四千五百五十五万元,正规军接近二百六十万人,多半原是可以生产的农人,一入军队便立刻变为消费者。假使能将二万四千五百五十五万元养兵费用充作生产资本,将二百六十万军人化为生产的工人,那又是一支多么伟大的建设力量!④ 当然,办教育的账不能这么算,但这其中反映了陶行知墨家一般济

---

① 《古庙敲钟录》,见方明主编:《陶行知全集》第3卷,四川教育出版社2005年版,第66页。
② 《古庙敲钟录》,见方明主编:《陶行知全集》第3卷,四川教育出版社2005年版,第76页。
③ 《古庙敲钟录》,见方明主编:《陶行知全集》第3卷,四川教育出版社2005年版,第78页。
④ 《古庙敲钟录》,见方明主编:《陶行知全集》第3卷,四川教育出版社2005年版,第83—84页。

世救民的精神和情怀。[①]

第二节　科学下嫁

中国的科学教育，兴盛于新文化运动期间。1914 年 6 月，任鸿隽、赵元任、胡明复等留美学生在美国绮色佳[②]城发起组织中国科学社，倡导科学教育，宗旨是“传播科学知识，促进实业发展”。任鸿隽认为：“科学于教育上之重要，不在于物质上之知识，而在其研究事物上之方法，尤不在研究事物之方法，而在其所与心能之训练。”[③]1918 年 10 月，中国科学社迁回国内，设办事处于南京高师，其主要成员多在南京高师和后来的东南大学任教，他们将西方现代科学系统引入中国，许多领域的研究在中国现代史上都具有开创性的意义。陶行知后到南京高师任教，虽没有文献记载表明陶行知参与中国科学社的活动，但留美经历和科学社之提倡，对陶行知开展科学教育有一定的影响。

早在 1922 年，陶行知就关注中国的科学教育，说：“我们的教育害病最厉害的是中学，中学中尤以科学教育为最不良，所以中学教育造成的人才，都不能控制环境，号令环境，管理环境。将来推士先生，对于中国中学中之科学教育，必有许多贡献。”[④]1928 年，陶行知在晓庄成立了科学社，宗旨有四：培养科学的人生观；构造科学的环境；制造简单的科学工具；研究科学

① 1927 年 6 月 3 日，陶行知在晓庄学校寅会上演讲时，认为王阳明的“知是行之始，行是知之成”不对，应该是“行是知之始，知是行之成”，并引证墨子的思想，他说：“《墨辩》提出三种知识：一是亲知，二是闻知，三是说知。亲知是亲身得来的，就是从‘行’中得来的。”（《行是知之始》，见方明主编：《陶行知全集》第 2 卷，四川教育出版社 2005 年版，第 4—6 页。）

② 现译作伊萨卡。

③ 转引自孙培青：《中国教育史》（修订版），华东师范大学出版社 2000 年版，第 392 页。

④ 《中华教育改进社第一次年会社务报告》，见方明主编：《陶行知全集》第 1 卷，四川教育出版社 2005 年版，第 399 页。1922 年 6 月，美国知名科学教育专家推士应中华教育改进社之聘来华，历时两年，调查访问了 10 省 24 个城市的 200 多所学校，写成《中国的科学与教育》，1925 年由商务印书馆以英文出版，此书对中国科学教育的状况、所存在的问题以及改进建议等，进行了较为全面的阐述。

的教学做。[①] 晓庄学校经常有各种科学实验，以激发学生的科学兴趣，培养创造能力。[②] 短暂流亡日本的经历，使陶行知更加认识到科学教育对国家和民族的重大意义。

一、“自然学园”

1931 年夏，史量才有感于陶行知对《申报》的支持和帮助，投桃报李，决定出资 10 万元，作为科学教育基金，支持陶行知的科学教育事业。借史量才之助，陶行知在上海西摩路（今陕西北路）创办“自然学园”，开展科学下嫁运动。

他继续自己的平民路线，决定将科学普及到工农大众和少年儿童中去。据戴伯韬回忆，陶行知曾说：“资本家专有了科学，他们设立了科学研究室，开办了大学和专门学校，可是能够享受现代自然科学成果的，只有他们和他们的子女。我们现在要做相反的工作，我们要使做工种田的人，拾垃圾的孩子，烧饭的老太婆也能享受近代科学知识，要把科学变得和日光、空气一样普遍，人人都能享受，这就需要一个科学下嫁运动。”[③]

“自然学园”购置科学仪器、图书资料，作为从事科学实验、科普创作的基地，参加其中工作的有从英美法留学归国的人员，如丁柱中[④]、高士其[⑤]等；有追随陶行知的学生，如戴伯韬、方与严、董纯才等；陶行知及其长子陶宏，也一并参与研究天文和化学。所有参与人员在一种强大的使命

---

① 《晓庄科学社简章》，见方明主编：《陶行知全集》第 2 卷，四川教育出版社 2005 年版，第 596 页。

② 中国科学社直接参与了晓庄学校的科学教育。1928 年 8 月，陶行知在致中国科学社的信中提到，晓庄学校因为设在乡村，生物资源非常丰富，在科学教育中特别注重生物教学，中国科学社生物研究所的秉农山、张形汉、方炳文等帮助晓庄“将生物学输入乡村小学，以润泽村儿枯涩之生活，并保护其固有之科学兴趣”，陶行知还表示“为促进乡村科学化起见，深愿与贵社发生更密切之关系，以收合作之效”。（《重视生物学——致中国科学社》，见方明主编：《陶行知全集》第 8 卷，四川教育出版社 2005 年版，第 228 页。）

③ 戴伯韬：《陶行知的生平及其学说》，人民教育出版社 1982 年版，第 55—56 页。

④ 丁柱中（1899—1940），安徽怀宁人，1923 年留法，归国后曾在南京晓庄师范执教，后又追随陶行知从事科学下嫁运动，著有大量科普读物，还曾翻译世界著名科学家传记。

⑤ 高士其（1905—1988），福建福州人，1925 年留美，一次在研究脑炎病毒的过程中，瓶子破裂，不幸被病毒感染。1930 年回国，先在南京中央医院任检验科主任，经李公朴介绍，认识陶行知。后应陶行知邀请，与戴伯韬、董纯才等一起编写“儿童科学丛书”，从此与科普工作结缘，成为中国近现代最著名的科普作家。1946 年 5 月，陶行知曾在上海看望病中的高士其。

感、责任感的召唤下努力工作，过集体生活，相互激励，共同切磋。他们每天凌晨起床，在阳台上观日出，察看天气变化；早餐后，读书、看报、查资料，然后开始一天的写作和研究；晚上到阳台上观察星象，阳台上有一架昂贵精密的天文望远镜。除免费吃住外，每人每月仅可领到 10 元生活补助费。①

国家富强靠科学，科学昌明在教育，教育重心在儿童。陶行知认为："二十世纪的世界，是一个科学的世界。科学的世界里要有一个科学的中国。一个迷信的国家，在科学的世界里是难以存在。科学的中国要谁去创造呢？要中国的孩子去创造！朋友把自己造成科学的孩子，便是把中国造成科学的中国。"②他希望儿童过科学的生活，玩科学的把戏，不要做科学的书呆子。"一天到晚沉醉在八股里，充其量，不过是一个科学的书呆子。一年到头闷起头来照样画葫芦的干那刻印板的实验，充其量不过是一套科学的猴子戏，这里面没有生命。如果是科学，便是蛇儿成龙时所脱下的壳子，不是活蛇，尤其不是真龙。您必得和自然小姐发生恋爱，尝一尝其中的甜酸苦辣，才算是过着科学的生活。"③

二、儿童科学丛书

陶行知计划在"自然学园"编出一套规模宏大、独具特色的"儿童科学丛书"，共计三五百本，内容包括生物、化学、物理、天文、矿物、数学、农业、生理卫生等。这一套丛书特别之处在于："是根据陶氏的教育理论编的，着重在指导儿童动手做实验，所以关于如何去找材料，如何动手做，说得非常详细，务使学者看了书上说的就会去做。从做中引导到近代的新奇发明上去，引导到科学原理上去，引导到日常生活和环境的改造上去。特别注意就地取材，找中国材料，因为过去中国人研究自然科学都是举外国例子找外国材料，不但容易丧失自信心，而且不易找到这些材料，这就大大妨碍动手干。至于这些书之注意通俗有趣，浅近明白，也是较严格的。"④

---

① 童富勇、胡国枢：《陶行知传》，教育科学出版社 1991 年版，第 208—209 页。

② 《怎样做一个科学的孩子》，见方明主编：《陶行知全集》第 5 卷，四川教育出版社 2005 年版，第 632 页。

③ 《科学的生活》，见方明主编：《陶行知全集》第 2 卷，四川教育出版社 2005 年版，第 541 页。

④ 戴伯韬：《陶行知的生平及其学说》，人民教育出版社 1982 年版，第 56 页。

陶行知编“儿童科学丛书”,特别强调让儿童动手去做,要通过亲手的实验,感受科学的魅力,培养科学的兴趣,探究科学的原理。他说:“我们编辑这部书的目的,在引导小朋友把自己造成科学的孩子。科学的孩子必得动手去做,用脑去想,所以这部书是科学的孩子实验、观察、思想的指南,而不是静坐在那儿诗云子曰一样的读的书。如果买了回去,读而不做,做而不求做之所以然,那便是违背我们编书的宗旨了。”①陶行知风趣地将这些包含科学原理的小实验称之为“玩科学把戏”,并鼓励家长、教师和小朋友一起来玩。“您每天自己先玩一两个把戏,玩成功了,再教孩子们一起来玩,一起来谈,一起来想,不消几个时候,您便变了一位科学的教师,科学的家长,而您的孩子便变成了科学的孩子。”②

> 科学的孩子是怎样做的呢?脱掉你的手套!剪掉你的指甲!把你的一双小手从荷包里拿出来!拿出来玩科学的把戏!科学是从把戏中玩出来的。科学的把戏是不可以瞎玩的。你必得把你的头脑请来做总司令。你要在劳力上劳心,在玩的时候想。如果你只会玩不会想,那么,你只配跟新世界的把戏大王做小喽啰,不是科学的孩子。人生两个宝:双手与大脑。你别把这两个宝贝埋在地下不用,也别把它们拆散。你该把你的头脑和双手结成同盟,向大自然进攻。
>
> ……
>
> 你向大自然进攻,不可没有侦探。你的侦探是现成的,你猜猜看是谁?一个叫做眼睛,一个叫做耳朵。你的眼睛原来是明亮的,为什么要戴上老师们送你的染色眼镜?把染色的眼镜放下,它们便成了你的千里眼。你的耳朵原来是听得清楚的,为什么要戴上老妈子送你的迷信耳朵套?把迷信的耳朵放下,它们便成了你的顺风耳。有了千里眼、顺风耳做侦探,你的总司令和两员大将,十个小兵,便能知己知彼,百战百胜。
>
> ……

① 《〈儿童科学丛书〉的用法》,见方明主编:《陶行知全集》第5卷,四川教育出版社2005年版,第640页。
② 《〈儿童科学丛书〉的用法》,见方明主编:《陶行知全集》第5卷,四川教育出版社2005年版,第640页。

科学的小兵要自造作战的工具，一般科学八股的酸先生，专靠外国仪器哄骗学生，也如同一般八股的军人，专靠外国枪炮杀同胞。外国仪器贵得很，那里是我们穷孩子玩得起的呀！我们要想做个科学的孩子，必得自造仪器。没有玻璃管吗？找根毛竹、芦柴或是做个蜡纸管来替代。没有火酒灯吗？用墨水瓶做一个小小火酒灯。没有软木塞吗？拿棉花、棉纸试一试。没有火酒吗？看看汾酒、烧酒蒸馏后能不能用。每逢做一个实验，我们必须问一问："有什么东西可以替代外国仪器？"自己实在做不起来，本国实在没有代替的东西，才向外国买。

……

科学的战场上不能有捣乱的分子，我们的捣乱分子便是违反科学之嗜好、习惯。一切不合乎科学之说话、行动，都要斩草除根的消灭掉。"笼统先生""含混太太""一定小姐""差不多少爷"一流的人，都要和他们断绝关系，不与来往。否则近墨者黑，习惯成自然，久而久之，他也笼统了，含混了，满嘴一定、差不多了，那么，你在科学的战场上怕是要吃败仗的。[①]

陶行知宏伟庞大的计划并没有完全实现，"儿童科学丛书"最终只出版了108册，由于陶行知的通缉令未除[②]，丛书以陈鹤琴、丁柱中的名义编辑出版。

三、儿童科学通讯学校

1932年6月，陶行知开始科学下嫁的另一项重要事业——创办儿童

① 《怎样做一个科学的孩子》，见方明主编：《陶行知全集》第5卷，四川教育出版社2005年版，第632—634页。

② 1932年1月5日，冯玉祥给行政院孙科发急电，要求取消陶行知的通缉令，并发还晓庄学校。电云："弟十七年来京时曾赴晓庄学校数次，并曾与介石先生一度同往。嗣因时局转变，该校校长陶知行先生被诬为与弟有关，即下命通缉，该校亦被查封。无故受此重大损失，每一念及，深感不安。务请我兄查明取消陶先生通缉，并令将学校全部发还，以明是非而复自由，无任企荷。"孙科接电后，即批示行政院查明情况，呈请政府明令取消通缉。事情进展迅速，1月25日，国民政府主席林森、行政院长孙科联名签发国民政府指令："将陶知行通缉案撤销并将该学校全部发还"。（《关于取消陶知行通缉令并启封晓庄学校的来往函电五件》，见方明主编：《陶行知全集》第2卷，四川教育出版社2005年版，第621—623页。）

科学通讯学校。该校由自然学园、儿童书局合办，上海市教育局批准登记为私立学校，联络处设在爱文义路小沙渡路永裕村（今址不详），报名处和缴费处设在浙江路5号儿童书局总店。陶行知自任校长，丁柱中、陈鹤琴、高士其、胡宣明及自然学园的全体人员为指导员。学校创设宗旨“在造就科学的儿童与科学的民众，使中华民族成为科学的民族，以适应科学的世界”。学习程度分初、高两级，各修业两年，凡小学导师、师范生、幼童之家长以及识字青年、儿童能看懂浅显语体文者，皆可入学。课程内容包括：儿童的生物、儿童的物理、儿童的化学、儿童的天文、儿童的气象、儿童的地球、儿童的工艺、儿童的农艺、儿童的生理卫生、儿童的科学指导等。① 招生启事云：

> 二十世纪的世界是一个科学的世界。在科学的世界里，只有科学的国家才能存在。我们必须使中华民族具备科学的本领，成为科学的民族，以适应现代生活，生存于现代世界。但是科学要从小教起，我们要想造一个科学的民族，必得要加工培植嫩芽的儿童。本校感觉儿童科学教育之重要，特发起创立，期使科学的民族早日产生。凡爱好科学的儿童与有志指导儿童学习科学的教师和家长，均请报名入学，共同研究，共同实验，不胜欢迎之至！②

儿童科学通讯学校办了三四年，参与工作的人员都是尽义务，后来连讲义印刷费也付不出来了，只好停办。

办通讯学校是向识字的人推广科学教育，如何让广大不识字的人们也能够享受现代科学教育呢？陶行知想到了刚刚兴起的无线电广播，于是发动身边的科普工作者写广播稿，每天由二儿子陶晓光广播20分钟。但科普广播收效甚微，“知识分子咬文嚼字，满口名辞的腔调，群众打开话匣一

---

① 《创设儿童科学通讯学校》，见方明主编：《陶行知全集》第11卷，四川教育出版社2005年版，第398—399页。

② 《关于儿童科学通讯学校的两个文件》，见方明主编：《陶行知全集》第3卷，四川教育出版社2005年版，第627—628页。

听便感到头痛，把机纽一扳去听弹词或京戏，我们便完全失败了”[①]。

四、培养科学与人文精神

1932 年 3 月，陶行知在致中山大学教育系主任庄泽宣的信中说：“几年以来，我们觉得要救中华民族，必须民族具备科学的本领，成为科学的民族，才能适应现代生活，而生存于现代世界。科学要从小教起。我们要造成一个科学的民族，必要在民族的嫩芽——儿童——上去加工夫培植。有了科学的儿童，自然会产生科学的中国和科学的中华民族。”[②]

陶行知的科学教育不只是普及科学知识，通过实验玩科学把戏，还注重培养科学精神与人文关怀，尤其生物学的教学和实验，更强调要体现对生命的尊重。晓庄时期，他就表示：“一般学校研究生物学之方法，除了读死书之外，如果有实验，便是杀生。教师变成屠户，生物馆不啻为死尸陈列所。晓庄生物学应该注重养生。我们的责任在指导孩子和生物做朋友，认识它，爱护它，研究它，等它死了再把它陈列出来，作为永久之纪念。”[③]从事科学下嫁时，他还特意提到晓庄学校的一个例子，深以为悔：“一次，小学生捉了一串一串挂珠似的虾蟆子，我想，总有几千粒。老师们教学生养在一个六尺长，三尺宽，一尺深的铁池里。过不了几天，池中便是一片漆黑，虾蟆子都变成蝌蚪，人山人海在池里乱冲着。大家看了都以为好玩。我独觉到那些蝌蚪是在尝着中国的滋味，它们是有人满之患，找不着出路。但是我那时科学兴趣没有现在浓厚，又忙得很，不能及时为这些小虫找条生路。果然，它们是大难临头。一天，我看到池里是空空如也，问老师们蝌蚪都到哪里去了？他们告诉我是自己死了，死得精光，一个活的也没有，所以摔掉了。作孽罢！我现在回想到这回事，它在我脑筋中的印象是留得太深刻了。”这件事从此便成了陶行知“考虑儿童生物学的出发点”，他进一

① 戴伯韬：《陶行知的生平及其学说》，人民教育出版社 1982 年版，第 57 页。

② 《关于科学教育——致庄泽宣》，见方明主编：《陶行知全集》第 8 卷，四川教育出版社 2005 年版，第 253 页。

③ 《生物学或死物学——致郑先文》，见方明主编：《陶行知全集》第 8 卷，四川教育出版社 2005 年版，第 239 页。

步追问:“我们有什么权利可以牺牲虾蟆的生命来给我们玩把戏?”①

陶行知认为科学技术应该为大众服务,为人类造福,而不能成为侵略别国、危害人类的工具。由于20世纪30年代国际局势日趋紧张,一些小规模的国际争端正逐渐演变为一场场血腥的侵略战争。世界大战的阴云正在积聚,一些科学技术的新成果不是直接应用于生产生活,而是率先出现在战场上,成为侵略者的帮凶,陶行知对此深感忧虑。1935年10月,意大利入侵埃塞俄比亚,墨索里尼发动大屠杀,无线电技术的发明者马可尼跑去做了科学刽子手。陶行知的科学慧眼中容不下一粒砂,对马可尼提出尖锐的批评:

> 去年,我有一个孩子要学做无线电收音机,因此,我也从书本杂志上认识了几位无线电发明家。当然,马可尼这个名字是时常见着。不久,我知道他对于无线电是有很大的贡献;同时,我发现他是拿着他的无线电发明,向帝国主义者投效,甘心情愿做他们的工具,并且以得做这种工具为荣。用世俗的目光来看,当今在科学上能做到名利双收的,恐怕没有人比得上马可尼。
>
> 马可尼到中国来的时候,几位科学界的朋友约我参加欢迎。我说:“如果我只知道他一半的故事,一定会参加。不幸关于他的事,我还知道了另外的一半,请你们恕我少陪吧。”
>
> 今天有一位青年写信告诉我说,如果他能够站在世界科学家的队伍当中,他就觉得顶高兴了。我告诉他说:“你这句话要有条件。如果你加入在马可尼一群当中,做帝国主义的工具的工具,有什么可以高兴?”
>
> 过一些时候,又有一位青年问我怎样可以做一个前进的科学家。我回答他说:“除了你的科学教授所指导你的技术之外,我只想说一句:不要学马可尼,拍卖科学。”
>
> 自从墨梭里尼动员对爱西阿皮亚人施行大屠杀,马可尼是做了他的科学刽子手。马可尼亲自跑到东非洲前线去实验科学屠杀法。他

① 《注重养生而不杀生——致郑先文》,见方明主编:《陶行知全集》第8卷,四川教育出版社2005年版,第258—259页。

不但是自己做了帮凶，并且诱惑意大利的科学家都跟着他跑。

……

真正的科学家是追求科学的真理，拿着科学的火把救人。至于运用科学为个人或帝国主义争权夺利，甚至于杀人身体灭人国也毫无顾忌，这叫做科学强盗、科学走狗、科学刽子手，我们是要重新为他们估价了。①

第三节 工学团

1932年夏，陶行知在小说《古庙敲钟录》中提出了建立工学团的设想，认为中华民族的新生命就在工学团的种子里潜伏着。“我愿意做一个园丁将这种子遍撒人间。但是一粒种子必定要撒在适宜的土壤里才能发芽，抽条，开花，结果；若是撒在流沙上，岂不是浪费了种子，虚耗了生命？”②但是，陶行知并不会坐等时机成熟，一旦有了好的想法，他便有付诸实践的冲动，到秋天陶行知即开始在上海附近筹建工学团。

一、乡村工学团计划书

《古庙敲钟录》连载未完，陶行知就草拟了一份初步计划书，提出建立乡村工学团，革新乡村教育。这虽是继承晓庄学校未竟的乡村教育事业，也有生活教育的影子，但方式方法大有不同，完全打破了学校教育的观念和模式：

乡村工学团是一个小工场，一个小学校，一个小社会。在这里面包含着生产的意义，长进的意义，平等互相、自卫卫人的意义。它是将工

---

① 《马可尼》，见方明主编：《陶行知全集》第3卷，四川教育出版社2005年版，第584—585页。文中的“墨梭里尼”即为墨索里尼，“爱西阿皮亚”即为埃塞俄比亚。

② 《古庙敲钟录》，见方明主编：《陶行知全集》第3卷，四川教育出版社2005年版，第78页。

场、学校、社会打成一片,产生了一个改造乡村的富有生活力的新细胞。

乡村工学团由儿童组成的,称为乡村儿童工学团;由青年组成的,称为乡村青年工学团。青年的定义不根据年龄而根据求学的态度。老年人而有青年求学精神者,得入乡村青年工学团。

……

乡村工学团所采取之方法,与传统的方法根本不同。现撮要列举如下:

(一)传统的方法,是学校与社会隔离;乡村工学团主张以社会为学校。

(二)传统的方法,是生活与教育分家;乡村工学团主张生活即教育。

(三)传统的方法,把师生的界限分得太严;乡村工学团主张会的教人,不会的跟人学。我们跟农人学种田,农人跟我们学科学,这是相师相学的意思。我们还可以教大徒弟去教小徒弟,七十二行都有资格做先生,都有资格做太上先生。先生既多,学问自广。

(四)传统的方法,是先生教而不做,学生学而不做;乡村工学团主张先生在做上教,学生在做上学。教与学都以做为中心,这便是教学做合一之要义。

(五)传统的方法,是教劳心者不劳力,不教劳力者劳心;乡村工学团主张在劳力上劳心,才算真正的做,否则便是瞎做瞎学瞎教了。

(六)传统的方法,教人先费几年,把知识装满了再去行;乡村工学团主张"行是知之始",我们要在行动上去追求真知识,有行的勇敢,才有知的收获。

(七)传统的方法,是教少数人升官发财;乡村工学团主张与大众共甘苦,同休戚,以取得整个中华民族之出路。①

① 《对于乡村教育的一个新建议——乡村工学团之试验》,见方明主编:《陶行知全集》第3卷,四川教育出版社2005年版,第422—423页。王文岭认为,陶行知是因为复办晓庄师范、开办暑期学校计划落空,转而积极推动乡村工学团试验。(王文岭:《陶行知年谱长编》,四川教育出版社2012年版,第301页。)

乡村工学团实施六大训练：普遍的军事训练；普遍的生产训练；普遍的科学训练；普遍的识字训练；普遍的运用民权训练；普遍的人种改造训练。这与《古庙敲钟录》完全一致。陶行知还饶有兴致地列出了一个乡村工学团第一年最低限度的预算，总计 6000 元。这笔钱是个什么概念呢？1930 年北平市小学教员月薪最高 65 元，最低 30 元。[①] 1935 年上海市初等学校教员平均月俸 34 元。[②] 以一个小学教师年工资收入 500 元计算，总费用相当于聘请 12 位全职教师，实在不算少，跟维持一所普通乡村小学差不多。开办第一年需要购买生产设备和储备生产流动资本，费用略高，办起来之后年均费用在 4000 元上下。由于工学团有生产职能，陶行知希望工学团经过自身运营，最终能够达到收支平衡。

这份乡村工学团试验初步计划说明书当时并未发表，他决定先行动起来。1932 年秋，陶行知在上海联络一些志同道合的同志，发起组织乡村改造社，陶行知、欧伟国、陈立庭、沈嗣庄、海斯、叶桂芳、丁柱中 7 人为执行委员，主持工学团进行事宜。这是陶行知一贯的风格，要做一件大事，先组织一个团体，凝聚一批同志，光明正大，集思广益，齐心协力，而非单枪匹马，不声不响，一意孤行。

二、山海工学团

陶行知说干就干，他指派晓庄时期的学生马侣贤、戴自俺、郑先文、王作舟等人兵分两路，沿铁路线找寻合适的乡村，以创建工学团。一路向北，沿京沪线，经昆山到苏州；一路向南，沿沪杭线，经莘庄到松江。[③] 陶行知对工学团的选址有几条要求：(1)二里路以内，有五个小的村庄；(2)交通比较便利；(3)没有学校；(4)有破庙、民房、公共建筑物可以租借；(5)不在大上海发展规划范围之内。这些条件，意在保证有一定的人口密度，同时又不与学校发生冲突。遗憾的是两路人马均无功而返，因为人地生疏，要么找不到合适的房子，要么得不到农民的支持。

---

① 教育部：《第一次中国教育年鉴》，开明书店 1934 年初版，丙编第 483 页。

② 上海市社会局第五科编辑：《上海市教育统计(民国二十三、二十四年度合刊)》，上海市社会局 1937 年编印，第 44 页。

③ 童富勇、胡国枢：《陶行知传》，教育科学出版社 1991 年版，第 238 页。

铁路沿线不成，他们便改走公路沿线。1932年9月，王作舟沿沪太公路继续找寻，在离上海不远的大场(地处宝山县)孟家木桥寻得一座古庙，场地空旷，交通便利，周围有村庄而无学校，可谓工学团选址的理想之地。看庙的人很欢迎，但庙主不同意租借古庙，这里反映出现代教育与民间信仰的冲突。清末到民国，各地多有借寺庙及庙产兴学之举，也曾激起乡民的反对，甚至由此引发毁学事件。勇于挑战的陶行知常常迎难而进，他要以自己的智慧和努力来成功地化解这种冲突。抗战时期，陶行知在古圣寺办育才学校，是他的又一次成功尝试。

租借庙舍遭拒，陶行知的弟子们并未就此放弃，他们在古庙附近的侯家宅租了两间民房，暂时住了下来，决定先和当地的农民交朋友，待彼此熟悉信任后，再着手工学团的筹备工作。他们带来了日常的生活用品，给人一种在此长住的感觉；还带来农村常用的药品及留声机、唱片等新奇玩意。他们的用意很明显，要引人注意，要应人之急，要同农民交朋友。农民很快觉得他们平易可亲，不像学堂里一本正经的教书先生，彼此便有了更多的了解与信任。没多久，在当地农民的帮助介绍下，他们租到了庙旁边的一幢房。这幢房因为“闹鬼”，一直空着，所以租金也很低廉。陶行知后来在上海市教育局演讲普及教育，有一节提到此事，说：

> 因为我是一个穷光蛋，跟我一起跑的都是穷光蛋，他们四面八方的去找工作的新大陆。不怕你们见笑，连我的名字起初都拿不出来，惟恐别人说我办教育或许有别的作用。所以我的学生到上海附近来办教育只用他们自己的名字。他们在上海也是一个人也不认识，可是有两个介绍片子，一个是留声机，一个是药包。他们拿了留声机和药包，到乡下去实施教育。一到乡村，就开留声机，乡下人就围拢来。后来问他们做什么来的？会不会办学堂？知道他们会办学堂，恰巧他们地方又没有学堂，子弟没有地方读书，于是请他们办学堂。有肚子痛的人就给他们十滴药水吃，打疟疾的就给金鸡纳霜，吃了之后很好。于是大家成了好朋友，再实施教育。①

① 《大上海普及教育》，见方明主编：《陶行知全集》第11卷，四川教育出版社2005年版，第504—505页。文中的“十滴药水”即指十滴水，“金鸡纳霜”即指奎宁。

地址选好了，陶行知决定在孟家木桥扎根，再逐渐向周围村庄发展。1932 年 10 月 1 日，第一所儿童工学团在孟家木桥正式成立，马侣贤为团长。儿童工学团成立之初只有 24 名团员，后来相继举办小农场、木工场、袜工场、藤工场，团员人数增到 48 人。儿童团员们一方面跟随工艺师傅学习技术，一方面跟随指导员学习文化科学知识。[①] 工学团还开展一些社会性活动，如防治疾病、文化娱乐等，既为群众百姓送医送药，又丰富乡村日常生活。据陶行知的学生张健回忆：

> 我是一九三二年十月底由南京晓庄佘儿岗儿童自动学校转学到山海工学团去学习的。当时工学团设有木工、袜工、藤工三种工场，我是参加广东人李师傅领导的藤工劳动。同时，我们还在生物教师郑先文的领导下，学习养蜂、养兔、种菜等农副业生产。我们通常是上午学习文化、科学、政治方面的课程，下午参加工农业生产劳动，实行半工半读，每月可得生活学习补助费七到十元。这种做法，不收学费，贫下中农子弟可以上学。这种学习方法，当时很受老百姓欢迎。[②]

由于工学团位于宝山、上海交界处，陶行知便从“宝山”和“上海”中各取第二个字，命名为山海工学团。这个名字其实语意双关，还有一层深意：1934 年 10 月，陶行知在济南演讲，谈到山海工学团的命名时说：“学生所在地，原名上宝，所以改为‘山海’者，因山海关已成为国防第一线，以示不忘国耻。”[③]

1932 年 11 月，陶行知给宝山县政府呈文，申请山海工学团立案，正式名称为“私立山海实验乡村学校”。列了七项主张：社会即学校；生活即教育；相学相师，会者教人，不会者跟人学；先生在做上教，学生在做上学，教与学都以做为中心；在劳力上劳心；行是知之始；与大众共甘苦，同休戚，以取得整个中华民族之出路。立案申请同时呈报上海市教育局、宝山县教育

---

① 童富勇、胡国枢：《陶行知传》，教育科学出版社 1991 年版，第 240 页。

② 转引自朱泽甫编著：《陶行知年谱》，安徽教育出版社 1985 年版，第 224 页。

③ 《谈普及教育》，见方明主编：《陶行知全集》第 3 卷，四川教育出版社 2005 年版，第 510 页。文中的“学生”应为“学校”，山海工学团在江苏省教育厅立案时，名称是“私立山海实验乡村学校”。

局。1933年1月,宝山县政府经请示江苏省教育厅,认为"私立山海实验乡村学校"相关文件合乎部颁私立学校规程,准予立案。[①]

工学团的发展相当迅速,建立了各种分支或下级组织,如孟家木桥周围的村庄纷纷成立青年工学团、儿童工学团、儿童自动工学团、幼儿工学团、妇女工学团,以及根据生产性质组成的棉花工学团、养鱼工学团。山海工学团总部还增设了木工场、乡村诊疗所、自然科学研究室、图书馆、消费合作社等组织。[②] 开办三个月之后,参加工学团的乡民渐渐多了起来,大家便感觉那座房子太小了,又打起了古庙的主意,决定再度向庙里去借房子。这次由乡农出面,事情就好办多了,这座古庙共有五间房,是五个村合作的,一间一间地借,先后借了四间。[③] 陶行知经过不懈努力,终于将自己的教育事业办到中国传统的古庙中去了,彻底做到了在民间社会生根发芽,开枝散叶。山海工学团在半年之内,不花政府一分钱,就在附近二十五个村庄普及了免费教育。[④]

1933年春,山海工学团增设幼稚园一所,妇女日校、夜校各一所,并举办养蜂场、养鸡场和农场。根据"工"种对各个子工学团进行分工,木工场、藤工场属于儿童工学团,农场、合作社属于青年工学团,养鸡场属于妇女工学团。房子也不够用,又租用孟港、石阁坟两处房屋,作为妇女工学团的袜工场和养鸡场;租用沈家楼房屋三间,作为宿舍。[⑤]

山海工学团之后,其他工学团在陶行知的指导帮助下也次第涌现,如徐明清主办的北新泾晨更工学团,朱泽甫主办的光华工学团,方明主办的静安寺报童工学团、流浪儿童工学团,朱冰如主办的浦东女工读书班、吴淞铁路夜校。上海之外,还有无锡小先生承国英主办的西桥儿童工学团,安庆幼儿团,歙县第一工学团等。[⑥]

---

① 《山海工学团创立文件》,见方明主编:《陶行知全集》第3卷,四川教育出版社2005年版,第434—436页。

② 童富勇、胡国枢:《陶行知传》,教育科学出版社1991年版,第241页。

③ 《关于现代教育上的几个实际问题》,见方明主编:《陶行知全集》第11卷,四川教育出版社2005年版,第496—497页。

④ 《全民教育》,见方明主编:《陶行知全集》第6卷,四川教育出版社2005年版,第319页。

⑤ 童富勇、胡国枢:《陶行知传》,教育科学出版社1991年版,第242页。

⑥ 童富勇、胡国枢:《陶行知传》,教育科学出版社1991年版,第246页。另见朱泽甫编著:《陶行知年谱》,安徽教育出版社1985年版,第231页。

三、工学团的教育活动

工学团究竟是一种什么性质的教育机构？我们从陶行知的立案呈文中可以看出，工学团与晓庄学校在思想理论上是一脉相承的，践行的是陶行知的生活教育理论。但工学团在处理学校与社会的关系上比晓庄学校更为激进，完全将学校融入社会生活，彻底消解学校教育的自我封闭和自成一体。工学团在办学形式上大胆突破、勇于创新，不像我们通常所理解的正规学校，较多地带有非正规、非正式的性质，没有入学考试，没有固定的班级，没有专门的课堂，没有预定的教学计划，没有指定的教科书，甚至没有学期学年之分，更谈不上什么毕业升学之类。可以说，“学校”里所谓的各种制度、规矩和程式，在这里遭到了史无前例的颠覆。南京国民政府在 20 世纪 30 年代初颁行了一系列旨在强化管理和控制的教育法令，如三民主义、训育制度、课程标准、毕业会考、童子军训练等，在工学团踪迹全无，足见陶行知之胆识超人。但工学团又实实在在是一所“学校”，有政府的立案，主要从事的是教育活动。

什么叫做工学团？陶行知回答说：

> 工是工作，学是科学，团是团体。说得清楚些是：工以养生，学以明生，团以保生。说得更清楚些是：以大众的工作，养活大众的生命；以大众的科学，明了大众的生命；以大众的团体的力量，保护大众的生命。工学团是一个小工场，一个小学校，一个小社会。在这里面是包含着生产的意义，长进的意义，平等互助、自卫卫人的意义。它是将工场、学校、社会打成一片，产生一个富有生活力的新细胞。
>
> 工学团可大可小，从几个人的家庭、店铺，几十个人的学校、庙宇，几百个人的村庄、监狱，几千人的工厂，几万人的军队，都可造成一个富有意义的工学团。①

我们从陶行知的解释中既可以看到晓庄学校的影子，也能够找到平民

---

① 《普及什么教育》，见方明主编：《陶行知全集》第 3 卷，四川教育出版社 2005 年版，第 102—103 页。

教育的印迹。工、学、团的中心是教育，目的也是教育，它要使教育从“学校”里走出去，走到最需要教育的地方去，走到最需要教育的人民群众中去。因为现实的学校教育已“成了少爷、小姐、政客、书呆子的专有品。它是少爷的手杖，小姐的钻戒，政客升官的梯子，书呆子的轮回麻醉的乌烟。如果把这种教育普及出去，中华民国简直要成为一个中华少爷国，中华小姐国，中华政客国，中华书呆国。……我们所要普及的，不是少爷教育，不是小姐教育，不是政客教育，不是书呆子教育。我们所要普及的是：自动工学团。什么叫做自动？自动是大众自己干，小孩自己干。自动教育是教大众自己干，教小孩自己干，不是替代大众、小孩干”①。

工学团中最为注重教育的是儿童工学团，使一村或数村的儿童，联合起来，过集体生活，接受文化教育，参加生产劳动。据操震球的统计，山海儿童工学团及儿童自动工学团共有 29 个，团员 546 人。儿童工学团的活动安排是：上午学习语文、数学、政治、科学常识等课程，下午参加各种工农业生产劳动。手工艺劳动有木工、袜工、藤工等，农副业生产有养蜂、养鸡、养兔、种菜等。② 不管学习文化，还是生产劳动，都有工师指导，文化课的老师和生产劳动的工匠，通称为工师，共同劳动，相互学习。陶行知曾作《工师歌》曰：

他是木匠；
我是先生。
先生学木匠；
木匠学先生。
哼，哼，哼，
我哼成了先生木匠，
他哼成了木匠先生。③

---

① 《普及什么教育》，见方明主编：《陶行知全集》第 3 卷，四川教育出版社 2005 年版，第 102 页。“乌烟”，即指鸦片。
② 童富勇、胡国枢：《陶行知传》，教育科学出版社 1991 年版，第 252—253 页。
③ 《工师歌》，见方明主编：《陶行知全集》第 7 卷，四川教育出版社 2005 年版，第 109 页。

对工学团也有不同的声音。《大公报》1934 年 12 月 24 日(《明日之教育》第 50 期)发表工学团成员潘天民的通信,谈到工学团的情形说:“我到此地来参加实际生活,似乎每每感到失望。当在过去,我是以陶知行的教育主张只是‘改良主义’的,但今来我却以他不但不是‘改良主张’(疑为‘义’字误),且是现实社会的一种工具了。”①

四、工学团的社会工作

工学团以工养学,因此对生产较为重视。为了不使工学团的运转给民众带来经济负担,工学团十分注意改良生产工艺或耕种方式,通过创收或增收来自我解决教育经费。陶行知曾举例说:“宝山一县种棉二十万亩。我们提议组织二百个棉花工学团以策进全县植棉之改良,使种棉农人团结起来,自谋幸福而除痛苦。只须改撒种为条播,每年每亩收入已可增加三元,全县棉农遍用此法即可每年增加收入六十万元。倘若加以选种及合作出卖,每年全县增加一百多万收入并不甚难。预计六年内可以达到全县棉业整个的改进。那么,六年之后,只需棉花一项之增加收入,已足维持我们所要普及的教育了。”②

工学团对改进生产的努力并非完全出于自身利益的考虑,往往是兼顾当地的社会生产情况,谋求促进地方经济发展,增加劳苦大众的生产能力。陶行知发现孟家木桥一带的农友从事种棉花、养鱼、种菜、到上海拉粪以及做工的人很多,就提出根据民众的职业性质来办工学团,比如把专门种棉花的农民组织成棉花工学团,一边可以研究棉花种植法,提高产量;一边合作进行推销棉花,或集股办纺织合作社;一边组成一个棉花农人的团体,进行学习和自卫。类似的还可以组织养鱼工学团、菜园工学团、拉粪工人工学团、瓦木匠工学团、纺织工人工学团等。③ 山海工学团众多下设的职业性的工学团中,沈家楼棉花工学团成立最早、成效最大。

沈家楼是山海工学团团部附近的一个大村庄,有 250 余人,485 亩农

---

① 尚仲衣:《陶知行先生的黄色烟幕弹》,见方明主编:《陶行知全集》第 3 卷,四川教育出版社 2005 年版,第 536 页。

② 《经费》,见方明主编:《陶行知全集》第 3 卷,四川教育出版社 2005 年版,第 115 页。

③ 戴伯韬:《陶行知的生平及其学说》,人民教育出版社 1982 年版,第 82 页。

田，其中棉田308亩。1933年7月，根据陶行知的意见，由张劲夫等人在沈家楼组织成立棉花工学团。沈家楼棉花工学团所开展的工作主要有10项：(1)调查田亩作物，制成表格，作为工作的根据。(2)组织棉花工学团成员集体参观宝山县实验农民教育馆的棉花试验田，作为科学种棉的起步。(3)采用条播机播棉种，提高工作效率。(4)试种改良棉种，以提高产量。(5)运用抽水机，抗旱救灾。(6)组织棉花合作社，自行推销棉花，以抵制奸商从中剥削。(7)修筑道路，便利交通。(8)修筑堤岸，挖深鱼塘，以裕水源。(9)合作养鱼，注意农村副业。(10)团结识字，实行即知即传人的主张。沈家楼棉花工学团运用科学的知识，依靠集体的力量，取得了棉花生产的大丰收，亩产从1933年的42斤提高到1934年的75斤；每担棉花的价格也从11.8元提高到12.3元。陶行知关心支持、热心指导职业性工学团的发展，他为棉花工学团捐了许多改良的白籽棉种，捐了条播机、打稻机，为养鱼工学团捐了抽水机。1934年夏天，陶行知还亲自推着条播机温和诚恳地教农夫怎样推、怎样拉，条头要隔离多少远近。在如火烧般的阳光下，他足足教了一小时之久，农友们高兴得说不出话来。①

工学团十分注重开展文娱活动，以丰富乡村生活。山海工学团每周五举行同乐会，开始的时候，只是侯家宅、孟家木桥两处的大小朋友来参加。日子久了，消息传遍四乡，每逢星期五晚上，总来了满满一屋子人，有时凳子不够坐，桌子上也挤满了人。师生表演的节目有双簧、歌舞、滑稽戏、科学把戏，农友则表演小调、滩簧、讲故事。陶行知有时在同乐会后兴致勃勃地教农友和儿童认识星座，讲天文故事。在缺医少药的乡村，工学团还为农民提供医疗卫生服务，在夏家宅设立小诊疗所，免费治病。②

同晓庄学校一样，在陶行知领导的工学团内，也集聚了一批中共党员。如山海工学团的数学教师严竟成，给学生看苏区出版的《红色中华》和中华苏维埃代表大会的图片，向学生讲解中国共产党领导工农群众闹革命的故事。晨更工学团的团长徐明清，几乎使设在北新泾的这个工学团成为中共的一个联络点。左派的文教团体"左联""教联"经常在晨更工学团开展活动，一些烈士子女在这里得到抚养、接受教育，还有一些刚从监狱获释的

① 童富勇、胡国枢：《陶行知传》，教育科学出版社1991年版，第248—251页。

② 朱泽甫编著：《陶行知年谱》，安徽教育出版社1985年版，第221、223页。

同志也在此落脚，作短暂的休养。晨更工学团广招女工、农妇的幼儿，办起了幼儿园；为学龄儿童办小学；为工人办读书班；组织小先生送学上村、送学上门；组织歌咏队，排练小型节目，到农村和街头场地演出，宣传抗日救国。1933 年夏天，沪西区共青团区委来晨更工学团发展团员，建立了团支部。1934 年 2 月，晨更工学团遭到当局查封。[①]

五、陶行知卖艺

陶行知全力支持工学团的发展，想方设法募集经费。困难时刻，他甚至卖文、卖字、卖讲，接济工学团。1932 年 12 月 24 日，陶行知在报刊上登载卖艺启事，云：

> 狐狸有洞鸟有食，乡下先生难度日。
> 风高谁放李逵火？武训讨饭也不易。
> 自杀不成怕坐牢，从来不演折腰戏。
> 众谓我曾做书呆，便教出卖书呆艺。
> 书呆之艺卖与谁？开张岂必有生意。
> 女生卖艺被开除，先生卖艺可遭忌？
> 哪里管得这许多，硬着头皮试一试。[②]

陶行知卖艺的价格并不高。(1)卖文：儿歌、故事、小品文等登载权，每篇 10 元。(2)卖字：写自立歌、锄头歌、手脑相长歌等，每幅 10 元。(3)卖讲：每讲小学 10 元、中学 20 元、大学 30 元，外埠一天来往加倍，讲题任选（创造教育、儿童科学、通俗天文等）。[③] 卖艺的广告虽然做出去了，但实际效果恐怕并不理想，陶行知文献中关于卖艺的记载并不多，明确的只有几篇演讲。[④] 1932 年 12 月，陶行知致函舒新城，介绍弟子潘一尘到中华

① 朱泽甫编著：《陶行知年谱》，安徽教育出版社 1985 年版，第 222—225 页。
② 《卖艺》，见方明主编：《陶行知全集》第 7 卷，四川教育出版社 2005 年版，第 126 页。
③ 朱泽甫编著：《陶行知年谱》，安徽教育出版社 1985 年版，第 226—227 页。
④ 如 1933 年 1 月上海中社邀请陶行知演讲《手脑相长》。（方明主编：《陶行知全集》第 3 卷，四川教育出版社 2005 年版，第 439 页。）

书局卖稿，两部书稿为潘一尘著的《孩子们的呐喊》和唐文粹著的《教学做合一之系统研究》。[①]

1934 年 8 月，陶行知在《生活教育》杂志上刊登《再度卖艺广告》："卖字，每张拾元。卖讲，每讲二十元（外埠一天来回加倍，旅费在内）。卖文，每篇二十元，以小品文、儿歌为限，长篇另议。"[②]留洋博士为教育卖艺，彰显的是一种为教育、为儿童春蚕吐丝的奉献精神，以及艰难时局下一位独立的教育家百折不挠的抗争精神。

1935 年 1 月 24 日下午，陶行知和山海工学团的小先生开了一个座谈会，他说："现在的山海工学团，名誉上是小先生干，实际上还是大先生代替你们干，这样下去，你们儿童的力量发展很慢。我现在想了一个办法，就是把山海工学团的儿童事业交给你们儿童自己管理自己干。"[③]他决定将小先生的试验和推广逐渐过渡到由儿童自我管理、自主试验。[④] 当年 8 月，陶行知指派张劲夫任山海工学团团长，张健任山海工学团赵泾巷分团长。

陶行知创办工学团，别具一格地探索一条普及教育之路，还曾有将全国乡村小学改为工学团的想法。但由于抗战爆发，工学团没能在全国各地推广，其主要活动地域是在上海及周边地区、陶行知的家乡安徽，其影响随着战争的来临逐渐衰减。陶行知后来出国宣传抗日，也没有精力顾及工学团的发展。1937 年 8 月 13 日，日寇攻打上海，工学团的师生被迫解散，以其他形式参加抗战服务工作。抗战胜利以后，夏家宅、沈家楼、孟港巷三村农友联名写信给陶行知，要求恢复山海工学团。陶行知派俞文华来沪筹备，并于 1946 年 2 月写信给广大华行的总经理卢绪章，希望他先期资助 20 万元。[⑤] 1946 年 4 月，陶行知回到上海，与原山海工学团及各分团所在村

---

① 《介绍潘一尘接洽卖书稿——致舒新城》，见方明主编：《陶行知全集》第 11 卷，四川教育出版社 2005 年版，第 446 页。

② 《再度卖艺广告》，见方明主编：《陶行知全集》第 3 卷，四川教育出版社 2005 年版，第 498 页。

③ 陆德森：《儿童社会成立记》，见方明主编：《陶行知全集》第 3 卷，四川教育出版社 2005 年版，第 637 页。

④ 据张健回忆，陶行知倡导小先生自己干，是因为山海工学团引起当局"注意"，教师中的地下党员向安徽、浙江等内地疏散。（朱泽甫编著：《陶行知年谱》，安徽教育出版社 1985 年版，第 269—270 页。）

⑤ 《希赞助山海工学团之恢复——致卢绪章》，见方明主编：《陶行知全集》第 9 卷，四川教育出版社 2005 年版，第 450 页。

庄的代表们谈话,希望大家共同为恢复工学团商量办法。[1] 后因陶行知离世,由陈鹤琴担任山海工学团的名誉董事长,继续宣传和发扬陶行知的思想。[2]

第四节 小先生制

陶行知在工学团中既要解决儿童的教育问题,又要解决大众的教育问题,为了解决师资不足、经费不足的矛盾,创造性地发明了小先生制,并得到广泛的认同和推行。就其实际性的内涵来说,小先生制可以追溯到陶行知早年从事平民教育所倡导的连环教学法。

20 世纪 20 年代初,陶行知在推行平民教育时,就有让先学教后学的办法。《平民读书处组织大纲》云:“平民读书处适用连环教学法,由每助教先教两个人,再由此两人各教一两人。”[3]1923 年 11 月,陶行知在武昌师范大学演讲,题为《学生与平民教育》,说:“你一定要说,找教师是很困难的问题,这也是很容易的,譬如你教会了一个,他就可以做别人的教师;别个学会了,又可以做别一个的教师;由此照数学法的计算,二二如四,四二如八,八二十六…… 可以生出无穷的教师。”[4]1924 年,陶行知又发表文章说:

> 据估计,中国每一百人中,有八十五个都在乡下。所以平民教育,是要到乡下去运动。在寒暑假的期间,各校学生回到本乡,都可以去办的。孔子说:“十室之邑,必有忠信。”我们相信一百人中,总有些聪明的人。我们就把这些人集合拢来,每天教以《平民千字课》四课。

① 《恢复山海》,见方明主编:《陶行知全集》第 4 卷,四川教育出版社 2005 年版,第 523 页。
② 陈一鸣:《陶行知和陈鹤琴》。见方明主编:《陶行知全集》第 12 卷,四川教育出版社 2005 年版,第 800 页。
③ 《平民读书处组织大纲》,见方明主编:《陶行知全集》第 1 卷,四川教育出版社 2005 年版,第494 页。
④ 《学生与平民教育》,见方明主编:《陶行知全集》第 11 卷,四川教育出版社 2005 年版,第 115 页。

> 每教完一次，就叫他们回去再教别人一课。假如教过的一次，可以另教二人，则教完五十人，就可以再教一百人。如此推行，恐怕不到两三年，就可以使全乡的人都识字了。所以利用寒暑假去进行乡村教育，是平民教育运动中的最好方法。去年寒假已经有好几个地方的同学回家办理此事，颇有成效。①

虽然平民教育中的连环教学法已有即知即传的含义，但还没有形成小先生的概念。

一、儿童自动学校

1932年，原来在晓庄学校就读的小学生们得知陶行知在上海办工学团，有20多人联名写信想来上海学习。陶行知回信说："你们来学习自然是好事。但是，你们还有二百几十个同学怎么办？晓庄附近有成千的孩子怎么办？为着你们都有学可上，我教你们一个办法，那就是团结起来自己干——会的教人，不会的跟人学，边教边学，这样不就是一所很好的学校吗？"②于是，小学生们便在陶行知的号召下自己组织起来，自办、自教、自学，于9月初在南京佘儿岗成立了一所儿童自动学校，推举小学生胡同炳做校长。陶行知对这所学校很感兴趣，寄了一首诗以表祝贺：

> 有个学校真奇怪，大孩自动教小孩。
> 七十二行皆先生，先生不在学如在。

小朋友们看了陶行知的诗，写信提出两点疑问："大孩能教小孩，小孩难道不能教大孩么？大孩能自动，难道小孩不也能自动么？"陶行知认为他们说的理由很充分，就把第二句改为"小孩自动教小孩"。③

---

① 《全国平民教育之现状》，见方明主编：《陶行知全集》第1卷，四川教育出版社2005年版，第516页。

② 《团结起来自己干——致胡同炳等》，见方明主编：《陶行知全集》第11卷，四川教育出版社2005年版，第441页。

③ 《小先生与普及教育》，见方明主编：《陶行知全集》第11卷，四川教育出版社2005年版，第466页。改后诗为《自动学校小影》，见方明主编：《陶行知全集》第7卷，四川教育出版社2005年版，第108页。

陶行知敏锐地从儿童自动学校看到小孩子身上所迸发出的教育能量,非常高兴,写信勉励他们说:"你们不要小看自己做的事,你们这个学校是教育史上的一个创举,是了不起的大创举!""小孩能教人,能办学,晓庄佘儿岗小学是个很好的样子。"①

二、小先生制的试验

有了佘儿岗小学的先例,陶行知便在山海工学团让几位出众的儿童担负起教育别的小孩的职责,如侣朋、张健等人,并明确地将这些孩子统称为小先生。② 1933 年寒假,工学团组织小先生开始普及教育的试验,从工学团走出的小先生回家去,分散在 26 个村庄里,成立了 26 个儿童自动工学团,给其他人送教上门。这些小先生每天除自修外,每人要拿着自己的书本教两个人。小先生的成绩,是凭着他们的学生即新团员所写的字考核。这些小先生抱着"来者不拒,不来者送上门去"的信条,非常尽责,他们把教育送到牧场,送到池塘,送到菜园,送到摇篮边,送到煤屑堆,送到祖母的膝前。如果小先生的学生又教了人,他便是小先生的小先生。③

小先生的热情、认真、负责,让陶行知看到了普及教育的希望,他在一封信中说:"小孩子有不可思议的力量。小孩子能做先生,做先生不限定要师范毕业,小孩子是普及成人与儿童教育的生力军,等候师范生来普及教育,不啻如等候亡国。我们要创造新民族,必须对小孩子与没有腐化的青年总动员。"④陶行知决定在工学团全面铺开小先生制的试验。1934 年

① 《团结起来自己干——致胡同炳等》,见方明主编:《陶行知全集》第 11 卷,四川教育出版社 2005 年版,第 441 页。他后来又致函儿童自动学校说:"儿童终究是儿童,他们的知识有限。为了把这个学校持久地办下去,必须不断地提高小先生的水平。提高师资水平的途径有三条:一是让负责教学的小先生轮流到上海'山海工学团'学习、进修;二是聘请南京安徽公学校长姚文采先生为儿童自动学校的常年顾问;三是邀请南京中国科学社经常派人到学校进行科学知识指导。"(《必须不断提高小先生水平》,见方明主编:《陶行知全集》第 11 卷,四川教育出版社 2005 年版,第 447 页。)

② 戴伯韬:《陶行知的生平及其学说》,人民教育出版社 1982 年版,第 84 页。

③ 《山海与萧场之实验》,见方明主编:《陶行知全集》第 3 卷,四川教育出版社 2005 年版,第 117—118 页。

④ 《小孩子有不可思议的力量——致潘一尘》,见方明主编:《陶行知全集》第 8 卷,四川教育出版社 2005 年版,第 302 页。

春,在"一·二八"两周年纪念日,山海工学团举行小先生总动员大会,到会的农民有百余人,儿童有好几百人。宝山县教育局长冯国华出席动员大会,并为小先生亲授"普及教育动员令"的旗子。

陶行知要借助小孩的灵活机智与身份便利,把小先生从学校推向社会,成为文化和教育普及的重要力量。他说:"小先生的学生不限定是小孩。社会里有许多成人是等候着小先生的教导。他的婆婆,他的妈妈,他的姊姊,他的嫂嫂,甚至于他的公公,他的爸爸都不是平常民众学校所能招得来的。只有小先生能把教育送到他们面前。小先生不但是普及儿童教育的生力军,而且是普及成人教育的急先锋。在小先生的手里,儿童教育与成人教育是打成了一片,学校教育与社会教育是搓成了一团。"①

陶行知针对中国社会成年男女为人之大防的传统观念,特别重视小先生对于普及女子教育的作用,认为小先生十分有利于解决当时极为棘手的女子教育问题。他说:

> 一位二三十岁的男子,教一些十七岁的大姑娘或是十八九岁的大嫂子,乡下人是看不惯。谣言来了,放谣言的便是不愿意媳妇上学的婆婆。路上出鬼了,装鬼的便是丈夫们的鬼把戏。一直闹到女学生不敢再上学。
>
> 男教员是一败涂地了,换个女教员,如果有,那是天字第一号。但是,因为女子教育不普及,女教员根本就很少。一个破庙里,关了一个男校长,一两个女教员,也有不方便。几个女子同下乡,那是再好没有了。但是没有男子的地方,女教员又怕贼、怕鬼、怕蛇,那鼓起万分勇气毅然下乡的究有几位?最好是夫妻学校。但是好的东西是和金刚钻一样的少。女子教育是几乎无法解决了。
>
> 还有那呆板学校,有一定钟点上课,一连就是两个钟头。上课铃响了,晚饭没有吃完怎么办?锅碗没有洗好怎么办?小孩没有睡觉怎么办?男人就要回家,要喝茶水怎么办?婆婆正要人为她洗脚怎么办?

① 《从学军想到工学军》,见方明主编:《陶行知全集》第3卷,四川教育出版社2005年版,第120页。

怎么办？有小先生包办！小先生是热烈无比的太阳。他一出来，女子教育便像冰雪一样化掉了。他们连十八岁的大姑娘的房间都钻得进去。他来到，你如果正在做事，他可以等你一刻，或是过一会儿再来。灶前、屋角、新娘房都可以做他的课堂。蔡悟先生说："小先生比女教师还好。女学生最怕问人，在小先生的面前，最害羞的女子也不怕难为情了。"小先生万岁！[1]

三、小先生制的推广

陶行知的小先生制在追求普及教育的社会氛围下得到很好的响应和推广。宝山县教育局长冯国华因曾出席山海工学团小先生总动员大会，非常赞同陶行知的主张，当即在县里大规模地推行。上海公共租界工部局华人教育处（当时处长是陈鹤琴）也在1934年制定《小学生社会服务试行办法十五条》，要求小学生从事教育普及活动，每个小学生至少须找两人为指导对象，指导时间少则十分钟多则半小时，但这个办法只在四、五、六年级试行。陶行知在赞赏这一举措后，又毫不留情地批判它对低年级学生的不信任。陶行知主张即知即传，"破蒙的第一天，便有做小先生的资格"，各地工学团的实践已充分证明了这一点，"一年级的小学生能做小先生，已经是铁打的事实，无可怀疑"。[2] 1935年6月，上海沪郊农村工作协进会通过提案，依据"即知即传人"的原则，运用现成识字者教导不识字者，方式有：成人教成人，成人教小孩，小孩教小孩，小孩教成人。[3]

上海之外，又有承国英等小先生办的江苏宜兴西桥小学，学校里一个大先生也没有，六位小先生教六十几位小学生，六十几位小学生，同时又做

---

① 《女子教育总解决》，见方明主编：《陶行知全集》第3卷，四川教育出版社2005年版，第247—248页。

② 《上海公共租界之小先生》，见方明主编：《陶行知全集》第3卷，四川教育出版社2005年版，第132—133页。

③ 《沪郊各县初步普及教育办法草案》，见方明主编：《陶行知全集》第11卷，四川教育出版社2005年版，第527页。

了小先生教导一百余人,总共是有两百人受教育。[①] 还有广东大埔县百侯中学,校长潘一尘是当年晓庄师范小学部指导员,追随陶行知于本校推广小先生制,学校有三百小先生,教两千多民众,其中女子就有一千五百人之多[②],由此也可见小先生对普及女子教育确有非凡之功效。

1934 年和 1935 年,陶行知的主要精力用于推广小先生制,探索普及教育的方式和途径。一方面,他向来沪参观小先生制的各地教育代表团作介绍,商讨推广事宜;另一方面,他先后奔赴杭州、安庆、凤阳、天津、济南、南京、九江、武汉等地推广小先生制。此外,他还撰写了大量论文,宣传与介绍小先生制,并主编小先生用的教材,如《老少通千字课》《民众学校教科书》等。[③]

> 小先生之怀胎是在十一年前。难产啊!到了二十三年一月二十八日才出世。奇怪得很,他一出世便是一个英勇的战士。在这十一个月当中,他已经攻进了二十三省市。现在全县已经开始普遍采用小先生的有湖北的江陵,浙江的鄞县。安徽教育厅长首先承认小先生为全省普及教育之要图。大上海一带包括特别市、俞塘、高桥、公共租界、法租界、山海工学团已有小先生万余人。上海特别市教育局在二十四年春天要总动员从事普及教育运动。宜兴之西桥最进步,没有一个小学生不做小先生。别的地方,如晓庄之佘儿岗、无锡之河埒口,淮安之新安,歙县之王充,山东之邹平、泰山,河北之南开、定县,山西之舜帝庙,广东之百侯,河南之百泉、洛阳、开封,都已有了昭著的成效。[④]

陶行知观察到,根据即知即传的原则去普及教育,大学生不及中学生,中学生不及高小学生,高小学生不及初小学生。有两种原因说明这个“大不如小”的现象:“第一,小学生生活单纯,能专心做即知即传的工作。年

① 《再论组织与方法——普及教育问题之二》,见方明主编:《陶行知全集》第 3 卷,四川教育出版社 2005 年版,第 312 页。

② 《小先生与民众教育》,见方明主编:《陶行知全集》第 3 卷,四川教育出版社 2005 年版,第 253 页。

③ 章开沅、唐文权:《平凡的神圣——陶行知》,湖北教育出版社 1992 年版,第 304 页。

④ 《普及现代生活教育之路》,见方明主编:《陶行知全集》第 3 卷,四川教育出版社 2005 年版,第 229 页。“十一年前”指 1923 年;“二十三年”为 1934 年;“二十四年”为 1935 年。

纪渐渐地长大，生活便渐渐复杂起来，使他分心不能起劲地干了。不说别的，大一点的学生是有恋爱问题、会考问题、职业问题等等来扰乱他，这些问题有的人是会一齐遇着。依我看来，只要有一个问题发生就叫他受不了，就叫他再也没有热情去教人。第二，小学生天真烂漫，知识私有的习惯未成，很愿意把知识拿来送人。年纪越大，中了传统的毒也越深，要他拿出知识免费教人，就觉得有些不自然。”[①]他以南昌为例进行详细说明：“南昌动员高小学生到人家去教人识字，从表面上看来是出于慎重的态度，无可批评。但因为他们忽略了初小学生的力量，就出了很大的岔子。当这些热心的高小学生走进人家去找学生的时候，老太婆们把年青的媳妇和姑娘都藏在房里，不许出来跟这些年青的少爷求学。问起来，老太婆只说是她家里大家都识字，不识字的只有她自己。依内地老太婆的眼光看来，高小学生已经是危险分子，年纪轻轻的娘儿们和年纪轻轻的男子在一块研究，成何体统？她是有些不放心。倒不如痛痛快快的给他们吃闭门羹，可以省点事。假使教育行政当局重用初小学生来推广女子教育，就能势如破竹的得到胜利，决不至于有这样不幸的结果。”[②]

在陶行知看来，全国小学里现成的1100万小学生都可以做小先生；私塾改良后，能增加1000万合格的小先生；8000万识字的大众，也都有担任传递先生（指教不识字的人识字）的资格。这1亿人每人教两个，便解决了3亿人的普及教育问题。[③] 这当然只是陶行知的个人想法，任何一项教育试验，除非上升到国家意志，都不可能得到普遍性、强制性的推广。而依靠政府有违陶行知对教育事业的独立追求，是他终生所不取的。

小先生制在实践中并非顺风顺水，一些教育行政官员、学生家长、带徒弟的师傅，并不能完全地理解和支持。陶行知在各地奔走，时常听见有些教育官员的批评，有的认为“有了保学[④]，用不着小先生了”；有的认为学校

---

① 《大不如小》，见方明主编：《陶行知全集》第3卷，四川教育出版社2005年版，第313—314页。

② 《再谈大不如小》，见方明主编：《陶行知全集》第3卷，四川教育出版社2005年版，第315页。

③ 《普及现代生活教育之路》，见方明主编：《陶行知全集》第3卷，四川教育出版社2005年版，第209页。

④ 保学，即每一百家设立一所学校。1934年行政院通令各省普遍实行保甲制度，基本形式是十户为甲，十甲为保，十保以上为乡镇，具体实施时略有弹性。保有正副保长及民政、警卫、经济、文化干事各一人，保长兼任保国民兵队队长和保国民学校校长。

实行“二部制能加倍收学生,不必再采用小先生”。福建有好几个县运用小先生干普及教育,成绩很好,而省教育厅在他们头上只是浇冷水,当他们请求备案的时候,得到的批语却是:“可不试办。”①国民政府要员陈立夫(抗战时期曾任教育部长)对小先生运动刻意嘲讽,说:“上海长三堂子里把不接客的小姑娘称作小先生呢!”陶行知反唇相讥,回敬道:“照陈立夫这样说法,那么大先生不成了妓女了么?”②

1936年8月,陶行知作为中国大众教育运动的组织者和领导人,在英国切尔特纳姆市举行的新教育联谊会第七次世界会议上发言,专门提及小先生,说:“‘小先生’这个词儿听起来似乎很奇特,但是在中国,这些小先生却获得了很高的声誉。他们已经能够比成年人更有效地处理了中国的一个特殊的问题。中国妇女多数是文盲,女教师非常少。可是男教师教十六七岁的女孩子不方便。所以儿童们白天在学校,晚上当先生,教邻近的妇女和女孩。小先生制非常成功,凡是采用了小先生制的地方,男人和妇女的文化几乎相等。”③

陶行知对小先生始终关怀备至,不离不弃。抗战时期,工学团已经解散,但他对小先生还念念不忘。1939年5月30日,陶行知在给邓哲熙的信中说:“对于儿童教育,我们的主张是:培养他们团起来做手脑并用的小工人,团起来作追求真理的小学生,团起来作即知即传的小先生,团起来作百折不回的小战士。”④

平心而论,小先生制虽然可以解决普及教育中的师资问题和经费问题,但比较松散、随意,难以持久,不可能对学习者施以系统的文化教育,即使只用来扫盲,效果也不容乐观。但小先生制体现了陶行知的生活教育思想,是在当时的历史条件下对于文化教育下移的有益探索。抗战期间,陶行知曾将小先生制与救亡运动结合起来,但随着人们对新事物热情的消退,小先生制在全国的影响逐渐减弱,慢慢沉寂了。中国普及教育的理想,

① 《组织与方法——普及教育问题之一》,见方明主编:《陶行知全集》第3卷,四川教育出版社2005年版,第309页。
② 戴伯韬:《陶行知的生平及其学说》,人民教育出版社1982年版,第85页。
③ 《中国大众教育运动》,见方明主编:《陶行知全集》第6卷,四川教育出版社2005年版,第273页。
④ 《生活教育的目的——致邓哲熙》,见方明主编:《陶行知全集》第8卷,四川教育出版社2005年版,第448页。

最终还是要通过正规的学校教育来实现。

四、新安儿童旅行团

新安小学由旅居淮安的徽州同乡所办，晓庄校友汪达之、孙铭勋等人主持，校址在江苏淮安。这所学校与晓庄学校关系极为密切，陶行知非常关心学校的办学情况和师生的日常生活。晓庄学校被封后，新安小学并未中断，成为"晓庄唯一的孤儿"[①]，晓庄的许多办学思想被很好地延续了下来。1930 年 4 月 30 日，陶行知在逃亡中给新安小学的师生写信，对他们在极端困难的条件下仍然坚持办学给予精神上和经济上的鼓励，托方与严寄去 30 元钱，可惜被扒手窃去了。陶行知又赶紧凑了一笔钱寄过去，用"何日平"的笔名致信新安小学的弟子，勉励他们说："捧着一颗心来，不带半根草去。你们抱着这种精神去教导小朋友，总是不会错的。"[②]

1933 年初，新安小学陷入重重困难之中，一方面经济窘迫，难以为继；一方面与地方的关系闹得很僵，经常有人来捣乱。3 月，陶行知曾寄 30 元钱给新安小学应急。[③] 8 月 2 日，汪达之再次向陶行知求助，一则想请他出面为新安小学厘清种种关系，免得为事务所累；一则希望他能供给办学经费，以应急需。汪达之在信中甚至希望陶行知"不遗余力"来帮助新安小学。陶行知接信后，8 月 5 日急忙叫董纯才寄上 30 元钱，再给汪达之写信，嘱他将涉及的各种人物弄出一份名单，以便联系疏通。[④] 陶行知觉得意犹未尽，次日又去信劝慰他不要手忙脚乱，行事要光明正大。[⑤] 8 月 20 日，汪达之写了一封长信向陶行知诉苦。陶行知又想尽办法寄了两笔钱：

---

① 《汪达之等致陶知行函》，见方明主编：《陶行知全集》第 8 卷，四川教育出版社 2005 年版，第 248—249 页。信中还说："我们的血未曾冷，我们的心未曾枯，我们要在这里继续不断地努力下去，所以最近有十年计划的产生。"

② 《捧着一颗心来，不带半根草去——致李友梅等》，见方明主编：《陶行知全集》第 8 卷，四川教育出版社 2005 年版，第 245 页。

③ 《几条筹款办法——致汪达之、孙铭勋》，见方明主编：《陶行知全集》第 8 卷，四川教育出版社 2005 年版，第 270 页。

④ 《办学须重视客观条件——致汪达之》，见方明主编：《陶行知全集》第 8 卷，四川教育出版社 2005 年版，第 271—272 页。

⑤ 《我们必须在大路上行走——致汪达之》，见方明主编：《陶行知全集》第 8 卷，四川教育出版社 2005 年版，第 277 页。

一次 50 元，一次 15 元。[①]

1933 年 10 月，新安小学的 7 个小朋友左义华、程昌林、靖秉铨、靖秉铎、杨永鑫、刘昭朗、张俊卿组织儿童自动旅行团，启程前往镇江、上海等地，在不能筹措足够旅费的情况下，预备靠自己的力量来解决难题。他们去的车费经交涉全免，但在上海逗留期间、回程旅费等都没有着落。陶行知在上海满心欢喜地接待了儿童旅行团，给予无微不至的关怀和具体指导，使其无冻馁之忧。陶行知以教育家特有的眼光为儿童旅行团拟定要参观的地方，包括"帝国主义侵略之路线与证据"的上海外滩、海关、工部局、领事馆、汇丰银行、租界、外国工厂；留下"帝国主义残暴的痕迹"的五卅惨案的南京路，"一・二八"惨案的北四川路、天通庵；代表中国资本主义发展的中国银行、上海银行、康源制罐厂、天原电化厂、大华无线电公司，以及各类学校、研究机关、报馆、娱乐场所、市政府、宗教场所等。陶行知还特别留意让小朋友去参观下层民众的劳动和生活场所，如码头、火车站、工厂、工人住宅、小菜场，了解苏州河上的船家、马路上的乞丐、四马路夜里的野妓、建筑工人等的生活。[②]

为了筹措经费，扩大社会影响，陶行知介绍儿童自动旅行团到上海的机关、学校、工厂去演讲，每次可得 5 元或 10 元的报酬。陶行知在写给潘一尘的信中说："淮安几个小光棍，居然在各大学大演其说，几乎把一两位教授的饭碗所依赖的传统信仰打破。"[③]这些小朋友在上海呆了近两个月，到 12 月中旬才离沪返校。他们刚到上海时，只剩下 10 元钱，靠到大学和中学卖讲，临走时余下了 60 余元，还买了不少书带回去。1935 年 4 月，上海儿童书局出版了新安儿童旅行团 7 位小朋友的见闻记录——《我们的旅行记》。

陶行知认为儿童旅行团是"新时代之无价宝，姑且定它万万万万万金

---

① 《十分钟教育——致汪达之》，见方明主编：《陶行知全集》第 8 卷，四川教育出版社 2005 年版，第 286—287 页。

② 《为新安小学儿童旅行团拟的计划》，见方明主编：《陶行知全集》第 3 卷，四川教育出版社 2005 年版，第 463—465 页。

③ 《小孩子有不可思议的力量——致潘一尘》，见方明主编：《陶行知全集》第 8 卷，四川教育出版社 2005 年版，第 302—303 页。

元吧。这样伟大的宝藏，世界上谁也没有，却为新安所得"[①]。富于诗意的陶行知写了十几首小诗赞扬儿童旅行团，其一云：

一群小光棍，点点有七根。
小的十二岁；大的未结婚。
没有父母带；先生也不在。
谁说小孩小！划分新时代。[②]

1935年10月10日，汪达之又组织和领导新安儿童旅行团，从上海出发，宣传军民团结，抗日救国，脚迹踏遍江苏、浙江、安徽、河北、北平、绥远、宁夏、甘肃、陕西、湖南、湖北等11个省市，3年内行程3万里路。在如此漫长而艰辛的旅途中，他们运用戏剧、电影、唱歌等形式，到处慰劳军队，唤起民众，以谋军民之切实合作，并本着小先生的精神，沿路帮助儿童们组织有力量的团体。儿童旅行团到塞北，接触了许多不了解抗战的蒙古人，他们积极宣传抗战，加强了蒙汉两民族的团结。

抗战开始后，儿童旅行团从边塞返回内地，1938年6月到达武汉。一部分人在武汉参加儿童保育院的工作，一部分人经长沙去了广西。在广西的儿童旅行团又分成三队：一队为伤兵服务，一队为难民服务，一队为乡下百姓服务。1939年5月14日，新安儿童旅行团"伤兵之友队"小朋友屠传猷在桂林大墟不幸溺亡，陶行知非常伤心。[③] 陈诚担任国民政府军事委员会总政治部部长期间，曾意图改编或解散新安旅行团。后在陶行知和周恩来的积极干预下，新安旅行团得以保留建制，并作为总政治部的"特约"群

---

① 《划分时代之新安小学儿童自动旅行团——给汪达之君的信》，见方明主编：《陶行知全集》第3卷，四川教育出版社2005年版，第177页。

② 《你的信给我伟大的动力——致承国英》，见方明主编：《陶行知全集》第8卷，四川教育出版社2005年版，第289页。陶行知后来对诗中"划分新时代"作了自己的解释，他说："所谓'划分新时代'者，是说上海人从前一味的看不起江北人，江北小孩子更无论了。经过他们这一次的旅行后，上海人看不起江北人的观念，也就随着改变了。"（《小先生与普及教育》，见方明主编：《陶行知全集》第11卷，四川教育出版社2005年版，第466—467页。）

③ 《令弟不幸溺毙令人伤心——致屠传薪》，见方明主编：《陶行知全集》第8卷，四川教育出版社2005年版，第567页。

众团体，在总部第三厅郭沫若的领导下从事抗日救亡的文化、宣传工作。[①]张治中接替陈诚任总政治部部长后，于1940年9月由第四战区政治部限定新安旅行团五日内赴柳州改编入政工队。陶行知获悉后，致函张治中力争，希望不要"令此具有光荣历史之团体消灭于无形"[②]。张治中复函云："新安旅行团改编事，前在辞修兄任内，因该团份子递变，原有新安学生已寥寥无几，为爱护青年、综核名实计，曾令改编在卷，既成定案，敬难递改，尚乞鉴原。"[③]当时政治部曾有人透露处置办法，"幼者送进学校，大者分发在政工团服务，主持人受训"[④]。皖南事变后，在周恩来的精心安排下，新安旅行团的骨干先后从大后方转移撤退到苏北抗日根据地。

新安儿童旅行团之外，陶行知的追随者们还于1937年"八一三"淞沪会战后，组织上海部分难童，创办孩子剧团，剧团由生活教育社王洞若领导，吴新稼、林帮田等先后担任团长。孩子剧团运用文艺形式，在大后方持续开展抗日救亡演出和各类宣传工作，1942年4月被强令改组。[⑤]

---

① 方明主编：《陶行知全集》第9卷，四川教育出版社2005年版，第18页注释。

② 《改编"新旅"要从整个民族文化着想——致张治中》，见方明主编：《陶行知全集》第9卷，四川教育出版社2005年版，第47页。

③ 张治中：《张治中复函陶行知》，见方明主编：《陶行知全集》第9卷，四川教育出版社2005年版，第48页。"辞修"即指陈诚。张治中后来曾对育才学校有个人捐助之举，陶行知致函示谢，由冯玉祥转交。(《函谢代募礼券——致冯玉祥》，见方明主编：《陶行知全集》第9卷，四川教育出版社2005年版，第270页。)

④ 《多事相告——致陶晓光》，见方明主编：《陶行知全集》第9卷，四川教育出版社2005年版，第99页。

⑤ 方明主编：《陶行知全集》第8卷，四川教育出版社2005年版，第410页注释。

第六章 战时难童教育：育才学校的艰辛与成就

小孩们！
拿出我们的力量，
干一点小创造。
创造，创造，
造成无敌国，
赶出矮强盗。[①]

1936年7月，陶行知受邀赴伦敦出席世界新教育会议。此前，日本帝国主义频频挑起事端，加紧全面侵华的各项准备，中华民族到了危急存亡之秋。陶行知以民族大义为重，顺道出访欧美诸国，倾力宣传抗日。两年后陶行知回国，抗日战争已如火如荼。陶行知原想在广西恢复晓庄学院，继续其生活教育试验，受阻后决定在重庆创办一所招收因战火失去亲人的难童

① 《我对于战时教育的认识》，见方明主编：《陶行知全集》第12卷，四川教育出版社2005年版，第372页。

的教育机构——育才学校。1939年7月,育才学校在重庆北碚北温泉正式开学;8月初,迁至合川县凤凰山古圣寺。抗战期间,陶行知将全部精力用于办理育才学校,克服重重艰难困苦,使学校在战火中不断发展壮大。

第一节　从国内到国外的抗日宣传

一、发起组织救国会

东北沦陷之后,日本帝国主义加紧侵略中国。1932年1月28日,日军进犯上海,淞沪抗战爆发,史称"一·二八"事变。1935年5月至7月,日军制造事端,胁迫南京政府达成"何梅协定",取消冀、察两省境内的国民党党部等,使两省的大部分主权丧失。随即日本帝国主义积极策动华北五省(河北、山东、山西、察哈尔、绥远)"自治运动",企图使华北成为"第二个东北"。华北告急!中华民族告急!1935年8月1日,中共中央发表《为抗日救国告全体同胞书》,提出停止内战、一致抗日的主张。12月,在中国共产党的号召和领导下,北平爆发了"一二·九"学生运动,反对承认华北五省自治和冀察政务委员会。上海大中学生也举行示威,包围市政府。

由学生运动带头,全国掀起了抗日救亡运动的高潮,各地群众纷纷成立爱国救亡组织。12月12日,陶行知与宋庆龄、何香凝、马相伯、沈钧儒等281人,在上海发起救国会,在邹韬奋主编的《大众生活》周刊第1卷第6期发表《上海文化界救国运动宣言》,坚决反对任何伪组织和华北自治,呼吁尽量组织民众,"一心一德的拿铁和血与敌人作殊死战,是中华民族的惟一出路"。宣言列出了八项主张:

(一)坚持领土主权的完整,否认一切有损领土主权的条约和协定;

(二)坚决反对在中国领土内以任何名义成立由外力策动的特殊行政组织;

（三）坚决否认以地方事件解决东北问题和华北问题——这是整个的中国领土主权问题；

（四）要求即日出兵讨伐冀东及东北伪组织；

（五）要求用全国的兵力、财力反抗敌人的侵略；

（六）严惩一切卖国贼并抄没其财产；

（七）要求人民结社、集会、言论、出版之绝对自由；

（八）全国民众自动组织起来，采取有效的手段实力自卫。①

12月27日，上海文化界救国会正式成立，在《大众生活》周刊第1卷第9期发表第二次救国运动宣言，又提出了八项救亡主张：

一、根本改变目前外交政策，公布过去的外交经过；

二、开放民众组织，保护爱国运动，迅速建立起民族统一阵线；

三、停止一切内战；

四、武装全国民众；

五、保障集会、结社、言论、出版的绝对自由；

六、罢免并严惩一切卖国的亲敌官吏；

七、对敌经济绝交，全国恢复抵制仇货；

八、释放一切政治犯，共赴国难。②

在上海的影响下，北平文化界救国会也于1936年1月27日成立，并发表宣言，呼吁："全国文化界火速起来，促进全国民众的抗敌救亡运动，不要偷安退缩、准备做亡国奴才。华北的民众，全国的民众，起来！赶快起来！抵抗敌人的侵略，救护我们的国家，收复我们的失地，争取我们的自

① 《上海文化界救国运动宣言》，见方明主编：《陶行知全集》第3卷，四川教育出版社2005年版，第645页。

② 《上海文化界救国会第二次宣言》，见方明主编：《陶行知全集》第3卷，四川教育出版社2005年版，第647页。

由!”[①]在宣言上签名的有马叙伦、白鹏飞、张申府、曾昭抡等148人。

陶行知还想发起自己的救国组织,1936年1月在寒假教师讲习会上提出建立国难教育社,并与王洞若起草国难教育方案,由上海文化界救国会发布。方案提出国难教育的目标是:推进大众文化;争取中华民族之自由平等;保卫中华民国领土和主权完整。[②] 陶行知致函好友冯玉祥,推举冯玉祥起草对士兵实施国难教育之办法,并希望冯玉祥捐款抗日。[③] 4月下旬,陶行知启程赴桂、粤、港宣传抗日救国,倡导实施国难教育,他还曾在广州中山大学作关于粉碎日本的大陆政策的演讲。陶行知南下期间,宋庆龄、沈钧儒、何香凝、邹韬奋等在上海成立全国各界救国联合会,陶行知曾参与起草成立大会宣言,呼吁停止一切内战,释放政治犯,建立一个统一的抗敌政权。

二、出席世界新教育会议

1936年7月11日,陶行知由香港乘船赴伦敦,参加世界新教育会议。陶行知原本打算出访半年,向世界介绍中国的大众文化运动、救亡运动,同时考察欧美的新教育、新文化。但在当时的国内和国际环境下,陶行知此次出访的重心很快由参加国际会议变成了世界性的中华民族抗日救亡宣传活动,归国日期一再延后,待他重新踏上中华大地,已是两年多之后,抗日战争的烽火已由沿海向内陆地区蔓延。

7月15日,沈钧儒、章乃器、邹韬奋、陶行知联名发表《团结御侮的基本条件与最低要求》,呼吁国共双方停止内战、组成抗日民族统一战线。11月12日,上海各界救国会举行了纪念孙中山的活动,要求国民党当局停止内战、联俄联共、扶助农工。11月23日凌晨,南京国民政府以“危害民国罪”在上海突然逮捕救国会领导人沈钧儒、章乃器、邹韬奋、史良、李

① 《北平文化界救国会第一次宣言》,见方明主编:《陶行知全集》第3卷,四川教育出版社2005年版,第664页。

② 《上海文化界救国会国难教育方案》,见方明主编:《陶行知全集》第3卷,四川教育出版社2005年版,第344页。

③ 《对士兵实施国难教育——致冯玉祥》,见方明主编:《陶行知全集》第8卷,四川教育出版社2005年版,第339页。

公朴、王造时、沙千里，酿成震惊全国的“七君子事件”。陶行知因为人在国外，侥幸逃过一劫。“七君子”被捕后，被移送至位于苏州的江苏省高等法院羁押。1937 年 4 月 3 日，国民党政府对“七君子”正式提起公诉，并通缉已出国的陶行知。[①] 6 月 11 日和 25 日，法院两次开庭，在苏州公开审理此案。“七君子”在狱中进行了不屈不挠的斗争，发表答辩状，逐条驳斥起诉书。不久，爆发七七事变，抗日战争全面打响，南京国民政府迫于形势，于 7 月 31 日释放了“七君子”。1939 年 2 月，起诉书被撤销。

陶行知经过近一个月的海上颠簸，于 1936 年 8 月 7 日在伦敦出席世界新教育会议第七届年会。会议共有来自 50 多个国家的 1500 余名代表参加，可谓规模宏大。两名中国代表陶行知和南开大学教授张彭春，分别作了大会发言，陶行知的报告主题是“中国救亡运动与小先生普及大众教育运动实践情况”，张彭春的报告主题是“现代世界的文化交流和创造性的适应”。陶行知的生活教育思想、教学做合一和小先生制等，引起了一些国家代表的浓烈兴趣，他们向陶行知发出讲学邀请。

三、紧张繁忙的欧美之行

世界新教育会议尚未闭幕，陶行知便赶往巴黎，与救国会派往出席布鲁塞尔世界和平大会的钱俊瑞会合，与钱俊瑞同行的还有代表全国学生救国联合会出席日内瓦世界青年和平大会的清华大学学生陆璀。8 月 31 日，陶行知受世界学联之邀，与陆璀一道，出席世界青年和平大会。9 月 2 日，陶行知又同钱俊瑞一道，出席世界和平大会。这两次会议都是以和平为主题，陶行知等人向世界表达了中国人民反抗侵略、捍卫和平的决心和信心，将中国人民团结抗日汇入世界反法西斯潮流。10 月中旬，陶行知结束欧洲大陆之行，回到伦敦。10 月 30 日，他与陆璀去伦敦北郊海格特公墓拜谒马克思墓，作了一首小诗，云：

---

① 《陶行知等被通缉》，见方明主编：《陶行知全集》第 4 卷，四川教育出版社 2005 年版，第 593—594 页。1937 年 9 月 17 日，国民政府撤销了对陶行知的通缉。（方明主编：《陶行知全集》第 4 卷，四川教育出版社 2005 年版，第 595 页。）

光明照万世，
宏论醒天下。
“二四七四八”，
小坟葬伟大。①

1936年11月4日，陶行知与陆璀离开英国，横渡大西洋，远赴美洲大陆，继续为抗日救国作宣传。到达美国后，陶行知拜会了留学时的老师杜威、孟禄、克伯屈等人，联络当地华侨举行座谈或演讲。11月下旬，陶行知在美惊闻“七君子”被捕，即利用自己身处的国际环境，组织华侨和国际友人声援营救。在陶行知的推动下，300余位侨胞签名发布《旅美华侨告海外同胞书》，16位美国知名人士联名致电南京政府，对中国的处境表示同情，对7位学者被捕深感不安。②

陶行知原计划在美考察两个月后再回欧洲。③ 由于宣传事务繁忙，加之受“七君子事件”的影响，陶行知在美国逗留的时间一再延长。1937年1月14日，陶行知致信吴树琴，表示在美国尚有6个月，然后再去考察德国和苏联。④ 2月22日，陶行知又致信吴树琴说：“我已得到美国政府允可，延长游历时期九个月，要到十一月九日才回英国去。在这九个月当中，我还要到墨西哥、加拿大、古巴、檀香山去演讲。……我现在每天生活是看

① 《马克思墓》，见方明主编：《陶行知全集》第7卷，四川教育出版社2005年版，第594页。“二四七四八”是马克思墓的编号。陶行知曾三度拜谒马克思墓，后两次分别是：1938年2月与吴玉章同行；1938年6月与李信慧同行。

② 章开沅、唐文权：《平凡的神圣——陶行知》，湖北教育出版社1992年版，第349页。这16人中除社会党总统候选人托马斯之外，多为著名学者，如相对论的创立者爱因斯坦，哥伦比亚大学教授杜威、孟禄、麦柯尔等。1937年12月，陶行知代杜威草拟宣言，由杜威、爱因斯坦、罗素、罗曼·罗兰联名发表，谴责日本侵略中国，支持中国人民的抗日战争，提议各国人民组织志愿的抵制日货运动，拒绝出卖及运送军火给日本，停止一切有利于日本侵略政策的对日合作，同时以一切可能的方法对中国进行救济，帮助中国增强自卫，直至日本撤出它在华的一切武力及放弃它的侵略政策。

③ 《赴美考察两个月——致吴树琴》，见方明主编：《陶行知全集》第8卷，四川教育出版社2005年版，第347页。

④ 《将用一年时间，考察欧美和苏联——致吴树琴》，见方明主编：《陶行知全集》第8卷，四川教育出版社2005年版，第349页。1944年10月日本投降前和1945年8月日本投降后，陶行知又两次致信吴树琴，表达同游世界并考察苏联的期望，可惜最终未能实现。（方明主编：《陶行知全集》第9卷，四川教育出版社2005年版，第386、429页。）

书、写演讲、会朋友，一共有三十五篇演讲稿要预备写起来。”①

陶行知在美国各地奔走，演讲活动应接不暇。1937 年 8 月 30 日，陶行知抵达墨西哥首都，曾会见墨西哥总统。9 月底回到美国，路过休斯敦，陶行知听说得克萨斯州有好些由废铁堆积成的小山，而这些废铁大部分被运往日本制造军火，最后遭殃的是中国人。陶行知经人陪同，在加尔维斯顿港口不远处见到这种令人恐怖的铁山，“大概是四丈高，十丈宽，五里长的一座”②。

在美国和加拿大之间多次往返之后，陶行知于 1938 年 2 月回到英国，提出对日禁运，后去爱尔兰、荷兰、比利时、法国等地。1938 年 3 月，陶行知重回美国，抵达纽约，旋即又去加拿大，4 月下旬抵达美国西部城市西雅图，沿西海岸南下依次到达旧金山、洛杉矶。③ 5 月 4 日，陶行知在洛杉矶的一次集会上报告了加尔维斯顿港口的铁山，希望美国人不要做日本人的帮凶，有国会议员听闻后表示要向日本禁运废铁。④ 5 月 14 日陶行知抵达芝加哥，23 日抵达华盛顿，6 月初到达波士顿、纽约。

1938 年6 月 15 日，陶行知再度离开美国纽约前往英国伦敦，月底到法国巴黎。他走马观花式地参观了意大利、奥地利、捷克、德国，又于 7 月中旬回到巴黎，预备回国的行程。离开巴黎时，陶行知写了一首诗，寄给心上人吴树琴，诗云：

巴黎无雨也留客，独有今宵不可留。
抬头仿佛江湾月，屈指惊人已三秋。
横贯欧陆我去也，一任铁塔与云浮。
只是数月无音问，重逢何日令人忧！⑤

---

① 《在美国九个月的计划——致吴树琴》，见方明主编：《陶行知全集》第 8 卷，四川教育出版社 2005 年版，第 352 页。

② 《美国的铁山》，见方明主编：《陶行知全集》第 4 卷，四川教育出版社 2005 年版，第 393 页。

③ 陶行知 1938 年 5 月在旧金山听到一件趣事：日本派了一只船到美国来运废铁，冒充中国人，船名“广源”，挂中国旗。中国驻旧金山的黄领事上船调查，对日本船长说日本话，船长误认为是日本领事，把秘密都泄露了。黄领事先把“广源”没收，再把日本船主辞退。（《外交官树立新榜样——致陶晓光等》，见方明主编：《陶行知全集》第 8 卷，四川教育出版社 2005 年版，第 389 页。）

④ 《美国的铁山》，见方明主编：《陶行知全集》第 4 卷，四川教育出版社 2005 年版，第 393 页。

⑤ 《寄树琴》，见方明主编：《陶行知全集》第 7 卷，四川教育出版社 2005 年版，第 656 页。

归国途中的陶行知一路游历，行程非常丰富。[①] 8 月 6 日，他到达斯里兰卡科伦坡，在印度考察了两个星期，再延续归国之旅，经新加坡到达香港。陶行知抵港时间是 1938 年 8 月 30 日，他登岸后即受到香港各界的热烈欢迎。

在港期间，陶行知在报告国际形势之余，开始留意教育事业，发动香港同胞和海外华侨创办香港中华业余学校，他亲任董事长，吴涵真任校长。[②] 9 月底，陶行知离港，10 月 1 日抵武汉，10 月 18 日离开武汉，经宜昌赴重庆[③]，投入其教育事业的一个新阶段：战时教育。

陶行知的海外之旅历时两年，由于一度遭到国民政府通缉，国内一些人便恶意对他造谣中伤。1937 年 4 月 29 日，陶行知自美国致信吴树琴："现在有许多人造我的谣言，请你不要信他。从前只有图财害命，现在简直有人要害命毁名。你要留心。有许多人要毁坏我的名誉。只要你不信他们胡说，我就无忧无虑了。我知道你相信我，你也知道我相信你。好！我们就在互信中得到最高的安慰吧！"[④]1938 年 12 月 28 日，陶行知在香港致信吴树琴，对她"瞎听谣言"非常气恼："我想那种谣言是不负责任的人随嘴开玩笑的。我所气的是我们有了三年很深的感情，而你心目中的我竟成了这样一个荒唐的人。"[⑤]1940 年 8 月，陶行知在给刘琼瑶的信中提到当时的一则谣言，云："关于我在美国时国内的一个传说——在哥伦比亚大学当教授——这个消息是不确实的。您传布这一个不确实的传说，结果是可能遭到人们的恶意的解释的。"[⑥]1946 年 4 月，陶行知战后回到上海，再

---

① 1938 年 7 月 21 日，陶行知曾在希腊雅典苏格拉底石牢中静坐五分钟，作小诗一首："这位老人家，为何也坐牢？欢喜说真话，假人都烦恼。"(《坐苏格拉底石牢》，见方明主编：《陶行知全集》第 7 卷，四川教育出版社 2005 年版，第 657 页。)

② 方明主编：《陶行知全集》第 8 卷，四川教育出版社 2005 年版，第 510 页注释。

③ 途经沙市，陶行知看到一船伤兵，心生怜悯，当即捐了 230 元钱慰劳他们。他在致王洞若的信中说："在半夜里亲眼看见满船伤兵，这是今生也不能忘掉的一幕惨剧。"(《问候孩子，慰劳伤兵——致王洞若》，见方明主编：《陶行知全集》第 8 卷，四川教育出版社 2005 年版，第 410 页。)

④ 《在互信中得到安慰——致吴树琴》，见方明主编：《陶行知全集》第 8 卷，四川教育出版社 2005 年版，第 359 页。

⑤ 《不要瞎听谣言——致吴树琴》，见方明主编：《陶行知全集》第 8 卷，四川教育出版社 2005 年版，第 416 页。

⑥ 《关于成立分社的意见——致刘琼瑶》，见方明主编：《陶行知全集》第 9 卷，四川教育出版社 2005 年版，第 3 页。

度提及此次出国："我到外国去兜了一个大圈子，游过世界二十六个国，路程约有二十三万六千余里。游过许多国，经过许多路，我没有大钱带出国去，也没有大钱带回国来。我不是大财翁般的到外国去游玩散心的浪费钱，也不是大商业家一般的到外国去做生意，生大利息，发大洋财。我的出国周游世界的事情，都是为了教育的事情，都是为了大家的事情。"①

第二节　创办育才学校

持久的抗日战争给中国人民带来巨大的伤痛，陶行知的教育事业也因形势的变化而不断做出调整。恢复晓庄学校的努力失败之后，他不得不重新考虑自己的教育事业，有感于战争给中国人民和中国教育带来的巨大伤痛，陶行知及其追随者们决定创办一所难童学校，为失去亲人和家园的难童提供具有独创性的优质教育。

一、恢复晓庄受阻

陶行知回国时，抗日战争硝烟弥漫，国民政府在日寇的铁蹄下节节败退。陶行知教育实践活动的两大基地上海和南京先后于 1937 年 11 月 11 日和 12 月 13 日陷入敌手，日寇在南京制造了震惊中外的大屠杀。11 月 20 日，国民政府宣布迁都重庆。

上海、南京去不得，陶行知只好一路风尘，随战争形势往大后方走。尽管陶行知的教育事业多次因政治形势而受挫，甚至两次被政府通缉，他回国后还是坚定地以教育服务抗战，始终如一地将个人事业与国家和民族的命运紧紧连在一起。1938 年 10 月 4 日，陶行知在武汉与蒋介石会面，陶行知谈到两年来在国外宣传抗日的情况，并申述回国三愿，要求恢复晓庄，以

① 《恢复山海》，见方明主编：《陶行知全集》第 4 卷，四川教育出版社 2005 年版，第 523 页。

培养高级抗战人才,蒋介石当面表示赞同。[1] “最高领导人”都同意了,陶行知再与教育部长陈立夫谈及办学计划,拟将晓庄学院设于桂湘交界之处,陈立夫应允陶行知直接向教育部高等教育司立案。陶行知于 1938 年 10 月 10 日致函高等教育司吴俊升,申请立案。吴俊升接到立案申请,于 10 月 22 日向陈立夫报告,并拟予以批复。不料陈立夫 27 日答复三个字“不拟复”。[2] 晓庄复校之事,就在陈立夫的刀笔下流产了。

在武汉期间,陶行知对晓庄复校满怀希望,谢绝了出任安徽教育厅长、四川教育厅长、武汉大学校长之聘,拒绝了加入国民党并担任三青团中央总干事之诱。[3] 然而,复校之梦转瞬破灭。到重庆后,陶行知以国民参政员的身份出席了国民参政会第二次会议,提了三个提案,第一个是《推行普及教育,以增加抗战力量而树立建国基础案》,第二个是《建立志愿兵区,以补兵役法之不足案》,第三个是《赶快建筑西北大铁道案》。[4]

办学碰壁,陶行知在重庆除了开会、演讲,很难做点实际性的工作。尽管陶行知一向热心社会活动,却不愿陷于、困于社会活动,他决定暂时离开政治中心,到别的地方寻求突破。1938 年 11 月 27 日,陶行知到桂林,12 月 15 日,在桂林正阳路中山纪念学校成立生活教育社,白崇禧曾到场以示支持。[5] 12 月 20 日,陶行知到达南宁,月底再回到香港。[6]

---

① 朱泽甫编著:《陶行知年谱》,安徽教育出版社 1985 年版,第 371 页。陶行知抵港时曾发表回国三愿:“一是创办晓庄研究所培养高级人材;二是办难童学校,收容教养在战争中流离失所的苦难儿童;三是办店员职业补习学校,动员华侨抗日。”(戴伯韬:《陶行知的生平及其学说》,人民教育出版社 1982 年版,第 109 页。)

② 《为晓庄学院立案事——致吴俊升》及所附《关于晓庄学院立案的来往电文》,见方明主编:《陶行知全集》第 8 卷,四川教育出版社 2005 年版,第 402—403 页。

③ 朱泽甫编著:《陶行知年谱》,安徽教育出版社 1985 年版,第 378 页。

④ 朱泽甫编著:《陶行知年谱》,安徽教育出版社 1985 年版,第 379 页。

⑤ 《望发起试办〈第二家乡〉——致白崇禧》,见方明主编:《陶行知全集》第 8 卷,四川教育出版社 2005 年版,第 413 页。

⑥ 1938 年 12 月 29 日,汪精卫在越南河内发表“艳电”,公开投降日本。陶行知获悉后,写了一首小诗,说汪精卫是新秦桧。诗云:“自从沈阳事变,秦桧便已出现。忸忸怩怩,到如今完全露面。从今后,没有人再受他骗。他的建议,只是一张名片。向近卫,学毛遂自荐;想做买办,开个日本店。战士们!驳斥近卫宣言应该念,念它一百遍。冲出前线,把秦桧捉着,锁上铁链,跪在一百万无名英雄墓前。再问他:对这笔买卖还留恋不留恋?”(《除夕除秦桧——致陈诚》,见方明主编:《陶行知全集》第 8 卷,四川教育出版社 2005 年版,第 423—424 页。)

陶行知到港后，检查中华业余学校的进展情况，作长篇演讲《全面抗战与全面教育》。该校已于11月1日开学，设文艺、新闻、工商、外语、音乐、绘画等科，按程度分甲、乙、丙三组，每晚上课，三个月一期。中华业余学校共招了两期学员，因校长吴涵真、主任方与严等人离港，于1939年9月停办。校友麦坚弥撰文回忆说：

> 中华业余学校办了两期即告结束。时间虽然短暂，但已启发香港青年同胞的进步思想，团结了热烈追求长进的青年，提高了他们对中华民族坚持抗战的认识，直接间接地动员组织了无数青年奔赴抗日前线。港九许多学校和救国团体，亦有不少"中业"同学在那里工作。"中业"校友的踪迹遍及祖国各地以至国外。"中业"同学以实际行动证明了陶行知先生的生活教育方针是正确的，是符合时代需要的。①

二、育才学校的创办缘由

1939年1月初，陶行知在香港召开原晓庄学院董事会议，因晓庄学院恢复受阻，决定改变方向，筹设晓庄研究所，再另外创办一所招收因战火失去亲人和家园的难童的教育机构——育才学校。董事会也就改为育才学校董事会，董事长为张一麐，董事有许世英、吴涵真、李晋、何艾龄、崔载杨、陶对庭、张宗麟、陶行知。② 育才学校校长和晓庄研究所所长均由陶行知兼任。

为什么要创办育才学校？陶行知曾经三次从不同的角度回答了这个问题。

一是1939年3月14日，陶行知在致宋美龄的信中讲到：

---

① 麦坚弥：《生活教育在香港》，转引自童富勇、胡国枢：《陶行知传》，教育科学出版社1991年版，第383—384页。

② 章开沅、唐文权：《平凡的神圣——陶行知》，湖北教育出版社1992年版，第396页。朱泽甫提到的董事名单中还有杨德昭。（朱泽甫编著：《陶行知年谱》，安徽教育出版社1985年版，第382页。）

去年秋间,有保育院、教养院及其他收容难童机关之主持人谈及,有人在难童中挑选养子,纯以面貌美丑为取舍,对于害癞痢、缺嘴唇、脸上生麻的孩子,不但不要,而且措辞中不免含有当面侮辱之意,这给了我一个很深刻的刺激。其次,在长沙和汉口我是和一位音乐专家住在一处。我们一同发现了几位有音乐天才的小孩。一位只教了他三个钟头便能领导一百多小孩唱歌;一位只受三天的训练,便能用音符把一首从来没有听过的歌曲写出来;一位受了四五天的训练,便能拿音符把自己创的一首歌写出来。在这几位小小音乐家之中,便有一位害癞痢病的。这是我受的第二个深刻的刺激。这两个刺激,独立的、各不相谋的存在在我的脑筋里,足足有两个月之久。忽然一天,他们两个合拢起来了。我自己问:“你为什么不也选择一些天才儿童来培养他们?”我于是立刻拟定章程、计划。①

二是1940年8月,陶行知在《战时教育》第6卷第1期“育才学校专号”撰文谈到育才学校的创办旨趣:

我们在普及教育运动实践中,常常发现老百姓中有许多穷苦孩子有特殊才能,因为没有得到培养的机会而枯萎了。这是一件非常可惜的事情,这是民族的损失,人类的憾事,时时在我的心中,提醒我中国有这样一个缺陷要补足。

抗战后,从国外归来,路过长沙汉口时,看到难童中也有一些有特殊才能的小孩,尤其在汉口临时保育院所发现的使人更高兴。那时我正和音乐家任光先生去参观,难童中有一位害癞痢的小朋友,但他是一位有音乐才能的孩子,不但指挥唱歌有他与众不同的能力,而他也很聪敏,任光先生给他的指示,他便随即学会。

又有一次,我在重庆临时保育院参观,院长告诉我一件令人愤愤不平的事。他说近来有不少的阔人及教授们来挑选难童去做干儿子,

---

① 《育才学校创办旨意——致宋美龄》,见方明主编:《陶行知全集》第8卷,四川教育出版社2005年版,第433—434页。“去年”指1938年。

麻子不要、瘸痢不要、缺唇不要，不管有无才能，唯有面孔漂亮，身材秀美，才能中选。而且当着孩子的面说，使他们蒙上难堪的侮辱，以至在他们生命中，烙上一个不可磨灭的印象。

以上三个印象，在我的脑子里各各独立存在了很久。有一天，忽然这三个意思凝合起来了：几年来普及教育中的遗憾须求得补偿，选干儿子的做法，应变为培养国家民族人才幼苗的办法，不管他有什么缺憾，只要有特殊才能，我们都应该加以特殊之培养，于是我便发生创办育才学校的动机。①

三是1945年9月18日，陶行知在向国际友人介绍育才学校的英文小册子中谈到个这个问题时又说：

为了更好地了解育才学校，有必要说明育才是如何创办、又是如何着手发现并特别培养有科学天才之幼苗的。推动我创办育才这类学校的动力，主要来自三个人：迈克尔·法拉第、托马斯·阿尔瓦·爱迪生及昂多尔的桑德森。②

法拉第童年在书籍装订店当学徒，一边工作一边读书，完全靠自学成为电磁方面的发现者和发明家。爱迪生童年时喜欢摆弄化学药品，入学不到三个月就被学校开除，他母亲允许他在地下室里继续做实验，并亲自教他功课，爱迪生长大后成为最伟大的发明家。桑德森是英国的教育家，在昂多尔中学任教时，他强调学识要广博，将科学人格化、社会化，用科学的原则来管理世界。透过法拉第和爱迪生的成长经历，陶行知认识到：中国还未普及学校教育，必定有许多天才处于繁杂的学徒工作重压之下，有待教育家去发现；而有科学天赋的孩子，要早点学科学。陶行知尤其称道爱迪生的母亲对儿子的同情和关心，认为这是推动他创办育才学校的极大动

---

① 《育才学校创办旨趣》，见方明主编：《陶行知全集》第4卷，四川教育出版社2005年版，第377—378页。

② 《培养难童中人才幼苗的育才学校》，见方明主编：《陶行知全集》第6卷，四川教育出版社2005年版，第310页。

力。从桑德森身上，陶行知认识到要把科学人格化、社会化，领导一个科学的世界，用科学原则来管理世界，与长年的偏见、反科学的习惯和传统作斗争。①

我们从这三个回答中可以捕捉到的信息是：富于平民情怀的陶行知对因战争而涌现出的难童怀有深深的同情，对于富人从难童中挑选干儿子的行为怀有深深的不满甚至感到愤怒，对于难童丧失通过教育成才的机会怀有深深的惋惜。他决定凭借个人有限的努力，从难童中挑选一部分人，对他们施以独特的创造教育，为民族、为国家挽回部分智力损失，造就一批文艺和科学方面的专门人才。

三、筹措经费，选定校址

办学就得花钱，陶行知组建的育才校董会中不乏社会名流、政界和商界人士，用意就是为学校发展争取社会资源。1939 年 1 月 19 日，董事长张一麐、校长陶行知联名致函同为育才学校董事的赈济委员会代理委员长许世英，希望拨予育才补助费。云："敝校宗旨在选拔难童中之天才生，加以特殊培养，俾能各依才能、兴趣长成国家有用之材。日前将敝校创学意见计划书奉陈清览，荷蒙赞成，并允补助开办费四万八千元，经常费每月三千元，至为感谢。现将计划书送请贵会察阅，并恳将补助之款，正式予以批准。开办费尚希先予拨发，以便进行。经常费领款手续、日期，亦请赐示，以便遵照办理。"②

有了许世英下拨的数目不菲的启动资金，陶行知于 1939 年 1 月底携吴树琴回重庆，着手创办育才学校。陶行知对学校的选址进行了多方面的考量：战争年代，地理位置一定要相对安全；周边环境要风景秀丽、空气清新，可以请到一批优秀的文化人来透透气；房舍要雄壮、敞亮，使人胸襟开

---

① 《培养难童中人才幼苗的育才学校》，见方明主编：《陶行知全集》第 6 卷，四川教育出版社 2005 年版，第 311 页。

② 《张一麐、陶行知致许世英函》，见方明主编：《陶行知全集》第 8 卷，四川教育出版社 2005 年版，第 755 页。

阔，度量宽宏；交通不要说方便，但不能太闭塞。[①] 陶行知先在离重庆30里的北碚寻觅，搜索半径不断扩大，最终在离北碚30里的四川省合川县（现属重庆）草街子镇凤凰山顶上找到一座庙宇，称古圣寺。这座庙宇距离嘉陵江岸约5里，为明代建造，共4进，几百间房屋，气宇宽宏，风景壮美，阳光充足，干爽清静。陶行知非常喜欢这个所在，决定租赁部分房舍办学。[②]

校址选定，陶行知于1939年5月在北碚清凉亭成立育才学校筹备处，拟定办学计划，修饰校舍，挑选难童，延聘教师，各项工作齐头并进。7月20日，首批从重庆周围各保育院选拔出的40名难童在北碚北温泉举行开学典礼，育才学校正式成立。8月初，迁至古圣寺上课时，学生已增至71人。

20世纪30年代初陶行知办山海工学团，选址是一座关帝庙；抗战时期办育才学校，又置身寺庙之中。山海工学团受到乡民的拥护，处境无忧，而育才学校就没那么幸运，曾与地方社会产生矛盾冲突。1941年秋，育才陷入校舍纠纷，当地乡绅张敦廉所办的中心小学，欲借地方势力从回龙寺搬入古圣寺，合川县政府则企图以行政命令挟制育才。陶行知主张各校一庙，对一庙两校坚决抵制。育才一方面加强自身防卫，修建碉堡，以备不法

---

① 陶行知对学校选址向来十分慎重，比如晓庄学校。早在1923年春，陶行知曾对大学选址发表一番高论，他说："我对于选择大学校址，亦曾受一二次之委托，虽始终未曾实现，心目中却悬过几个目标，以为寻访之依据。我心里所悬的目标有五：一要雄壮，可以令人兴奋；二要美丽，可以令人欣赏；三要阔大，可以使人胸襟开拓，度量宽宏；四富于历史，使人常能领略数千百年以来之文物，以启发他们光大国粹的心思；五便于交通，使人常接触外界之思潮，以引起他们自新不已的精神。我拿这五种标准参观过国内大学二十余处。比较好一点，国立的有东南大学，外国人设立的有之江大学和香港大学。这三个学校校址，各有所长，就中天然环境，要推之江大学为第一。但要想看一个尽善尽美、完全令人满意的大学校址，却没有找到。"（《杭州大学之天然环境——一封公开信》，见方明主编：《陶行知全集》第8卷，四川教育出版社2005年版，第3—4页。）

② 据藴伯赞回忆，古圣寺的规模很大，几乎占领了整个山头。坐北朝南，一连三重正殿，在正殿后面，还有一个藏经楼。四面绕以围墙，围墙皆施短椽，以瓦覆之，若古之宫墙。山门南开，东西皆有耳门。整个寺院，皆在林木荫翳中，嘉树青葱，盛暑不热。只有南面没有树木，因而自山门纵望，可以看到几十里外的山峰。育才学校的范围，不仅在古圣寺的围墙以内，在围墙以外，还有它的机构。出山林往西的丛林中，有新置的石桌石凳，这是育才的好多课堂。出山门往东，有一块大空坪，这是育才的运动场。在空坪的北端，有一个经过人工修建的天然土台，这是育才学生排练戏剧的舞台。此外，出山门往南，越过一个山坡，沿着一条小溪前行，有一座当地大地主的院落，这是育才绘画组学习的课室和宿舍。出山门往南的坑谷中，有几家农民的房子，这是育才音乐组学习的课室和宿舍。（藴伯赞：《记古圣寺》，载《重庆陶研文史》2006年第2期。）

之徒蓄意破坏;一方面准备诉诸法院,“县政府以命令代法律来强迫任何一方服从不合法之处分皆可上诉。倘有狐假虎威,以县令挟制本校,强行搬入,本校宜拒绝之”①。为应对纠纷,陶行知还私下联系多人协调②,希望不要因校舍纠纷令各方产生冲突,影响育才日常的教学活动。此事费了陶行知很多精力,最终得以和平解决,育才学校毫发无损。1942 年初回龙寺驻兵,3 月育才校舍问题再起风波。此时陶行知决定稍作让步,将善堂中之绘画室主动商让与中心小学,如果还不够,甚至愿意将“高级班之课堂让借与他们”③。

四、选拔学生

育才学校是一所难童学校,但全面抗战所带来的难童数量庞大,各地的保育院人满为患,育才学校对难童的选拔以智力为主,采用自制的“量表”,派专人去各地保育院(主要是位于重庆、四川的保育院)进行智力测验,收录年龄在 15 岁以下、智商高的难童入校学习。如果选中的难童患有疾病,育才尽力医治,病好后方招收入学。

育才文学组校友苏永静回忆音乐组 1939 年在重庆第一保育院招生的情形:先是大家都参加智力测验,然后排队唱《保育院院歌》《松花江上》《长城谣》等歌曲。招生的常学镛先生在队伍中走来走去,听每个人的歌声,凡是唱得好的,就叫出来到走廊上去。第一轮从 500 名儿童中选出了十几个,然后常先生又拿出一个音叉,敲一下发出一个声音,放到考生的耳

---

① 《校舍纠纷要依法解决——致育才全体同志》,见方明主编:《陶行知全集》第 9 卷,四川教育出版社 2005 年版,第 178 页。

② 《解决育才校舍纠纷的态度及办法——致育才全校同志》,见方明主编:《陶行知全集》第 9 卷,四川教育出版社 2005 年版,第 181—182 页。陶行知对教育上的事,只要于人民有利,概不计前嫌。尽管中心小学与育才产生校舍纠纷,但纠纷平息后,陶行知于 1942 年 1 月(寒假期间)要求育才戏剧组到合川公演,所得收入除去开支,一半资助中心小学,一半留校自用。(《继续努力创造光明前途——致马侣贤暨全体留校同志》,见方明主编:《陶行知全集》第 9 卷,四川教育出版社 2005 年版,第 187—188 页。)

③ 《妥善解决一庙之争为两校造福——致马侣贤等》,见方明主编:《陶行知全集》第 9 卷,四川教育出版社 2005 年版,第 200—202 页。信中还说:“我们一定要用上层的力量和法律的手段来维持一庙一校,当然是可以的,但是若不作适当的让步,则各走极端,必定费力、费时、费钱而或者弄到两败俱伤,徒然牺牲了小孩及放松了大敌。”其中“大敌”指日寇。

边，要求把它唱出来，这是考音准。苏永静被选上了，但因为她的一位好朋友没考上，加之她误以为是考“邮差学校”（湖北话“育才”与“邮差”谐音），就主动放弃了。没有过多久，育才学校文学组的陆维特先生又来保育院招生。考试时陆先生拿一本连环画给考生看，看完后要求把书中的内容讲一遍；然后写作文，说说最难忘的一件事。这一次她和好友均被录取，于 1939 年 8 月 23 日来到育才学校。[①]

随着战争的持续，育才学校对难童的选拔越来越严格。1944 年 12 月 23 日至 1945 年 2 月 25 日，育才连续对 290 名难童进行了 6 次测验，只有 22 名难童成功通过了育才考试委员会所定的标准。[②] 1945 年育才招收新生时，特别注重数学程度，并提高智慧测验标准。[③] 育才招生之严，简直是“十里挑一”。

育才学校虽然是战时难童学校，然而鉴于陶行知的社会影响力，学校创办之初就有不少友人致函陶行知，希望能将子女送到育才就读。陶行知原计划在育才附近另外建立一个组织，接收亲友子弟，这样既不影响育才的性质和定位，又能让其他小朋友们得到适当的教育。[④] 这个计划后来落空，陶行知便酝酿在育才招收少量自费生。[⑤] 1940 年初，育才学校已正式

① 赵义熙、苏永静：《育才故事（一）》，载《重庆陶研文史》2009 年第 4 期。

② 《关于选拔难童的情况——致甘霖林》，见方明主编：《陶行知全集》第 6 卷，四川教育出版社 2005 年版，第 528 页，英文见第 427 页。

③ 《要加强自然科学组——致育才之友、爱护科学之友》，见方明主编：《陶行知全集》第 9 卷，四川教育出版社 2005 年版，第 416 页。

④ 《育才即将开学——致周畸》，见方明主编：《陶行知全集》第 8 卷，四川教育出版社 2005 年版，第 450 页。

⑤ 1939 年 6 月，石凌鹤致函陶行知，想让儿子进育才学校就读。陶行知回信说：“育才学校系为难童而设，非难童寄学，须征费用，其规程正在拟订。”（《非难童寄学须征费用——致石凌鹤》，见方明主编：《陶行知全集》第 8 卷，四川教育出版社 2005 年版，第 473 页。）在 1939 年 8 月 1 日致阎宝航、8 月 12 日致张友鸾的信中，陶行知说因学校卫生环境没有很好地建立起来，科学组设备、书籍方面准备不足，希望小朋友投考育才之事稍缓两三个月。（《卫生环境不良，报考请稍缓——致阎宝航》《科学组尚未筹备好——致张友鸾》，见方明主编：《陶行知全集》第 8 卷，四川教育出版社 2005 年版，第 483—484 页。）

开始招收自费生。[①]

据育才自然组校友赵义熙回忆，育才的学生其实可分为四种情况：大多数是从保育院选拔来的“公费生”；少数进步民主人士的子女是“自费生”；本地若干开明士绅的子弟是“旁听生”；一些无依无靠的苦孩子是“半工半读的学生”。他自己因为投考入校之后，为家人所抛弃，交不起伙食费和学杂费，在陶行知的帮助下成为半工半读的学生。[②]

第三节　育才学校的创造教育

陶行知不是要把育才办成一所普通的难童学校，而是要为那些最需要教育、最有培养前途的难童提供最优质的教育，以造就国家和民族急需的拔尖人才。许多人说育才实行的是天才教育，这有一定道理，但并不完全准确。因为育才学校并不是按天才教育的模式设计的，而处处体现的是陶行知关于创造教育的追求和设想，称其为“创造教育”更为合适。

陶行知的创造教育思想萌发于1932年5—8月在《申报》连载的教育小说《古庙敲钟录》，其中有一首小诗：“行动是老子，知识是儿子，创造是孙子。”[③]1932年10月，陶行知在上海大夏大学演讲《创造的教育》，介绍了杜威的思维五步法，明确提出“‘行动’是中国教育的开始，‘创造’是中国教育的完成”[④]。办理育才学校期间，陶行知编写《育才学校手册》，开篇即为《创造宣言》。这篇极富文学性和感染力的宣言曾于1943年10月15日下午向育才学校指导会宣读，16日早晨又在朝会上向育才全体学生宣读。

---

① 1940年2月17日，陶行知致函黄美善，欢迎其弟来校应试，云：“敝校订本月廿日上午八时起至廿二日止，为自费生测验之期。即希令弟于十九日到北碚北温泉北泉小学报到，以便测验。”同日致谢铸陈、玉生小朋友的信中均谈及自费生入学测验。（《欢迎令弟来校应试——致黄美善》《告自费生入学测验时间——致谢铸陈》《望按时报到应考——致玉生》，见方明主编：《陶行知全集》第8卷，四川教育出版社2005年版，第626—628页。）

② 赵义熙、苏永静：《育才故事（二）》，载《重庆陶研文史》2010年第2期。

③ 《古庙敲钟录》，见方明主编：《陶行知全集》第3卷，四川教育出版社2005年版，第34页。

④ 《创造的教育》，见方明主编：《陶行知全集》第3卷，四川教育出版社2005年版，第451页。

陶行知说："创造主未完成之工作，让我们接过来，继续创造。……教育者不是造神，不是造石像，不是造爱人。他们所要创造的是真善美的活人。真善美的活人是我们的神，是我们的石像，是我们的爱人。教师的成功是创造出值得自己崇拜的人。先生之最大的快乐，是创造出值得自己崇拜的学生。说得正确些，先生创造学生，学生也创造先生，学生先生合作而创造出值得彼此崇拜之活人。"①陶行知在宣言的结尾引用法国艺术家罗丹的名言"恶是枯干"，说："汗干了，血干了，热情干了，僵了，死了，死人才无意于创造。只要有一滴汗，一滴血，一滴热情，便是创造之神所爱住的行宫，就能开创造之花，结创造之果，繁殖创造之森林。"②

一、特色课程

育才学校最大的特色是将学生按兴趣和能力分组，在普通教育的基础上分化出专业教育，并重视发展学生的专业能力。作为在政府登记注册的私立学校，育才 3/4 的时间按部颁标准学习普通课程，只有 1/4 的时间按儿童的兴趣和才能学习特殊课程。③ 部颁课标是指 1932 年 10 月教育部颁发的《小学课程标准》，11 月颁发的《中学课程标准》，以及 1936 年 6 月颁发的《修订中学课程标准》。我们这里主要分析育才自设的特色课程。

育才实施的虽是中小学阶段的教育，却将学生分成文学、音乐、戏剧、绘画、社会、自然等组，略带专科性质。专科性质的课程主要是育才自己开发出的特色课程，用一个现代术语，即为育才学校的校本课程。如文学组开设文学讲话、语法、名著选读、写作练习、文学思潮、修辞、作家研究、文艺批评、古代文学、外国文学等课程；音乐组开设视唱、键盘乐、乐理、音乐欣赏、弦乐、声学、管乐、作曲等课程；戏剧组开设发音、表演、化装、舞蹈、戏剧讲话、舞台技术、剧运史、世界剧史、导演、剧作、心理学等课程；绘画组开设

① 《创造宣言》，见方明主编：《陶行知全集》第 4 卷，四川教育出版社 2005 年版，第 3 页。

② 《创造宣言》，见方明主编：《陶行知全集》第 4 卷，四川教育出版社 2005 年版，第 6 页。

③ 《培养难童中人才幼苗的育才学校》，见方明主编：《陶行知全集》第 6 卷，四川教育出版社 2005 年版，第 313 页。陶行知在《育才学校节略》中还说："普修课时间占四分之三，特修课占四分之一。本校为全年学校，利用寒暑假，以补普修课程之不足。"（方明主编：《陶行知全集》第 4 卷，四川教育出版社 2005 年版，第 36 页。）

素描、漫画、水彩、木刻、画理、人体解剖学、透视学、美术概论、国画、广告画、美术史等课程；社会科学组开设社会发展史、伦理学、政治经济学、联共党史、哲学、中国问题、国际问题等课程；自然科学组开设物理、应用物理、无机化学、有机化学、应用化学、几何、三角、解析几何、微积分、天文、生物、气象、地质等课程。[①] 从这些课程的名称和种类上看，有的甚至相当于今天高等教育的专业课程设置，说明育才各组的学生在其专业领域学得比较广、比较深。

由于学生年龄尚幼，育才在专业分组上比较灵活，如果学生在学习过程中兴趣发生转移，或者不适合在某组继续学习，可以转至其他组。某组学生如果对其他组课程感兴趣，可以跨组选修某些课程。学生甚至可以跨年级修读课程，比如某位同学数学基础好但英语基础差，可以随高年级学数学、随低年级学英语。

1942年起，育才还进行了两个教育上的创新：是幼年研究生；是高小及初中毕业论文。幼年研究生有27名，每人有一个中心问题，不断收集资料，加以分析，得出结论。比如有一位学生研究古圣寺之历史，在和尚坟墓、账簿、年谱及地上挖出的残碑中，得出古圣寺之前寺比莎士比亚(1564—1616)小三岁。同时他研究苏德战争，形成了20万字的历史。这些幼年研究生一个学期就产生出4个剧本，27支曲子，10余种研究报告，自制仪器30余件。[②] 也就是说，早在70年以前，陶行知已经在育才学校开展了研究性学习的探索，取得了可喜的成绩。

为激励同学们努力创造，育才学校专门设立了总额为10000元的创造奖学金，甲等5名，各奖1000元；乙等5名，各奖500元；丙等25名，各奖100元。[③]

---

① 章开沅、唐文权：《平凡的神圣——陶行知》，湖北教育出版社1992年版，第399页。

② 《培养人才幼苗的六字诀和十字诀——致赵冕》，见方明主编：《陶行知全集》第9卷，四川教育出版社2005年版，第209页。

③ 《育才创造之神回来了——致陶宏》，见方明主编：《陶行知全集》第9卷，四川教育出版社2005年版，第329页。

二、“四种生活”

育才学校践行的教育理论,与陶行知的生活教育是一致的,他经常以生活论教育,用生活指教育。1940年陶行知在《育才学校教育纲要草案》中说:

> 育才学校的集体生活包含着如下几种生活:(一)劳动生活;(二)健康生活;(三)政治生活;(四)文化生活。在传统教育中有所谓劳动教育而忽略劳动生活,有所谓健康教育而忽略健康生活,有所谓政治教育而忽略政治生活,在各种各样的课堂中,讲授文化生活而忽略真正的文化生活。育才学校的生活与教育是统一的,它认定劳动生活即是劳动教育,用劳动生活来教育,给劳动生活以教育;它认定健康生活即是健康教育,用健康生活来教育,给健康生活以教育;它认定政治生活即是政治教育,用政治生活来教育,给政治生活以教育;它认定文化生活即是文化教育,用文化生活来教育,给文化生活以教育。①

陶行知所讲的“四种生活”,其实就是以四种生活来实施四种教育,从而克服单纯讲教育,却脱离生活实际的传统弊病。这一新颖独到的见解,今天看来仍充满教育智慧,极具启迪价值。曾与陶行知有过同事之谊的晏阳初,将中国乡村的症结概括为愚、穷、弱、私,对症下药,便提出四大教育:以文艺教育攻愚,以生计教育攻穷,以卫生教育攻弱,以公民教育攻私。虽然两人的理论出发点不同,旨趣也迥异,但不乏一定的相通之处。

育才的四种生活是如何进行的呢?陶行知并不主张将它们完全分开,而是可以彼此包容,互为促进。他认为:“劳动生活、健康生活、文化生活之解释、动员、组织的过程都是政治生活,也都是政治教育。”“劳动生活、健康生活、政治生活在集体讨论与检查中所有语言文字表达能力之锻炼以及思考推理之应用等等,便同时是文化生活。劳动生活、健康生活、政治生

① 《育才学校教育纲要草案》,见方明主编:《陶行知全集》第4卷,四川教育出版社2005年版,第384页。

活对于学生精神和品格上之陶冶及锻炼,便同时是文化教育。"①

三、"每天四问"

1942年,育才学校举行三周年纪念晚会,陶行知在演讲中提出"每天四问"。第一问:我的身体有没有进步?第二问:我的学问有没有进步?第三问:我的工作有没有进步?第四问:我的道德有没有进步?② 从这里可以看出,育才虽然强调学生的专业训练,却将身体健康、品德优良也摆在重要位置,以求得学生身心和谐发展,日后为社会做出持久的贡献。

第一问:"我的身体有没有进步?"陶行知将身体健康置于学生发展的第一位,这既与近现代教育理论关于人的发展观相一致,也是育才学校的现实需要。中国近代从德、智、体三要素构建教育目标的第一人严复③,1895年3月发表《原强》,从斯宾塞的教育理论出发,提出:"顾彼民之能自治而自由者,皆其力、其智、其德诚优者也。是以今日要政,统于三端:一曰鼓民力,二曰开民智,三曰新民德。"④1912年4月,中华民国首任教育总长蔡元培发表《对于教育方针之意见》,提出五育并举,第一为军国民教育,其实就是军事教育(含体育)。1917年4月,毛泽东在《新青年》发表《体育之研究》,将身体比喻为"载知识之车而寓道德之舍",以此说明体育的重要性。

育才从难童中招收学生,健康方面时常出状况,加之医疗卫生条件差,学校在两周年和三周年纪念前夕,分别有学生邹秉权、魏国光因病去世,富于爱心的陶行知非常痛心。"没有了身体,一切都完了!"陶行知要求同学们建立起"健康堡垒",注意四点:(1)科学的观察与诊断。魏国光就是因为患病期间师生和医生观察不到位,被误诊而惨死。(2)饮食的调节与改进。他特别以德国和苏联为例,说明要加强儿童和青年的营养,才能使整个民族保持青春的活力。(3)预防疲劳的休息,不主张过分勤奋用功、过

① 《育才学校教育纲要草案》,见方明主编:《陶行知全集》第4卷,四川教育出版社2005年版,第384—385页。
② 《每天四问》,见方明主编:《陶行知全集》第4卷,四川教育出版社2005年版,第429页。
③ 孙培青主编:《中国教育史》(第三版),华东师范大学出版社2009年版,第342页。
④ 严复:《原强》,见陈学恂主编:《中国近代教育文选》,人民教育出版社1983年版,第174页。

分紧张劳苦，“天天能在兴致勃勃中工作学习，健康必然在愉快中进步了。……忽略健康的人，就是等于在与自己的生命开玩笑”[1]。(4)用卫生教育代替医生，卫生教育在于教人预防疾病，减少疾病。育才的经济状况，不允许花钱聘请医生(只有一位护士)，只有尽量在卫生教育上多贡献一份力量，师生的健康才能多一份保证。

第二问：“我的学问有没有进步？”陶行知将增进学问的方法高度概括成五个字：(1)“一”，治学必须专一，对于一件事情要能够专心一意地研究下去。[2] (2)“集”，有了中心题目，便要多多搜集材料，源源本本、彻头彻尾地研究个明白。(3)“钻”，对于一个问题拿定了，便要尽力向里面钻，钻出一大套道理来。(4)“剖”，对于每一个问题搜集得来的材料，除了钻进深入之外，必须更加着意做一番解剖的功夫，分析入微，如同在解剖刀下，在显微镜下，看得明明白白，分析得清清楚楚。(5)“韧”，做学问是一种长期的战斗工作，所以必须有韧性，才能够在长期战斗中，克服重重困难，化除种种障碍，开辟出一条新的道路，步入新的境界。

第三问：“我的工作有没有进步？”育才师生在生活、学习中“各人所负的责任不同，各人有各人的岗位，各人应该站在各人自己的岗位上，守牢自己的岗位，在本岗位上努力，把本岗位的职务做得好，这是尽责任的第一步”；其次是敏捷正确，“一件工作在别人做起来需要四小时，你只要二小时或三小时就做好了，而且做得很正确，这才算是工作的效力”；再次是做好为止，做事要按照计划，有毅力坚持，依限完成，不能半途而废。

第四问：“我的道德有没有进步？”陶行知认为，道德是做人的根本，根本一坏，纵然有一些学问和本领，也无甚用处；没有道德的人，学问和本领愈大，为非作恶愈大。他提出要从“公德”和“私德”两方面来建筑人格长城，由私德的健全，而扩大公德的效用，来为集体谋利益。

---

① 《每天四问》，见方明主编：《陶行知全集》第4卷，四川教育出版社2005年版，第431页。

② 这个“一”字饱含中国传统的教育智慧。1943年陶行知作《创造年献诗》，前四句是：“荀教‘择一而壹焉’，莫跟鼫鼠学五技。凿井愈深口愈大，博学首要在好一。”(方明主编：《陶行知全集》第4卷，四川教育出版社2005年版，第8页。)《荀子·解蔽》云：“心枝则无知，倾则不精，贰则疑惑。以赞稽之，万物可兼知也。身尽其故则美，类不可两也，故知者择一而壹焉。”《荀子·劝学》亦云：“蚓无爪牙之利，筋骨之强，上食埃土，下饮黄泉，用心一也。”

陶行知“每天四问”，容易使人联想到曾子的“三省吾身”[①]，意在通过不断的自我反省来提高个人素养，在身体健康、学问进修、工作效能、道德品格上取得较大的进步。后来，陶行知在《育才学校手册》中将“四问”的内容进行扩充，具体化为育才学生的十二项要求：诚实无欺，谦和有礼，自觉纪律，手脑并用，整洁卫生，正确敏捷，力求进步，负责做事，自助助人，勇于为公，坚韧沉着，有始有终。[②]

四、“育才十字诀”

1941 年，陶行知一次从报上看到一首木偶十字诀，很受启发，想将育才学校的办学旨趣浓缩成口诀，以便于理解和记忆。经过反复斟酌，陶行知于 1942 年拟定“育才十字诀”：一个大脑；二只壮手；三圈连环；四把锁匙；五路探讨；六组学习；七（集）体创造；八位顾问；九九难关；十（誓）必克服。

前两句意指育才校歌的主题“手脑相长”；三个圆圈是育才的校徽，具有多重含义（详见本章第四节）；四把钥匙是学生开发文化宝库和宇宙宝藏的工具：国文、外国语、数学、科学方法；五路是探讨真理的五条途径：体验、看书、求师、访友、思考，陶行知将之与《中庸》所谓的博学、审问、慎思、明辨、笃行相提并论；六组是育才学生按兴趣分成文学、音乐、戏剧、绘画、自然、社会六个组；集体创造利用“集”与“七”谐音，强调育才过的是集体生活，“在共同努力创造学校上来学习共同努力创造新中国新世界”；八位顾问是指凡事多问、多思，从八方面入手：什么事、什么人、什么缘故、什么方法、什么时间、什么地方、什么数目、什么动向；九九难关，借用《西游记》唐僧取经遭遇九九八十一难，激励学生敢于、乐于同种种困难搏斗；最后，巧妙运用谐音，勉励学生不要被困难吓倒，要有战斗到底的决心，“克服大难，以至于成”。[③]

---

① 曾子曰：“吾日三省吾身：为人谋而不忠乎？与朋友交而不信乎？传不习乎？”（《论语·学而》）
② 《育才十二要》，见方明主编：《陶行知全集》第 4 卷，四川教育出版社 2005 年版，第 15 页。
③ 《育才十字诀》，见方明主编：《陶行知全集》第 4 卷，四川教育出版社 2005 年版，第 11—13 页。

五、"六大解放"

陶行知一向关注儿童，晓庄学校、山海工学团、育才学校，都贯穿着对儿童的关爱。陶行知在办教育中，非常重视儿童的主动性和创造性，并将激发儿童的创造力上升到国家与民族利益的高度加以认识。1944年9月20日，陶行知在儿童福利工作人员会议上发表演讲，题为《创造的儿童教育》。他说："教育不能创造什么，但他能启发解放儿童创造力以从事于创造之工作。"

> 我们晓得特别是中国小孩，是在苦海中成长。我们应该把儿童苦海创造成一个儿童乐园。这个乐园不是由成人创造出来交给小孩子，也不是要小孩子自己单身匹马去创造。我们造一个乐园交给小孩子，也许不久就会变为苦海；单由小孩子自己去创造，也许就创造出一个苦海。所以应该成人加入小孩子的队伍里去，陪着小孩子一起创造。①

要实施创造教育，教师就要加入小孩的队伍，成为孩子当中的一员，然后方能认识到小孩的创造力。发现了、认识了儿童的创造力之后，就要把儿童的创造力解放出来。陶行知针对当时中小学教育存在的普遍问题，有针对性地提出了儿童教育的"五大解放"：解放头脑、解放双手、解放嘴、解放空间、解放时间。加上后来提出的解放眼睛，合而成为著名的"六大解放"。

（1）解放小孩子的头脑。他说："儿童的创造力被固有的迷信、成见、曲解、幻想层层裹头布包缠了起来。我们要发展儿童的创造力，先要把儿童的头脑从迷信、成见、曲解、幻想中解放出来。……这种种要不得的包头布，要把他一块一块撕下来，如同中国女子勇敢的撕下了裹脚布一样。"②

（2）解放小孩子的双手。手的解放，在人类进化史上具有里程碑式的

① 《创造的儿童教育》，见方明主编：《陶行知全集》第4卷，四川教育出版社2005年版，第446页。
② 《创造的儿童教育》，见方明主编：《陶行知全集》第4卷，四川教育出版社2005年版，第448页。

重大意义,人类的创造力主要来自一双可以自由活动的手。中国对于小孩子一直是不许动手,往往因此摧残了儿童的创造力,他希望教育者多给小孩子动手的机会。

(3)解放小孩子的嘴。陶行知说:"小孩子有问题要准许他们问。从问题的解答里,可以增进他们的知识。……但中国一般习惯是不许多说话。小孩子得到言论自由,特别是问的自由,才能充分发挥他的创造力。"①

(4)解放小孩子的空间。陶行知从社会即学校出发,提出让小孩子去接触大自然的花草、树木、青山、绿水、日月、星辰,以及大社会中之士、农、工、商、三教九流,只有"解放了空间,才能搜集丰富的资料,扩大认识的眼界,以发挥其内在之创造力"②。

(5)解放儿童的时间。陶行知对当时学校把儿童的时间排得太紧颇不以为然,尤其是对各种月考、学期考、毕业考、会考、升学考非常反感。他说:"赶考首先赶走了脸上的血色,赶走了健康,赶走了对父母之关怀,赶走了对民族人类的责任,甚至于连抗战之本身责任都赶走了。最要不得的,还是赶考把时间赶跑了。……创造的儿童教育,首先要为儿童争取时间之解放。"③

(6)解放儿童的眼睛。这是陶行知1945年抗战胜利后在《民主教育》中提出来的,他说:"解放眼睛,敲碎有色眼镜,教大家看事实。"④意思是要看清事实,明辨是非,不要为种种假象、伪装所迷惑,这在当时的社会形势下,有其特定的内涵。陶行知还在文中首次将解放眼睛、解放头脑、解放双手、解放嘴、解放空间、解放时间并称为"六大解放"。

---

① 《创造的儿童教育》,见方明主编:《陶行知全集》第4卷,四川教育出版社2005年版,第450页。

② 《创造的儿童教育》,见方明主编:《陶行知全集》第4卷,四川教育出版社2005年版,第450页。

③ 《创造的儿童教育》,见方明主编:《陶行知全集》第4卷,四川教育出版社2005年版,第450—451页。

④ 《民主教育》,见方明主编:《陶行知全集》第4卷,四川教育出版社2005年版,第490页。陶行知接着说:"解放头脑,撕掉精神的裹头布,使大家想得通。解放双手,剪去指甲,摔掉无形的手套,使大家可以执行头脑的命令,动手向前开辟。解放嘴,使大家可以享受言论自由,摆龙门阵、谈天、谈心、谈出真理来。解放空间,把人民与小孩从文化鸟笼里解放出来,飞进大自然、大社会去寻觅丰富的食粮。解放时间,把人民与小孩从劳碌中解放出来,使大家有点空闲,想想问题,谈谈国事,看看书,干点于老百姓有益的事,还要有空玩玩,才算是有点做人的味道。有了这六大解放,创造力才可以尽量发挥出来。"

1946年4月，陶行知回到上海后，对小学教师谈及运用民主作风教学生时，再次提到“六大解放”，排列顺序依次为：解放他的头脑，使他能想；解放他的双手，使他能干；解放他的眼睛，使他能看；解放他的嘴，使他能谈；解放他的空间，使他能到大自然大社会里去取得更丰富的学问；解放他的时间，不把他的功课表填满，不逼迫他赶考，不和家长联合起来在功课上夹攻，要给他一些空闲时间消化所学，并且学一点他自己渴望要学的学问，干一点他自己高兴干的事情。[①]

把儿童的头脑、双手、眼睛、嘴、空间、时间等解放出来以后，并非等于他们就能自动成才，教育者要予以适当培养，方能发展小孩子的创造力。陶行知对此提出了三个要求：一是需要充分的营养，保证儿童的体力与心理；二是需要培养良好的学习和生活习惯；三是需要因材施教，发现儿童的特点，再施以适当的教育。育才的学生曾如此回忆他们在“六大解放”下所受到的别具一格的创造教育：

课堂并不局限于教室，大自然是我们最好的课堂。屈仲湘先生把我们带到凤凰山、缙云山上去认识各种各样的植物，大家一路提出许多问题；我们还从亲手解剖青蛙，养蛇、养猫头鹰、养兔子……在活动中学到很多生动有趣的动物学知识。俞文华大哥和王治平同学指导我们种菜，不仅学到有关蔬菜的知识，还能为学校改善伙食。我们做了大量标本在校庆纪念日展出，受到全校师生和专家们的表扬。

大社会也是我们最好的课堂。我们经常到北碚参观西部科学院、北碚博物馆、玻璃厂、硫酸厂、大明纺织染厂、肥皂厂、气象台和李华先生的小型炼钢炉。我们很不满足，于是学校又组织我们到重庆见习，去中央造纸厂、华生电器厂、天原电化厂、渝鑫钢铁厂、四川水泥厂等，分别住在厂里一个星期左右。方与严先生亲自给每个同学做了一个见习日记本子，写上每个同学的名字，我们认认真真记下学习的内容，然后在朝会上，或在《小科学》壁报上向全校师生汇报。

……

① 《小学教师与民主运动》，见方明主编：《陶行知全集》第4卷，四川教育出版社2005年版，第527页。

我们的教学用具都是自己制作的。我们向木工师傅学习，自己制作了自由落体加速度实验器、钟摆模型、滑轮、油水机、各种测量仪器、百叶窗、风向器、风速器、天文观星图版等。我们把自制的天文观星图版作为礼物送给历史学家翦伯赞先生时，他十分高兴。这些教具，十多年后，在育才学校改名为“重庆第20中学”后，教授物理课还很完好，照样可以使用，可见得它们的质量是过硬的。①

六、社会活动

育才学校贯彻陶行知的生活教育理论，非常强调学校与社会的联系，创造各种机会和条件，让学生参与社会服务，既能增强才干，又能增长见识，更能培养社会责任意识和时代使命感。

育才学生的社会活动包括三部分：一是到社会上展示学业成就，如举办画展、音乐会，这既能扩大育才的社会影响，也能使学校获得社会捐助。1942年起，育才绘画、音乐、戏剧三组，每年到管家巷28号育才驻渝办事处举办画展和演出活动。1944年戴爱莲在育才建立舞蹈组，育才的演出又增加了舞蹈节目，并多次举办舞蹈专场演出。②

二是到民众中去普及教育，将自己的学识用于启迪民智。陶行知说：“现在中国处在伟大的抗战建国中，必须用教育来动员全国民众觉悟起来。……育才学校之创立，只是生活教育运动中的一件新发展的工作，它是丰富了普及教育原定的计划，决不是专为这特殊教育而产生特殊教育，也不是丢掉普及教育而来做特殊教育。”③

三是参与社会实践，主动向社会学习。育才学校艺术各组1940年起

---

① 赵义熙、李国音：《自然科学组的教学与实践》，载《重庆陶研文史》2011年第3期。

② 张再为：《育才学校的共产党组织》，见方明主编：《陶行知全集》第12卷，四川教育出版社2005年版，第739—740页。著名舞蹈家戴爱莲在育才学校任教两年(其中有半年外出采风)，她说：“一些人拿丰裕的物质条件来诱惑我，但是，我心里很清楚，他们给我的是腐化灵魂的东西。我在育才学校，吃的是霉米，穿的是草鞋，但我的灵魂很快乐，生命由此充满了生机。我找到了让自己燃烧的原料——是一种脱离了自私自利的爱，我个体生命因为这种更博大的爱变得更加生机勃勃。”(李妍红：《戴爱莲传》，江苏人民出版社2009年版，第75—76页。)

③ 《育才学校创办旨趣》，见方明主编：《陶行知全集》第4卷，四川教育出版社2005年版，第380页。

试行雾季赴重庆见习修学,师生自带铺盖和生活用具。[①] 见习活动将抗日救亡和教学内容紧密结合,将吃住行、演出和绘画当作每个师生的必修课,在集体生活中锻炼学生自动、自主的能力。第一批雾季见习团由戏剧、绘画两组组成,1940 年冬赴重庆,1941 年春回校,效果很好。1941 年 10 月又派出文学、社会、戏剧三组推举出的多名代表组成雾季见习团。1942 年 1 月,管家巷 28 号成为育才驻渝办事处,见习团有了固定的住所。此后,每年雾季,育才各组的学生都轮流到重庆市区向社会学习。[②] 自然组赵义熙回忆 1941 年的见习生活时说:

> 我们见习团的学习生活真是有趣得很,内容丰富得不得了,每天参加社会上的各种形势报告会、时事座谈会、社会名流、专家学者的报告会等。陶老夫子严格要求我们参加各种活动、集会,一定要遵守时间,准时到会,不准迟到,不许早退。每个人要认真听别人的演讲和发言,并仔细的记好笔记。到了晚上回到住所,要很好的整理笔记,总结一天的收获,把它认真记在你们的"见习日记"里。以便回到学校向其他同学汇报你们的学习成绩。[③]

著名史学家翦伯赞 1941 年秋天到育才讲课,经过亲身感受,对于育才学校的创造教育获得了更为深刻的认识,他说:在这二十一天中,我看出了行知先生所创导的生活教育,是一种人民本位的教育。这种教育不仅和生活打成一片,也和人民打成一片。它的具体的表现,就是告诉学生不仅从书本上学习,同时要从生活的实践中学习,不仅要从教师学习,同时,要从老百姓学习。一言以蔽之,就是告诉青年,最可靠的知识是从生活实践中总结出来的知识,最有用的学问是具体了解人民大众的要求。[④]

---

① 每年冬天和春天,重庆云雾特多。每逢雾季,日本飞机来不了,没有轰炸,比较安全。陶行知便抓住这个时机,把学生组织起来,称为"雾季见习团",去重庆实践和学习。

② 张再为:《育才学校的共产党组织》,见方明主编:《陶行知全集》第 12 卷,四川教育出版社 2005 年版,第 740 页。

③ 赵义熙、苏永静:《育才故事(四)》,载《重庆陶研文史》2010 年第 4 期。

④ 翦伯赞:《我和行知先生》,转引自童富勇、胡国枢:《陶行知传》,教育科学出版社 1991 年版,第 412 页。

第四节　育才学校的校园文化

1926年11月,陶行知在筹办晓庄师范时发表了一篇文章,谈到心目中理想的学校,他说:

> 学校是师生共同生活的处所。他们必须共甘苦。甘苦共尝才能得到精神的沟通,感情的融洽。国家大事,世界大势,亦必须师生共同关心。学校里师生应当相依为命,不能生隔阂,更不能分阶级。人格要互相感化,习惯要互相锻炼。人只晓得先生感化学生,锻炼学生,而不知学生彼此感化锻炼和感化锻炼先生力量之大。先生与青年相处,不知不觉的,精神要年轻几岁,这是先生受学生的感化。学生质疑问难,先生学业片刻不能懈怠,是先生受学生的锻炼。这是不可避免的,也是好现象。总之,师生共同生活到什么程度,学校生气也发扬到什么地步,这是丝毫不可以假借的。李白诗说:"黄河之水天上来,奔流到海不复回。"这好比是学生的精神。办学如治水,我们必须以导河的办法把学生的精神宣导出去,使他们能在有益人生的事上去活动。倘不能因势利导,反而强事压制,那么决堤泛滥之祸不能幸免了。[①]

陶行知办学,就是要按自己的理念来建设校园文化,营造校园生活,从学校选址、校园环境、精神氛围等方面无不体现一位教育家的良苦用心,晓庄如是,育才亦如是。他曾在育才文学组的诗歌朗诵会上说:"我要把育才办成一个诗的学校,盼望大家帮助我。我要以诗的真、善、美来办教育。我并不是要学生每个都成为诗人,那太困难了。但我却要由我们学校做起,使每个同学、先生、工友都过着诗的生活。渐渐的扩大出去,使每个中

① 《我之学校观》,见方明主编:《陶行知全集》第2卷,四川教育出版社2005年版,第251—252页。

国的人民、世界的人民，都过着诗的生活！”[①]陶行知追求诗意的校园文化与校园生活，曾亲自为育才学校设计校徽，谱写校歌。

一、别出心裁的学校标识

（一）校徽

育才学校的校徽图案别致，由三个红色的圆环两两相扣，连锁而成。

育才创办之初，就有人关注到校徽的设计，绘画组主任陈烟桥主动请缨，希望陶行知告知校徽所要表达的意思，由他来设计。陶行知认为校徽作为一个符号，要表现学校的教育旨趣，便不能过于复杂，必须简单，一看就明白。陶行知冥思苦想，一次在船上灵感突现，决定以圆圈为图案，“这圆圈是求学的符号，因为求学要虚心而且要有相当的空闲。它又是工作的符号，因为工作要不断的努力才能成功。它也是战斗的符号，因为抗战要精诚团结才能得到最后的胜利”[②]。

陶行知将三个圆圈连锁起来，展开想象的翅膀，赋予其丰富多样的教育意义。他说：“第一个圆圈代表全校一体，第二个圆圈代表世界一体，第三个圆圈代表古往今来一体。”陶行知继续想下去，三个圆圈几乎可以表示出无穷的意义，如智、仁、勇；真、善、美；工学团；教学做合一；自然、劳动、社会；头脑、双手、机器；迎接困难、分析困难、解决困难；认识社会、适应社会、改造社会；检讨过去、把握现实、创造未来；肯定、否定、否定之否定。[③]1945 年 9 月，陶行知在为育才学校所写的英文介绍中又进一步说：“圆环象征着开诚布公、一往无前和勤奋努力。第一个环代表学校的团结，第二个环代表中华民族的团结，第三个环代表民主和进步世界的团结。”[④]

至于圆环的颜色，陶行知最初想到的是黑色，因为它表现出钢铁一样的坚强。但钢铁过于机械、冷酷，作为学校、作为教育，应该有生机、有活

① 《关于诗的谈话》，见方明主编：《陶行知全集》第 4 卷，四川教育出版社 2005 年版，第 442 页。

② 《我们的校徽》，见方明主编：《陶行知全集》第 4 卷，四川教育出版社 2005 年版，第 354 页。

③ 《我们的校徽》，见方明主编：《陶行知全集》第 4 卷，四川教育出版社 2005 年版，第 354—355 页。

④ 《培养难童中人才幼苗的育才学校》，见方明主编：《陶行知全集》第 6 卷，四川教育出版社 2005 年版，第 312 页，英文见第 165 页。

力，需要有生命的颜色才能表现其真正的意义。于是，陶行知改黑色为血红色，“代表着有生命的学校、有生命的世界、有生命的历史都联成一体”①。

（二）校歌

育才校歌是《手脑相长歌》，其词为陶行知 1932 年的作品，当时他正在上海筹办工学团。1933 年 1 月，陶行知还专门以《手脑相长》为题发表演讲。赵元任曾为《手脑相长歌》谱曲。该歌被选定为育才学校校歌后，改由著名音乐家、育才音乐组主任贺绿汀作曲。其词如下：

人生两个宝，
双手与大脑。
用脑不用手，
快要被打倒！
用手不用脑，
饭也吃不饱。
手脑都会用，
才算是开天辟地的大好佬。②

1943 年 11 月，陶行知又创作《凤凰山上》，作为育才学校的校歌。《凤凰山上》比起《手脑相长歌》，内容更丰富，更贴近育才的实际情形，更具文学性和感染力。其词如下：

我们是凤凰山的儿女。
我们是凤凰山的小主人。
凤凰山是我们的家，
　　我们的学校，

---

① 《我们的校徽》，见方明主编：《陶行知全集》第 4 卷，四川教育出版社 2005 年版，第 355 页。
② 《育才手脑相长歌》，见方明主编：《陶行知全集》第 4 卷，四川教育出版社 2005 年版，第 24 页。

　　我们的乐园，
　　我们的世界。
我们是凤凰山的开垦者，
　　要创造出新的凤凰山，
　　新的家，
　　新的学校，
　　新的乐园，
　　新的世界。
我们要虚心，虚心，虚心：
　　承认我们一无所知，一无所能。
我们要学习，学习，学习：
　　达到人所不知，人所不能。
我们要贡献，贡献，贡献：
　　实现文化为公，天下为公。
修炼智慧之眼。
磨出金刚之啄。
展飞大无畏之翼。
涵养一心向真之赤心。
观！
静观大千世界。
啄！
啄开未知之门。
飞！
飞入神秘之宇宙。
找！
找出真理之夜明珠，
衔回人间，
饰在每一个人的额前，
照着人类在狂风暴雨的黑夜里，
　　走到天明，

迎接东升的太阳!
得到光,
得到热,
得到力:
创造幸福的新中国,新世界。
真即善;
真即美;
真善美合一。
让我们歌颂真善美的祖国,
真善美的世界,
真善美的人生,
真善美的创造。[①]

陶行知还曾为广东大埔百侯中学创作校歌,语言隽美,意味绵长,如:“手脑双敲,未知之门。努力创造,始败终成。千教万教,教人求真。千学万学,学做真人。岁寒松柏,求仁得仁。文化为公,百侯精神。”[②]

二、诗情画意的校园环境

育才学校坐落在风景秀丽的凤凰山顶,古刹清晖,气宇恢宏。如此优美的校园环境,意在给学生以愉悦的情绪体验,又“可以请到一批优秀的文化人,乘空到乡下来透透气,顺带教教小孩”[③]。自然组校友赵义熙回忆初入校时的情形说:

我兴高采烈地背着行李走在从草街子到古圣寺的石板路上,一路上看到风光迷人的乡村景色,令人心旷神怡。上了一个山坡,展现在眼前的是一幅美丽的图画,远远的山顶上绿树成荫,隐约的松树林深

① 《育才学校校歌》,见方明主编:《陶行知全集》第4卷,四川教育出版社2005年版,第25—26页。
② 《百侯中学校歌》,见方明主编:《陶行知全集》第7卷,四川教育出版社2005年版,第806页。
③ 戴伯韬:《陶行知的生平及其学说》,人民教育出版社1982年版,第110页。

> 处衬托出一座白色围墙的古庙。从那里传出了美妙动人的琴声，这声音过去从未听到过，我的心都陶醉了！①

另据苏永静回忆，陶行知在育才校庆二周年前夕的一次朝会上对师生们说："我们要创造艺术之环境，要创造艺术化的校容。"他要求同学们"一切排起队伍来"：大家洗完脸后，脸盆、毛巾、牙刷、牙膏都排得整整齐齐；做完清洁后，扫帚、撮箕也排起队来；劳动后，锄头、镰刀等工具也排得很整齐。整个校园里，不论什么时候，不论走到哪里，到处都是干干净净、整整齐齐，看了使人心里感觉到特别舒畅。②

育才整洁的校园都是学生自己动手营造的，同学们每天一大早都认真地做自己在校园里被分配地区的清洁工作，然后接受检查，连男厕所的楼板每天都用抹布擦得干干净净、明明亮亮。重庆教育部曾派了一个督学来学校检查，这个人招呼也不打，一来就跑到男厕所里去看。出乎他的意料，墙壁白生生、干干净净的，没有一个字，地面楼板也十分干净，不像别的学校厕所墙壁上尽是些不堪入目的字画，地上尽是污物。这位督学抱着挑刺的心态而来，在事实面前却不得不在结论中说育才学校"精神振作，道德高尚"③。

三、紧张活泼的校园氛围

育才为寄宿制学校，陶行知特别强调学生过集体生活，同学们在紧张繁忙的学习之余，其他各项活动也安排得丰富多彩，整个校园洋溢着团结紧张、严肃活泼的氛围。据自然组赵义熙回忆：

> 我到育才的第二天，一早起来看见同学们生龙活虎地在操场上锻炼身体，真是一派生气勃勃的景象。然后是早自习，只见在松林间，在小山头上，在明亮干净的教室里，听到同学们大声地朗读英语，没有老

---

① 赵义熙、苏永静：《育才故事（二）》，载《重庆陶研文史》2010 年第 2 期。
② 赵义熙、苏永静：《育才故事（五）》，载《重庆陶研文史》2011 年第 1 期。
③ 赵义熙、苏永静：《育才故事（五）》，载《重庆陶研文史》2011 年第 1 期。

师在身边。可是个个都那样认真、自觉,好像是做一件非常快乐的事情似的。整个学校都充满了浓厚的学习风气,上课的时候不时从教室里传出师生共同讨论、辩论的话语声,或当老师讲到有趣的内容时同学们发出的欢笑声,他们学习得多么生动活泼有趣啊!下课后走廊上、教室里到处是爽朗的歌声和同学们做游戏时发自内心的欢乐的嬉笑声与音乐组同学的弹奏钢琴的美妙的乐曲声,组合成了一曲动人的交响曲。像这样朝气蓬勃的动人的情景是我过去所读过的学校从未见到过的,我一下子就深深地爱上了这个学校。[①]

虽然育才的学生多数处于儿童少年期,但陶行知非常重视培养学生的自理和自治能力。由于战时医疗卫生条件较差,为预防疾病,培养学生良好的生活习惯十分必要,如用凉开水漱口、吃水果用高锰酸钾消毒、睡眠以9小时为度、适当运动等。[②] 对于学生的举止、仪态、应对等也有详细规定,如开会纪律、师生礼节、同学关系、饮食起居等。[③]

育才的学生学习紧张、生活简朴,陶行知认为物质上可以因陋就简,但精神上一定不能放松要求,要创造条件让同学们接受高雅艺术的熏陶,汲取精神养料。1943年1月,陶行知在重庆看了莫扎特的《安魂曲》之后,动员育才全体师生前来观看,他说:"看这出戏可以抵得上新春之课、科学年之课,甚至于终身之课。何以故?因为看了这出戏,可以保证新春之课,全年、终身之课之胜利。在这出戏里,我们重新发现自己,会看见自己的苦难,自己的快乐,自己的创造,自己的命运——我看了《安魂曲》而魂不安。""让我们节约、生产,省出钱、赚出钱来买票看,节约身体的粮食来换取精神的营养。每天少吃一餐稀饭,过节少吃几块肉,或者平日多养几只鸡,多刻几块木刻,多写几篇文章,那不是立刻可以达到目的吗?老者、弱者、小者坐船带铺盖来,壮丁半夜动身走路来。无论到得怎么晚,管家巷是

① 赵义熙、苏永静:《育才故事(二)》,载《重庆陶研文史》2010年第2期。

② 《育才卫生教育二十九事》,见方明主编:《陶行知全集》第4卷,四川教育出版社2005年版,第16—17页。

③ 《育才学校之礼节与公约》,见方明主编:《陶行知全集》第4卷,四川教育出版社2005年版,第18—22页。

预备着热的晚餐迎接你们。”[①]育才师生们收到陶行知的急信，决定步行 100 多里去重庆看话剧《安魂曲》。据赵义熙、苏永静回忆：

> 我们“壮丁”们，外加一个具有男孩子性格的姑娘就踏着星光，沿着乡间的石板路出发了。一路上翻山越岭，经过不少村庄，我们静悄悄地穿过村庄的街道，以免惊醒熟睡的人们，只听见沙沙的脚步声留在了我们的后面。偶尔远远传来几声犬吠，好像是在欢迎又好像是在欢送我们。最后当我们经唐家沱到达重庆时已经是第二天的黄昏了。一百多里路连夜赶过来虽然十分疲倦，可是当晚上，坐在国泰大戏院看怒吼剧社的精彩演出时，大家非常兴奋，深深地被伟大音乐家莫扎特的事迹所感动，我们和陶校长一样都感到这是有生以来最有意义的一课，是有益于终生的一课。六十五年后的今天，每当我们听到莫扎特那充满欢乐而优美的乐曲时，少年时代陶校长给我们上的这一堂生动的艺术课的情景就浮现在眼前，它始终鼓舞着我们，要从苦难中振奋起来，以革命乐观主义的精神去创造新的生活，去迎接更加美好的明天。[②]

陶行知甚至将自己的婚礼也变成育才学校的教育场所，让孩子们在快乐欢笑中受到情感的熏陶。1939 年 12 月 31 日，陶行知和吴树琴的婚礼在育才举行，音乐组学生们唱起由陶行知作词、赵元任作曲的《结婚歌》。歌词的内容是：“男先生，女先生，结了婚，打日本。怎样打日本？团结去斗争！结婚革了命，不再为自身；为民族，求生存，联合起来誓不分。”[③]陶行知在讲话中念了一首自己和吴树琴一起创作的诗：“前世有缘，无法奈何！我也爱他，他也爱我。教学相长，如切如磋。好来好往，朝朝暮暮。万里长征，好事多磨，苦中有甜，彼唱此和。国难当头，理宜节约，替代钻戒，丹心一颗。不要媒公，不要媒婆，两相情愿，终身合作。主不请客，客不恭贺，敬

---

① 《欢迎轮流进城看〈安魂曲〉——致育才学校全体同志》，见方明主编：《陶行知全集》第 9 卷，四川教育出版社 2005 年版，第 263 页。

② 赵义熙、苏永静：《育才故事（六）》，载《重庆陶研文史》2011 年第 2 期。

③ 《结婚歌（调寄村魂歌）》，见方明主编：《陶行知全集》第 7 卷，四川教育出版社 2005 年版，第 731 页。

告亲友,大家呵呵!"[①]又念了一首结婚证书上的题诗:"天也欢喜,地也欢喜,人也欢喜。欢喜你遇到了我,我也遇到了你。当时是你心里有一个我,我心里有了一个你。从今后是朝朝暮暮在一起。地久天长,同心比翼,相敬相爱相扶持。偶然发点脾气,也要规劝勉励。在工作中学习,在服务上努力,追求真理,抗战到底。为着大我,忘却小己,直等到最后胜利。再生一两个孩子,一半儿像我,一半儿像你。"[②]陶行知说,他结婚不请客,把请客的钱拿来支援抗日战争的事业和捐给育才学校,也不要亲友们送礼。如果有人非送礼不可,又不好推却的,他就转送给育才学校作为办学的经费。婚礼进行得很别致、很成功,伙食团还为师生们加了一个十分可口的菜——"黄豆烧肉"。[③] 师生们这一天过得很快活,也很受教育,感悟到纯洁的爱情与陶行知对育才的深切关怀,这一天给师生们都留下了难以忘怀的美好印象。

第五节　育才学校的艰难困苦

在战火中诞生的育才学校注定要饱经环境的磨难、时代的风霜,陶行知以"佛不入地狱,谁入地狱"的勇气,殚精竭虑,倾尽全力,带领育才师生渡过一道又一道难关。尤其是抗战后期,经济形势严峻,物资极度匮乏,陶行知在物价飞涨和外援不济的双重高压下难以招架,育才学校常常陷入困境,几乎是行走在悬崖边缘。陶行知使出浑身解数,形象地比喻自己是在跟物价赛跑,甚至搬出历史上行乞兴学的武训来激励自己和世人,将育才从绝境中解救出来。1941 年 10 月 14 日,陶行知在致育才全体师生的信中说:"学校难关将渡,大家尚须齐心努力,争取最后胜利,以跃入创造之境。我们正在急水滩头挣扎,撑篙的、拉纤的、掌舵的都要随处留神,在扼要处

---

① 《结婚通告》,见方明主编:《陶行知全集》第 12 卷,四川教育出版社 2005 年版,第 369 页。

② 《结婚证书上的题诗》,见方明主编:《陶行知全集》第 11 卷,四川教育出版社 2005 年版,第 611 页。

③ 赵义熙、苏永静:《育才故事(三)》,载《重庆陶研文史》2010 年第 3 期。

着力，自能安达彼岸。”[①]

一、“不冻不饿，省吃省用”

育才学校是经政府立案的私立学校，主要靠校董会和社会各界的捐助过日子。建校之初，由时任全国赈济委员会会长的校董许世英提供一笔数目不菲的启动资金，且招收难童入学后，保育院的人头费也随之拨到育才。但陶行知敏感地想到战时办学校，资金问题将日显突出，因此一开始就对学校的开支表现出惊人的关注，事无巨细，反复叮嘱。

育才学校在经济方面的首要任务是如何解决师生的吃穿问题，不能生存，谈何教育？1939 年 7 月 23 日他致信副校长马侣贤，对学校日常运转嘱以“不冻不饿，省吃省用”八个字。[②] 1940 年 2 月 19 日，陶行知睡了一晚旅馆，发现垫的是稻草，感觉软得很，便于次日致信马侣贤，为了节约开支，建议用散草代替棉花做垫被：“你前天告诉我要轧棉花做垫被，这是不必需。望停止做垫被，统以散稻草替代。每人省三元，五百人便能省一千五百元。已做成的或改或作病人或客人用。……总之，可省则省，而且必省，使得别的要务可以有钱举办。”[③]

1941 年 10 月 15 日，陶行知给音乐组和戏剧组同学致信说“我们的三个月的捐米被炸毁了。冬衣的布还没有着落”，为了学校的生存，戏剧组可推选五至八人驻渝见习，寄宿中苏协会，可解决八个人的吃饭问题；文学组和社会组各推三人驻渝见习，寄宿文化工作委员会，可解决六个人的吃饭问题。[④] 为了节省棉袜，陶行知叮嘱马侣贤，“穿袜子的同学要教他们常

---

① 《在急水滩头挣扎——致育才全体同志》，见方明主编：《陶行知全集》第 9 卷，四川教育出版社 2005 年版，第 164 页。

② 《不能用人之长，便是自己之短——致马侣贤》，见方明主编：《陶行知全集》第 8 卷，四川教育出版社 2005 年版，第 478 页。1940 年 12 月 15 日，陶行知致函马侣贤，重申“不冻不饿，省吃省用”。（《经济开支的八字方针——致马侣贤》，见方明主编：《陶行知全集》第 9 卷，四川教育出版社 2005 年版，第 115 页。）

③ 《垫被用散草代——致马侣贤》，见方明主编：《陶行知全集》第 8 卷，四川教育出版社 2005 年版，第 637 页。

④ 《推代表到重庆见习——致育才戏剧组、文学组》，见方明主编：《陶行知全集》第 9 卷，四川教育出版社 2005 年版，第 165 页。

剪脚趾甲,否则容易破坏"[1]。宋美龄从保育会中捐出一部分过冬的大衣给育才,陶行知特意写信嘱咐同学们爱惜衣服,对容易脏和容易破的地方要特别留意。信中说:"物价是一天天的高涨,这身大衣恐怕要穿过明年后年也难以再行补充。所以你们要十分爱惜这衣服,否则到了明年便要衣服褴褛了。……这是国家的衣服,交给你们穿,即是交给你们代管。你们爱惜衣服,便是爱惜国力。"[2]

陶行知为育才师生的衣食真是绞尽脑汁,何处可以捐到衣服和大米,何人才能搞到平价米和平价布,何地米价便宜,他四处写信托人,一有消息即函告副校长马侣贤。1940 年 2 月,育才向开明书店订购英语课本,陶行知希望对方"将价目规定格外便宜,便利难童,功德无量"[3]。1940 年 7 月,市面上盐价异常,每市斤重庆两角,北碚三角,而育才学校所在的合川县草街子镇贵至八角。育才近五百师生每天需要大量食盐,而盐价悬殊如此,实不堪负担。陶行知写信给重庆盐务局局长缪秋杰,希望允许育才到重庆买盐,并发给食盐运输护照,以便能将食盐从重庆直接运到草街子镇。[4]育才师生一个月大概要吃掉一万元的大米。[5] 1940 年 12 月,陶行知听闻大竹县米价低廉,即借款三万元,派人前往大竹采办大批谷米。[6] 1941 年 11 月 12 日,陶行知托友人到经济部平价购销处买布六匹。[7] 然而生意场上鱼龙混杂,有时难免受人蒙骗。1941 年 12 月,为了弄到一批罗斯福布,陶行知奔走二十余次,先是受南朗西欺骗,后来又不知受了谁玩弄,到

---

① 《数事备忘——致马侣贤》,见方明主编:《陶行知全集》第 9 卷,四川教育出版社 2005 年版,第 172 页。

② 《爱惜衣服便是爱惜国力——致育才驻渝见习团》,见方明主编:《陶行知全集》第 9 卷,四川教育出版社 2005 年版,第 173—174 页。

③ 《请以优价卖给难童英文课本——致开明书店执事》,见方明主编:《陶行知全集》第 8 卷,四川教育出版社 2005 年版,第 638 页。

④ 《就五百师生食盐问题恳商盐务局长——致缪秋杰》,见方明主编:《陶行知全集》第 8 卷,四川教育出版社 2005 年版,第 735 页。

⑤ 《研究所筹得一笔经费——致陶晓光》,见方明主编:《陶行知全集》第 9 卷,四川教育出版社 2005 年版,第 106 页。

⑥ 《速去大竹购米——致马侣贤》,见方明主编:《陶行知全集》第 9 卷,四川教育出版社 2005 年版,第 102 页。

⑦ 《九事相告——致育才全体同志》,见方明主编:《陶行知全集》第 9 卷,四川教育出版社 2005 年版,第 177 页。

1943 年 1 月总算领了回来，可打开一看，竟是白布一捆，“算是吃了一个大败仗”①。

战时经济起伏较多，陶行知希望育才在物资出入上把握时机，买入的东西能逢低多购，而卖出的东西则要就个好价。1940 年 3 月 24 日，陶行知致信马侣贤，卖掉育才储备的部分木料和土地。② 5 月 26 日，又致信马侣贤，说木料价格上涨，余下的部分不要急着出手，得趁机卖个好价，“上次木料才卖三四天，价钱即涨到一千六百元”；同时，“菜籽要大量的买，够一年用。谷要买够一年吃。在新菜籽、新谷未上市前准备买”。③ 马侣贤在处理木料等方面未合陶行知之意，即去信责问、催促。后来马侣贤请辞，陶行知抱病去信挽留：“我在教育的立场，不愿接受您的辞职。假使您已经把总务部部署得很好，可以交待下去而无害于学校，那当然换个岗位是可以的。现在却非其时。……育才学校是差不多飘流到尼嘎拉瀑布的悬崖上头，我们这些船夫倘不依着把舵者所驶方向回转头来，整个的船可以从瀑布上冲下来。这不是您辞职的时候，而是努力立功的时候。我料理就绪，当扶病来校帮助您们奠定学校的基础。虽然一个病人的力量是很少的，但我也是船夫之一，不愿袖手看船翻。真正的要想打开一条光明的道路，还要靠全校和衷共济，把各人的生命放进事业里去，才能发挥出伟大的力量，以完成这个重要的任务。”④后来，这批木料散佚，陶行知久病初愈，对此极为关切，叫马侣贤派精明的人员一路追查。

二、与物价赛跑

战争时期，物资短缺，物流不畅，供需矛盾恶化，政府滥印钞票，导致物价飞涨。育才好不容易筹措到一些经费，如不及时购买实物，就会迅速贬

---

① 《牺牲自己为大家——致吴树琴》，见方明主编：《陶行知全集》第 9 卷，四川教育出版社 2005 年版，第 268 页。

② 《关于木料、药品事——致马侣贤》，见方明主编：《陶行知全集》第 8 卷，四川教育出版社 2005 年版，第 650 页。当时木料的卖价是 1200 元。

③ 《观察、考虑而后行——致马侣贤》，见方明主编：《陶行知全集》第 8 卷，四川教育出版社 2005 年版，第 683 页。

④ 《这不是你辞职的时候——致马侣贤》，见方明主编：《陶行知全集》第 8 卷，四川教育出版社 2005 年版，第 693 页。“尼嘎拉瀑布”现译尼亚加拉瀑布。

值。此事最令陶行知焦头烂额,甚至疲于奔命。

1940年8月上旬,陶行知给远在菲律宾的杨静桐写信,谈及物价飞涨:"国内百物昂贵,尤以生活必需品为甚。单就米价而论,去年今日每斗三元有余,而日前则已涨至十四五元一斗。处此情况下,我们的伙食费是激增了三倍以上,而仍是继长增高,不知所止。……现在我们是半炊而快到断炊,我们是有责任给我们的朋友知道真情。如果朋友们愿意酌量给我们帮助,也只可以少数朋友捐助的形式行之。"[①]8月19日,陶行知致函许世英,恳请拨款六千元以资建造防空洞,顺便提到物价,要求追加经常性补助,云:"近数月来物价飞涨,食米一项即涨至原有五倍以上,学校开支窘迫万分。节无可节,百思难解,深望自八月份起,每月增加补助费贰千元,以救枯竭之危。如蒙俯允,全校感激!"[②]10月13日,陶行知在致马侣贤信中有"提款、用款,要斟酌缓急,预为之计,我不能常常向人叩头借款"[③]之语。这是陶行知书信中少见的情绪化语言,表明他为育才的生存几乎竭尽全力。

1941年7月上旬,陶行知致函孔祥熙,希望能赞助晓庄研究所及育才学校经费,其中提到米价云:"惟最近米价飞涨,亟亟不可终日,昨日米价已涨至五十二元一斗,较诸去年开办时,增加二十五倍,亦望赐助,俾能渡此难关。"[④]在育才成立两周年致董事会成员的筹款信中,陶行知又说:"终日与米竞赛,未免疲于奔命。"[⑤]

建校不到两年,育才即因物价飞涨而导致每月超支甚巨,不得不采取紧缩办法,1940年10月暂不招收新生[⑥],教职工也有"好些人因此已经离

① 《一个诚恳的告急——致杨静桐》,见方明主编:《陶行知全集》第9卷,四川教育出版社2005年版,第10页。

② 《日机猖狂,请拨款建造防空洞——致许世英》,见方明主编:《陶行知全集》第9卷,四川教育出版社2005年版,第26页。

③ 《提款用款要斟酌缓急——致马侣贤》,见方明主编:《陶行知全集》第9卷,四川教育出版社2005年版,第56页。

④ 《请赞助晓庄研究所及育才学校——致孔祥熙》,见方明主编:《陶行知全集》第9卷,四川教育出版社2005年版,第150页。

⑤ 《乘立校二周纪念为育才筹款——致董事会成员》,见方明主编:《陶行知全集》第9卷,四川教育出版社2005年版,第152页。

⑥ 《三件事——致吴勃》,见方明主编:《陶行知全集》第9卷,四川教育出版社2005年版,第65页。

开了学校”[1]。1941 年 6 月初，学校存米只够三日之用，几至断炊，陶行知决定全校每天三顿稀饭，同时派人借米救急。[2] 我们还可从同学们的餐桌上来看看育才经济状况的恶化：

> 其实，育才学校办学初期的伙食标准也是很不错的，中、晚餐都是四菜一汤，两荤两素。就是在这样好的条件下，陶老夫子对生病的同学也是特别关怀的，让他们临时到“营养桌”吃饭。每个人还增加一小碗“汽水肉”或“汽水猪肝”。后来由于物价飞涨“四菜一汤”的菜碗里的菜，随着物价的高涨而变得越来越少。于是，慢慢就变成“三菜一汤”“两菜一汤”，最后就只有每个人十几粒胡豆了，吃肉的机会也少了，只能每月的初一、十六“打牙祭”了。物价不断上涨，而公费生的经费，贩济委员会一点也不增加，只得靠陶老夫子四处奔忙，靠募捐来补充。就是在这样困难的情况下，陶老夫子也在千方百计设法增加我们的营养。如他提出用比较便宜的猪血作为“科学胭脂”，作为我们的菜，吃肉的时候提出和黄豆一起烧，这样黄豆也就变成了肉。为了同学们的健康，他真是费尽了心血。[3]

与物价赛跑的陶行知，个人生活极为节俭，他在书信中提到的喝粥经历就有两次。一是 1943 年 9 月 3 日致吴树琴的信：“我于三十一日下午二时从北碚坐公共汽车来渝。路上抛两次锚，将夜才到。因为米好，晚上吃了一碗管家巷难以吃到的稀饭，觉得一路的疲劳都消失了。”[4]二是同年 9 月 21 日致吴树琴的信：“昨日把学校和新村之地确定了之后，将丈量申请书送去，于二时来渝，中途抛了一回锚，到六时才抵两路口车站。城中汽车

---

① 《经济万分困难，很难增加人员——致陆静霞》，见方明主编：《陶行知全集》第 9 卷，四川教育出版社 2005 年版，第 85 页。

② 王文岭：《陶行知年谱长编》，四川教育出版社 2012 年版，第 573 页。

③ 赵义熙、苏永静：《育才故事（四）》，载《重庆陶研文史》2010 年第 4 期。

④ 《为育才开一新的发展途径——致吴树琴》，见方明主编：《陶行知全集》第 9 卷，四川教育出版社 2005 年版，第 322 页。

太挤,走回管家巷吃了四碗菜粥,疲倦都恢复了。”①

1945 年初,国内物价又大涨,陶行知整日与米价赛跑,不堪其苦。他在 4 月 8 日致陶晓光的信中说:“国内物价新年以来,几涨三倍。这事是号召了我们的一切力量来应付。”②当年 1 月育才的预算是 57 万,到 5 月已跳至 180 万。即使极度困难,育才在陶行知的领导下,倾力应对,不但渡过难关,尚能有所发展。③

三、广泛寻求社会帮助

校董会的捐资和政府的难童补助,对于育才学校来说,远远不足以正常维持。穷则思变,育才不能坐等各类捐助送上门来,也不能光靠节省过日子,必须主动出击,寻求更广泛的社会帮助。抗战时期,全国各股力量汇聚成统一战线,陶行知努力扩大育才的捐助人范围,从国民党军官到商业精英,甚至西方援华的机构与个人,只要愿意对教育事业有所奉献,育才都坦然相受。

有来自军界的,如:1940 年,卫立煌曾捐助育才 2000 元。④ 当年 10 月,峡区各事业机关组织慰劳十八师,十八师将所送现金转赠峡区各学校及慈善事业,其中 1000 元赠予育才学校,陶行知去信表示感谢。⑤ 1941 年 4 月,冯玉祥答应每月为育才提供十个人的吃米,陶行知致函马侣贤,叫人拿米袋去装。⑥ 1942 年,杨森总司令曾捐款资助育才,电约陶行知到他府上演讲。陶行知因病不能去。1943 年 8 月,陶行知前去了却这桩欠账,

① 《〈孤星泪〉吸引我——致吴树琴》,见方明主编:《陶行知全集》第 9 卷,四川教育出版社 2005 年版,第 327 页。

② 《和米价赛跑——致陶晓光》,见方明主编:《陶行知全集》第 9 卷,四川教育出版社 2005 年版,第 414 页。

③ 《侨胞捐款,难关渡过——致陶晓光》,见方明主编:《陶行知全集》第 9 卷,四川教育出版社 2005 年版,第 418 页。

④ 《谢捐助育才贰仟元——致卫立煌》,见方明主编:《陶行知全集》第 9 卷,四川教育出版社 2005 年版,第 61 页。

⑤ 《谢十八师赠款——致三峡实验区国庆纪念日慰劳十八师大会》,见方明主编:《陶行知全集》第 9 卷,四川教育出版社 2005 年版,第 64 页。“国庆纪念日”指 10 月 10 日“中华民国国庆”纪念日。

⑥ 《中国现在还要有武训精神——致马侣贤》,见方明主编:《陶行知全集》第 9 卷,四川教育出版社 2005 年版,第 139 页。

“对他的将近二十位青年孩子演讲(到齐有三十位)”,上午讲了两个题目,下午讲了四个题目。“他们预备了一餐盛宴,还开了一个会欢迎我,节目中有《杨森家庭歌》,大家唱得很好。”①

有来自商界的,如:1941 年 4 月,中国农民银行开董事会,决定捐助育才学校 5000 元。② 同年 5 月,重庆盐务管理局决定每月捐助一定的款项。③ 1944 年 4 月,冠生园经理徐佩镕亲自将亲友们为其母筹得的慈幼纪念基金全部捐赠育才学校,先交 10 万元,后又交 10765.5 元,看到育才准备国画展,又买了一幅画。④ 在积极为育才宣传募捐的伤兵陈根度的努力下,上海滩的风云人物杜月笙,也愿成为育才学校基金委员。⑤

有来自国际友人的,如:1943 年 5 月,育才学校收到美国援华会 43900 余元及美金 1500 元。⑥ 1944 年 5—6 月,得到美国援华会 9000 美元。⑦ 同年 11 月,收到美国援华会 144 万国币。⑧ 1945 年 1 月 31 日,陶行知在致魏璐诗的信中提到,邀请马思聪于 2 月 13 日、14 日、16 日及 17 日下午 7 时为育才学校新招难童举行小提琴演奏会,每晚均有不同的节目。陶行知希望每位应邀出席音乐会的朋友能为育才捐助 5 美元以上或其等值之整数,以筹集新招收的 40 名难童所需之费用。⑨ 1945 年初,陶行知依靠国际援华机构的帮助,计划开办一所国际难童学校,曾两度致信甘霖林,商讨国际难童学校教育实施计划,包括经费、设备等。1945 年 9 月国际难童学校正式成立。

---

① 《演讲破纪录——致吴树琴》,见方明主编:《陶行知全集》第 9 卷,四川教育出版社 2005 年版,第 320 页。

② 王文岭:《陶行知年谱长编》,四川教育出版社 2012 年版,第 567 页。

③ 王文岭:《陶行知年谱长编》,四川教育出版社 2012 年版,第 569 页。

④ 《我现在是一只狮子——致吴树琴》,见方明主编:《陶行知全集》第 9 卷,四川教育出版社 2005 年版,第 347 页。

⑤ 《今早理了三小时的账——致吴树琴》,见方明主编:《陶行知全集》第 9 卷,四川教育出版社 2005 年版,第 365 页。1939 年 1 月,杜月笙还曾捐助晓庄研究所 500 港元。(《捐助晓庄研究所经费已收到——致杜月笙》,见方明主编:《陶行知全集》第 8 卷,四川教育出版社 2005 年版,第 430 页。)

⑥ 王文岭:《陶行知年谱长编》,四川教育出版社 2012 年版,第 621 页。

⑦ 王文岭:《陶行知年谱长编》,四川教育出版社 2012 年版,第 631—633 页。

⑧ 王文岭:《陶行知年谱长编》,四川教育出版社 2012 年版,第 642 页。

⑨ 《请邀盟国友人参加马思聪小提琴演奏会——致魏璐诗》,见方明主编:《陶行知全集》第 6 卷,四川教育出版社 2005 年版,第 525 页,英文见第 423 页。

有来自中共方面和民主人士的，如：1940 年 10 月，周恩来、邓颖超参观育才之后，觉得小孩们健康有欠，捐助 400 元给小孩们购买运动器具之用。① 1942 年 8 月 25 日，陶行知接到李公朴来信，为育才筹款 5000 元。“千里之外尚有人记着我们”，陶行知非常感动。②

也有来自社会其他阶层的涓涓细流。育才在当时很有影响，经常有地方官绅、社会名流和热心教育的人士来校参观，陶行知在参观后有时会以信函的方式向对方表达援助需求。如 1940 年 10 月 18 日致参观者的信中说：“惟近来物价飞涨，影响难童营养及教育至巨。现欲解决目前困难并谋今后发展，实有待于经济基础之建立与社会人士之赞助。先生对于教育素具热忱，而于新教育之办法尤表同情，务望给予敝校以经济上之有效援助，俾基础得以稳固，原订计划得以施行，则事业之成果可期，固不特敝校之幸，亦中国教育之幸也。”③

1945 年“儿童节”（4 月 4 日）前夕，陶行知号召城里为乡下儿童送礼，相当成功。到 4 月 3 日晚 9 时，共收到 230462 元；中央大学的学生看到报上所说，踊跃响应，4 月 3 日送来现金近万元。④ 此外还有大量实物，如铅笔 1120 支，糖果 10 盒，书籍、拍纸簿、信笺各数十份，药品 21 种，饼干等，皆日常所需而且相当丰富。⑤ 1946 年“儿童节”前夕，陶行知又发动为乡下苦孩子捐助的活动，口号是给他们“一天的快乐，一年的教育”，响应者有 770 余人，共得捐款 130 余万元，药品、糖果、书籍价值 100 万元。⑥

育才每每收到捐款及捐赠图书、药品、土地、木材等实物，陶行知都要

---

① 《周恩来、邓颖超先生为育才学生健康捐款——致马侣贤》，见方明主编：《陶行知全集》第 9 卷，四川教育出版社 2005 年版，第 55 页。

② 《公朴先生筹了五千元——致吴树琴》，见方明主编：《陶行知全集》第 9 卷，四川教育出版社 2005 年版，第 218 页。

③ 《请给育才经济援助——致绍侣等》，见方明主编：《陶行知全集》第 9 卷，四川教育出版社 2005 年版，第 59 页。

④ 《儿童节礼物——致陈元直、廖意林》，见方明主编：《陶行知全集》第 9 卷，四川教育出版社 2005 年版，第 412—413 页。

⑤ 《号召为乡下儿童送礼相当成功——致吴树琴》，见方明主编：《陶行知全集》第 9 卷，四川教育出版社 2005 年版，第 411 页。

⑥ 《但愿不知老将至——致陶晓光》，见方明主编：《陶行知全集》第 9 卷，四川教育出版社 2005 年版，第 460 页。

亲自去信表示感谢。1944 年育才五周年纪念时，为了感谢各方的捐助，展现办学成绩，陶行知想了一个两全其美的办法，向捐助者和介绍捐助之人赠以育才师生的字画。[①]

四、多种形式开展自救

1942 年，陕甘宁边区出现较为严重的经济困难，物资匮乏，危及军民的生活。中共中央提出了“发展经济，保障供给”的方针，号召军民自力更生，克服困难，开展轰轰烈烈的大生产运动，壮大了实力，改善了军民关系和社会环境。心系育才学校的周恩来和董必武，曾派人送给陶行知一套南泥湾大生产的照片和一件用延安毛线织成的衣服。[②] 陶行知面对育才学校的窘境，也决定依靠自己的力量来克服部分困难。1943 年有热心人捐给育才一座荒山，陶行知鼓励师生展开大规模的开荒运动。他动员学生说：“我们现在没有饭吃，我们不能眼睁睁的看着自己的小弟弟小妹妹们一个个吐黄水饿死！我们要在荒山上依靠我们自己的力量种出南瓜、包谷来养活我们自己。”[③]于是四十几个年轻力壮的大同学，从早到晚活跃在马家沱的山坡上。1944 年育才学生又到光铁坡开荒，陶行知赋诗：“荒地五百亩，英雄好战场。今征三十士，有力共开荒。种杂粮，养猪羊。年成坏，求饥肠；年成好，幸福无量。小凤凰，羽翼强，飞去光铁坡，创造新家乡。”[④]这种劳动生活既解决了一部分实际困难，又改造了同学们的思想和感情。

育才学校还能通过各类演出、展览来向社会募集资金，既展示了办学成就，又借机扩大社会声誉。1941 年 12 月 7 日，日军夜袭珍珠港，次日美对日宣战，太平洋战争爆发，育才从菲律宾、新加坡等地所获捐助因此断绝。1942 年新年之际，育才戏剧、绘画、音乐三组到重庆见习，举行画展、表演、演奏大会。其中画展于 1 月 11 日始，15 日终，获得各方好评，卖画所

① 《育才五周年纪念之新法——致吴树琴》，见方明主编：《陶行知全集》第 9 卷，四川教育出版社 2005 年版，第 368 页。

② 张再为：《育才学校的共产党组织》，见方明主编：《陶行知全集》第 12 卷，四川教育出版社 2005 年版，第 735 页。

③ 赵义熙：《陶先生回忆片断》，载《重庆陶研文史》2004 年第 4 期。

④ 王文岭：《陶行知年谱长编》，四川教育出版社 2012 年版，第 629 页。

得近两千元，足够维持开销。戏剧组排成五幕儿童剧《表》，在中国电影制片厂抗建堂献演，共演了五个场次，所得超过两万元，除去各种费用，尚有盈余。音乐组于1月31日和2月1日在广播大楼举办两晚演奏会，一半节目是小朋友的，一半是请了几位名流客串。[①] 此次展览和公演的业绩，为育才带来了两万多元的收益。

1943年3月，育才学校举行育才之友国画展，为学校募集资金。参加的不少是当时画坛名流，如关山月、许士骐、徐悲鸿、李可染等。[②] 3月16日，画展在重庆大梁子基督教青年会举行预展。[③] 三天预展，卖画37张。[④] 在育才之友国画展览举行的同时，育才在重庆还有两个展览会：育才之友版画展览在管家巷28号儿童美术馆展出，育才学校绘画组学生的数百幅作品在夫子池励志社展出。三个展览会凑在一起，画展之外又有音乐会、话剧公演在加紧筹备，忙碌情形可以想见，但陶行知很开心、很享受，写信给陶宏、陶晓光说："我们现在同时筹备三个会，而画展一项又分作三处举行，其生活之丰富，治事、学习机会之充足，可想而知。我要大家分工合作，学习同时举办数事（多方应战）而有条不紊，并不觉得麻烦。我们在这方面确已达到很高的境界。以我自己而论，身体不算怎么好，而同时指导数事，尚能措置裕如。""秘诀是要有目的，有计划，有组织，有决心，运用发挥每一个分子、每一位朋友之力量共同创造，使每人觉得是自己的事而甘心情愿向前进行，用不着督促。"[⑤]此次画展、音乐会、话剧公演收获颇丰，"除

---

① 《动员一切朋友解决南洋接济断绝的困难——致陶晓光》（吴树琴代笔），见方明主编：《陶行知全集》第9卷，四川教育出版社2005年版，第184—185页。

② 《育才学校育才之友国画预展目录》，见方明主编：《陶行知全集》第9卷，四川教育出版社2005年版，第279—281页。

③ 预展当天下午二时突然拉响了防空警报，陶行知等人只得将画撤下，带进防空洞暂避，等警报解除再挂好。（《要在空袭警报中争取胜利——致吴树琴》，见方明主编：《陶行知全集》第9卷，四川教育出版社2005年版，第287页。）

④ 《预展卖画三十七张——致吴树琴》，见方明主编：《陶行知全集》第9卷，四川教育出版社2005年版，第288页。

⑤ 《学会治事——致陶宏、陶晓光》，见方明主编：《陶行知全集》第9卷，四川教育出版社2005年版，第289页。

开销得二十一万，尚有七八万未收齐”①。而当时重庆的薪金水平在每月500元左右。1944年4月，育才国画展开销增大，学校大致只有6万元的收入。②

操办展览、演出之事，烦琐至极，但陶行知乐在其中。1943年9月，著名小提琴演奏家、育才音乐组主任黎国荃，为育才举办小提琴独奏音乐会，陶行知出面推销入场券，一天时间就推销了9/10的门票，计270张，真令人难以置信。陶行知在致吴树琴的信中说：“这一次，卖票就算是我包办了。学生有些讨厌勤务，让他们休息休息也好。”③

1944年8月初，陶行知的儿子陶晓光被中国航空公司派往印度加尔各答工作，育才即任命他为育才学校驻印度代表，在华侨中发展“育才之友”，开展募捐活动。陶晓光抵达加尔各答后，即病倒。中国航空公司决定让他回国。但陶晓光坚持留在加尔各答为育才学校举行绘画、木刻展览会，并到噶伦堡、大吉岭等地发动华侨为育才捐款。后陶晓光身体好转，中国航空公司决定让他继续留在印度。④ 11月24日，陶行知在致吴树琴的信中说，陶晓光在印度为育才募集了43万元法币和3000多卢比，还买了25种唱片，17套水彩颜料，几十套琴弦。⑤

五、弘扬武训精神

陶行知在极其艰难的社会历史条件下办教育，多次提及武训⑥，深感发扬和宣传武训精神，对于育才学校获得广泛的社会支持，渡过重重难关，有着非常重要的意义。

---

① 《望你写一篇生动的莫扎特传——致陶宏》，见方明主编：《陶行知全集》第9卷，四川教育出版社2005年版，第303页。

② 《画展和音乐会——致吴树琴》，见方明主编：《陶行知全集》第9卷，四川教育出版社2005年版，第349页。

③ 《一天推销入场券十分之九——致吴树琴》，见方明主编：《陶行知全集》第9卷，四川教育出版社2005年版，第324页。

④ 方明主编：《陶行知全集》第9卷，四川教育出版社2005年版，第374、380页注释。

⑤ 《布与棉花总算解决了——致吴树琴》，见方明主编：《陶行知全集》第9卷，四川教育出版社2005年版，第390页。

⑥ 武训（1838—1896），山东堂邑（今冠县一带）人，原名武七，因没有文化受尽欺凌，决定行乞兴学。武训生前共兴办了三所义塾，光绪皇帝给他赐名为“训”，颁给“乐善好施”匾额，并赏黄马褂一件。

1922年7月,陶行知在中华教育改进社第一次年会上作社务报告,首次谈到武训,他说:"我们在此开会,尚有一事可以为我们法,在我们眼前所挂的是武训的遗像。这像是社员郑锦先生画的。世人以为无钱可以不办学,但武训不是这样想。他说就是穷到讨饭也要办教育。他是已经照这话实行的。武训死了,他的办学精神是永不死的。"①1923年出版的《平民千字课》第2册第33课《讨饭的开学堂》,专门介绍武训,结尾说:"他的三个学堂开到如今还是很好的。武训虽然死了,他的精神可是要活到千万年的。如果我们个个都有武训的精神,还怕国家不进步吗?"②1924年陶行知在从事平民教育时提出学问少的人、钱少的人,也能办平民教育,并以武训办学为例,说:"山东乞丐武训,开三个学堂。"③

1934年4月4日,陶行知在山海工学团庆祝"儿童节"大会上演讲,又大谈武训兴学,还随口背了几首武训的诗。他说:"武训是山东人,是一个有义气的叫化子。他一心一意要修义学。修义学是他惟一的大事。他讨饭与众不同,为的是讨些钱来办义学。我们要想普及教育,必得学武训。"④

到了20世纪40年代办育才学校,因为困难多、压力大,"武训"便成了陶行知日常生活中的关键词。1941年初,育才学校面临严重的经济困难,有好心的朋友劝说陶行知:"环境如此艰难,丢下育才吧!你何必顶着石臼做戏,抱着石头游泳呢?"陶行知想了几天,他的回答是:"我不是抱着石头游泳,而是抱着爱人游泳,越游越起劲,要游过急流险滩,达到胜利的彼岸。"⑤陶行知再一次想到要以武训精神来办学,并号召育才师生"做一个集体的新武训"⑥。

1941年4月6日,陶行知在《备忘录》中写道:"我将以武训精神来创造育才:(一)自食其力;(二)叫化兴学。从今天起,每天平均要找人担任

① 《中华教育改进社第一次年会社务报告》,见方明主编:《陶行知全集》第1卷,四川教育出版社2005年版,第399页。

② 《讨饭的开学堂》,见方明主编:《陶行知全集》第5卷,四川教育出版社2005年版,第54页。

③ 《教人读书,做国民》,见方明主编:《陶行知全集》第11卷,四川教育出版社2005年版,第134页。

④ 《武训兴义学》,见方明主编:《陶行知全集》第3卷,四川教育出版社2005年版,第482页。

⑤ 《我是抱着爱人游泳》,见方明主编:《陶行知全集》第4卷,四川教育出版社2005年版,第399页。

⑥ 《我是抱着爱人游泳》,见方明主编:《陶行知全集》第4卷,四川教育出版社2005年版,第399页。

五个小孩之教养费，到5月6日全部经济解决。决心必以武训精神贯彻之。大水可把学校淹没，大火可把学校烧毁，强盗可把学校抢掉，政府可把学校封掉，我自动把学校解散决是不可思议。"①他致函马侣贤说："经济是到了紧急关头。我当以武训的真精神多找几位育才之友来帮助我们渡过这个难关。……学校没有钱，我相信我还能劝人捐钱来。至于认真教人和用功求学的责任，是要你们担负起来。如果遇到教师不认真教人，小朋友不用功求学，就请你发挥起武训的精神，把他们改正过来。"②

1942年12月6日，陶行知在给吴树琴的长信中花了很大篇幅介绍武训，这里摘录其中一段：

> 武训先生是道光十八年十月十九日生的，合于公元一八三八年十二月五日生。我们昨天在这里举行了一个小小的纪念会，我除了报告他的生平，还朗诵了他的许多诗，使大家在武训先生104周年祭之时，能多受他的影响。你知道他是五岁就死了父亲，跟着母亲讨饭；七岁又死了母亲，跟着伯母过活。幼时路过学堂，想念书而被拒绝。十六岁在张举人家做长工，做到十八岁，工钱被他赖，还遭毒打；十九岁到姨丈家做工一年，工钱又被赖掉。他觉得受人欺负，都是因为自己认不得字，同时想到别的穷孩子也是因为不识字而受人欺负。于是发愿兴学，讨饭三十年，终于在光绪十四年即公元一八八八年办成柳林镇义塾，后又办成两所，即馆陶义塾、临清义塾。于光绪二十三年四月廿三日逝世。他做工为兴学，讨饭为兴学。他为兴学而生，为兴学而死。一切为兴学，兴学为苦孩，鞠躬尽瘁，死而后已。他之生是苦孩的幸福。他之死是苦孩的损失。但是死的是他的躯壳，而他的灵魂是永远活着，活着在每一个苦孩的心里，在每一个为苦孩服务的人的心里，活在你的心里，活在我的心里，虽然是死了，实在是没有死啊！武训不但

① 王文岭：《陶行知年谱长编》，四川教育出版社2012年版，第564页。

② 《中国现在还要有武训精神——致马侣贤》，见方明主编：《陶行知全集》第9卷，四川教育出版社2005年版，第139—140页。

是个善人、义人，而且是一个真正的平民的诗人、平民歌者。[①]

如果说育才建校初期，陶行知是在育才学校及校董会的小圈子里以弘扬武训精神来渡过难关，那么到1943年之后，陶行知逐渐把宣传的圈子扩大，以各种形式到社会上大力开展有关武训的纪念活动，营造战时兴学的社会氛围。陶行知专门写文章、发表演说，提到要从两个方面“解放”武训：一是将武训从“异行”“苦行”“圣人”的圈子里解放出来。“武训先生不是异人，不是异行人。他是一个平常的人，他是一个平常的老百姓。他一生只做了一件平常的事：兴学，兴学，兴学。”“武训先生不是一个苦行者。……是一个快乐的人，是一个以兴学为无上快乐的人。”“武训先生不是圣人。……他只是一位老百姓，平凡而伟大的老百姓。”二是将武训从“我们的小圈子”里解放出来。针对有人认为“纪念武训是陶派的把戏”，陶行知驳斥说：“武训先生不属于我们的小圈子。他不属于一党一派，他是属于各党各派、无党无派。他是属于整个中华民族。他是属于四万万五千万人中之每一个人。”[②]

1943年11月，陶行知致函育才之友及生活教育社同志，鼓励大家以武训精神兴学。信中说：“本年十二月五日，为武训先生诞生一百零五周年纪念日。武训先生以一个乞丐，赤手空拳，单身匹马创立了柳林、临清、馆陶三个学校。他一生一贯的精神是做工自养，讨饭兴学。他是普及教育之先导，私人兴学之表率。”[③]在陶行知的精心安排下，借纪念武训诞辰之机，育才学校音乐组于12月4日至6日三日晚7时，在重庆广播大厦举行音乐演奏会。曲目有合唱《怀武训》《扛活歌》《这人好》《要把戏》等，都是育才音乐组根据武训事迹创作的歌曲，还有世界名曲演奏。绘画组则将武训生平事迹刻成版画，在儿童美术馆公开展览。音乐会与展览会带有募捐

① 《介绍武训——致吴树琴》，见方明主编：《陶行知全集》第9卷，四川教育出版社2005年版，第239—240页。

② 《把武训先生解放出来——为武训先生诞辰一百零七周年纪念而写》，见方明主编：《陶行知全集》第4卷，四川教育出版社2005年版，第495—497页。

③ 《武训先生诞辰——致育才之友及生活教育社同志》，见方明主编：《陶行知全集》第9卷，四川教育出版社2005年版，第334页。

性质，所得收入用于学校发展。活动期间，有媒体前来采访，陶行知对《新华日报》的记者说："武训先生的生日就是我们苦孩子的生日，他最伟大的精神是跳出自己的范围而以别人的利益为中心。没有钱不识字而能办学校，且有坚持到底的精神。"①陶行知还向政府建议，以每年 12 月为兴学月，1 日至 7 日为兴学周，5 日为兴学节。

1944 年 9 月，陶行知为沈叔羊（沈钧儒长子）所作的武训画题了一首诗，后由育才学生杜鸣心谱曲，以《武训歌》广为传唱，诗云：

朝朝暮暮，快快乐乐。
一生一世，到处奔波。
为了苦孩，甘为骆驼。
于人有益，牛马也做。
你无靠背，朋友无多。
未受教育，博士盖过。
当你跪下，谁奈你何。
不置家产，不娶老婆。
为着一件大事来，兴学兴学兴学。②

1944 年 12 月 5 日，育才又举行武训诞辰 106 周年纪念，这次除音乐组的音乐会，绘画组的画展，还增加了舞蹈组的表演，并专门创作了武训舞。武训纪念会当场，热心支持育才的各界人士（陶行知亲切地称呼他们为"育才之友"）共认捐 41 万元。③

1945 年 12 月 5 日至 9 日，为纪念武训先生诞辰 107 周年，生活教育社

---

① 《育才学校开音乐会纪念武训诞辰》，见四川省育才学校、社会大学校史研究会重庆分会编：《育彼英才——陶行知和育才学校在重庆》，重庆出版社 1984 年版，第 133 页。

② 《武训先生画赞》，见方明主编：《陶行知全集》第 7 卷，四川教育出版社 2005 年版，第 837—838 页。由杜鸣心谱曲的《武训歌》，见方明主编：《陶行知全集》第 5 卷，四川教育出版社 2005 年版，第 738—739 页。二者在字词上略有出入。

③ 《在难童中选拔科学幼苗——致陶晓光》，见方明主编：《陶行知全集》第 9 卷，四川教育出版社 2005 年版，第 400 页。

和育才学校在重庆江苏同乡会举行了6次大会,到会4000人。[1] 1946年1月,陶行知给远在印度的儿子陶晓光写信:"希望能在印度侨胞中为普及教育运动发起筹款,希望侨胞能得到武训的精神。大的做大武训,小的做小武训,有钱的做富武训,没钱的做贫武训。男的做男武训,女的做女武训。"[2]

1946年4月,冯玉祥送一幅字,祝贺陶行知50岁,云:"古今两大叫化子,乞讨兴学救赤子。利他无我超孔子,祝君高寿一百儿。"其时陶行知已经55岁,对于冯玉祥弄错年纪,陶行知答复道:"如果我是五十岁,祝您花甲才初度。但愿不知老将至,发奋忘食给人助。"[3]

抗战时期有位战士王长喜,在台儿庄会战时被毒气弄瞎了双眼,腿也被打断了。王长喜会唱二簧及军歌,便从前线退下来从事宣传活动,两三年下来,募集捐献金40多万,办了两所学校。王长喜的家乡在山东堂邑,陶行知称赞他"和武训是同乡,也有武训精神"[4]。还有一位断腿的残疾人陈根度,多次帮助育才募捐,陶行知称他"加入了我们的武训团"[5]。

新中国成立初期批判电影《武训传》,对陶行知的评价也跟着受到牵连,陶行知的少数学生迫于形势的压力,写过一些批判文章。

第六节　育才学校的办学成就

陶行知在战争年代的极端环境中办育才学校,真可谓呕心沥血、鞠躬

---

① 《光大武训精神,普及全民教育——致武训之友、普及教育之友、育才之友、生活教育社同志》,见方明主编:《陶行知全集》第9卷,四川教育出版社2005年版,第445页。

② 《社会大学已创办——致陶晓光》,见方明主编:《陶行知全集》第9卷,四川教育出版社2005年版,第443页。

③ 《但愿不知老将至——致陶晓光》,见方明主编:《陶行知全集》第9卷,四川教育出版社2005年版,第460—461页。

④ 《王长喜也有武训精神——致吴树琴》,见方明主编:《陶行知全集》第9卷,四川教育出版社2005年版,第254页。

⑤ 《我们的生力军——致吴树琴》,见方明主编:《陶行知全集》第9卷,四川教育出版社2005年版,第364页。

尽瘁。经陶行知等人卓有成效的努力，育才学校获得了社会广泛的关注和支持，逐渐蒸蒸日上，一片生机，取得了辉煌的办学成就。

一、办学规模不断扩大

育才学校虽时常处于艰难困苦之中，赖陶行知倾力扶持，机智应对，不但顺利渡过一道道难关，而且还不断发展壮大。1939 年 8 月，育才学校初创时只有 71 名学生。一学年之后，据 1940 年 6 月底的统计，育才全校学生 168 人（其中自费生 32 人），男女生各 84 人，分 6 个组：社会组 39 人，音乐组 35 人，戏剧组 36 人，文学组 26 人，绘画组 18 人，自然组 14 人。这 168 人的籍贯分省统计如下：江苏 23 人，浙江 4 人，安徽 19 人，江西 2 人，湖北 62 人，湖南 4 人，四川 14 人，福建 1 人，广东 2 人，广西 1 人，贵州 2 人，河南 19 人，河北 2 人，山西 3 人，山东 2 人，辽宁 1 人，吉林 4 人。尤为值得一提的是，育才还招收了 3 位朝鲜儿童。[①]

1941 年 6 月育才成立两周年时有学生 155 人，已从小学办到初中，并准备筹设高中程度之班次。[②] 到 1945 年，育才学校有正规学生 320 名（男生 191 名，女生 129 名；难童及赤贫学生 198 名，自费学生 122 名），来自全国 17 个省及两个其他国家；加上农村识字小组的成年男女、穷苦孩子及其他各类学生，接受育才教育的总人数达 1960 名。学习的程度则包括小学和中学。[③]

多招学生的同时，育才还为改善办学条件而努力。1942 年，陶行知在日寇轰炸下的破屋中，找到一处无人管理无人利用的房舍。"颓垣洞壁，挂枧吊瓦，残楼倾斜，瓦砾满地，状极危险！"[④]陶行知费了很多周折，访得这房屋的主人，并承屋主人的允许，租予居住，以修理费作为五年的租金。这处房舍就是重庆管家巷 28 号，修缮后，作为育才学校重庆办事处，接待

---

① 童富勇、胡国枢：《陶行知传》，教育科学出版社 1991 年版，第 409—410 页。

② 《为育才学校募捐——致陈裕光》，见方明主编：《陶行知全集》第 9 卷，四川教育出版社 2005 年版，第 148 页。

③ 《培养难童中人才幼苗的育才学校》，见方明主编：《陶行知全集》第 6 卷，四川教育出版社 2005 年版，第 313 页。

④ 《继续努力创造光明前途——致马侣贤暨全体留校同志》，见方明主编：《陶行知全集》第 9 卷，四川教育出版社 2005 年版，第 187 页。

前来见习的师生，后成为社会大学的校址。① 1943 年 1 月，陶行知听闻政治部抗敌歌咏团将解散，立即致函政治部主任张治中，希望能将该团全部家具及钢琴一架、风琴两架捐给育才。② 陶行知觉得一纸信函太过单薄，又给冯玉祥去信，希望他给政治部献言，如果捐赠有困难，育才愿意“以原价二万元购之”③。说明育才当时尽管维持艰难，还是有能力购买必要的教学设备。

二、凝聚了一批优秀的师资

育才建校之初，将学生分文学、戏剧、音乐、舞蹈、绘画、社会、自然等组，按组选配教师。抗战时期，大批学者文人从沿海大都市流向大后方，给西北、西南地区注入了强大的文化活力。陶行知及其教育事业的追随者敞开胸怀，访贤纳士，为育才学校建立了一支一流的师资队伍，学校云集了一批一流的专家学者，如文学组有艾青、力扬、魏东明、邹绿藏、陆维特、徐荇等；戏剧组有章泯、水华、舒强、沙蒙、刘厚生等，章泯担任戏剧组主任；音乐组有贺绿汀、李凌、黎国荃、任光、姜瑞芝、任虹、范继森等，贺绿汀担任音乐组主任；舞蹈组有戴爱莲、吴晓邦、盛婕等；绘画组有陈烟桥、丰子恺、华君武、叶浅予、许士骐、王琦、张望、汪刃锋等；社会组有孙铭勋、廖意林、苏永扬、屠公博等；自然组有孙锡洪、陶宏、陈元直、刘博禹等。普通学校不太注意的音乐、美术、舞蹈，反而成了育才师资力量最强、办学最有特色的地方。此外，育才还邀请了翦伯赞、光未然、田汉、何其芳、马思聪等到校兼课或短期讲学，周恩来、吴玉章、郭沫若、周扬、夏衍、周而复、姚雪垠等曾受邀到育

① 1943 年 6 月 5 日，管家巷 28 号儿童美术馆发生火灾，储藏室、谈天场、女宿舍、办公室、展览正厅被完全烧光，另外还有衣被若干、石膏像、米等被焚或被人趁火打劫，“损失总在十万以上”。陶行知决定在废墟上创造出更好的儿童美术馆。他在痛心疾首之余很快又做出另一个决定：“想做一件有意义之事来补偿精神上之损失，同时要于国家有益，于是就电汇了一万元去慰劳鄂西前线的战士。……鄂西是一个真正的大胜仗，使敌人胆寒，并安定了后方的人心。这是多么可庆贺的事啊！”（《在废墟上创造出更好的儿童美术馆——致吴树琴》，见方明主编：《陶行知全集》第 9 卷，四川教育出版社 2005 年版，第 309 页。）

② 《请捐钢琴风琴以惠难童——致张治中》，见方明主编：《陶行知全集》第 9 卷，四川教育出版社 2005 年版，第 256 页。

③ 《赖公九鼎一言——致冯玉祥》，见方明主编：《陶行知全集》第 9 卷，四川教育出版社 2005 年版，第 257 页。

才演讲。

如此雄厚的师资力量，就是放在抗战时期内迁的高等学校里，恐怕也蔚为壮观。而一所靠募捐度日的私立中小学校，是如何做到的呢？一来当时聚集在重庆的高级知识分子都怀有一腔热情，不少人对教育事业情有独钟，希望通过培育人才为抗战救国服务。二来他们为陶行知的教育思想和办学精神所吸引，愿意团结在陶行知周围，共同尝试培育人才的新途径、新方法，为最需要接受教育的难童提供最优质的教育。

育才学校远离重庆，交通不便。[①] 学校寄身于古寺之中，物质条件艰苦。办学经费紧张，时常为衣食住行所困，经济待遇清贫。诸多不利因素，却有如此众多的学者名流置之不顾，满腔热情地投入育才的怀抱，不得不令人肃然起敬！

1945 年育才学校教职员总数为 61 人，在国外获得学位者 9 人，大学毕业程度者 33 人，高中毕业程度者 19 人。[②] 一所中小学校，居然有 9 个海归，而且不是靠提供优厚的待遇。一位西方人士如此描述育才学校的老师："尽管学校生活是非常艰苦的，但教师们和孩子们都是愉快的，并且是充满信心的。教师们尽管工资异常低，但他们感到学校的气氛十分良好，在教学过程中，他们可以完成一些创造，因为他们能获得充分的自由来自己钻研。"[③]

三、造就了一批革命人才

育才学校是国难时期中国教育界的一朵奇葩，教学方法灵活多样，注

① 从重庆到育才学校有两种走法：一是自北碚沿江（嘉陵江）上行五里到金刚碚（碑），坐船到白沙沱（约十五里），上岸步行六里到草街子，再步行四里到古圣寺育才学校。此种走法避去两个急滩，三小时即可到达。而且金刚碚（碑）随时有船到白沙沱。二是自北碚搭船到草街子，再上岸走四里到古圣寺。此种走法要经过两个滩，费时四小时。（《介绍范先生到育才授课——致马侣贤》，见方明主编：《陶行知全集》第 9 卷，四川教育出版社 2005 年版，第 141 页。）1941 年 4 月 20 日，育才学校音乐组主任贺绿汀与会计雷醴泉由重庆乘民用轮船返校，行经磁器口（位于现重庆市沙坪坝区嘉陵江畔）浪子滩时翻沉。雷醴泉不幸遇难，贺绿汀随船翻了几圈，后抓着一木板，幸获生还。（方明主编：《陶行知全集》第 9 卷，四川教育出版社 2005 年版，第 142 页注释。）

② 《培养难童中人才幼苗的育才学校》，见方明主编：《陶行知全集》第 6 卷，四川教育出版社 2005 年版，第 313 页。

③ 转引自童富勇、胡国枢：《陶行知传》，教育科学出版社 1991 年版，第 414 页。

重学生的兴趣，在集体生活中培养学生对他人、对社会的爱心和责任心，强调与抗日实际相联系，提倡自由讨论、自由研究和手脑并用，加之选拔的难童本身就具有较高的发展潜质，学校办得有声有色，社会影响不断扩大，虽然办学时间较短，却造就了一大批人才。“十几岁的孩子，能够在座谈会上侃谈时局，从国内到国际，从政治到军事，明如指掌，能够写出文学的创作，能够自编剧本，自己导演，能够自己作曲、作歌，能够写生速写，能够画出星夜的图谱。”①

陶行知曾以“三个不是”提到育才学校的培养目标：不是培养小专家；不是培养人上人；不是丢掉普及教育。他说：“我们的孩子们都从老百姓中来，他们还是要回到老百姓中去，以他们所学得的东西贡献给老百姓，为老百姓造福利；他们都是受着国家民族的教养，要以他们学得的东西贡献给整个国家民族，为整个国家民族谋幸福；他们是在世界中呼吸，要以他们学得的东西帮助改造世界，为整个人类谋利益。”②

育才学校的这种尝试得到了中共方面的认可和支持。1940 年 9 月 22 日，周恩来同邓颖超在北碚会见陶行知，24 日去育才学校看望师生，介绍当时形势。12 月 26 日，国民政府军事委员会政治部文化工作委员会在中国电影制片厂举办音乐演奏会，育才学校音乐组有 20 余位小朋友参加演出。周恩来、邓颖超、叶剑英观看演出后，给育才学校音乐组题词留念，周恩来的题词是“为新中国培育出一群新的音乐天才”；邓颖超的题词是“以歌声唤起大众”；叶剑英的题词是“为世界而工作，为工作而学习”。周恩来还将李鹏等中共烈士子女送到育才学校就读。

据相关资料提供的数字，育才学校从开办到陶行知因病离世，共招收了 410 名学生，有 140 余人参加了中共领导的革命工作，其中有 22 人去延安，13 人在成渝一带参加地下工作，23 人去川东根据地，76 人去中原、华北、苏北、皖南、浙东、云贵等根据地。③

育才学校在艺术人才的培养上成绩尤为突出，不但师生们的表演和作

---

① 蒴伯赞：《记古圣寺》，载《重庆陶研文史》2006 年第 2 期。

② 《育才学校创办旨趣》，见方明主编：《陶行知全集》第 4 卷，四川教育出版社 2005 年版，第 379—380 页。

③ 童富勇、胡国枢：《陶行知传》，教育科学出版社 1991 年版，第 446 页。

品展览在当时引起强烈的社会反响，而且为和平时期新的国家建设造就了一批著名的艺术人才。其中杰出的代表人物主要有：中央音乐学院教授、指挥家陈贻鑫，中央音乐学院作曲系主任、创作《红色娘子军》等大型芭蕾舞音乐的作曲家杜鸣心，曾任中央乐团团长的杨秉孙，空政话剧团编导张本志，芭蕾舞《白毛女》与大型音乐舞蹈史诗《东方红》的编导程代辉，著名版画家、中央美术学院版画系主任伍必端，中国寓言雕塑领地开拓者、武汉美术学院教授刘政德等。曾任育才音乐组主任、上海音乐学院院长的著名音乐家贺绿汀，在四川省纪念陶行知诞辰 90 周年大会上提到音乐组的同学时说："现在，这些当年的难童已成为北京、上海音乐学院重要教师，音乐界重要的作曲家和演奏家。"①

育才学校独具个性和特色的教育探索，中共人士的参与和支持，曾引起了敏感多疑的行政当局的"注意"，经常有人借故到学校来捣乱，或随意来校巡查。陶行知对此非常不满，他致函马侣贤，要求严肃学校出入制度。"学校要实行传达室办法，有人来必须填明姓名、住址、事由、所会之人，并须通报副校长。遇有便衣警察必须要求其出示证章，否则拒绝。便衣人检查亦必须由精明负责人陪同察看，以免有人栽诬。"②1945 年 12 月 10—13 日，育才实验剧团在北碚演出歌舞话剧"大会串"四天，场场客满。育才原本打算续演三天，以谢观众。但 13 日晚上的话剧演出时有带枪便衣（特务）到场外寻衅滋事，企图私自逮捕工友，经观众出来解救方罢，剧团于是临时决定停演。③

四、育才学校的后续发展

抗战胜利后，新的形势给了育才学校新的机遇。1945 年底至 1946 年初，育才将校本部从草街子古圣寺搬到重庆市化龙桥红岩村，将过去散居在管家巷、江北观音桥、大店子等地的师生也都集中到一处。重庆校本部

① 童富勇、胡国枢：《陶行知传》，教育科学出版社 1991 年版，第 446—447 页。

② 《追求真理，为小孩、为国家、为人类服务——致马侣贤》，见方明主编：《陶行知全集》第 9 卷，四川教育出版社 2005 年版，第 136 页。

③ 《带枪便衣无故寻衅，育才被迫停演》，见四川省育才学校、社会大学校史研究会重庆分会编：《育彼英才——陶行知和育才学校在重庆》，重庆出版社 1984 年版，第 167 页。

约有200位同学,分为文学、社会、自然、绘画、音乐、舞蹈、戏剧共七组。经费仍然主要依靠募捐来维持。[①] 不过,古圣寺仍然保留了一部分师生,成为育才学校分校,内有小学部、中学部和零碎的农民识字班。

当时,许多因战争内迁的文化教育机关纷纷迁回原址,东部地区逐渐恢复了政治、经济和文化教育的中心地位。陶行知也打算将育才学校搬去上海,1946年4月到上海后,因物价太高,一时又找不到合适的地方,遂有放弃之意。6月14日晚,陶行知与柳湜约谈,专门提及此事,他说:

> 我来上海的计划是办育才大学、社会大学,恢复晓庄和工学团等等,并且都有计划,我不是还在常委会报告过么?到了上海,一看,计划中有的"可能"很少,也有许多新的"可能","需要"比想象中"大",怎么办呢?
>
> 先说,育才搬家,在上海找不到那样大的房子,并且上海物价比四川差不多高一倍,在四川每月四五百万,这里要七八百万……
>
> 我看到一种计划中没有的"可能":这里也有个私立育才中学,还有几个也像育才学校的学校,他们的理想都很好,有的,其中还有生活教育社社员,我们为什么要另起炉灶呢?帮助他们不就更好么?也不要我筹经费,聘教员。于是我就决定育才不必搬到上海来,不办一个育才,要办许多育才。[②]

陶行知逝世后,育才学校校长由马侣贤接任。美国援华会总干事毕莱士女士,飞抵重庆视察,认为继起有人,决定对育才继续予以赞助,赞助费

① 肖飞:《陶先生死后的育才》,见四川省育才学校、社会大学校史研究会重庆分会编:《育彼英才——陶行知和育才学校在重庆》,重庆出版社1984年版,第121—122页。

② 柳湜:《记最后一夜——回忆陶行知先生》,见方明主编:《陶行知全集》第4卷,四川教育出版社2005年版,第682—683页。上海育才中学由英国人埃丽斯·嘉道理创办于1901年,原名育才书社;1912年改名为育才公学,归公共租界工部局办理;1942年再改为市立育才中学。(陈青云、蒋纯焦主编:《育才之道:上海市育才中学校史》,华东师范大学出版社2012年版,第344—345页。)陶行知战后回上海时,育才中学已属市立,而非私立。也许是柳湜将"市立"误记为"私立"。

从1947年1月起增加三倍，且赞助育才从重庆到上海的迁校费用。[①] 1947年上半年，育才学校校本部开始分批迁沪，校址在大场余庆桥（陶行知20世纪30年代创办工学团亦在大场一带），至7月份迁毕，美国援华联合会拨给育才7000万元迁移的费用。[②] 育才迁沪后，名称不变，仍为私立育才学校，但原有的办学特色逐渐褪去了。20世纪50年代初，育才学校分设艺术部和普通部，普通部留在大场，艺术部则迁至塘沽路306号。普通部后改为中学部，并于1953年正式更名为上海市行知中学，仍由马侣贤任校长。艺术部则发展成为上海市艺术师范学校。为满足宝钢集团对优质教育的需求，行知中学1993年由大场镇迁至宝山镇宝林九村，原址改建为上海市行知实验中学。

校本部迁沪后，育才留在重庆的部分改为育才学校分部。20世纪50年代，育才学校分部从红岩村迁至谢家湾。1950年11月，胡乔木致函周恩来，提出上海、重庆育才学校，均为陶行知先生手创事业，应妥予照顾，建议将两所学校由私立改为市立，分别划归上海、重庆市教育局领导，校舍、经费等问题亦由教育局予以解决。这样，育才学校的上海部分和重庆部分分别独立成校，并由私立改为公立。1951年重庆育才学校更名为重庆育才中学，1954年又改为重庆第二十中学，1981年10月恢复校名为重庆市育才中学。

---

① 《育才学校由渝迁沪给上海市教育局长的报告》，见方明主编：《陶行知全集》第12卷，四川教育出版社2005年版，第730页。

② 《育才学校明年迁沪》，见四川省育才学校、社会大学校史研究会重庆分会编：《育彼英才——陶行知和育才学校在重庆》，重庆出版社1984年版，第124页。

第七章　献身民主：从民盟骨干到民主斗士

主人要谈话，
公仆摔石头；
纵被石打死，
死也争自由。①

陶行知一生虽以教育事业为主要追求，但始终保持对政治问题的高度关注，他非常欣赏同事兼挚友赵叔愚关于人生精义的一句话："人生在世三大事：做工、求知、管政治。"②陶行知关心政治，有一个鲜明的主题，就是中国的民主建设，甚至他的教育事业也兼有唤醒人们争取民主权利的政治启蒙意义。比如在金陵大学读书期间，陶行知利用主编校报《金陵光》中文版的机会，经常撰文宣传民主共和思想，毕业论文即以《共和精

① 吴树琴：《忆陶行知的政治生活片断》，见中国陶行知研究会编：《陶行知教育思想研究文集》，人民教育出版社 1985 年版，第 34—35 页。

② 《在生活教育社新年叙餐会上的讲话》，见方明主编：《陶行知全集》第 4 卷，四川教育出版社 2005 年版，第 506 页。

义》为题，宣传民主共和思想。赴美留学期间，陶行知为申请奖学金致信哥伦比亚大学师范学院院长罗素，其中说："余今生之唯一目的在于经由教育而非经由军事革命创造一民主国家。鉴于我中华民国突然诞生所带来之种种严重缺陷，余乃深信，如无真正之公众教育，真正之民国即不能存在。"[①]陶行知认为没有民主共和的教育，就不可能建设好民主共和的国家，今天看来这仍然具有启发意义。

第一节　投身民主运动

一、加入中国民主同盟

1941 年初皖南事变后，国共合作遭到破坏，抗日民族统一战线逐渐松动和分化，一些民主人士联合起来，成立各种新的政治组织，宣扬自己的政治主张，为抵御外侮和建立民主国家凝聚力量。1941 年 3 月 19 日，部分国民参政员、民主人士、爱国人士等在重庆成立了中国民主政团同盟（中国民主同盟的前身）。

1942 年初，陶行知所在的全国各界救国联合会正式加入中国民主政团同盟。作为全国各界救国联合会的主要领导人和享有很高声望的社会活动家，陶行知也就理所当然地成为中国民主政团同盟的骨干成员。1944 年 9 月，中国民主政团同盟召开全国代表会议，决定更名为"中国民主同盟"。同年 10 月，民盟发表了《对抗战最后阶段的政治主张》，响应中国共产党关于建立民主联合政府的号召。

1945 年 8 月 15 日，日本帝国主义宣布无条件投降，中华民族艰苦卓绝

① 《我的学历及终身志愿——致 J. E. 罗素》，见方明主编：《陶行知全集》第 6 卷，四川教育出版社 2005 年版，第 456 页，英文见第 336 页。有论者认为，进哥伦比亚大学师范学院学习本是陶行知的初衷，但因该校学费高昂，陶行知的经济条件负担不起，只得进了专为学习市政专业的外国学生免除学费并提供奖学金的伊利诺伊大学。（〔日〕牧野笃：《关于陶行知在美国留学期间学习与生活的若干考察》，见周洪宇编：《陶行知研究在海外》，人民教育出版社 1991 年版，第 150—155 页。）

的八年抗战胜利结束，人们对国家和民族的未来充满期待，充满想象。陶行知非常希望摆脱外侮的中国能走上民主富强之路，以极大的热情来宣传民主。8 月 28 日，毛泽东由延安飞临重庆参加谈判，陶行知与张澜、沈钧儒、黄炎培、郭沫若等知名民主人士到九龙坡机场迎接。9 月 2 日晚，中苏文化协会举行欢迎酒会，陶行知也应邀出席。国共谈判期间，民盟与中共代表团密切配合，力促国共和谈取得成果，毛泽东曾会见陶行知，一起探讨国家、民族的未来。1945 年 10 月 11 日，毛泽东返回延安，陶行知代表民盟中央并带领育才师生到机场欢送，与毛泽东在机场合影。

重庆谈判期间，民盟加紧活动，力促中国战后的民主建设。1945 年 10 月，民盟召开临时全国代表大会，即第一次全国代表大会，选举产生了中国民主同盟的第一届中央委员会，推选张澜为中央委员会主席，陶行知当选为中央委员会常务委员、干事长兼民主教育委员会主任委员。尽管国共双方达成“双十协定”，但陶行知仍然预感到国家和民族的命运将面临一次重大转折，希望中国能避免内战，建设民主国家。为适应新形势、新使命，陶行知以国家和民族前途为重，怀着一腔热情，将主要精力从教育事业过渡到人民的民主事业。

二、开展民主宣传

1943 年 7 月，苏联红军在卫国战争中取得决定性的胜利，从东线一路追击败退的德军；同时，中国的抗日战争也从相持阶段进入反攻阶段；9 月，意大利宣布投降，轴心集团解体；1944 年 6 月，盟军在诺曼底登陆，从西线对德军发起一场大规模攻势。第二次世界大战的形势发生逆转，反法西斯的最后胜利完全可以预期。1944 年开始，陶行知有意识地开展民主宣传，为战后国家政治制度的重建摇旗呐喊。

陶行知的民主宣传主要包括三个方面：

一是演讲。1944 年 7 月 10 日，陶行知在重庆育才办事处讲《民主政治与教育》，11 日又到江北讲《民主教育》。[①] 1945 年 1 月 5 日在育才学校

① 王文岭：《陶行知年谱长编》，四川教育出版社 2012 年版，第 636 页。

演讲《民主与教育》。①

二是撰文。1944年7月24日，著名民主人士邹韬奋因病在上海逝世，年仅48岁。陶行知创作两首《邹韬奋先生挽歌》组诗，笔墨深沉，言词慷慨，犹如民主的战斗檄文，在悲愤中给人以力量。兹录其一：

（一）

黑雾笼罩了人间，
寒风呼呼地令人发抖。
那和暴风雨苦斗的大树：
　　枝儿折了！
　　叶儿落了！
但是他播下了千千万万的种子，
静默的埋在地的深处！
当春天再来到：
它们会发芽，
它们会抽条，
它们会长大，会长大，会长大！
长成参天的森林，
结成民主之果；
长成参天的森林，
开放自由之花。

（二）

黑暗占据了宇宙，
虎狼凶凶的阻人去路，
那照耀着大众长征的火炬：
　　烧成灰了！
　　火花熄了！
但是点燃着的，

① 王文岭：《陶行知年谱长编》，四川教育出版社2012年版，第647页。

一个个的火把，
耐心而又耐心的燃着！
当大风再来到：
它们会燎原！
它们会怒吼！
它们会狂烧，会狂烧，会狂烧！
烧起熊熊火海，
铸成民主中国；
烧起熊熊火海，
创造自由世界。①

1944年底到1945年初，陶行知以满腔的热情，创作了大量以民主为主题的诗篇，计有《民主到哪里去》三组、《民主》《民主第一》《迎接民主年》《科学与民主结婚歌》等。这些诗作继承了陶行知诗歌通俗易晓的特点，且具有极强的感染力，体现了一位民主人士对国家与民族前景的忧虑，对真正意义上的和平与民主的企盼。②

三是办刊。抗战胜利后，全国民主呼声高涨，单靠演讲、撰文宣传范围有限，而最好的宣传利器莫过于办报刊，广为发行。1945年10月，由邓初民主编、陶行知为发行人的民盟重庆市委机关报《民主星期刊》创刊，该刊除在重庆出版外，还在各地翻印，如重庆5000份、桂林5000份、北平5000份、青岛7000份。③

---

① 《邹韬奋先生挽歌》，见方明主编：《陶行知全集》第7卷，四川教育出版社2005年版，第832—833页。

② 陶行知的民主诗文影响了一位著名的日本陶研学者斋藤秋男。日本宣布无条件投降后，士兵斋藤秋男正在洞庭湖南部的岳阳县，他放下武器，来到汉口。一次偶然的机会，他在街头书店发现陶行知主办的《民主星期刊》，立即被吸引住了，便找些陶行知的诗歌、文章来读，对陶行知的思想越了解，对其人格和精神也就越敬佩。于是他想："我曾经是一个日本的士兵，停战回国后应该做些什么工作呢？怎样才能为建设和平民主的新日本、为日中友好作些努力呢？我觉得，把陶行知介绍给日本，让日本也搞和平民主教育，这一定会有利于日本开辟和平民主新道路的。我相信这一点，所以我决心坚持从事研究陶行知的工作。"（〔日〕斋藤秋男：《陶行知是属于全世界的》，见周洪宇编：《陶行知研究在海外》，人民教育出版社1991年版，第37—38页。）

③ 《社会大学已创办——致陶晓光》，见方明主编：《陶行知全集》第9卷，四川教育出版社2005年版，第442页。

1945 年 11 月，陶行知将自己主编的《战时教育》改名为《民主教育》，旗帜鲜明地宣传民主和民主教育，《本刊启事》云："本刊原名《战时教育》，现在战争结束，原名已不适用，而目前民主政治的运动，又达到一个空前的高潮，故改名《民主教育》，以为促进民主政治之实现而服务。"①陶行知在创刊号上发表两篇文章《民主》和《民主教育》，他将民主分成五个部分：政治民主、经济民主、文化民主、社会民主、国际民主，旗帜鲜明地推崇边区的民主建设和毛泽东的民主思想，认为"山海工学团所主张之教育为公，和陕甘宁边区所实行之民办学校，是指文化民主"。"近人毛泽东先生写的《新民主主义论》，和中国民主同盟临时全国代表大会所通过的纲领，都系实现真正民主的路线。民主是中国之起命仙丹。民主能叫四万万五千万老百姓团结成一个巨人。民主能给我们和平，永远消除内战之危机。民主好比是政治的盘尼西林，肃清一切中国病。民主又好比是精神的维他命，给我们新的力量，来创造一个自由独立进步的新中国和一个富足平等幸福的新世界。民主第一！人民万岁！"②

1946 年 2 月，中国民主同盟机关报《民主报》在重庆创刊，发行人张澜，陶行知又担任社务委员会的委员。

三、参与民主运动

1945 年 8 月 29 日至 10 月 10 日，国共双方在重庆举行谈判，签署《政府与中共代表会谈纪要》（即"双十协定"）。未久，国民党政府即撕毁"双十协定"，进攻解放区。陶行知于 11 月初发表《立刻停止内战》诗，呼吁双方"立刻停止放枪，双方各回原防，万事和平商量"，"谁再放第一枪，便是内战罪犯"③。

1945 年 11 月 25 日，昆明市大中学校学生 6000 余人，于西南联合大学举行反内战时事晚会，国民党军队包围会场，鸣枪恫吓。26 日起，昆明各校学生联合罢课，表示抗议。12 月 1 日，国民党军警特务至各校殴打罢课

① 王文岭：《陶行知年谱长编》，四川教育出版社 2012 年版，第 666 页。

② 《民主》，见方明主编：《陶行知全集》第 4 卷，四川教育出版社 2005 年版，第 488—489 页。新中国成立时，毛泽东在开国大典上庄严地呼喊"人民万岁"。

③ 王文岭：《陶行知年谱长编》，四川教育出版社 2012 年版，第 666—667 页。

学生,并投手榴弹,死4人,伤10余人,酿成"一二·一"惨案。12月9日,陶行知到重庆长安寺参加公祭昆明反内战死难烈士。当时国民政府还以重庆为首都,参加此类公祭活动是很危险的,陶行知对此有充分的估计,抱定了为民主牺牲的决心,给生活教育社和夫人吴树琴分别立了遗嘱。他在写给吴树琴的信中说:"也许我们不能再见面。这样的去是不会有痛苦,望你不要悲伤。你有决心,有虚心,有热心,望你参加普及教育运动,完成四万万五千万人之启蒙大事,以奠定天下为公之基础,再给我一个报告。"①公祭大会甚为悲壮,到者千余人,对联数百副,陶行知记录下一副:"凶手审凶手,自问自答;同胞哭同胞,流血流泪。"会后又给吴树琴写信:"这次我预备死而不死,今后尚有为民族、人类服务之机会,而又能与你再见,真是幸福。我当加倍努力,以无负于此幸福也。"②

1946年1月,陶行知发表诗歌《把自由还给我们》:

(一)

不自由,
毋宁死。
把自由还给我们!
我们要捣碎一切枷镣锁铐。
我们要撕去加在我们头上的裹头布。
我们要有做人的自由:
做自己的主人,
做中国的主人,
做世界的主人。

(二)

不自由,
毋宁死。

---

① 《视死如归——致吴树琴》,见方明主编:《陶行知全集》第9卷,四川教育出版社2005年版,第436页。

② 《预备死而不死——致吴树琴》,见方明主编:《陶行知全集》第9卷,四川教育出版社2005年版,第437页。

把自由要回来！
我们要捣碎一切枷镣锁铐。
我们要撕去加在我们头上的裹头布。
我们要有创造的自由：
创造新的自己，
创造新的中国，
创造新的世界。①

1946年2月10日，陶行知参加重庆各界人士在较场口的集会，庆祝政治协商会议闭幕。集会刚开始，就遭到特务骚扰，发生暴力冲突，郭沫若、李公朴、施复亮被打伤，成为轰动一时的“较场口事件”。事后，特务头子刘野樵嫁祸于人，向法院控告陶行知，说是育才学校的人打伤了人。后经育才学校常年法律顾问史良、林享元等依法追诉，并通过《新华日报》向社会各界说明真相，法院被迫停止审判。

第二节 倡导民主教育

“民主”一词成为陶行知抗战结束前后生活的重要主题，他不仅积极参与民盟的活动，为维护和平、实现民主政治奔走呼号，还担任民盟中央教育委员会主任委员，以教育家的身份倡导民主教育，唤醒社会民众和青少年学生的民主意识，培育新形势下中国社会急需的民主精神。陶行知民主教育思想包含两个方面的内容：一是教育过程、方式、内容民主化，二是通过教育促进社会的民主建设。本节我们顺便论及陶行知贯彻民主教育思想，邀请民主人士参与创办的社会大学。

① 《把自由还给我们》，见方明主编：《陶行知全集》第7卷，四川教育出版社2005年版，第945—946页。

一、教育民主化

1944年9月，陶行知在儿童福利工作人员会议上作专题演讲，提出民主应用在教育上有三个要点：

(一)教育机会均等，即是教育为公，文化为公。我们要求贫富的机会均等，男女的机会均等，老幼的机会均等，各民族各阶层的机会均等。

(二)宽容和了解。教育者要像爱迪生母亲那样宽容爱迪生，在爱迪生被开除回家的时候，把地下室让给他去做实验。我们要像利波老板宽容法拉第。法拉第在利波的铺子里作徒弟，订书订得最慢，但是利波了解他是一面订书一面读书，终于让法拉第在电学上造成辉煌的功绩。

(三)在民主生活中学民主。专制生活中可以培养奴才和奴隶，但不能培养人民做主人。民主生活并非乱杂得没有纪律。民主要有自觉的纪律，人民只可以在民主的自觉纪律中学习做主人翁。在民主动员号召之下，每一个人之创造力都得到机会出头，而且每一个人的创造力都能充分解放出来。只有民主才能解放最大多数人的创造力，并且使最大多数人之创造力发挥到最高峰。①

在陶行知看来，教育民主化就是让每个人都有平等受教育的权利和机会，都找到适合自己的教育，并在教育过程中培养民主意识与民主能力。"创造力最能发挥的条件是民主。当然在不民主的环境下，创造力也有表现。那仅是限于少数，而且不能充分发挥其天才。但如果要大量开发创造力，大量开发人矿中之创造力，只有民主才能办到，只有民主的目的，民主的方法才能完成这样的大事。"②

1945年5月，陶行知在《战时教育》杂志第9卷第2期上发表《实施民

① 《创造的儿童教育》，见方明主编：《陶行知全集》第4卷，四川教育出版社2005年版，第452页。
② 《创造的儿童教育》，见方明主编：《陶行知全集》第4卷，四川教育出版社2005年版，第451页。

主教育的提纲》，开篇就将中国的民主分为旧民主与新民主，说："旧民主，是少数资产阶级作主，为少数人服务。新民主，是人民大众作主，为人民大众服务。"陶行知显然受到了毛泽东《新民主主义论》的影响，汲取了其中关于民族的、大众的等方面的思想内容。陶行知将新民主运用到教育上，提出双重内涵：第一，民主的教育是民有、民治、民享的教育，即民主的教育是属于老百姓自己的、由老百姓自己办的、为老百姓的需要而办的；第二，民主的教育必须办到各尽所能，各学所需，各教所知。[①] 如果说第一重借用了资本主义民主制度的典型——美国式的民主理念，第二重则能令人感觉到隐约飘来的教育上的共产主义气息。陶行知还谈到了受教育机会的男女平等、贫富均等、民族平等，以及民主的教育方法、教师、教材、课程、学制、教育行政等问题。

1945 年 11 月，陶行知又在《民主教育》创刊号撰文指出："民主教育是教人做主人，做自己的主人，做国家的主人，做世界的主人。把林肯总统的话引申到教育方面来说：民主教育是民有、民治、民享之教育。说得通俗些，民主教育是人民的教育，人民办的教育，为人民自己的幸福而办的教育。"[②]这里，陶行知走得更激进，"人民教育"跃然纸上。

二、以教育促进社会民主

陶行知一向认为教育是改造社会的利器，教育应当反映和参与现实的社会斗争。在中国民主社会建设的关键时刻，教育必须站出来，成为促进社会民主的一支重要力量。1945 年 9 月，陶行知发表《还教育于民》，提出："中国假如不能民主化，那末一切的打算都不能实现。因此为了光明的未来，我们更要加紧今天的努力。目前我们就应该配合着一切的力量，争取民主，实现民主！"[③]

陶行知认为战后中国迎来了步入民主国家的良机，对以教育促进民主、建设民主满怀期待。1945 年 12 月，《民主教育》第 2 期发表陶行知的

---

① 《实施民主教育的提纲》，见方明主编：《陶行知全集》第 4 卷，四川教育出版社 2005 年版，第 477 页。

② 《民主教育》，见方明主编：《陶行知全集》第 4 卷，四川教育出版社 2005 年版，第 490 页。

③ 《还教育于民》，见方明主编：《陶行知全集》第 4 卷，四川教育出版社 2005 年版，第 485 页。

文章《民主教育之普及》,将教育对民主的贡献分为两个方面:“一方面是教人争取民主,一方面是教人发展民主。在反民主的时代或是民主不够的时代,民主教育的任务是教人争取民主;到了政治走上民主之路,民主教育的任务是配合整个国家之创造计划,教人依着民主的原则,发挥各人及集体的创造力,以为全民造幸福。”①也就是说,未取得民主政治之前,民主教育是争取民主的武器;进入民主政治之后,民主教育是建设民主社会的基石。

要发挥教育的民主价值,必须扩大民主教育的对象和范围,不能仅限于学校教育,更重要的是唤醒普通百姓的民主意识。他说:“有人民的地方,就是民主教育到的地方。家庭、店铺、茶馆、轮船码头,都是课堂。甚至防空洞中,也可以进行教育。博物馆、图书馆、电影院,都是进行有系统的教育地方。应当请专家讲演,深入浅出。没有专家的地方,也应有好的办法,使老百姓无师自通。”②又说:“无论是争取民主或是发展民主,都要靠广大人民的群策群力才会成功。这广大人民在数量上是愈广大愈有力量,在认识上是认识得愈深刻愈有力量。因此民主教育需要普及。我们所要普及的是救命的民主教育,要全国老百姓无论男女老少贫富都能很快的得到救命的民主教育。”③

1946 年 5 月,陶行知在上海发表《小学教师与民主运动》,激励广大教师联合起来,为争取民主奋斗到底。“现在的尊师运动,必须包含争取民主,才能将一时救急的办法,变成经常安定的办法。如不争取民主,使真正的民主政治、民主经济、民主文化全盘兑现,我们必定是一辈子陷在‘吃不饱来饿不死’的地狱里。所以为着提高生活的待遇,我们必须参加在整个国家民主斗争里面去。实现天下为公,有我们自己的一份在内。”④

三、创办社会大学

社会大学是陶行知战后将民主与教育结合而创办的一所成人教育机

---

① 《民主教育之普及》,见方明主编:《陶行知全集》第 4 卷,四川教育出版社 2005 年版,第 492 页。
② 《实施民主教育的提纲》,见方明主编:《陶行知全集》第 4 卷,四川教育出版社 2005 年版,第 482 页。
③ 《民主教育之普及》,见方明主编:《陶行知全集》第 4 卷,四川教育出版社 2005 年版,第 492 页。
④ 《小学教师与民主运动》,见方明主编:《陶行知全集》第 4 卷,四川教育出版社 2005 年版,第 528 页。

构，也是其一生所创办的最后一所学校。据戴伯韬回忆，20世纪30年代初，陶行知在上海时，听闻王大令办空中大学（广播大学），即有了办社会大学的想法，为一般职员、失学的贫苦青年、求上进的人们提供入大学深造的机会。[①] 1938年11月，陶行知在香港创办中华业余学校，该校略带社会大学的性质，但只办了10个月，招了两期学生。抗战时期，限于人力和财力，陶行知全部精力用于育才学校，想尽办法解决战时最为紧迫的难童教育问题。抗战胜利后，陶行知决定从难童教育的天地中走出来，投身于更广阔的社会教育领域。他参加民主运动，倡导民主教育，就是服务战后中国社会的具体表现。

1945年12月，陶行知着手筹办社会大学，为重庆失学青年、职业青年，提供夜间空时学习的机会。陶行知计划将社会大学分成五个部分：夜大学、函授大学、新闻大学、旅行大学、广播大学。1946年1月15日，社会大学正式开学，16日上课。社会大学以育才学校在重庆管家巷28号的房舍为校址，首批学员一百余人，设五个系：文学系、政治系、教育系、新闻系、民间艺术系。[②] 社会大学设置了一套独特的修业制度，每天四节课，时间为晚6时半至9时50分，以四个月为一个学期，一年三个学期，不放寒暑假，学满八个学期只需两年零八个月即可毕业。这样既保证了学员的学业程度不低于普通大学，又极大地缩短了学业年限，使学员尽早完成学业，服务社会。

陶行知要把社会大学办成人民的大学，民主的大学，特意作了一首长诗《社会大学颂》，其词曰：

青天是我们的圆顶。
大地是我们的地板。
太阳月亮是我们的读书灯。
二十八宿是我们的围墙。

---

① 戴伯韬：《陶行知的生平及其学说》，人民教育出版社1982年版，第125页。

② 《社会大学已创办——致陶晓光》，见方明主编：《陶行知全集》第9卷，四川教育出版社2005年版，第443页。

人民创造大社会。
社会变成大学堂。
大学之道，在明民德，在亲民，
在止于人民之幸福：
是我们创学之新主张。[①]

陶行知所提的"大学之道"，化用了《礼记·大学》中的一段话，原文为"大学之道，在明明德，在亲民，在止于至善"，陶行知作了两处修改，将"明明德"改为"明民德"，将"止于至善"改为"止于人民之幸福"。如此，便将《大学》重视个体修养放大到为民造福了。陶行知后来又专门对此作了解释：明民德，就是要明白人民的大德，包括四个方面：觉悟、联合、解放、创造。亲民，就是要亲近老百姓，让老百姓承认我们的确是他们的亲人。人民之幸福就是要为人民造幸福，努力向着人民的幸福瞄准。[②]

社会大学的校董有冯玉祥、张澜、沈钧儒、饶国模、任宗德、史良、周宗琼、陶行知、李公朴等，董事长为冯玉祥，校长为陶行知，李公朴为副校长兼教务长。李公朴后来去昆明，由方与严继任教务长。从这份名单上可以看出民盟对社会大学有较大的支持与参与，社会大学也就成为宣传民盟的政治主张和各种民主、进步思想的重要阵地，各界民主进步人士和民盟成员受邀来校为学生们开课和举办讲座，如翦伯赞、华岗、邓初民、许涤新、侯外庐、章乃器、胡风、何其芳、艾芜、潘菽、李公朴、陈翰伯、张友渔等。[③]

陶行知到上海后，曾有在上海办社会大学的打算，在一次演讲《民主教育》时说："要建立组织——一个社会大学，大家天天在一起，一同求进步。应该受社会大学教育的，是职业青年与教员。上海有四万人需要受这种教育。"[④]他还在沪江大学专门演讲《社会大学运动》。但经过一番考察，发现条件不成熟，他与柳湜专门谈及这个问题——"我的计划是要在全国

① 《社会大学颂》，见方明主编：《陶行知全集》第7卷，四川教育出版社2005年版，第955页。

② 《社会大学运动》，见方明主编：《陶行知全集》第4卷，四川教育出版社2005年版，第561—562页。

③ 周洪宇整理了一份社会大学第一期公共必修和各系专修课程表，含有各门课程的教师信息，还有一些专题讲座。（周洪宇：《陶行知生活教育学说》，湖北教育出版社2011年版，第134—137页。）

④ 《民主教育》，见方明主编：《陶行知全集》第4卷，四川教育出版社2005年版，第541—542页。

办成四百万学生的一个真的大学，各地设分校，现在上海却连一个重庆那样的分校都不‘可能’，这是政治的原因。人家怕你办，不借房子给我们，还有其他的麻烦。”[①]但他认为不打出社会大学的招牌，可以不集中，一个点、一个点地分开办，或采用演讲、座谈、读书会等形式隐蔽地办。另据时任上海储能中学校长、生活教育社上海分社理事的段力佩回忆，陶行知在上海时，曾约他到重庆路15号的住所面谈，准备在上海办社会大学。陶行知给段力佩看了一份30人左右的主讲名单，说他自己出来讲话不妥当，写好稿子由段力佩出面来讲。谈话后两天，陶行知不幸去世。后来段力佩积极筹备社会大学，借康定路大任小学上课，吴晗、孙起孟等人担任主讲。[②]

第二次国共内战期间，民盟积极活动，支持学生的民主运动和广大人民群众的反内战、反饥饿、反迫害斗争。民盟的抗争激发了其与统治者的矛盾，一些民主斗士惨遭杀害，民盟的事业受阻，1947年3月2日，重庆社会大学被国民党当局查封。

第三节 “民主之魂”

抗战胜利后，许多内迁机构开始逐渐回迁，尤其是文化教育机关，纷纷迁回原址，规划新的发展蓝图。陶行知也希望将他的教育事业移至上海，1945年12月他给行政院院长宋子文打报告，拟先行将生活教育总社迁至上海，内云：“敝社于民国二十七年在广西成立，并于社会部正式立案，宗旨在研究最有效之教育方法，以谋求教育之普及与生活之提高。社员二千余，分布在全国，推动普及教育并为教育界及一般民众服务。现已建立研究所一处，出版教育刊物两种。兹拟将总社及研究所、编辑部迁至上海，素仰院长提倡教育，不遗余力，务希指拨房屋，藉资扩充，加深研究，以为普及

---

① 柳湜：《记最后一夜——回忆陶行知先生》，见方明主编：《陶行知全集》第4卷，四川教育出版社2005年版，第683页。

② 段力佩：《向伟大的人民教育家陶行知先生学习》，上海育才中学文书档案90—18。陶行知还对段力佩说：“我非常懊恼，直到今天，我没到过解放区。”

教育效劳。”[①]1946 年 4 月，陶行知回到南京、上海，为育才学校、社会大学迁沪作准备。但此时他的身份是民主斗士，将更多的精力投入民主运动之中，并抱定为民主而死的决心，而教育方面的设想多未能如愿。

一、从重庆回上海

1946 年 4 月 11 日，陶行知离开重庆，到北郊白市驿军用机场，12 日乘飞机抵达南京。在离开重庆前，陶行知与翦伯赞有过一番对话。陶行知说：“我这次到上海去，主要地是做上海的工作，我想在上海创办社会大学、函授大学、新闻大学、无线电大学、海上大学、空中大学，让整个的上海都变成学校，让上海五百万市民，都能得到受教育和再教育的机会。我到了上海以后，同时也要和美国朋友商量，创办一个育才大学。在这个大学中，附设中学、小学和幼稚园。这样，我的生活教育的理论，就可以全部实现。”[②]陶行知东去，是想寻求一片更为广阔的天地，继续做大教育事业，将生活教育理论进行到底。

初抵南京时，正值清明时节，陶行知于 4 月 14 日赴晓庄扫墓，一来祭奠母亲和妹妹，二来纪念晓庄学校。得知陶行知的晓庄之行，附近翘首以盼的农人、小孩分四批到中央门、迈皋桥一带迎接，场面非常感人。那些从前幼稚园的小朋友，此时都已经生了小孩。而昔日朝气蓬勃的晓庄，在战火中房屋被烧光，树木被砍光。

4 月 17 日，陶行知抵达阔别多年的上海。比起首都南京，上海的民主气氛深厚多了，陶行知给《消息半周刊》作诗云：“说是人民第一，弄得没有饭吃。指望内战快停，愿您传此消息。我从首都经过，自由尚无一滴。前天到了上海，喜见民主消息。”[③]环境宽松了，陶行知便马不停蹄，到处参加

---

① 《请拨房屋为生活教育总社等迁沪——致宋子文》，见方明主编：《陶行知全集》第 9 卷，四川教育出版社 2005 年版，第 440 页。1946 年 5 月 4 日，陶行知向上海特别市社会局呈请成立生活教育社上海分社，并于 5 月 12 日在新闸小学举行成立典礼。陶行知逝世后，上海市社会局于 1946 年 8 月以成立之日“到会演讲者有黄任之、陶行知、田汉、郭沫若等，宣传‘民主’言论，语多讽刺政府，讲毕即行散会，并未举行选举”为由，对生活教育社上海分社不予承认。（方明主编：《陶行知全集》第 4 卷，四川教育出版社 2005 年版，第 533—535 页。）

② 《与翦伯赞的几次对话》，见方明主编：《陶行知全集》第 11 卷，四川教育出版社 2005 年版，第 567 页。

③ 《贺〈消息半周刊〉》，见方明主编：《陶行知全集》第 7 卷，四川教育出版社 2005 年版，第 976 页。

会议，发表演讲，为教育、为民主奔走呼号。4月21日，千余名上海教师到市立育才中学欢迎陶行知，他应邀为教师们演讲，题目是《民主生活与民主教育》。[①] 4月25日，陶行知出席上海教育团体联合会在储能中学举行的欢迎会；4月27日，出席在大任小学召开的生活教育座谈会；4月29日至30日，筹备并参加在上海玉佛寺举行的“四八烈士”追悼大会，缅怀4月8日因飞机失事而牺牲的中共参加重庆政治协商会议的代表；5月1日，参加百货业工会在育才中学举行的劳动节集会；5月初，在生活教育社上海分社筹备会上演讲《生活教育创造史》；5月6日，参加中华职业教育社成立29周年纪念会；5月10日至沪江大学演讲；等等。自4月至7月，陶行知出席公共活动之密集、发表演讲之频繁[②]，令人不得不惊叹于他的热情与精力，也对他的过度劳累有些担忧。

陶行知到达上海后，还发表了一篇文章《小学教师与民主运动》，向老师们振臂高呼：“我们要为民主奋斗，我们得加强自己、改变自己、武装自己，而且要为教育招兵，为民主募马。”[③]陶行知提出小学教师首先需要再教育，拜老百姓和小孩子为师，接受民主教育，敢于讲真话。他作了一首小诗云：“民之所好好之，民之所恶恶之。教人民进步者，拜人民为老师。”[④]其次，运用民主作风教学生，并与同事共同过民主生活，以造成民主的学校。再次，要教学生做民主的小先生，启迪广大百姓。“教小孩拿出小小的力量来为社会服务。人生以服务为目的，不是毕业后才服务，在校时，就要在服务上学习服务。学生最好的服务是做小先生，拿学得的知识教给人。”[⑤]然后，要教民众自己成为民主的干部。“顶少要对民主运动减少一点阻碍，顶好是一经提醒便成了民主的斗士，乃至成为民主的干部。大家起来创造一个名副其实的中华民国。”[⑥]最后，争取民主以保障生存权利与教学自由。陶行知在文章结尾说了一段意味隽永、发人深思的话：

---

① 《重返沪宁——致陶宏》，见方明主编：《陶行知全集》第9卷，四川教育出版社2005年版，第464页。

② 王文岭：《陶行知年谱长编》，四川教育出版社2012年版，第689—700页。1946年4月下旬至6月初，陶行知在一个多月的时间内，做了80余次演讲。

③ 《小学教师与民主运动》，见方明主编：《陶行知全集》第4卷，四川教育出版社2005年版，第524页。

④ 《小学教师与民主运动》，见方明主编：《陶行知全集》第4卷，四川教育出版社2005年版，第526页。

⑤ 《小学教师与民主运动》，见方明主编：《陶行知全集》第4卷，四川教育出版社2005年版，第527页。

⑥ 《小学教师与民主运动》，见方明主编：《陶行知全集》第4卷，四川教育出版社2005年版，第528页。

教师的职务是"千教万教,教人求真",学生的职务是"千学万学,学做真人"。这教人求真和学做真人的教学自由,也只有真正的民主实现了才有可能。在不民主的政治下,说真话做真事的人是会打破饭碗,关进集中营,甚至于失掉生命。因此这教学自由,也是要在整个的人民基本自由中全盘解决。让我们和人民站在一条线上,争取真正民主的实现,共同创造一个独立、自由、平等、进步、幸福的新中国。①

二、临危不惧

随着1946年6月全面内战的爆发,国统区的气氛越来越紧张,甚至让人窒息,陶行知的处境令人担忧。6月22日,翁维章从南京致函陶行知:"老师,这儿传你有被击可能。请您还是少出门,为事业为了大众的需要,请注意些吧,我为老师急念呢。"②6月23日,上海工人、学生和各界人民10万人,在北站举行反对内战、要求和平的大会,并游行示威。陶行知不顾个人安危,毅然参与,并发出《人民的呼声》:我们需要永久和平;我们需要真正的民主!③ 6月28日,远在重庆红岩村的育才校本部教师致函陶行知,说:"从民主报上看到您在大同大学演讲时被暴徒侮辱的消息,我们咸有着无比的愤怒。这些民贼们及其爪牙正在用其全力挣扎着,企图掐紧千万人民的咽喉,把祖国出卖。他们的手段是毒辣的,卑鄙的,惨无人道的,但瞧着吧,今天中国人民大众已不再会给他们太多的自由了。今天的报上又登载着关于您的消息,您为上海五十四个反内战团体发言,要求美军立即从中国撤退。这更给我们兴奋,您并不曾为这些侮辱而气馁,您又怎会气馁?在民主的阵线上您是站在斗争的最前面,您越战越坚强,越战越英勇。

① 《小学教师与民主运动》,见方明主编:《陶行知全集》第4卷,四川教育出版社2005年版,第528—529页。

② 翁维章:《翁维章致陶行知》,见方明主编:《陶行知全集》第12卷,四川教育出版社1991年版,第570页。2005年版全集第12卷中抽出了致陶行知的信57封。

③ 《人民的呼声》,见方明主编:《陶行知全集》第4卷,四川教育出版社2005年版,第551页。

在这里，请让我们向您致最大的敬意。”①

7月11日晚，民盟领导成员李公朴在昆明遭到暗杀，次日凌晨逝世。陶行知数日后闻讯，预感自己的民主之路前途叵测②，他在致育才学校全体师生的信中说：“公朴去了，昨今两天有两方面的朋友向我报告不好的消息。如果消息确实，我会很快地结束我的生命。深信我的生命的结束，不会是育才和生活教育社之结束。我提议为民主死了一个，就要加紧感召一万人来顶补，这样死了一百个就是一百万人，死了一千个就有一千万人。死了一万个就有一万万人肯得为民主牺牲，而中华民族才活得下去。此地我们现在第一要事，是感召一位民主战士来补偿李公朴之不可补偿之损失。只有这样才是真正的追悼。”③

7月16日，育才学校同学会上海分会成立，陶行知又作了关于民主的演说：

> 今日诸位同学成立上海分会是值得高兴的一件事。从此以后，大家为生活而团结，为学习而团结，为互助而团结，为服务而团结，为争取民主而团结，一定是把生活过得更好、更丰富、更有意义。现在民主斗争已经到了最尖锐的阶段，反民主分子不惜用恐怖手段来抵抗那不可抗拒的大势。李公朴先生便是这样的牺牲了。我提议再接再厉，前仆后继，屡败屡战，以底于成。我提议每逢死了一位民主战士，即以感召培养一万位民主新战士来顶补，死了一百位民主战士，即以感召培

---

① 《红岩村教师致陶行知》，见方明主编：《陶行知全集》第12卷，四川教育出版社1991年版，第576—577页。

② 冯玉祥说：“就在下关打了人民代表后，不多几天，特务机关开出了一个要暗杀的黑名单，第一名就是陶行知先生。一些民主的朋友都知道这件事，陶行知也知道。”（冯玉祥：《蒋介石与陶行知》，见方明主编：《陶行知全集》第12卷，四川教育出版社2005年版，第636页。）吴晗的《陶行知先生在上海的回忆》中认为陶行知是黑名单中的第二名。（王文岭：《陶行知年谱长编》，四川教育出版社2012年版，第700页。）陶行知的学生戴伯韬说：“国民党反动派在上海准备了一张黑名单，凡是名列黑榜者，反动派准备一个个予以暗杀。陶氏名列第一。在昆明黑名单中在第一、第二两名，李、闻二先生已遭毒手，上海当然也将立即执行。”（戴伯韬：《陶行知的生平及其学说》，人民教育出版社1982年版，第133页。）

③ 《为新中国之新教育继续奋斗——致育才学校全体师生》，见方明主编：《陶行知全集》第9卷，四川教育出版社2005年版，第473页。

养一百万位民主新战士来顶补。因此我们纪念公朴先生的最好的办法,是立志把自己造成一位英勇的民主战士。不但如此,还要做民主酵母,使凡与我你他接触的人,都发起民主的酵来,成为一个个的英勇的民主战士。只要我们肯得为民主死,真民主就会来到,而中华民族也一定可以活到万万年。让我再详说英勇的民主战士是怎样培养出来的。第一套功夫是"仁者不忧,知者不惑,勇者不惧,达者不恋"。第二套功夫是"富贵不能淫,贫贱不能移,威武不能屈,美人不能动"。有了这些德性,无论遇着什么关口,也会胜利的通过。虽杀身亦成仁了。我们应该在这些德性上面努力进修,共同勉励。四天之后即是校庆,倘使我们当中都锻炼好了这样的人格,那才是值得庆贺了。①

三、溘然长逝

1946 年 7 月 25 日早晨,陶行知在寄居的友人家中突发脑溢血,救治无效,于中午在上海逝世,年仅 55 岁。爱棠新村陶行知寓所(今徐汇区余庆路 146 弄 13 号)的主人任宗德曾详细回忆陶行知逝世经过:

7 月 25 日晨,和平时一样,我们聚在饭厅准备吃早点。8 时过了,陶先生还未下楼来,我就让俞世堃上三楼去请他下楼来就餐。不一会儿,俞世堃慌忙跑下楼来,急切地连声说不好了,陶老师犯病了!我即上楼到陶先生卧室一看,发现陶先生在卫生间靠着马桶半躺在地上。走近一看,陶先生头发热,面带赤,口喘气,病状十分严重。我于是立即给沈钧儒先生打电话,告诉了陶先生的病情,请他和他儿子沈谦(著名的西医内科专家)尽快赶到我家来设法诊治抢救。沈老一听就急了,连忙说我们即刻就到。同时,沈老迅速将此事打电话报告了周恩来。我又打电话通知了陶夫人和沙千里、史良等。不一会儿,沈老沈谦父子、周恩来和李维汉等同志先到,陶夫人和他们的儿子陶晓光,

① 《为民主斗争前仆后继——致育才同学会上海分会全体同学》,见方明主编:《陶行知全集》第 9 卷,四川教育出版社 2005 年版,第 472 页。

以及史良和沙千里等民主人士均相继急忙赶来我家。

周恩来一到，立即上楼对陶先生的病状进行了察看。沈谦诊治完毕，断定陶先生是脑溢血严重发作，病人濒临绝境，抢救为时已晚。沈谦给陶先生打了一针，但不见有任何反应。沈谦说，没有办法抢救了。我怀疑是国民党特务暗害所致，沈谦说看来不是，是严重的脑溢血，可能与陶先生的高血压病有关。沈谦问我这之前陶先生有无病痛的迹象，我说没有看到呀，陶先生这几天也从未讲过身体不适。我也不知道他患有高血压症，如果知道就好了，我们会刻意照应预作防治的。沈谦说，可能是太劳累、太紧张使血压急剧升高导致了脑溢血。我说送医院吧，沈谦说不必了。周恩来问沈谦还有什么抢救的办法吗？沈谦就又给陶先生再检查了一遍，对周恩来说送医院也没有什么办法抢救了。这时陶先生由大喘变为小喘，热汗变为冷汗，片刻之间就溘然长逝了。大家将陶先生的遗体放平，围着遗体默哀致悼，热泪纵横，为中华民族的英才早逝而哭泣。[①]

陶行知逝世后，社会各界举行纪念活动。8 月 4 日，育才学校、社会大学、生活教育社共同在重庆管家巷 28 号育才办事处召开大型追悼会。8 月 10 日，延安《解放日报》刊出纪念陶行知专版，毛泽东、朱德亲为题词。8 月 11 日，延安各界代表 2000 余人集会纪念陶行知。8 月 12 日，延安《解放日报》再度刊出纪念陶行知专版。8 月 16 日，育才学校举行追悼陶行知纪念大会。9 月 22 日，重庆各界人士 2000 余人举行陶行知先生追悼大会。10 月 27 日，上海各界人士 5000 余人在震旦大学举行追悼陶行知先生纪念大会。12 月 1 日，陶行知遗体由上海运抵南京，安葬于晓庄，迎灵送葬者 1000 余人。12 月 9 日，美国教育界名流及中国留美人士 300 余人在纽约举行追悼陶行知的纪念大会。[②] 一位教育家的逝世，能激起社会各界如此强烈的反响，各类追悼活动持续数月，这在中外教育史上恐怕是空前的。

---

① 任宗德：《危难中的陶行知在我家辞世》，载《炎黄春秋》1997 年第 3 期。

② 王文岭：《陶行知年谱长编》，四川教育出版社 2012 年版，第 701—711 页。

结　语　“行知精神”

陶行知办学，非常强调“精神”，不管条件如何窘迫，任务如何艰巨，精神都不能松懈，更不能丢弃。1926 年 11 月，在筹办晓庄师范之际，陶行知两度谈到办教育要有“精神”：一次是在中华教育改进社特约乡村教师研究会上，他说：“我们深信最高尚的精神是人生无价之宝，非金钱所能买得来，就不必靠金钱而后振作，尤不可因钱少而推诿。”[①]另一次是在公开发表的文章中，他说：“高尚的生活精神不用钱买，不靠钱振作，也不能以没有钱推诿。用钱可以买来的东西，没有钱自然买不来；用钱买不来的东西，没有钱也是可以得到的。高尚的精神如同山间明月、江上清风一样，是取之无尽，用之无穷的。没有钱是一事，没有精神又是一事。有钱而无精神和无钱而有精神的学校，我都见识过。精神是不靠钱买的。精神是在我们身上，我们肯放几分精神，就有几分精神。不关有没有钱，只问我

---

① 《我们的信条》，见方明主编：《陶行知全集》第 1 卷，四川教育出版社 2005 年版，第 75 页。

肯不肯把精神放出来。”[①]陶行知的教育精神来自他对教育理论的自信、对教育使命的担当、对教育事业的痴迷，无论环境如何恶劣，生活如何艰难，陶行知都以饱满的精神、顽强的意志、惊人的毅力不懈探索，寻觅中国教育的曙光。具体而言，“行知精神”的内涵大致包括以下几个方面：

一、独立的教育探索

陶行知自离开东南大学始，就从体制内走到了体制外；自离开中华平民教育促进会，致力于乡村教育始，就踏上了一条独立自主的教育探索之路。他不依附于任何政治势力，也不因为遭受政治势力的打击而屈服。但陶行知也有自己的政治主张，就是唤醒民众，追求平等、自由、民主，谋求国家独立和民族解放。从这个意义上说，陶行知无疑是近现代教育家群体中的激进派。

在近现代中国教育发展史中，独立的教育探索谈何容易，它意味着没有来自政府的大把钞票、没有来自政治势力的强大后援、没有来自“士大夫们”的助长声势，有的只是一种强烈的责任担当，一腔为国为民的热情和一批志同道合的同志。“独立”二字，或许注定了陶行知不平静、不平凡的教育探索之旅——晓庄被封、工学团被解散，前者因为内阋，后者因为外侮。战时办育才学校，又常常为衣食所累，以致积劳成疾。

然而，正是这种卓然独立、始终如一的教育探索，陶行知才得以“敢探未发明的新理”“敢入未开化的边疆”[②]，产生并践行自己的生活教育理论。“滴自己的汗。吃自己的饭。自己的事自己干”[③]，便是这种独立探索的社会宣言和诗意表达。

陶行知是有意识地保持、珍惜自己的独立性，多次谢绝体制内的高薪、高位聘请。如 1921 年谢绝安徽省教育厅长之请[④]，1924 年谢绝武昌师范

---

① 《我之学校观》，见方明主编：《陶行知全集》第 2 卷，四川教育出版社 2005 年版，第 252—253 页。

② 《第一流的教育家》，见方明主编：《陶行知全集》第 1 卷，四川教育出版社 2005 年版，第 21—22 页。

③ 《自立歌》，见方明主编：《陶行知全集》第 7 卷，四川教育出版社 2005 年版，第 51 页。

④ 王文岭：《陶行知年谱长编》，四川教育出版社 2012 年版，第 54 页。陶行知可能两度谢绝安徽省教育厅长之请，另一次是 1938 年。（朱泽甫编著：《陶行知年谱》，安徽教育出版社 1985 年版，第 378 页。）

大学校长之聘。[①] 陶行知的政治主张和教育思想与中国共产党颇多相通之处,其众多的追随者和弟子们先后加入了共产党,但他又刻意保留党外民主人士的身份[②],希望教育在某种程度上能够超越党派之争,为中国走向民主共和发挥教育所特有的力量。

二、执着的教育追求

陶行知身上有着一股常人难以企及的韧劲,无论处境如何艰难,都不妥协、不气馁、不放弃。因为独立的教育探索,陶行知经常受到政治势力的打击和不公正的对待,苦心经营的教育事业多次蒙受巨大损失,尤其是晓庄学校,可谓毁于一旦。但是每一次挫折,只会使陶行知变得更坚强,对教育的追求更执着。于是,他的教育事业在起伏中不断上升,呈现出非常明显的阶段性。

贫穷与患难,别人避之唯恐不及,陶行知却视为难得的"两位朋友",说:"我们不但是在贫穷与患难中生活,而且整个教育理论都是它们扶养起来的。"[③]抗战时期,育才学校时常陷入困境,有好心的朋友劝他丢下育才,"何必顶着石臼做戏,抱着石头游泳呢?"陶行知的回答是:"我不是抱着石头游泳,而是抱着爱人游泳,越游越起劲,要游过急流险滩,达到胜利的彼岸。"[④]他给次子陶晓光写信说:"你知道我是欢迎困难的一个人。一切困难都以算学解决之。……我无论处境如何困难,心里是泰然自在,这是可以告慰的。"[⑤]他还勉励师生:"人生是患难与欢乐所织成。追求真理的人以与患难搏斗为乐。唐僧向西天取经,遭遇八十一难,不知者以为他是自寻苦吃,其实他是抱着一个宏愿要完成,看破生死,乐而忘苦。总之,

---

① 王文岭:《陶行知年谱长编》,四川教育出版社 2012 年版,第 141 页。

② 周恩来在陶行知逝世后,称之为"一个毫无保留追随党的党外布尔什维克"。(周恩来:《周恩来论陶行知》,见方明主编:《陶行知全集》第 12 卷,四川教育出版社 2005 年版,第 715 页。)

③ 《友穷,迎难,创造——致陶晓光》,见方明主编:《陶行知全集》第 9 卷,四川教育出版社 2005 年版,第 205 页。

④ 《我是抱着爱人游泳》,见方明主编:《陶行知全集》第 4 卷,四川教育出版社 2005 年版,第 399 页。

⑤ 《我是欢迎困难的一个人——致陶晓光》,见方明主编:《陶行知全集》第 9 卷,四川教育出版社 2005 年版,第 130 页。

人生与患难有不解之缘。患难给有志者以战斗之情绪与战胜之智慧。”①

正是因为这份执着的教育追求，陶行知才勇于面对贫穷与患难，并将之视为其教育理论和实践源源不断的动力。可以说，在近现代教育家群体中，陶行知所经历的苦难是最深、最久的。但他在任何时候都没有丝毫的动摇，苦难只会激发他的斗志。迎难而上、愈挫愈勇，成为其一生的教育品格。

三、宽阔的教育视野

陶行知为科班出身，曾受业于世界顶尖级的教育学家。因此，陶行知的教育视野非常开阔，既瞄准国际教育前沿动态，引入世界先进的教育理论和教育思潮，又积极引领中国教育发展和教育研究走向世界。

在中华教育改进社任职期间，陶行知曾亲自命笔，撰写了英文报告和论文，力促中国学者参加世界教育会议，发出中国的声音。如1924年为出席“万国教育会议”而著英文长篇论文《民国十三年中国教育状况》（*Education in China 1924*），文章结尾说：“中国的办学人员正在极度的困难和逆境中工作。通常的情况是，即使在这种环境中，他们并不沮丧，而把困难和逆境看作为自己提供奋斗和尽力的机会。现在中国堪称为一块教育工作的处女地，或者可以叫做一种社会真空，无论谁愿意投入多少力量，它都能够吸收。因此，为了理解今日中国的教育，我们既要看到它的困难，也要看到为了它而付出的努力。”②

好“一块教育工作的处女地”！陶行知就是为之奋斗的杰出代表，他在吸收风头正盛的实用主义教育学说的基础上，创造性地发展出自己的生活教育理论，产生了国际性的影响，引起杜威、克伯屈、孟禄等一批国际学者的高度关注，并流传到近邻日本。陶行知去世后，美国援华会总干事毕莱士沉痛地说：“我觉得陶博士不仅仅属于中国，而是属于世界的。他希望每一个地方的老百姓最后都能得到自由与民主。他相信他有一个职务

---

① 《育才十字诀》，见方明主编：《陶行知全集》第4卷，四川教育出版社2005年版，第13页。

② 《民国十三年中国教育状况》，见方明主编：《陶行知全集》第6卷，四川教育出版社2005年版，第219页。

就是帮助人民了解这种奋斗是世界性的,并不仅限于中国。"①大洋彼岸的杜威亲笔拟了唁电:"陶博士致力于中国大众教育建设的功勋与贡献,是无与伦比的。我们后死者必定永远纪念他,并贯彻他的事业。"在这封唁电上签名的还有克伯屈和罗格。②

四、鲜明的大众立场

陶行知的教育理论和实践堪称"大众教育学""穷人教育学",追求以教育服务大众、解放大众,用他自己的话说就是"在立脚点要平等;于出头处求自由"③。1914 年赴美途中,别人在享受风光和美食,陶行知却特意去察看邮船上火夫的工作场景,"几个赤膊的活人像天津鸭子在那儿烤着,烤出一身的黑油!身上、脸上、手上黑得如同他们所烧的煤炭一般黑!"此一画面使他深受震撼,像"硝镪水刻到我的心窝里"④。青年陶行知怀着深情的、浓烈的大众情怀游学海外,学成归国时,其人生志向便是"使全中国人都受到教育"。他曾非常形象地表达自己的愿望:"要把教育、知识变成空气一样,弥漫于宇宙,洗荡于乾坤,普及众生,人人有得呼吸。空气是不要钱买的,人人可以自由呼吸。教育也就不能以金钱做买卖,人人可以自由享受。"⑤

1920 年晏阳初回国搞平民教育时,主要以城市为中心,在长沙、烟台、嘉兴进行试验。正是陶行知等人的加入和努力,使平民教育深入广大农村地区。为了方便劳苦大众识字明理,陶行知打破平民学校的办法,随地设立"平民读书处",普及家常便饭的教育。后来办晓庄师范、山海工学团,陶行知更是彻底融入底层大众的生活,感同身受地为大众服务。1933 年陶行知在一次演讲中说:"我本来无产阶级出身,后来出洋回来渐渐变成了中产阶级中人。现在却由中产阶级渐渐地流落到无产阶级了。所以我

① 转引自贾培基:《陶行知》,重庆出版社 2011 年版,第 125 页。
② 贾培基:《陶行知》,重庆出版社 2011 年版,第 131 页。
③ 《平等与自由——给渼妹的信》,见方明主编:《陶行知全集》第 8 卷,四川教育出版社 2005 年版,第 139 页。
④ 《人与煤炭》,见方明主编:《陶行知全集》第 7 卷,四川教育出版社 2005 年版,第 13 页。
⑤ 《小先生与民众教育》,见方明主编:《陶行知全集》第 3 卷,四川教育出版社 2005 年版,第 251 页。

对于中产阶级与无产阶级的情形都知道一点。我有一种信仰和决心:要从中产阶级不爬上去,而要爬下来。其实爬下来就是爬上去。要爬上去就要落下来。”①

陶行知的大众立场不仅体现在事业中、思想中、生活中,连他的装束都完全大众化了,以脱下长袍马褂、穿上短衣草鞋为乐,丝毫不做作。1927年6月15日,陶行知在家信中说:“知行近在乡村师范工作,快乐得像活神仙一样。整日打赤脚,穿草鞋,自由得很。昨天竟这样走进城来和穿马褂的先生们一块儿吃饭。”②另据戴伯韬回忆,晓庄时期,陶行知有一次应邀去江宁师范演讲,“他天不亮起来,徒步而去,走到镇上饥肠辘辘,便买了油条在街上一面走一面吃,该校徐校长特为派了学生到镇头去迎接,久候不至。迎接的人以为陶先生一定举止阔绰,并不注意路上碰到身穿学生装,一边走一边啃油条的人,回校一看,坐在会客室里的正是方才啃油条的人”③。

五、真诚的爱满天下

陶行知早年加入了基督教,并曾被蒋梦麟说是“很有传教的精神”④,但陶行知很少以基督徒的身份从事教育工作⑤,也未受到基督教组织的差遣。陶行知之爱,更多的是教育之爱、青年之爱、民族之爱、劳苦大众之爱。

陶行知步步下移,扎根大众,就是怀着这种大爱。1930年3月,陶行知在晓庄三周年之际撰文说:“晓庄是从爱里产生出来的。没有爱便没有晓庄。因为他爱人类,所以他爱人类中最多数而最不幸之中华民族;因为他爱中华民族,所以他爱中华民族中最多数而最不幸之农人。他爱农人只

---

① 《手脑相长》,见方明主编:《陶行知全集》第3卷,四川教育出版社2005年版,第440页。

② 《晓庄生活——家信》,见方明主编:《陶行知全集》第8卷,四川教育出版社2005年版,第133页。

③ 戴伯韬:《陶行知的生平及其学说》,人民教育出版社1982年版,第9页。

④ 《活罗汉——答王伯秋先生的电报》,见方明主编:《陶行知全集》第8卷,四川教育出版社2005年版,第38页。

⑤ 何荣汉的研究表明,1918—1933年间,陶行知先后参与了华东基督教教育会和中华基督教教育会的一些工作(主要是出席有关会议),但陶行知教育事业的主体如中华教育改进社、晓庄学校、山海工学团、育才学校并不具有任何的基督教背景。(何荣汉:《陶行知——一位基督徒教育家的再发现》,安徽教育出版社2011年版,第159—165页。)

是从农人出发,从最多数最不幸的出发,他的目光,没有一刻不注意到中华民族和人类的全体。……有了爱便不得不去找路线,寻方法,造工具,使这爱可以流露出去完成他的使命。流露的时候,遇着阻力便不得不奋斗——与土豪劣绅奋斗,与外力压迫奋斗,与传统教育奋斗,与农人封建思想奋斗,与自己带来之伪知识奋斗。这奋斗之历史,也就是这颗爱心之历史。晓庄没有爱便不能奋斗,不能破坏,不能建设,不能创造。"①

举两件小事:抗战时期北碚地区疟疾流行,特效药奎宁紧缺,一般老百姓也吃不起。陶行知想帮助百姓解除此病,便鼓励夫人吴树琴研究治疗疟疾的中药,找到一张处方,将药材磨成细粉,熬成中药水,效果很好,但药水太苦,容易引起呕吐。于是吴树琴将药水浓缩,添加辅助药粉,制成药丸,免费送到农民、工人、学生、士兵手中。② 1943 年初,育才学校音乐组学生陈贻鑫生秃疮,陶行知请冯玉祥出面,请刘一鹏医生特地自荣昌县赶来医治,"准备两个月后,陈贻鑫是可以满头乌云了"③。1943 年 2 月,陶行知在写给儿子陶宏的信中说:"近来我们深刻的了解,人生最大的目的还是博爱,一切学术也都是要更有效的达到这个目的。"④

六、无私的奉献精神

陶行知办教育总是竭尽全力,贡献所有,从不谋一点私利,他曾在吉祥学园(晓庄吉祥庵中心小学)写了两句话:"捧着一颗心来;不带半根草去。"⑤陶行知舍弃当官发财的机会,经济状况本来就不乐观,但他克己奉教,常常倾囊办学,甚至卖字、卖文、卖讲。"当他十分窘困的时候,如果袋

---

① 《晓庄三岁敬告同志书》,见方明主编:《陶行知全集》第 2 卷,四川教育出版社 2005 年版,第 450 页。

② 吴树琴:《我的一生》,见徐志辉、卢爱萍主编:《吴树琴与陶行知》,江苏人民出版社 2006 年版,第 12—13 页。

③ 《两月后陈贻鑫将满头乌云——致吴树琴》,见方明主编:《陶行知全集》第 9 卷,四川教育出版社 2005 年版,第 276 页。学生时代陈贻鑫就曾为陶行知的诗歌《谷子在仓里叫》《八位好朋友》谱曲,后任育才学校音乐组主任,1954 年任中央乐团大提琴演奏员,1982 年到中央音乐学院任教。

④ 《人生最大的目的还是博爱——致陶宏》,见方明主编:《陶行知全集》第 9 卷,四川教育出版社 2005 年版,第 271 页。

⑤ 《晓庄三岁敬告同志书》,见方明主编:《陶行知全集》第 2 卷,四川教育出版社 2005 年版,第 450 页。

中有一毛钱他也会给你。"[1]有时,一己之力实在有限,陶行知便发动社会各界捐资助学。

陶行知的无私奉献,甚至连累了家人。为了办乡村教育,他将家从北京迁至晓庄,离开城市的宅院,住进茅草房,还将为母亲祝寿的钱拿出来办乡村幼稚园。妹妹陶文渼为支持、追随哥哥的事业,于1929年6月在晓庄病逝;母亲曹翠仂,在陶行知办理工学团期间,于1933年11月病逝;发妻汪纯宜因操劳、颠沛、受惊吓(陶行知曾被民国政府通缉,自日本潜行回国后,近一年时间不能公开露面),久病不治,于1936年4月辞世。1940年底,陶晓光到成都一家无线电厂工作,厂方催索学历证明书。马侣贤未经陶行知同意,给陶晓光寄了一张晓庄学校的毕业证明书。陶行知获悉后,即电告陶晓光将证明书寄回,接着又给陶晓光寄了一张"宁为真白丁,不作假秀才"的亲笔证明信,说:"倘使这样真实的证明不合用,宁可自己出钱,不拿薪水,帮助国家工作。"[2]

陶行知作为教育家的一生是独立的、坚韧的、奉献的。他的教育实践探索和教育理论追求,是大众之福、民族之幸、国家之光,是中国现代教育发展的一座丰碑。尽管他的处境屡陷艰难,生活每况愈下,生命未尽天年,声誉曾遭诋毁,但他的精神与学说经过岁月的洗礼,终将牢牢地嵌入中华民族坎坷曲折的教育记忆,并不断地被提取和唤醒。1941年3月,陶行知在写给马侣贤的信中说:"我们必须认真办学,以求对得住小朋友,对得住国家、民族。毁誉之来,可不必计较;横逆之来,以慈爱、智慧、庄严、无畏处之。我们追求真理,爱护真理,抱着真理为小孩、为国家、为人类服务,社会必有了解之一日。"[3]

---

① 戴伯韬:《陶行知的生平及其学说》,人民教育出版社1982年版,第101页。

② 《追求真理做真人——致陶晓光》,见方明主编:《陶行知全集》第9卷,四川教育出版社2005年版,第124页。

③ 《追求真理,为小孩、为国家、为人类服务——致马侣贤》,见方明主编:《陶行知全集》第9卷,四川教育出版社2005年版,第137页。

附　录　陶行知生平大事年表

1891 年 10 月 18 日	诞生于安徽省歙县西乡黄潭源村，原名文濬（乳名和尚）。父亲陶位朝，母亲曹翠仂。
1897 年	私塾先生方庶咸为陶行知开蒙，后由父亲教以识字读书。
1899 年	随父去休宁县万安镇外祖父家，留在万安吴尔宽家馆伴读。
1904 年	回到歙县，先到秀才程朗斋处学“四书”，后到贡生王藻处求教。
1905 年	入歙县基督教内地会所办的崇一学堂就读。
1908 年春	离开歙县，考入杭州广济医学堂。旋因不满校方对非基督教学生的歧视，愤而退学。
1909 年	考入南京汇文书院成美馆（相当于大学预科）。
1910 年	汇文书院和宏育书院合并，成立金陵大

学，直接升入金陵大学文科，为首届学生。

1911 年　辛亥革命爆发后，一度回到故乡徽州，任徽州议会干事。半年后，返金陵大学继续学业。

1912 年 12 月　在金陵大学接受洗礼，加入基督教。

1913 年 2 月　任金陵大学校刊中文版《金陵光》编辑。

9 月　任《金陵光》主笔。

1914 年 6 月　毕业于金陵大学，毕业论文题为《共和精义》。毕业后，与汪纯宜（安徽休宁人）女士结婚。

8 月　乘“中国号”邮船赴美留学。

9 月　抵美，入伊利诺伊大学。

1915 年 1 月　父亲陶位朝去世。

夏　获伊利诺伊大学政治学硕士学位。

9 月　转入纽约哥伦比亚大学师范学院，攻读博士学位。

1916 年 2 月　经孟禄博士推荐，获得利文斯通奖学金。

1917 年秋　离美归国。

9 月　应聘担任南京高等师范学校教育学专任教员，主讲教育学、教育行政和教育统计等课程。

1918 年 3 月　南京高师原教务主任郭秉文升任代理校长，由陶行知接替为代理教务主任。

1919 年 3 月　知悉哥伦比亚大学教授杜威到日本讲学，与胡适、郭秉文、蔡元培等人促成杜威来华。

4 月 30 日　与胡适、蒋梦麟等人到上海迎接杜威。

10 月　郭秉文正式出任南京高师校长，陶行知亦正式担任教务主任。

1920 年 4 月　主持接待杜威来南京高师讲学，并曾担任翻译。

夏　主持开办南京高师首次暑期学校，学员达 1300 多人。此为全国高校开办暑期学校之始。

9 月　促成南京高师首次招收女生。

1921 年 7 月　与范源濂、蔡元培、张伯苓、严修、袁希涛等在北京组织实际教育调查社，公推范为社长、蔡为副社长。

9—12 月 接待哥伦比亚大学师范学院教授孟禄来访,陪同到上海、南京、苏州、杭州、济南、北京等地。

1922 年 1 月 《新教育》杂志主编蒋梦麟赴美,陶行知接替其主编工作。

2 月 中华教育改进社在上海召开董事会,被聘为主任干事。

3 月初 到京就任中华教育改进社主任干事之职。

12 月 6 日 南京高师归并东南大学,任东南大学教授、教育专修科主任和教育系主任。

1923 年 6 月 参观浙江嘉兴的平民教育,与朱其慧、晏阳初、朱经农等人在上海组织中华平民教育促进会筹备会。

7 月 28 日 致函东南大学代理校长刘伯明,请辞教育专修科和教育系主任职务。

8 月底 东南大学批准其辞呈。

8 月 26 日 中华平民教育促进会成立,公推朱其慧为主席,晏阳初为副主席,陶行知为书记。

秋 安徽旅宁同乡会、同学会在南京设立安徽公学,校董会推举陶行知任校长。

10 月 3 日 致函朱其慧,建议聘晏阳初为平教会总干事。

10—11 月 先后到江苏南京、安徽安庆和徽州、江西南昌、湖北武昌等推行平民教育。

1924 年 6 月 29 日 筹办《申报》副刊《平民周刊》。

1925 年 9 月 与赵迺传、高仁山、查良钊、孟宪承、汪懋祖、王希曾发起《新教育评论》。

11 月 在南开学校对中学部教职员演讲《教学合一》,张伯苓提议改为“学做合一”,陶行知受到启发,将“教学合一”发展为“教学做合一”。

1926 年 10 月 发表《创设乡村幼稚园宣言书》,呼吁建设中国的、省钱的、平民的幼稚园。

11 月 在中华教育改进社特约乡村教师研究会上发起通过《我们的信条》。

12 月 25 日　在南京尧化门小学召开中华教育改进社特约乡村教师第二次研究会,举行立志乡村教育的宣誓典礼。

1927 年 2 月 5 日　试验乡村师范学校在老山脚下的小庄举行奠基仪式,陶行知改老山为劳山,改小庄为晓庄。

2 月 10 日　试验乡村师范学校董事会在上海召开,被推为董事会秘书兼校长。

3 月 15 日　试验乡村师范学校正式开学。

10 月 2 日　试验乡村师范学校董事长蔡元培与陈鹤琴、张宗麟等同来晓庄参观。

11 月 11 日　中国第一所乡村幼稚园——燕子矶幼稚园开学。

1928 年 7 月　晓庄第一期学生结业,发表临别赠言,号召学生发扬晓庄精神。

1929 年春　应徽州旅苏北淮安同乡会之请,派晓庄学生李友梅、吴延荣等到江苏淮安创办私立新安小学。

6 月 6 日　妹妹陶文渼病逝。

12 月 4 日　上海圣约翰大学授予陶行知理学博士荣誉学位。

1930 年 4 月 5 日　晓庄学生参加南京市支援工人、反帝爱国示威游行。

4 月 7 日　国民政府首都卫戍司令部以印发反动传单为由,训令晓庄师范学校暂行停办,以待整理。

4 月 12 日　晓庄学校被军警强行解散,陶行知遭政府通缉,连夜潜逃至上海。

10 月中旬　东渡日本避难。

1931 年 3 月下旬　由日本潜回上海,隐匿于北四川路。

夏　在史量才资助下,与丁柱中,高士其、戴伯韬等创办自然学园,开展科学下嫁。

1932 年 2 月 22 日　国民政府内政部宣布撤销对陶行知的通缉令。

6 月　创办儿童科学通讯学校。

10 月 1 日　山海工学团在宝山大场孟家木桥成立。

11 月　呈文宝山县政府,申请山海工学团立案,正式名称为“私立山海实验乡村学校”。

1933 年 10—12 月	新安旅行团 7 个小朋友抵沪，给予关怀、指导。
11 月 26 日	陶母病故。
1934 年 2 月 16 日	《生活教育》半月刊创刊，任主编。
7 月 16 日	在《生活教育》上发表《行知行》，正式改名为陶行知。
1935 年 12 月 12 日	与宋庆龄、何香凝、马相伯、沈钧儒等人发起救国会。
12 月 27 日	上海文化界救国会成立，被推选为执行委员兼教育委员会主任。
1936 年 1 月 28 日	上海各界救国会成立，被选为理事。
2 月 23 日	国难教育社成立，被选为理事长，开展国难教育运动。
4 月 22 日	夫人汪纯宜在沪病逝。
4 月下旬	赴桂、粤、港宣传抗日救国，倡导实施国难教育。
7 月 11 日	由香港乘船赴伦敦，出席世界新教育会议。全国各界救国会决定委托陶行知趁便前往欧美各国宣传抗日救国。
1938 年 8 月 30 日	抵香港，结束两年的世界之旅。
10 月 4 日	与蒋介石在武汉会面，谈及两年来在国外宣传抗日的情况，并要求恢复晓庄。
11 月 1 日	中华业余学校在香港开学，任董事长，吴涵真、方与严任正副校长。
12 月 15 日	生活教育社在桂林正式成立，任理事长。
1939 年 1 月初	在香港召开原晓庄学院董事会议，因晓庄恢复受阻，决定筹设晓庄研究所，再另外创办一所招收因战火失去亲人和家园的难童的教育机构——育才学校。
5 月	育才学校筹备处在重庆北碚清凉亭成立。
7 月 20 日	育才学校正式成立。
12 月 31 日	与吴树琴女士结婚。
1940 年 10 月	周恩来、邓颖超参观育才之后，捐助 400 元为购买运动器具之用。
12 月 26 日	育才学校音乐组在重庆举行音乐晚会，周恩来、邓颖超、冯玉祥、张治中、何应钦、叶剑英等出席。

1941 年 8 月	育才学校宣布举行“创造年”活动。
9 月	试验“育才幼年研究生制”，选拔了 27 名少年研究生进行专门培养。
1942 年 2 月	组织育才师生举行戏剧公演、绘画展览、音乐会，向社会汇报办学和创作成果，募集办学经费。
秋	育才获得美国援华会的经费补助。
1943 年 3 月	生活教育社改选，连任理事长。
12 月 4—6 日	借纪念武训诞辰之机，育才学校音乐组在重庆广播大厦举行音乐演奏会。
1944 年冬	鼓励并帮助育才戏剧组学生创作四川方言剧《啷格办》，在重庆等地公演。
12 月 5 日	育才学校纪念武训诞辰 106 周年。
1945 年 8 月 28 日	毛泽东由延安飞临重庆谈判，与张澜、沈钧儒、黄炎培等知名民主人士到九龙坡机场迎接。
9 月 9 日	与冯亦代、倪斐君筹办的国际难童学校开学。
10 月 11 日	欢送毛泽东返回延安，并在机场合影留念。
12 月 5—9 日	育才学校纪念武训诞辰 107 周年。
12 月 9 日	参加重庆各界追悼昆明“一二·一”死难烈士大会。
1946 年 1 月 15 日	重庆社会大学开学，任校长，李公朴任副校长。
2 月 10 日	参加重庆各界人士在较场口的集会。
4 月 11 日	离开重庆。
12 日	乘飞机抵达南京。
6 月 23 日	参加上海 10 万群众在北站举行的反对内战、要求和平大会。
7 月 25 日	突发脑溢血逝世，终年 55 岁。

参考文献

[1] 方明主编:《陶行知全集》,四川教育出版社 1991 年版。

[2] 方明主编:《陶行知全集》,四川教育出版社 2005 年版。

[3] 安徽省陶行知教育思想研究会编:《人民教育家陶行知》,上海教育出版社 1984 年版。

[4] 板梭荣:《陶行知音乐教育活动研究》,东北师范大学出版社 2006 年版。

[5] 北京市陶行知研究会编:《陶行知研究》,湖南教育出版社 1987 年版。

[6] 曹常仁:《陶行知师范教育思想的现代价值》,安徽教育出版社 2011 年版。

[7] 储朝晖:《多维视野中的生活教育》,安徽教育出版社 2011 年版。

[8] 戴伯韬:《陶行知的生平及其学说》,人民教育出版社 1982 年版。

[9] 郭笙:《为中国教育寻觅曙光——陶行知教育思想研究》,辽宁教育出版社 1991 年版。

[10] 何荣汉:《陶行知——一位基督徒教育家的再发现》,香

港基督教文艺出版社 2004 年版。
[11] 何荣汉:《陶行知——一位基督徒教育家的再发现》,安徽教育出版社 2011 年版。
[12] 贾培基:《陶行知》,重庆出版社 2011 年版。
[13] 金林祥、胡国枢主编:《陶行知词典》,上海百家出版社 2009 年版。
[14] 四川省育才学校、社会大学校史研究会重庆分会编:《育彼英才——陶行知和育才学校在重庆》,重庆出版社 1984 年版。
[15] 谭斌:《文化冲突视野下的陶行知》,安徽教育出版社 2011 年版。
[16] 陶行知与中国现代化课题组:《陶行知与中国现代化》,四川教育出版社 2008 年版。
[17] 童富勇、胡国枢:《陶行知传》,教育科学出版社 1991 年版。
[18] 王文岭、辛国俊主编:《馆藏陶行知文物志》,东北师范大学出版社 2006 年版。
[19] 王文岭:《陶行知年谱长编》,四川教育出版社 2012 年版。
[20] 王一心:《最后的圣人:陶行知》,团结出版社 2010 年版。
[21] 魏心一主编:《陶行知百年诞辰纪念》,安徽省陶行知教育思想研究会印,内部资料,1991 年版。
[22] 吴擎华:《陶行知与民国社会改造》,安徽教育出版社 2011 年版。
[23] 徐大文、刘大康:《陶行知》,江苏古籍出版社 1985 年版。
[24] 徐志辉、卢爱萍主编:《吴树琴与陶行知》,江苏人民出版社 2006 年版。
[25] 许宗元:《陶行知》,人民出版社 1988 年版。
[26] 余子侠:《山乡社会走出的人民教育家:陶行知》,湖北教育出版社 1999 年版。
[27] 袁晞:《陶行知:捧着心来,不带草去》,大象出版社 2007 年版。
[28] 张青运主编:《晓庄研究》,南京晓庄学院建校 80 周年校庆丛书,内部资料,2007 年版。
[29] 章开沅、唐文权:《平凡的神圣——陶行知》,湖北教育出版社 1992 年版。
[30] 中国陶行知研究会编:《陶行知教育思想研究文集》,人民教育出版

社 1985 年版。
[31] 周洪宇编:《陶行知研究在海外》,人民教育出版社 1991 年版。
[32] 周洪宇:《陶行知画传》,山东教育出版社 2011 年版。
[33] 周洪宇:《陶行知生活教育学说》,湖北教育出版社 2011 年版。
[34] 周洪宇、余子侠、熊贤君主编:《陶行知与中外文化教育》,人民教育出版社 1999 年版。
[35] 周毅:《陶行知环行世界录》,江苏教育出版社 1988 年版。
[36] 朱泽甫编著:《陶行知年谱》,安徽教育出版社 1985 年版。
[37] 高平叔编:《蔡元培教育论著选》,人民教育出版社 1991 年版。
[38] 陈桂生:《徐特立研究:从人师到人民教育家》,华东师范大学出版社 2012 年版。
[39] 陈秀云、陈一飞编:《陈鹤琴全集》,江苏教育出版社 2008 年版。
[40] 陈学恂主编:《中国近代教育文选》,人民教育出版社 1983 年版。
[41] 陈元晖:《中国教育学史遗稿》,北京师范大学出版社 2001 年版。
[42] 费孝通著,刘豪兴编:《文化的生与死》,上海人民出版社 2009 年版。
[43] 费孝通:《乡土中国》,上海人民出版社 2007 年版。
[44] 中国第二历史档案馆编:《冯玉祥日记》,江苏古籍出版社 1992 年版。
[45] 高时良编:《中国近代教育史资料汇编 · 洋务运动时期教育》,上海教育出版社 1992 年版。
[46] 顾颉刚编著:《古史辨》第一册,上海古籍出版社 1982 年版。
[47]《胡适自传》,江苏文艺出版社 1995 年版。
[48] 唐德刚译注:《胡适口述自传》,华东师范大学出版社 1993 年版。
[49] 黄方毅编:《黄炎培诗集》,人民出版社 2014 年版。
[50] 教育部:《第一次中国教育年鉴》,开明书店 1934 年版。
[51] 梁柱:《蔡元培与北京大学》,北京大学出版社 1996 年版。
[52] 鲁迅先生纪念委员会编:《鲁迅全集》,人民文学出版社 1973 年版。
[53] 吕达、刘立德、邹海燕主编:《杜威教育文集》,人民教育出版社 2008 年版。
[54]《毛泽东选集》,人民出版社 1991 年版。
[55] 璩鑫圭、唐良炎编:《中国近代教育史资料汇编 · 学制演变》,上海教

育出版社 1991 年版。
[56] 上海市社会局第五科编辑:《上海市教育统计(中华民国二十三、二十四年度合刊)》,上海市社会局 1937 年编印。
[57] 舒新城:《近代中国留学史》,上海书店出版社 2011 年版。
[58] 孙培青、李国钧主编:《中国教育思想史》第三卷,华东师范大学出版社 1995 年版。
[59] 孙培青主编:《中国教育史》(修订版),华东师范大学出版社 2000 年版。
[60] 孙培青主编:《中国教育史》(第三版),华东师范大学出版社 2009 年版。
[61] 汤志钧、陈祖恩编:《中国近代教育史资料汇编·戊戌时期教育》,上海教育出版社 1993 年版。
[62] 王鸿宾、武修敬等主编:《中国教育大系·历代教育名人志》,湖北教育出版社 1994 年版。
[63] 歙县地方志编纂委员会编:《歙县志》,中华书局 1995 年版。
[64] 歙县地方志编纂委员会编:《歙县志》,黄山书社 2010 年版。
[65] 中央教育科学研究所编:《徐特立教育文集》(修订本),人民教育出版社 1986 年版。
[66] 宋恩荣总主编:《晏阳初全集》,天津教育出版社 2013 年版。
[67] 叶圣陶:《倪焕之》,江苏文艺出版社 2010 年版。
[68]《郁达夫文集》,花城出版社、三联书店香港分店 1982 年版。
[69] 袁刚、孙家祥、任丙强编:《民治主义与现代中国社会——杜威在华讲演集》,北京大学出版社 2004 年版。
[70] 章小谦:《传承与嫁接:中国教育基本概念从传统到现代的转换》,江西人民出版社 2004 年版。
[71] 郑金洲、瞿葆奎:《中国教育学百年》,教育科学出版社 2002 年版。
[72] 中共中央文献研究室编:《毛泽东年谱:1893—1949》(修订版),中央文献出版社 2013 年版。
[73] 朱有瓛、戚名琇、钱曼倩、霍益萍编:《中国近代教育史资料汇编·教育行政机构及教育团体》,上海教育出版社 2007 年版。

[74] 朱有瓛主编:《中国近代学制史料》第二辑上册,华东师范大学出版社 1987 年版。
[75] 朱有瓛主编:《中国近代学制史料》第三辑上册,华东师范大学出版社 1990 年版。
[76] 朱有瓛主编:《中国近代学制史料》第三辑下册,华东师范大学出版社 1992 年版。
[77] 朱有瓛、高时良主编:《中国近代学制史料》第四辑,华东师范大学出版社 1993 年版。
[78] 宗有恒等编:《马相伯与复旦大学》,山西教育出版社 1996 年版。
[79] 〔加〕许美德,〔法〕巴斯蒂主编:《中外比较教育史》,上海人民出版社 1990 年版。
[80] 〔美〕费正清主编:《剑桥中华民国史》第二部,刘敬坤等译,中国社会科学出版社 1994 年版。
[81] 〔美〕高彦颐:《闺塾师——明末清初江南的才女文化》,李志生译,江苏人民出版社 2005 年版。
[82] 〔美〕简·杜威:《杜威传》(修订版),单中惠编译,安徽教育出版社 2009 年版。
[83] 〔美〕约翰·杜威:《明日之学校》,朱经农、潘梓年译,商务印书馆 1923 年版;商务印书馆 1993 年影印。

后 记

中国近现代风起云涌的教育家群体中，陶行知无疑是最难以把握的一位超重量级人物，《陶行知全集》皇皇数百万言，学界研究陶行知的论著更是俯拾皆是，简直无法穷尽。因此，进入这一领域对任何一位研究者而言都是一种挑战。

我本科读的是学校教育专业，研究生读的是中国教育史，陶行知一直萦绕脑海很多年。2010 年初，我从校内一所学院调至教育科学学院（现为教育学部）教育学系，专事中国教育史。第二年春天，恩师杜成宪教授为本丛书主编李剑萍教授推荐人选，问我是否愿意承担陶行知卷的撰写任务。我约略停顿了一下，决定不掩其陋，斗胆尝试。杜老师再与主编商量，李教授特为此事打来电话，表示欢迎。

通过研读《陶行知全集》及年谱资料，再学习各类专著。我决定摆脱先叙述生平，再分章作专题研究的写法，将二者糅合起来，依陶行知生平与思想的演进，每一个时期突出一两个专题，这样既能反映其教育思想的前后变化，又能寻找这种变化背后的人生阅历和社会变迁。

陶行知的弟子戴伯韬曾说："要认识一个人或一个人的学说，必须从他一生的历史发展中去观察，必须从整个历史环境及其演进中考察，而且还必须从他的实践中和实践的效果上去考察。"①在写作过程中，我力图将陶行知置于中国教育和社会发展的大背景下进行考察，对于牵涉到的人和事尽量做一些必要的延伸，让陶行知活在人群中、活在事件中，而不只是一个孤独、高大的身影。

水平有限，错误难免，恳请读者批评指正。

蒋纯焦

2015 年 10 月于华东师范大学教育学系

① 戴伯韬：《陶行知的生平及其学说》，人民教育出版社 1982 年版，第 134 页。